治国平天下

《荀子》解读

王 蒙

著

江苏人民出版社

图书在版编目（CIP）数据

治国平天下 :《荀子》解读 / 王蒙著. 一 南京 ：
江苏人民出版社，2023.6
　（王蒙解读传统文化经典系列）
　ISBN 978 - 7 - 214 - 28140 - 1

　Ⅰ. ①治… Ⅱ. ①王… Ⅲ. ①《荀子》一研究 Ⅳ.
①B222.65

　中国国家版本馆 CIP 数据核字（2023）第 091683 号

书　　　名　治国平天下 :《荀子》解读
著　　　者　王　蒙
责 任 编 辑　黄　山
特 约 编 辑　王暮涵
装 帧 设 计　刘　俊
封 面 用 图　〔宋〕赵　芾《江山万里图》
责 任 监 制　王　娟
出 版 发 行　江苏人民出版社
地　　　址　南京市湖南路 1 号 A 楼，邮编：210009
照　　　排　江苏凤凰制版有限公司
印　　　刷　江苏凤凰新华印务集团有限公司
开　　　本　652 毫米×960 毫米　1/16
印　　　张　38.25　插页 4
字　　　数　530 千字
版　　　次　2023 年 6 月第 1 版
印　　　次　2023 年 6 月第 1 次印刷
标 准 书 号　ISBN 978 - 7 - 214 - 28140 - 1
定　　　价　128.00 元（精装）

（江苏人民出版社图书凡印装错误可向承印厂调换）

总　序

　　大体上，除非在高等学校，我不喜欢用"国学"一词。因为我不赞成把中华传统文化与外来文化、五四新文化、中国特色社会主义文化并立或分立起来，更不要说对立起来了。

　　我认为传统中包括小麦、玉米、棉花、淡巴菰（烟草）也有许多外来元素，而外来文化来到颇有特色的中华，必然发生本土化、大众化与时代化。我体会到，理论掌握了群众，就会变成物质的力量；而群众掌握了理论，就会变成历史的和本土的实践、消化与发展，乃至使原来的理论、文化面目一新。

　　文化有内在的稳定性、恒久性，又有随时调整消长、与时俱化的活性。

　　我还越来越发现，文化传统的载体不仅是各种遗址、废墟、文物与汗牛充栋的典籍，传统文化典籍之重要与力量在于它们还活在我们的人民、乡土、生活方式与集体无意识之中，例如在各种俚语与地方戏、地方曲艺的唱词之中。传统文化活在我们的灵魂、我们的习惯、我们的思路、我们的生活中。

　　二十多年前，我受到出版界的朋友刘景琳先生鼓舞，开始写《老子的帮助》。我的古汉语、哲学史等知识都不过关，但是刘先生更重视的是我的阅历、经历、敏感、悟性、理解，以及分析与表达的能力。我谈典籍，解读，靠前辈与专家；解释、分析、体悟、讲述、发挥，靠自己的人生经验与精神能为。对于我来说，孔孟老庄荀列也好，古典文学作品也好，都是来自生活，来自人民，来自实践，来自经世致用、应对生活和实践的需要的。好的后人时时用自身的生活经验激活典籍，差的后人，越研究考察经典越成了一锅糨糊。李白早就看出来了，他在《嘲鲁儒》中写道："鲁叟谈五经，白发死章句。问以经济策，茫如坠烟雾。……"连唯美型诗人李贺也说："寻章摘句老雕虫，晓月当帘挂玉弓。不见年年辽海上，文章何处哭秋风？"（《南园》其六）

对于传统典籍，第一是激活，第二是优化。古人古语，解释起来那叫"聚讼纷纭"，我只能选择相对最容易为今人理解、被当下受用的说法。我们当然是活在当下。不搞现代化，我们会被开除球籍（1956 年 8 月 30 日，毛泽东在中国共产党第八次全国代表大会预备会议第一次会议上作《增强党的团结，继承党的传统》的讲话）；而无视中国的文化传统，就是自绝于人民。

第三是努力联系当下，联系实际。例如古今都有大家大师批评老子讲什么"世人皆知美之为美，斯恶矣"，其实联系经验很容易理解。金融界人士告诉我这很好懂："都说一个股是优选股，大家都去炒，于是泡沫化，于是崩盘，一定的。"

第四是抱着平视的态度、共舞对话的心情。谈孔孟，谈老庄，谈楚辞汉赋唐诗宋词，保持敬畏，保持欣赏，保持共鸣，同时保持客观与科学态度，敢于发挥，敢于联想延伸扩张，敢于发挥时代与自身的优势并有所发展超越优化更新，才能有创造性转化与创新性发展。例如，说到天道与人道的差异，似应联系农民起义的"替天行道"；说到"天下为公""老吾老以及人之老，幼吾幼以及人之幼"，当然要联系社会主义、共产主义的向往；说到"道之以德，齐之以礼"，可以联系软实力论；而说起"见贤思齐""己欲立而立人，己欲达而达人"，我不可能不想到改革开放与人类命运共同体。

我有志于写多多少少打通一点古今四方的读典籍心得，寻觅几千年前的典籍与当今生活接轨的可能性。我立志于在讨论传统文化时保持一些诗文小说式的生动性形象性特别是生活烟火气。我希望减少人们与古代典籍的距离，使大家都能体会到孔子的亲和准确、孟子的雄辩分明、老子的惊天辩证、庄子的才华横溢、荀子的见多识广、列子的丰盈奥妙，更不用说《红楼梦》的取之不尽。

试试看吧。二十多年来，这方面的劳作，正面反馈超过预计。

当然，由于我缺少科班的知识与训练，写这一类书文也会暴露不够谨严的问题，乃至出现露怯、硬伤处，希望通过江苏人民出版社这一次十二本书的再版，通过读者的支持帮助关注，能减少偏差，更上一层哪怕是零点一、零点二层楼。

谢谢读者，谢谢出版者！

2023 年 5 月

前言　看重荀子

　　荀子曾经与孟子齐名。前者主张性恶，后者主张性善。当然，孟子衔居"亚圣"，荀子在后世的影响比不上人家，这与时间的先后次序有关，也与性恶说在中国不占上风有关。传统文化是注重感情的文化，说人生而性恶，民人士人感情上都不好通过。

　　但荀子的重点不是骇人听闻、痛心疾首地揭露、拷问与哀叹人间的恶人恶行恶性恶情，像某些作家如雨果、陀思妥耶夫斯基写到诸恶时那样。荀子的调子是人类生而难免有欲有私有争有恶，惜哉痛哉怜哉。荀子的性恶论带有怨而不怒、哀而不伤的特色。他的性恶说，重点不是控诉、审判、斥责人间世与人类的低劣本性，而是强调礼义教化的不可或缺，圣王教化与管理的不可或缺。他强调的是：仁义道德有赖于后天人文文化、圣贤文化、规范秩序培养，严刑峻法惩戒，还有天子与诸侯的既仁爱又强势的治理，然后才能抑恶扬善，化恶为仁，在内圣外王的圣王带领下，构建天下归仁的太平与福祉。

　　他的性恶论易于与韩非子等人的法家论述接轨，但荀子儒法兼收，儒学为主，在认同法、刑重要意义的同时，尤其强调仁心仁德、为政以德、教化至上、圣贤——精神导师至上，强调礼制法制的严格规范性；同时，对于老人、残疾人、边远之人等也有各种变通通融的柔性思路。在某种意义上，荀子的性恶论有其先进与务实处，与孔孟相比较，荀子接地气多一些，高大浪漫的调门降了一些。

　　"左之左之，君子宜之；右之右之，君子有之。"荀子含义丰富地引用并称颂《诗经》上的这两句诗，联通了孟子"资之深，则取之左右逢其原"的名言，表现了他对于治理的立体性、多面性与可调整性的认知。尽管后世对这些说法有不无呆板与平庸自囿直至与原义相悖的解释，我们还是可以看出，一个真正追求经世致用，并能联系治国平天下实际的大儒，与只会寻章摘句的腐儒截然不同。前者能坚持义理原则，也能具体地分析具体情状。而后者，只能把活学问、把智慧的能动性搞成较劲的、缩手缩脚的死定义。

以礼经国，以乐辅礼、助礼、饰礼，以圣贤制礼乐，以德为政，以仁厚服人取天下，以严刑峻法保持威慑，以战车军备御敌，以圣贤伟士人才自强，这是荀子之道的全面性、复合性与整体性。荀子最好的理想是备暴力强迫手段而不用，以软实力赢取民心——以王道得天下。这实在是极有特色的中华文化传统。

仁心在内，礼制在外，有阶级尊卑的秩序规则，有文质彬彬的言语举止，有对于犯上作乱的警惕禁忌惩戒，有兢兢业业的自我约束，有正心诚意慎独的自我自律修养，有以礼为先为美的舆论共识，有是非荣辱之心，存是去非，求荣知耻，乃有规格、格调、正理、章法：生老病死、和战吉凶、朝廷内外、生杀予夺、民生百事、社会分工、资源分定、祭奠庄严、宗教神祇，都有礼乐、引领、规则、章法、节奏全覆盖，社会自然高雅太平，举止文明，各安其位，无乱无争，无邪少恶。

而且，早在两千多年前，荀子就指出："祭者，志意思慕之情也，忠信爱敬之至矣，礼节文貌之盛矣……其在君子，以为人道也，其在百姓，以为鬼事也。"这样的论述，既尊重人们的感受与习俗，又强调了礼的文化意义，还与愚昧迷信拉开了距离，其立论之清醒与实事求是，至今难出其右。

荀子相当平静地指出了欲与恶的存在，既保持了敬天的基因，又面对了天与人的区分与实际距离，提出与其与天较劲，不如致力于人事的纲领。同时荀子在中国传统文化论述中罕见地肯定了人欲的不可能去除、不必上火针砭、不需深恶痛绝。生而有欲乃至多欲，是正常的，是无法消灭的，不应该向人众提出压制或消灭欲望的口号。问题不在于有欲无欲，而在于你的欲导引了你的什么行为，有欲则可，因欲而行为不端、无礼违法则断然不允。以礼义规范欲，乃是文明；而以为可以以礼义消灭欲，则是狂悖呓语。在中华传统文化的戒欲防欲制欲主流中，荀子为欲有所辩护通融，也是一家之言而振聋发聩。

孟子的性善论则给儒家思想披上了美好理想，成为人间乐园、美德治平、天生孝悌的幸福长衫。天性即是人性，天心即是人心，天性善，这是儒家天人合一主张的重点。而老子的"天地不仁"的说法，大大降低了人们对待天地、自然、世界的自作多情——"酸的馒头"（senti-mental）。

荀子尤其强调礼，强调礼的文化性、规范性、治理性、祛恶性、和平性，同时强调礼的前提是义——道义与原则。道义与原则践行在外，诚于中而形于外，暖和于中而严正于外，乃构成为礼——彬彬有礼、谦谦君子、以文化人、永不生乱。

一方面荀子介绍古礼，细致生动，具体有趣，入情入理，可亲可爱；一方面，荀子又借孔子之口讲论：比起戴什么样的帽子的礼数来说，权力系统的人——天子、诸侯、公卿，更应该关心的是仁心人心良知正道。

比起《论语》《孟子》来说，《荀子》的篇幅要大得多。他讲的许多问题比较细，比较切合实情。

荀子专门讲了君道——天子、帝王、君王之道，强调一切都要遵循效仿唐尧、虞舜、夏禹、商汤、文王、武王、周公。同时荀子又提出了"法后王"观点：他不搞复古，不认为中华文化唯古是瞻、越古越好。他倒还没有提出厚今薄古，但颇有些厚古更厚今、活在当下的意思。他提出道义仁礼德的观念，认为这些带有终极价值意义的范畴其实是来自天地榜样垂范，来自圣人教化，是高于权势的，是决定权势被承载拥戴，抑或被颠覆毁灭之不同命运的，是具有崇高性、权威性、不可逆性的。他认为君王与贤良是要知天命的，是不可违背天命的，正如今日之强调不能违背历史与社会的发展规律。同时他又提出了圣人"不求知天"的重大命题，不赞成将心智用在宗教式的终极形而上空泛高论或占卜式的猜测赌博上，而是认同人间正道，认识人间的可与不可、能与不能、义与非义、礼与非礼，有所选择，有所把握，有所修为，这甚至令人想起让-保罗·萨特的无神论的存在主义，想起萨特的"存在先于本质"。而荀子关心的首要，不在于萨特式知识分子的选择，而是君王权力系统的选择。荀子认为，坚持礼义与礼制，在不同的等级层次上践行守护仁德，搞清名分，确定万民万事万机的统类——性质，也就是孔子强调的正名，是治国理政的首要。

王者不仅合乎天道儒道，荀子还讲王制，即王者的治理法度。他说："故奸言、奸说、奸事、奸能、遁逃反侧之民，职而教之，须而待之，勉之以庆赏，惩之以刑罚。安职则畜，不安职则弃。五疾，上收而养之，材而事之，官施而衣食之，兼覆无遗。才行反时者死无赦。夫是之谓天德，是王者之政也。"

意谓：对于说话、主张、做事时，耍手段、钻空子、不安分、偷奸使坏之人，要给予安置，加强教育，适当等待，有所鼓励引领，有所惩罚警示。能够接受安置的就让他们安定下来，不能接受安置的只好予以舍弃。对于几种残疾人，君王要收养他们，使用他们的才具，救济他们的衣食，全面覆盖，不能遗漏。而对于颠覆社会秩序的人，只能坚决处死，不能赦免。这样做，叫作合于天道天德。这是王者的施政方略。

这已经突破了儒学的"为政以德""道之以德，齐之以礼"的范畴和礼教，讲到一些精明强悍的用权手段计谋了。虽然在其他地方，荀子多次反对治国理政的计谋化。

荀子讲正名，强调桀纣之类的独夫民贼、无道昏君，根本不能算君王，而伊尹、周公等的临时行使君王权柄，也绝非悖逆。荀子的治理思想，包含着对非治、悖逆形势的承认、解释与对策。

荀子强调："法者，治之端（根据）也；君子者，法之原也。"就是说要以人治保证法治。他说："明主急得其人，而暗主急得其势。"就是说，礼义第一，用人第二，炙手可热的权势只能叨陪第三。他的人治高于法治论现在看来也许不怎么对，但这些说法仍然惟妙惟肖，来自本土实践，令人觉得荀子实有朝廷官场政治生活经验，细腻翔实。他描写的政治生活现象可闻可见可触，可以务实评析，绝非凌空蹈虚之论。他没有孟子那样高调，但是比孟子扎实。

操作起来，他认为天子、诸侯君王们的主要职责任务是用贤人、清奸佞、赏罚分明、绳墨公平。荀子甚至强调说天子君王是正道驱动者、布局者、指挥者与裁判者，而做事处理日常政务主要是靠你用的"相"，以及贤良臣子。荀子认为，有好人好用，天子诸侯可以劳逸适度，可以更多地享受生活，可以更主动地评价监督调配，高高在上，主动在己，进退咸宜；当然，这只能是一个角度。历史上的"明君"，更多是将决策与用人结合起来的。用毛主席的说法，是"出主意、用干部"，而邓小平的说法是"抓头头，抓方针"。

荀子讲臣，把臣子分为几种：一曰态臣，靠表态作态取宠信者是也；二曰篡臣，做官而扩张权势、穷奢极欲乃至架空君王者也；三曰功臣，取得信任，办实事者也；四曰圣臣，忠诚于君王，忠诚于正道，有所完善，有所谏争，不但出色完成了君命，而且树立了典范、优化了形象，改善各方对于权力系统的舆论观感。不用多说，这样的区分，相当地道！荀子注意区分谄（媚）、忠（诚）、篡（夺）、国贼这四种为臣之道，提出了谏、争、辅、拂这四种社稷之臣——国君之宝，并提出了"从道不从君"的说法，他高度评价了本土传统政治学对于谏争的讲究。

荀子对于君子小人的说法也极高妙。小人为什么常戚戚呢？"小人者，其未得也，则忧不得；既已得之，又恐失之。是以有终身之忧，无一日之乐也。"此说令人如见其人其事，忍俊不禁。

在论述到诸侯国势的强弱的时候，荀子更强调的是软实力，是君王仁心，是民心向背，是君王的人格修养、道德形象、以文化人之力量。

书中还有乐论，被今人称之为"礼乐同构论"。荀子谈音乐的专门知识很少，强调的是重大礼仪上的音乐使人庄重，正派的音乐在培养礼敬、诚笃、恭顺、和谐的社会氛围、朝廷氛围、移风易俗方面具有巨大作用，同时严厉批评了墨子的"非乐论"。

荀子猛批墨子的狭隘、过度与呆木，也极度轻蔑公孙龙等人的概念与逻辑推导质疑游戏，恰恰从中可以看出，墨子的许多适宜于较低生产力水平的政策设计，如薄葬、废乐等，与公孙龙的思维训练曾经产生了多么大的影响。我们从中还可以看到当时的士人对于被后世所称道的百家争鸣局面的负面感受，就是说百家争鸣、学术昌明的另一面是哗众取宠、巧言兜售、天下大乱、莫衷一是。国家不幸可能诗家幸，也可能是学家幸；而"双百"方针真正做起来，却并不轻松：历史的经验就是这样的。当然，荀子在具有充沛的使命担当、坚持正道的同时，似有学术思想上拘泥平面化的一面。荀子极力为孔子诛少正卯辩护，强调"心达而险""行辟而坚""言伪而辩""记丑而博""顺非而泽"这五种具有异己色彩的人是小人中的桀雄，荀子认为这样的可能的反对派，比刑事犯罪如盗窃更危险，必须诛杀无赦，这有点过线了。

我们可以从《荀子》中读到一些与法家乃至道家相通的思想：关于把握好赏罚、关于权力系统的治理需要与民心结合起来，还有看国家的力量不能只看地盘，更要看君王公卿受拥戴程度，等等。我们会想起老子所讲的"功成事遂，百姓皆谓我自然"，我们也会想起韩非的"明主之所导制其臣者，二柄而已矣。二柄者，刑、德也"。这也说明了从孔到孟到荀，治理思想是有前进与发展的。

荀子的文字极有特色，写得有理有据，有声有色，有的地方痛快淋漓，有的地方无微不至，有的地方渊博丰富，有的地方大义凛然。读起来如飨大餐，丰厚全席。

整个说来，我个人，长期缺少对于荀子的认真关注与足够重视，近四年来，我读荀思荀，发挥荀，极有兴趣，痛感需要看重，再看重，多多看重荀子。

说　明

　　本书参考了王先谦著《荀子集解》（《诸子集成》第二册，中华书局 1954 年）、《荀子集解》（《新编诸子集成》，中华书局 2016 年），楼宇烈主撰《荀子新注》（中华书局 2018 年），也参考了网上有关内容。

　　本书分原文、转述（不是翻译）、感悟三部分，并在各章节前附简要评介。

目 录

劝学

本章论学，一是强调学习造就人的品性、格局、境界、智慧、才能、吉凶、通蹇、命运；二是学要专一，要积土成峰，积步千里；三是学习的最高目标是做圣人，最主要的途径是跟随师长，全面学习；四是学习要严格，要全面。

君子曰：学不可以已。青，取之于蓝，而青于蓝；冰，水为之，而寒于水。木直中绳，輮以为轮，其曲中规，虽有槁暴，不复挺者，輮使之然也。故木受绳则直，金就砺则利，君子博学而日参省乎己，则知明而行无过矣。

转述：君子的说法是，学习是不可以停止的。靛青颜色是从蓼蓝草中提炼出来的，但是靛青的蓝色比蓼蓝草的蓝色更胜一筹（青出于蓝而胜于蓝）。冰是由水冻成的，但是冰的寒冷度超过了水。一根木头本来直溜溜符合绳墨标准，泡上点水，用火烤着把木头窝弯，以此法制，使木材的曲度符合车轮标准。即使此后，再火烤暴晒，也不能伸直，这表现了加工的作用。所以说，木材接受了绳墨量具的衡量规范才会更直，金属接受了粗石的磨砺才会锋利。君子人，博学广知，而且一日三省吾身，就能做到智慧明察而行为无过失。

感悟：《三字经》上说："人之初，性本善，性相近，习相远。"比较起来，孔孟强调的是人初本善，而荀子强调的是学习对人的加工作用。二者并非对立。所以《中庸》说："天命之谓性，率性之谓道，修道之谓教。"强调天命的目的在于强调道的天良、天命、良知、良能性质，强调教化与学习的天命、天意、天心、天性性质。

比较起来，荀子更强调劳动加工世界与个人，劳动创造世界；他更强调的是后天的努力，是文化与社会规范的力量。

开宗明义，《荀子》一上来就大讲学习的重要性，学习的改造本性与重塑原生性的不可逆转性质，与生而孝悌、长而不犯上作乱，与道法自然清静无为的说法拉开了距离，有某种压力与强迫感。

故不登高山，不知天之高也；不临深溪，不知地之厚也；不闻先王之遗言，不知学问之大也。干、越、夷、貉之子，生而同声，长而异俗，教使之然也。

《诗》曰："嗟尔君子，无恒安息。靖共尔位，好是正直。神之听之，介尔景福。"神莫大于化道，福莫长于无祸。

转述：所以说，你不攀登到高山之上，你体会不到天之高远；你不近临深深的水流，你体会不到地的深厚；而如果你没有听到过尧、舜、禹、汤、文（王）这样的开辟历史的王者的遗言，你也就体会不到世间学问的伟大。吴国、越国、夷族、貉族的孩子，出生时哭声相同，成长起来，风习各不一样，这是不同教化、不同文化所造成的。

《诗经·小雅·小明》上说："啊，你们这些君子人物，不要贪图安逸享受，请你们恭谨做事，忠于职守，好好地对待正直贤良之人，让天神得知你们的品德作为，帮助你们获得幸福快乐。"不论什么神灵，没有能超过造化与大道的。最大的福气，没有能超过不遭祸殃的。

感悟：关键在于后天的努力，在于登高望远、临深感厚。你的声音不能停止在出生时会哭的水准（这里与老子的追求"能婴儿乎"有所不同），你的学问不能限于一己的眼界。

"神莫大于化道"，这是中华传统文化的泛神概念神命题，也是某种无神论的命题。神是一种概念，这是连各种教门与各种神学都难以否定的，耶稣与圣母，是有形象的，上帝耶和华则只有概念，没有具象。化，变化、教化、演化、化育，是神性概念。大道、天道、正道、闻道，当然是概念神。"福莫长于无祸"，这里对福的界定恭顺而且质朴，无祸即福，无忧即福，无咎即福。福不是贪婪，福不需要获得，更不要占有。无祸即福，这个提法与道家相通。

吾尝终日而思矣，不如须臾之所学也；吾尝跂而望矣，不如登高之博见也。登高而招，臂非加长也，而见者远；顺风而呼，声非加疾也，而闻者彰。假舆马者，非利足也，而致千里；假舟楫者，非能水也，而绝江河。君子生非异也，善假于物也。

转述：我曾经整天苦思冥想，却不如用一会儿的时间向师友学习请教有所裨益；我曾经踮起脚来远望，哪里比得上站到高处视野阔大。到达高处挥手，手臂并没有加长，但是能被更远的地方的人看见；顺风呼喊，声音并没有加大，但是听到的声音更清晰。出门行路，坐轿骑马，不是为了给脚丫子方便，而是为了到达千里远处；水路上凭借船只，并不能改善你的水性，但是你能过江越河。君子高人，并不是他们生下来有什么不一样，而是他们能凭借器物外援，达到自己的目的。

感悟：这个见解比较靠近现代。整个说来，我们的传统文化，注意自身精神、心理、吐纳（呼吸）、膂力、四肢、躯体的训练提高发育乃达出神入化多，而对如何善假于物，对于工具器具的研究，重视不太够。

有些国家对于工具器具的研究比较重视，会开发出各种好用的工具。读多了孔孟老庄，读多了仁义道德、天命理气，忽然发现了更富有生产力、生产手段特色的假物说，令人喜出望外。

南方有鸟焉，名曰蒙鸠，以羽为巢，而编之以发，系之苇苕，风至苕折，卵破子死。巢非不完也，所系者然也。

西方有木焉，名曰射干，茎长四寸，生于高山之上，而临百仞之渊。木茎非能长也，所立者然也。蓬生麻中，不扶而直；白沙在涅，与之俱黑。兰槐之根是为芷，其渐之滫，君子不近，庶人不服。其质非不美也，所渐者然也。

故君子居必择乡，游必就士，所以防邪辟而近中正也。

转述：南方有一种小鸟，名叫蒙鸠（鹪鹩），用羽毛筑巢，用毛发缠结到一起，再拴在一根新芦苇上。风刮过来，苇子两截了，鸟蛋破碎，雏鸟摔死。不是它的巢做得不对，是由于拴错了地方。

西方有一种草名叫射干，草茎只有四寸，长在高山上，面临百丈深渊，并不是它长得有多么猛，是它站的地方优越。蓬草长在麻秆当中，不用扶持它也是长得直的。白沙处于黑土之中，也就与黑土一样地黑了起来。白芷是芬芳的香草，但是泡到臭水里去了，于是君子也好庶人也好，都躲着它，不佩戴它。不是它本身的质量出了问题，而是它浸泡在臭水中的缘故。

所以说，君子人住家、出行，都要挑选地域与环境，挑选自己的交往对象，使自己能够与中和正直之气为伍，而防止受到邪恶偏颇的戾气沾染。

感悟：孔子提倡的是诸事反求诸己，从自己方面找原因，荀子则注意社会环境，二者并不是绝对分离的。比如说，鹪鹩的巢果真选错了地方，那毕竟是鹪鹩自己的事情。白沙处在黑土里了，这是原生的吗？这是造化的无心还是警示呢？白芷长在臭水当中，难以判断这是哪个的责任，或者仅仅是白芷的运气不好？运气不好又有什么办法？荀卿想让白沙和白芷汲取什么教训呢？

先秦诸子太喜欢以比喻说明问题了，比喻听得生动精彩，但是逻辑上未必工稳，你可以从另外的意义上谈某个事例。周敦颐就以"出淤泥而不染"来称颂莲花的品质。白沙黑土，香草臭水，终归是可以区分的，人生在世，应该有这个信心。

比喻的好处在于它提供了更多的解读空间。今人运用自己的经验，可以将鸟巢系错了地方的例子看作依附与跟随的失误。一些庸人常常将自己的前途押到某种社会势力或某个强人身上。一旦斯势力斯强人失败，自己也就等于上了贼船，于是完蛋。这同样有个人的责任，任何时候，人都应该有自己的责任感与正义感，如果二战期间你依附了希特勒、日本军国主义，当然不能逃避历史责任。

射干与白芷的例子，考验了人的自信、坚持与抗逆能力。即使因故与有问题的人群掺和到了一起，如果自己干干净净，就应该能够接受得住历史的甄别与考验。

简单地提只与君子交往，为个人打算是可行的，但是社会上的确有许多庸人、俗人、浅薄之人与猥琐之小人，大人君子是不是有责任帮助与引领他们提升一步呢？

物类之起，必有所始。荣辱之来，必象其德。肉腐出虫，鱼枯生蠹。怠慢忘身，祸灾乃作。强自取柱，柔自取束。邪秽在身，怨之所构。施薪若一，火就燥也；平地若一，水就湿也。草木畴生，禽兽群焉，物各从其类也。是故质的张，而弓矢至焉；林木茂，而斧斤至焉；树成荫，而众鸟息焉；醯酸，而蚋聚焉。故言有招祸也，行有招辱也，君子慎其所立乎！

转述：某种物象的发生，总会有它们的根由；荣辱命运的到来，必然与某个人的德性相适应。肉类腐烂了，才会生虫。鱼类枯干了才会长蠹虫。懒惰轻慢，达到了对自身毫无把持的程度，祸患灾难就要出现了。质地坚韧的材料可以做柱子，质地柔软的东西，可以做束绳（或谓质地坚韧容易折断，质地绵软，容易弯曲）。一个东西身上有邪恶污秽，自然造成他人的埋怨讨厌。同样的柴火，火一定是先从干燥的柴开始燃烧；同样的平地，水总是先往湿凹处流。草木密集的地方，禽兽聚集，物象同类聚生。有了箭靶与目标，弓箭也就到来了；有了茂密的树林，刀斧也就砍过来了；树林成荫，众多的鸟儿就会过来栖息；醋酸多的地方，蚊蚋也就往这边凑过来。说话能招来祸患，行为能招来屈辱。人如何立得住，那是要慎重把持的呀！

感悟：这一段比较强调一种理性的态度，万事万物万象，都要分析它们出现的缘由，而不要轻易地做出喜怒哀乐的反应。物腐而后虫生，讲的不是昆虫学，而是卫生学特别是哲学。一个人躯体衰弱了、失常了，就会开始丧失免疫力；一块肉没有得到应有的贮藏条件，就会导致变质。遇到坏事，要多从自身找问题找原因。

强自取柱。有的解释为质地坚硬适宜做柱子，有的解为"柱"通"祝"，是折断的意思。后者似有道理，因为通篇讲的是消极现象，没有说什么好事。

最后落实到谨言慎行上，有向众人进忠言的意思。

积土成山，风雨兴焉；积水成渊，蛟龙生焉；积善成德，而神明自得，圣心备焉。故不积跬步，无以至千里；不积小流，无以成江海。骐骥一跃，不能十步；驽马十驾，功在不舍。锲而舍之，朽木不折；锲而不舍，金石可镂。蚓无爪牙之利，筋骨之强，上食埃土，下饮黄泉，用心一也。蟹六跪而二螯，非蛇鳝之穴无可寄托者，用心躁也。是故无冥冥之志者，无昭昭之明；无惛惛之事者，无赫赫之功。行衢道者不至，事两君者不容。目不能两视而明，耳不能两听而聪。螣蛇无足而飞，鼫鼠五技而穷。《诗》曰："尸鸠在桑，其子七兮。淑人君子，其仪一兮。其仪一兮，心如结兮。"故君子结于一也。

转述：土石积累而成高山，风雨从而自山中兴起；水流积累而成深渊，蛟龙于是从渊中出生；积累善举而成德业，通于神明，完备圣人之心。这就是说，没有小步前行，就走不了千里；没有溪流，也不会有江海。骏马如果只跳一下，最多不过十步；蹩脚马跑上十天，只要坚持干活，也有事功建立。用刻刀雕刻一下就放弃了，即使是糟朽的木头也不会折断；刀刻起来没完没了，在金属上石头上也能雕得出花样。

蚯蚓无爪牙的锐利，无筋骨的强壮，它上吃得上尘土，下够得到地下的泉水，因为它们一心钻来钻去。螃蟹八只脚，两个大螯，离开蛇洞鳝坑，它无处可栖息，因为它们过于躁动。所以说，没有深潜的志向，就不会有显著的成就；没有埋头辛劳苦干，就不会有赫赫的大功。

如果你只是在歧路上转悠，那么永远到不了目的地。而你想为两个君王效劳，最后只能无处容身。眼睛不可能同时看两个对象而清晰，耳朵不可能同时听两个声音而清楚。螣蛇没有脚却能飞起，鼫鼠拥有五种技能却什么也做不成。《诗经·曹风·鸠鸠》上有句："布谷鸟在桑树上，它有七个儿郎，优秀高雅的君子人啊，必有一个目标向往，有了这个目标向往，也就有了明晰踏实的心肠！"

感悟：文字略嫌铺张，有作赋的意味，用意在于劝人。一曰：从小处做起，从实处做起，大处着眼，小处着手。既要高瞻远瞩，还要脚踏实地；也是《礼记》上的"登高自卑""行远自迩"的意思。

二曰：贵在坚持。肯坚持，即使自身条件如蚯蚓一样，也能有所成就。没有坚持性，则一事无成。

三曰：目标专一。目标始终如一，吾道一以贯之，天下定于一。不足之处是，一与多是相互补充、相互渗透的。人要专注，也要开阔，要触类旁通，还要渊博通达。

昔者瓠巴鼓瑟而流鱼出听；伯牙鼓琴而六马仰秣。故声无小而不闻，行无隐而不形。玉在山而草木润，渊生珠而崖不枯。为善不积邪？安有不闻者乎？

转述：从前乐师瓠巴善于弹瑟，弹起瑟来水中的鱼儿也探身出来聆听；乐师伯牙善于鼓琴，鼓起琴来马匹也停住食草来听乐。美好的声音不会由于音量小而听不见，善美的行为不会由于不事声张而无从显现。美玉在山，连草木都得到玉的润泽；池渊里有了珍珠，崖壁上也增添了光彩。你所成就的一切美善，除非你没有去积累，否则怎么可能不被他人知晓呢？

感悟：天网恢恢，疏而不失。要相信美德的力量，相信美善的说服力，相信和悦的魅力。人性或有善恶之歧义，人子或有利益之辞让或贪婪，但人心向善惧恶，寻美避丑，亲和远戾，喜真厌伪，是全无疑问的。

学恶乎始？恶乎终？曰：其数则始乎诵经，终乎读礼；其义则始乎为士，终乎为圣人。真积力久则入，学至乎没而后止也。故学数有终，若其义则不可须臾舍也。为之，人也；舍之，禽兽也。故《书》者，政事之纪也；《诗》者，中声之所止也；《礼》者，法之大分，类之纲纪也。故学至乎《礼》而止矣。夫是之谓道德之极。《礼》之敬文也，《乐》之中和也，《诗》《书》之博也，《春秋》之微也，在天地之间者毕矣。

转述：学习应该从哪里开始，到哪里终结呢？从程序上说，从诵读经典开始，到阅读礼法为止；它的主旨则是从做好一个"士"开始，到成为圣贤结束。能下决心花力气认真学，就能学得进去，学得深入，学到死才可以停止。从程序上讲，学习有终了的时刻；从主旨上看，学习是须臾不可离身的。能这样好学的人是人，放弃了学习的人，其品性只能算是禽兽了。《书经》（《尚书》）记载的是政事；《诗经》，收集了符合音韵节律的所有诗作；《礼》，是法律条文的总纲，是法律类别的脉络。所以说，学到"礼"就终结了，做到了这一步，也就达到了道与德的高峰。学《礼》，就是培养礼敬的文化与合乎礼仪的举止行为；学《乐》，就是熏染音乐的中和与平衡；学《诗经》《书经》，就是去掌握渊博的知识；学《春秋》，则是体会历史与人心的精微与奥妙。这些都学到了，你的学养也就算是完备了。

感悟：关于学习，一个讲程序，一个讲主旨，从读《诗》《书》《礼》《乐》等经典开始，到礼法规则、仪表仪式为止，先抽象后具体，先务虚后务实，先大后小，这是中国人的整体主义思路。一切都是正能量：学《书》懂政事，学《诗》合音律，学《礼》而敬文，学《乐》而中和。活到老学到老，程序、学历有始终，学习的主旨则推动你学一辈子。否则，你的智商情商学识道德，只是禽兽水准。

君子之学也，入乎耳，箸乎心，布乎四体，形乎动静。端而言，蠕而动，一可以为法则。小人之学也，入乎耳，出乎口；口耳之间，则四寸耳，曷足以美七尺之躯哉？古之学者为己，今之学者为人。君子之学也，以美其身；小人之学也，以为禽犊。故不问而告谓之傲，问一而告二谓之囋。傲，非也；囋，非也。君子如向矣。

转述：君子学习，从耳朵那儿听进去，抵达于心田，分布到四体，表现为动静举止；说话要降低分贝，动作要缓慢小心，各方面都要中规中矩。小人的学习，从耳朵听进去，从嘴巴里说出来，嘴与耳的距离也就四寸左右，过这么一下，怎么可能使人的七尺身躯变得更美好呢？

古代人们学习是为了改善与充实自己，如今，人们学习是为了对他人显摆或者应付。君子学习，使自身变得美好；小人学习，是为了取媚他人。所以说，人家没有提问你却给人家讲解，那是由于你的急躁，人家问上一个问题你要给人家讲两个，那是你啰唆。这都不对。君子说话如同回音，只能随和他人提问的度。

感悟：君子学习入耳入心，达到全身心，小人学习，只作用于耳朵到嘴巴这个小空间，这种对比生动有趣。联系现在，君子学习，深思熟虑，求真务实；小人学习，限于手机段子或者应付检查，现趸现卖，虚应故事，万事通万事稀松，越读越说越蠢。

学习是为了改善充实美化自身，不是为了卖弄与取媚外界，真良言也。

做人与说话，适当降调，适当节制，不要自吹自擂，不要滔滔不绝，都是金玉良言，真正做到，受用无穷。

"端而言，蠕而动"，说话做事轻柔一些，这和绅士——gentleman的含义完全一致。

学莫便乎近其人。《礼》《乐》法而不说，《诗》《书》故而不切，《春秋》约而不速。方其人之习君子之说，则尊以遍矣，周于世矣。故曰：学莫便乎近其人。

转述：学习的最简单易行的方法是走近师长贤人。《礼》《乐》有法度而不解说，《诗》《书》讲旧事而不可能切合当今，《春秋》简约而不明快。如果注意仿效师长的为人，学习他们的君子格调的高水准说法，就可以敬受多方面的教养，把握世事的各个方面。所以说，走近师长贤人，是最简单易行的学习方法。

感悟：关键是向人学，学人，不是学书。老师的任务首在于身教，在于领会君子的教导，尊崇全部礼义，通达世情世相。学生的方法在于注意老师的实践、容色、应对处理事务的风度与选择的智慧，这就是说，要在生活中学，在实践中学。

《诗》《书》《礼》《乐》《春秋》，在其时应该是够伟大够经典的了，荀子深知它们的重要性，此前也讲到了学习要从读经开始，这里又谈到它们的局限性，很精彩。儒家要的是经世致用，从开始就不搞教条崇拜、本本主义。不充分解说，不切近实际，不明快中的，这可能是许多伟大典籍的弱点。厉害了，荀子斯言也！

学之经莫速乎好其人，隆礼次之。上不能好其人，下不能隆礼，安特将学杂识志，顺《诗》《书》而已耳，则末世穷年，不免为陋儒而已。将原先王，本仁义，则礼正其经纬蹊径也。若挈裘领，诎五指而顿之，顺者不可胜数也。不道礼宪，以《诗》《书》为之，譬之犹以指测河也，以戈舂黍也，以锥餐壶也，不可以得之矣。故隆礼，虽未明，法士也；不隆礼，虽察辩，散儒也。

转述：学习的途径没有比好好请教师长更迅速的，隆重地尊崇与彰显礼法也是重要的。如果你做不到好好讨教，又不能突显尊崇，最多也就是面对各种杂书，解释一番罢了，做上一生，也是没有多少见识的鄙陋书生而已。为了弄清先王的仁义之道，必须从礼法入手来统领先王思想的经纬。如果抓不着礼法而是从《诗》《书》的言语上找根据，那就等于用手指头去测量河道，用长柄兵器去舂米，用锥子当筷子去搛食物，那是不可能达到目的的。如果能够彰显对于礼法的尊崇，就算你还有没有弄清晰之处，你也能算一位懂得礼法的士人，而如果你读些诗书却不知道去彰显对礼法的尊崇，即使你能说会看，你也只是一个散漫的书生罢了。

感悟：这一段的实质是批评孟子。孟子谈及各项实际问题，喜欢引用《诗经》《尚书》作为依据。孟子后的荀子，则从更成熟的修齐治平实践经验出发，认为礼法更务实更靠得上。孔子其实也是这样提出问题的，克己复礼，天下归仁——克己复礼，才是寻求仁义之本的正确途径。但是礼法未必是说得清楚其道理的，不清不明都是次要的事情，先隆重起来再说，一旦隆重起来，也就有了权威，有了影响，成了既成事实，这里头有实用主义，有操作主义。

问楛者，勿告也；告楛者，勿问也；说楛者，勿听也；有争气者，勿与辩也。故必由其道至，然后接之，非其道则避之。

故礼恭，而后可与言道之方；辞顺，而后可与言道之理；色从，而后可与言道之致。故未可与言而言，谓之傲；可与言而不言，谓之隐；不观气色而言，谓之瞽。故君子不傲，不隐，不瞽，谨顺其身。《诗》曰："匪交匪舒，天子所予。"此之谓也。

转述：问得恶劣蹊跷，不必回答；说恶劣蹊跷的话的人，不应该向他提问；有人讲一些恶劣蹊跷的话语，不要去听；进行意气之争的人，不要与他们辩论。就是说，只有以符合情理的方式出现的人士与他们的言语，你才可以接茬；不符合情理的恶劣蹊跷，你干脆就躲避开才好。

只有礼敬周到，才可以与他们讨论道理的方向；言辞恭顺，才可以与他们讨论道理的所在；神态恭顺，才可以对他们讲解到位。在不可以讨论的时候你去讨论，那是由于你的急躁；在可以讨论的时候你不讨论，那是你的隐蔽保守；你不察言观色就去与人家讨论，那是你的盲目。所以，君子不急躁、不隐瞒、不盲目，谨慎对待他人。《诗经》里有句"不要急躁也不要迟慢，天子才会满意"，说的就是这个呀。

感悟：有点非礼勿视勿听勿言勿动的意思。

与此前关于选择居住与出游地域的说法接近，荀子主张的是自爱自保自洁自卫，他不准备说服或驳倒任何与他志趣不同的人。

百发失一，不足谓善射；千里跬步不至，不足谓善御；伦类不通，仁义不一，不足谓善学。学也者，固学一之也。一出焉，一入焉，涂巷之人也；其善者少，不善者多，桀、纣、盗跖也；全之尽之，然后学者也。

转述：射出去一百支箭，有一支不中，算不上射箭的能手；走一千里地，差了半步没有到位，不能算是赶车的高手；面对各门各类的事项，不能做到通达明辨，仁义之道不能贯彻普遍，不能算是学习得好。学习，本身要求的是一以贯之。一会儿这样学，一会儿不这样学，这是俗人小人；他们当中，学好的人少，学坏的人多，有的就成为桀、纣、盗跖这样的坏人；一以贯之，一心一意地全面学习才会学习得有成果。

感悟：讲学习的一贯性与彻底性，不可折扣性，不可些微背离的原则。

但是认定学来学去，学好了的、学善了的少，学得不怎么样乃至成为桀、纣、盗跖这样的坏人的多，这是没有说服力的。

反过来说，百发失一，成功率百分之九十九，千里行车差了半步，半步也就是一尺左右，成功率已过百分之九十九，不妨下车后继续向前迈一步。视为学得不好，说法过于夸张，不甚尽情理。这也是百家争鸣的一个后果，即不往极端里说话，没人注意听。但强调学就要全面彻底地学好，而不要学坏，则是有的放矢了。

君子知夫不全不粹之不足以为美也，故诵数以贯之，思索以通之，为其人以处之，除其害者以持养之。使目非是无欲见也，使耳非是无欲闻也，使口非是无欲言也，使心非是无欲虑也。及至其致好之也，目好之五色，耳好之五声，口好之五味，心利之有天下。是故权利不能倾也，群众不能移也，天下不能荡也。生乎由是，死乎由是，夫是之谓德操。德操然后能定，能定然后能应。能定能应，夫是之谓成人。天见其明，地见其光，君子贵其全也。

转述：君子知道做人做事不完备、不纯粹是不足以成其美好的，所以要贯彻始终，思索搞通，设身处地，去除有害心态，涵养心性。要让自己的眼睛不去看那些不正确的东西，使耳朵不去听那些不准确的胡说，让自己的嘴巴不去说那些不正确的话语，使心思不去动那些不正确的念头。只有去发现美好，才是你唯一的追求。发现美好，正像你见到眼睛喜欢的五色，耳朵喜好的五声，口腹喜好的五味一样，像你得到了天下一样去追求与实践美好。这样，权与利不能让你倾倒，人多势众不能改变你的心志，天下没有能够让你摇摆的力量。你的生与死的根据是你的道德节操。有了道德节操才有稳定的把持，有了稳定的把持才有正确的应对，能稳定又能应对，这就是成熟的君王了。天能够显现其光明，大地能够显现其广大，君子珍爱你的完善圆满。

感悟：讲劝学，这里的学习主要不是讲知识与才能，而是讲是非。存是去非，是学习的首要任务。把持住自己，是学习的首要目标。把是非的判断取舍变成自己的生理本能，爱戴与维护是非、道德、礼义的正确性，像爱戴与维护美食美色美声一样。再把这种是非观念转化成天子诸侯君王们的根本心志：对于君王来说，正确性即天下，抓住了一切是非之辨中的"是"，克服与驱逐一切是非之辨中的"非"，抓住了正确性，抓住了仁义道德礼敬，就是抓住了天下。

这是一种学说，一种认识，一种理念，更是一种信仰，一种决心，一种使命意识，一种类似宣誓的誓言。

二

修身

本章强调人的内心修为，以志意善与不善区分，以礼的辨别与约束为准绳，以恭敬、忠信、端悫诸方面德性为要点，做到志气养生，做到积少成多，成就君子贤圣，强调有了修身上的内功基本功，就有了定力，有了方向，有了拒邪拒恶拒妍拒小人的保证。

见善，修然必以自存也；见不善，愀然必以自省也。善在身，介然必以自好也；不善在身，菑然必以自恶也。故非我而当者，吾师也；是我而当者，吾友也；谄谀我者，吾贼也。故君子隆师而亲友，以致恶其贼。好善无厌，受谏而能诫，虽欲无进，得乎哉！小人反是，致乱，而恶人之非己也；致不肖，而欲人之贤己也；心如虎狼，行如禽兽，而又恶人之贼己也。谄谀者亲，谏争者疏，修正为笑，至忠为贼，虽欲无灭亡，得乎哉？

《诗》曰："噏噏呰呰，亦孔之哀。谋之其臧，则具是违；谋之不臧，则具是依。"此之谓也。

转述： 见到好人好事，认真地记到心里省察自身能否做到；见到不好的人和事，惊惧地反省自身有没有同类的问题。好人好事给自己留下了印象，坚定执着地去肯定它、追求它；不好的人与事给自己留下了印象，就要像被玷污了一样去厌弃它。

所以说，能够正当地批评我的失误的人，是我的老师；能够适当地肯定我的正确方面的人，是我的朋友；而向我谄媚讨好的人，是来到我这里的蠹贼。君子应该隆重地礼敬老师，亲近朋友，厌恶蠹贼。想想看，追求好人好事不知厌倦，受到批评告诫能够改正自己的毛病，这样的人想不进步也不可能！

小人的情形完全相反，自己把事情搞糟了，却反感于别人对自己的负面议论；自己所为不成样子，却还要求别人称颂自己的贤明；有虎狼之心、禽兽之行，却讨厌他人对自己的谴责。与谄媚讨好的人亲近，与进诤言提不同意见的人疏远。劝他修正错误，他觉得是嘲笑他；向他进忠言，他觉得是陷害他。这样的人想不灭亡，他做得到吗？

《诗经》有句"跟一边磕磕碰碰，跟另一边叽叽咕咕，说来也够惨的喽，好办法他一概拒绝，馊主意他全部接受！"说的就是这样的人啊。

感悟： 历代对于掌握权力或亚权力的人，这一类的忠言教诲很多。

提倡诤友，提倡谏诤，提倡闻过则喜，提倡从善如流，提倡常思己过与莫论人非；警惕谄媚，警惕迎合。严重警告千万不要让握有大权的君王诸侯身边，聚集起奸佞弄臣、下贱卑劣小人。谆谆劝诱，讲得很多，收效有限。历朝历代，常见忠臣遭祸、奸佞得逞的故事发生，甚或因此导致一个显赫王朝的灭亡。

这里所说的反正道而行之的小人，虎狼之心，禽兽之行，谄谀者亲，谏诤者疏，修正为笑，至忠为贼，以及后面的话，都说得很重，有的专家强调这里的小人指的是卑劣之人，似是专指比孔子喜欢讲的君子小人之辨中的小人更恶劣的坏人。我倒觉得，这里的话针对的是帝王、君主、大臣、掌权者，天下本应是有德者居之的，赶上被小人占了位，可不就使小人之鄙俗膨胀成了虎狼禽兽之恶毒与危殆了吗？

我个人的体会也是，孔子的一系列教导中，"闻过则喜"极难做到，"不贰过"也比不迁怒做起来困难得多。大人物脾气大，易迁怒，但人物太大了太牛了太高了，从根本上说，应该少有迁怒的生理心理需要；同时大人物必然富有主体性，他需要自信，敢于自信，然而过分自信了，就很难改过，就易于坚持过错，有时瞪着眼非"贰过"不可。整天从善如流也是不可能的，从善到了如流的程度，给人应该让贤的感觉。许多好人也不能免俗，爱听表扬赞美，不爱听批评，闻过则尴尬，闻过则怒。陈毅早在新中国成立初期 1954 年就有诗句："岂不爱推戴，颂歌盈耳神仙乐。"当然，这也是有的放矢，经验之谈。

扁善之度：以治气养生，则后彭祖；以修身自强，则名配尧、禹。宜于时通，利以处穷，礼信是也。凡用血气、志意、知虑，由礼则治通，不由礼则勃乱提僈；食饮、衣服、居处、动静，由礼则和节，不由礼则触陷生疾；容貌、态度、进退、趋行，由礼则雅，不由礼则夷固僻违，庸众而野。故人无礼则不生，事无礼则不成，国家无礼则不宁。《诗》曰："礼仪卒度，笑语卒获。"此之谓也。

转述：学好用好一切好习惯、好法度，以之益气养生，能跟上彭祖；用来修身养性，声誉可以比配尧、舜。把握了善道，讲礼敬，讲礼义，无论自身处于达、穷、通、塞什么局面，都是适宜与有利的。

如果我们要谈的是血气（性情）、志意（心气与追求）、知虑（盘算）这一类自我掌控的问题，你遵循礼法，就能通畅有序；违背礼法，你就会悖谬、混乱、散漫、懈怠。如果你要谈的是吃喝、衣装、居住、举止一类的生活方式问题呢，你遵循礼法，就和顺平衡，调节适当；违背了礼法，就会碰壁失误，动辄出毛病。而如果我们要谈的是容貌、色态、进退、行走这些举止风度的问题呢，遵循礼法就能文明雅致，违背礼法就会偏颇、乖僻、低俗、粗野。

总之，人不讲礼法，就不算生为人子；办事无礼，则事事无成。《诗经》有句"礼法周到，笑语顺遂"，就是讲的这个。

感悟：将善度（道德）、礼法、法度、规则一直到习惯放在如此重要的地位，是荀子的一大特色。不论是养生、处世、穷通、修身、心态、主体精神、生活方式、举止风度，都要符合礼法。礼法云云，一通百通，符合礼法才站得住，才谈得到其他，才无往不胜。

这也是中华文化高屋建瓴、势如破竹的一种讲求，善度、礼法是一种基本的态度和法则，无论做什么事都必须有正确的态度和法则规则。首先是敬畏的态度，其次是遵循与力行的态度。这样的表现，将调节整理出文明和谐有序有礼有法来，为一切人类活动与人际关系树立规范、奠定基础。

以礼代法，这个想法可爱、天真、高明，悦耳悦目，不完全行得通。齐之以礼，即以礼节来规范国家与民人，而不是齐之以刑，即首要不是以法律的强制性来规范社会。单说如此琢磨治理路数，这样的想象力，就堪称绝门，够精彩的了。以高高的天道、天理、圣贤、仁义、克己复礼来治国，更是人类一绝。不能不击掌称颂，却又不能只靠这个美好设计。人必须还有底线思维，还有抗恶设计。

与老庄道家的主张相比较，特色更加昭著。治理不能只强调天性、自然，必须强调人文礼法秩序，强调治理勤政，直到强力刑罚。

荀子是大儒，但又被一部分人认为是法家，这正是荀子集大成的特色。

以善先人者谓之教，以善和人者谓之顺；以不善先人者谓之谄，以不善和人者谓之谀。是是、非非谓之知，非是、是非谓之愚。伤良曰谗，害良曰贼。是谓是、非谓非曰直。窃货曰盗，匿行曰诈，易言曰诞。趣舍无定谓之无常。保利弃义谓之至贼。多闻曰博，少闻曰浅。多见曰闲，少见曰陋。难进曰偍，易忘曰漏。少而理曰治，多而乱曰秏。

转述：以好的言行来引领民人，叫作教化；以好的言行来附和民人，叫作平顺；以不善来导引民人，叫作谄媚；以不善附和民人，叫作阿谀；肯定正确的东西，否定错误的东西，叫作智慧；否定正确的东西，肯定错误的东西，叫作愚昧；伤害攻讦好人，叫作进谗；诬陷谋害好人叫作国贼；说正确的东西是正确的，说错误的东西是错误的，叫作正直；窃取财物的叫作盗贼，隐匿行迹的叫作欺诈，胡说八道的叫作荒诞；选择什么放弃什么没有定规的，叫作没有常理常识；为了一点利益不要原则大义的，叫作奸贼；知道得多的叫作渊博，知道得少的叫作肤浅；见识多了，叫宽广；见识少了，叫鄙陋；理解接受起来困难的，叫迟钝；接受了健忘的，叫疏漏；说话做事少却有条有理的，叫治；多而混乱的，叫乱七八糟。

感悟：荀子讲究的是命名，讲究的是清晰的、一分为二的、二元对立的命名。命名就是对象的人化，客体的主体化，表现了主体的感觉与认知，更体现了主体的价值衡量与价值剪裁。简约明快的命名，提升着人的精神，涵育着人的心灵，鼓舞着人的自信，推动着人的奋进。荀子的一系列命名，就命名讲命名，堪称清明准确乃至精彩透辟，但是他的二元对立、二极对立的命名法又令人不安，世界上的一切对象除可以区分为教化、平顺与谄媚、阿谀，智慧与愚昧，进谗、国贼与正直，渊博与肤浅，宽广与鄙陋等，是不是还有中间状态、演化状态、摇摆状态与混合状态呢？比起万物万象万事的千差万别的变异与动态来说，命名、戴帽子、划类，在简约化、清晰化人们的认知能力的同时，是不是也会简单化、片面化、粗略化人的认知呢？失之毫厘，差之千里，三下五除二地命名会不会带来喊里咔嚓的胡闯乱撞？是不是也需要提醒一下：命名须慎重，名简而事繁，不能不警惕命名搞错的可能性啊。

治气养心之术：血气刚强，则柔之以调和；知虑渐深，则一之以易良；勇胆猛戾，则辅之以道顺；齐给便利，则节之以动止；狭隘褊小，则廓之以广大；卑湿重迟贪利，则抗之以高志；庸众驽散，则劫之以师友；怠慢僄弃，则炤之以祸灾；愚款端悫，则合之以礼乐，通之以思索。凡治气养心之术，莫径由礼，莫要得师，莫神一好。夫是之谓治气养心之术也。

转述：调理气血、涵养心神的方法是：血气刚强，要通过调和使之变得柔性；思虑深潜，要注意树立平易善良的形象；勇敢猛烈，还须要帮助他理顺程序；迅捷灵敏的人，要掌控自身的行止节奏；境界狭隘窄小的人，要使之开拓阔大；卑微迟钝贪便宜的人，要激发他更高的志向；平庸懒散的人，要通过良师好友带领推动他们上进；怠慢轻浮、自暴自弃的人，要让他明白可能遇上的祸患；纯朴忠厚的人，要让他通晓礼乐，学会思索想事。

一切调理气血、涵养心神的努力，没有比礼敬更好的路径，没有比获得良师更重要的环节，也没有比专心致志更能获其神髓的了。

感悟：以礼理气，以礼养心，以礼致和，以礼求易良，以礼行顺，以礼知节，以礼开拓，以礼提高，以礼为师，以礼避祸，以礼通乐。礼是一切生活项目的规范，礼是一切努力的路径。礼是一切道、理、心、志、修、养的行动化、具体化、操作化。

这一段话还有一个精彩之处，就是因材施教，因人而异。荀子讲大道理，同时与孔孟比较，他更多地想到了操作与实践。

志意修则骄富贵，道义重则轻王公；内省而外物轻矣。传曰："君子役物，小人役于物。"此之谓矣。

身劳而心安，为之；利少而义多，为之；事乱君而通，不如事穷君而顺焉。故良农不为水旱不耕，良贾不为折阅不市，士君子不为贫穷怠乎道。

转述：有了志向与意图的修为，就会面对富贵而骄傲自尊；有了道义的执着，就会面对王公贵胄而不为所动；注重内心的把持的人不会过分重视外在处境。古书上说"君子能够使用外物，小人则是为外物所役使"，说的就是这个意思。

这样，虽然辛苦但是内心安然的事情，是可以做的；利益不多但是道义重大的事情，是可以做的；供职于失去了章法的朝廷而通达显贵，不如供职于贫穷的小国而循道而行。良好的农民不会因某些水灾旱灾的发生而停止耕作，良好的商贾不会因为一时的亏损就停业，而读书人、君子不会由于贫穷就不讲仁义道德了。

感悟：这是讲精神陶冶、内心修持的重要性。眼睛盯着外物，见到什么人比自己某方面优越一些，就羡慕嫉妒恨，见到某方面处境不如自己的，则轻视鄙视、自鸣得意，这样的浅薄之徒，多了去了。有志向者，不这样；有学问者，不这样；有境界者，不这样；有道德者，不这样；有修养者，不这样；多少有点真本事的人，也不会这样。

原因是人的处境是自己的情况与外在的情况相依、相遇、相合、相碰、相作用的结果，处境当然与自己的斤两成色有关，但同时与机缘、巧遇、背景及某方面的势力的作用有关，人人都明白走运与吃瘪在机遇方面的区别。

但是你的志向、学问、境界、道德、修养、本事，都属于你自己，它们很难因外力而增长，也很难因外力被剥夺。

所以真正有实力的人永远不会放弃，也不会过分在意一时一事的成败得失，他们会坚持做下去，他们永远把握着取胜的钥匙。

体恭敬而心忠信，术礼义而情爱人，横行天下，虽困四夷，人莫不贵。劳苦之事则争先，饶乐之事则能让，端悫诚信，拘守而详，横行天下，虽困四夷，人莫不任。体倨固而心执诈，术顺墨而精杂污，横行天下，虽达四方，人莫不贱。劳苦之事则偷儒转脱，饶乐之事则佞兑而不曲，辟违而不悫，程役而不录，横行天下，虽达四方，人莫不弃。

转述：着力于恭敬，心怀忠信，仿效的是礼义，性情仁爱，即使处逆境于边远地区，仍然受到人众的敬重。争着做劳苦之事，遇到舒服享乐的事情，谦让给别人，端正忠厚，恪守规矩，明白事理，不论在什么情况下到了什么地方，即使是处逆境于边远的地方，也会受到信赖。

反过来，如果是着力于倨傲，心怀诡诈，仿效的是（墨、慎）邪说，性情趋于卑污，不论在什么情况下到达了什么地方，虽然也走南闯北，走到哪儿人们都会予以轻蔑。遇到辛苦的事推脱偷懒，遇到舒服享乐的事巧取豪夺，奸滑而不忠诚，放纵而不自制，这样的人，无论走到哪里，都会被人众唾弃。

感悟：这是诚恳的告诫：不要投机取巧，不要奸诈卑污，不要唯利是图，不要好逸恶劳。

"虽困四夷，人莫不任"；另一种情况是"虽达四方，人莫不贱"。这几句话听起来极亲切率直，这是人生的真滋味啊。

看一个人，要看他在顺境与逆境时的表现。小有得意，猖狂放肆，吹牛冒泡，转眼搞上个天怒人怨，值得一哂一看一叹。小有挫折，牢骚满腹，叫苦连天，卖惨卖怜，唱衰唱灭，身无长技加上破罐破摔，晦气瘴气，唯一能做的不过是弄姿作态而已，也令人摇头掩鼻，实难施以援手。

行而供冀，非渍淖也；行而俯项，非击戾也；偶视而先俯，非恐惧也。然夫士欲独修其身，不以得罪于比俗之人也。

转述：走路的样子，谦恭谨慎，其实倒不一定是怕足陷入泥坑；走路时略低着头，其实倒不一定是怕头部撞上硬物；行走时碰到熟人先俯身行礼，并不是怕谁。而是一个士人，尽量修养自己的德性风度。

感悟：其实，走路时注意路况，不要过于大步流星与挺胸腆肚，开初恐怕是有其实际原因的，预防踩泥，预防撞头，都很合理。但是它形成了一种传统的精神文明，咱们这里流行的是一种谦恭谨慎、彬彬有礼的风度。缺点也有，小有驼背、低头哈腰、俯首听命的形象有余，健康有力、精神奕奕、气宇轩昂的形象不足。鲁迅当年就写过文章，说起日本儿童与中国儿童在照片中显现的精神面貌的不同。

与孔子一样，荀子也注意容色、风度、举止，相反，我们有时在电视屏幕上看到的镜头，今天的同胞们，或有吊儿郎当、缩手缩脚、呆板迟钝、左顾右盼、面有难色、毫无表情的状态，显得不太成样子，令人遗憾。这些恰恰需要从幼儿园抓起，培养一种不卑不亢、阳光开朗、与人为善、亲切自然、生动活泼的新兴中华风度。

夫骥一日而千里，驽马十驾则亦及之矣。将以穷无穷，逐无极与？其折骨绝筋，终身不可以相及也。将有所止之，则千里虽远，亦或迟、或速、或先、或后，胡为乎其不可以相及也！不识步道者，将以穷无穷，逐无极与？意亦有所止之与？夫坚白、同异、有厚无厚之察，非不察也，然而君子不辩，止之也；倚魁之行，非不难也，然而君子不行，止之也。故学曰："迟彼止而待我，我行而就之，则亦或迟、或速、或先、或后，胡为乎其不可以同至也？"故蹞步而不休，跛鳖千里；累土而不辍，丘山崇成。厌其源，开其渎，江河可竭。一进一退，一左一右，六骥不致。彼人之才性之相县也，岂若跛鳖之与六骥足哉？然而跛鳖致之，六骥不致，是无它故焉，或为之，或不为尔！道虽迩，不行不至；事虽小，不为不成。其为人也多暇日者，其出入不远矣。

转述：骏马一日千里，劣马走十天，也能跑出去这个距离喽，那么能靠它们跑到无穷无涯之外，追上无极无端之地吗？跑折了骨头，跑断了筋，一辈子也是到不了的。你必须有个至此为止的点定下来，然后或迟或快，或早或晚，你总会到达目的地，谁又能说哪儿是到不了的地方呢？

一个不认路也不知道行走方略的人，让他处于无穷无涯之中去追求无极无端，他又能怎么走呢？恐怕还是需要一个界限，一个边际的吧。研究起学问、讨论起问题来，什么离坚白、合同异呀，什么有厚、什么无厚呀，这一类说法，君子不是不知道这些玩意儿，而是要叫停这些抽象的玄虚诡异之说。奇异谲怪的行为，不是没有挑战性，但是君子不能去做，因为他需要禁止自己的胡作非为。有志于学习的人会明白，最晚等到某个点，追求停止下来了，我也总算到来了，到此为止，我只要是向它那个方向走，或慢或快，或早或晚，谁能说我不是同样能够到达我的目标呢？所以说，半步半步地爬，一个跛腿鳖也能走千里；积累泥土不止，就能造出高峰大山；堵住源头，凿开口子，可以把滔滔之水放干涸；前一脚后一脚，左一脚右一脚，你乘六匹好马也到不了任何地方。说起材料功能的差别，跛鳖与六骥相差得是多么远啊，为什么跛鳖做得到的事情六匹良马却做不到呢？很简单，一个它做了，另一个它没有做。目标贴近，不走，你还是到不了；事情很小，你不干，就做不成。那些经常软懒闲散、无所作为的人，也就和这种自以为强却不肯动腿的六骥一样，只会是一事无成。

感悟：这一段很有鼓舞与警示的作用，讲得生动有致。人之一生，总要有所不为，有所不辩，有目标，有限制，有底线。你即使驾驶的是巡航导弹，如果没有方向，没有目标，没有舍弃与停止的边界，你会驶向何方？你只能迷失本性，失落方向，也就是失落了此生此世。知止而后有定，这里的"止"字，既是停止，是红线红灯，也是目标远景、追求向往。

荀卿举的例子有趣，他说先秦名家喜欢讨论的逻辑学、语义学、语法学问题，诸如坚与白同石头的关系、同与异的关系，应该还包括什么"白马非马""物莫非指，而指非指"之类的讨论，这一类诡辩式的讨论，即便很有趣、很高雅，也不进入君子的话题，因为君子关心的是经世致用、修齐治平，是家国民人。他主张压制减缩玄虚雄辩，这很有道理。

但荀卿他的说法限制了人的智力、想象力、好奇心、游戏心的发展与运用。这是一段时期中国某些学科缺少发展的一个重要原因。也就是说，我们应该在学术研究、学术讨论上有更宽泛的格局，可以讨论经世致用，也可以发展智力游戏，可以高度务实，也可以进入纯粹思维的领域，可以注重现实，也可以思于终极等。

鼓励有所作为，不可自卑，不可东一榔头西一棒子地做事与求学，即使是一只跛鳖，只要坚持爬下去，不分迟早快慢，也能达到同样的目标，这些话充满力量。

好法而行，士也；笃志而体，君子也；齐明而不竭，圣人也。人无法，则伥伥然；有法而无志其义，则渠渠然；依乎法而又深其类，然后温温然。

礼者，所以正身也；师者，所以正礼也。无礼何以正身？无师吾安知礼之为是也？礼然而然，则是情安礼也；师云而云，则是知若师也。情安礼，知若师，则是圣人也。故非礼，是无法也；非师，是无师也。不是师法，而好自用，譬之是犹以盲辨色，以聋辨声也，舍乱妄无为也。故学也者，礼法也。夫师，以身为正仪，而贵自安者也。《诗》云："不识不知，顺帝之则。"此之谓也。

转述：遵守并实行法度，这是士人；笃诚心志，身体力行，这是君子；周全明哲，体用不尽，这就是圣人了。人不知法度，迷迷糊糊，不知所措；有法度而没有心志去践行法度的原则大义，仍然是小里小气、抠抠搜搜；只有又有法度又能探求物象与名类的构成规律的人，才能在生活中得心应手、把握主动。

礼法，是用来给自身树立标准的；师长，是靠他们来教导礼法的。不知礼法，又靠什么来树立自身的标准呢？没有老师，又从哪里知道礼法是什么样子的呢？礼法什么样我就什么样，说明情怀安然于礼法；老师怎么讲我也怎么讲，那么我的所知正是老师的所知。情怀安于礼法，知识跟随老师，这就是圣人啦。所以说，违背了礼节，也就没有了法度；违背了老师，也就没有了师法。离开了老师的教导，又离开了礼法，然后自以为是，就像是瞎子分辨颜色，聋子分辨声音，除了混乱与妄说，还能有什么别的呢？所以，学习，就是要学习礼法。而老师呢，以身作则，以自己安心这样做（以身作则，循礼而行）为贵。《诗经》上说："不需特别的见识，不必特有的智慧，自然而然地顺从天意天规。"

感悟：做人要靠礼法，礼法要靠师教，学了要立志践行，情怀要符合礼法，思想言论要跟着师长的教诲走。那么，一切走向正当优化，你成为士，成为君子，成为圣人，都是可以做得到的。

有一点不足：一切有现在的规矩模式，只消执行跟随学样儿，不需要任何的创造、发展、应对、前进了？

端悫顺弟，则可谓善少者矣；加好学逊敏焉，则有钧无上，可以为君子者矣。偷儒惮事，无廉耻而嗜乎饮食，则可谓恶少者矣；加惕悍而不顺，险贼而不弟焉，则可谓不详少者矣，虽陷刑戮可也。老老而壮者归焉，不穷穷而通者积焉，行乎冥冥而施乎无报，而贤不肖一焉。人有此三行，虽有大过，天其不遂乎。

君子之求利也略，其远害也早，其避辱也惧，其行道理也勇。君子贫穷而志广，富贵而体恭，安燕而血气不惰，劳倦而容貌不枯，怒不过夺，喜不过予。君子贫穷而志广，隆仁也；富贵而体恭，杀势也；安燕而血气不惰，柬理也；劳倦而容貌不枯，好交也；怒不过夺，喜不过予，是法胜私也。《书》曰："无有作好，遵王之道。无有作恶，遵王之路。"此言君子之能以公义胜私欲也。

转述：一个青少年端正朴实，尊敬兄长，那就是好少年；再加谦虚好学敏捷，那就是说，虽有同样的好少年，却很难超过他的品德，那么，他就会成长为君子。另一个青年，偷懒、懦弱、游手好闲，不讲廉耻又耽于吃喝，那就是恶少了；再加上放荡凶恶，不听话，就成了凶险不祥的少年，说不定这样的人会遭受刑罚掉了脑袋。一个人如果懂得尊重老年人，那么壮年人也会归顺他；一个人不轻蔑穷困的人，那么，有本事的人会往他这边积聚；做好事他不张扬，施恩于人却不要求回报，那么贤能的人和无能的人都会来归附。有了这三条，就算是碰到大难，老天爷也不会拿他怎么样的。

君子对于追求利益非常淡薄，早早远离祸害，机警地避开屈辱，勇敢地去做合乎道理的事情。君子，贫穷了，仍然心志宽广；富贵了，仍然举止恭敬；休息闲散了，血气并不怠惰；劳累疲倦了，容貌并不枯槁死板；生气的时候不过分惩罚人，高兴的时候不过分奖赏人。君子贫穷而心志宽广，是由于他仁爱的充实伟大；富贵而举止恭敬，是为了减弱自身的强势；安闲时不怠惰，是应有的精神面貌；疲劳而容貌端正，不苟且随便，是为了与他人正常交往；喜怒赏罚都不过分，是因为法度必须要胜过一己的情绪波动。《尚书》上说："不要任凭个人的一时喜好或厌恶行事，做什么都要按照先王的原则与礼义。"说的就是这个意思。

感悟：所谓三岁看老，从小看大，对于儿童少年强调的是敬长、好学，是谦逊、诚恳、克己。

时时事事，处处人人，做什么都不能随着情绪变，而要跟随着法度礼节行事。也就是人在任何情况下，都要把持得住自己，胜不骄，败不馁，闲不惰，劳不枯，喜怒哀乐都保持一定的分寸。这种人格修养，相当动人感人服人。

三

不苟

这一章的写法较有特色。不苟，就是不苟且，不为零七八碎、稀奇古怪、天花乱坠、巧言令色的偶然、表面、浅薄、花哨的事物说法所迷惑；不投机、不凑热闹、不碰运气、不装腔作势，严守、坚持礼义正道。扶正祛邪，眼里盯着的是正；拨乱反治，心里想着的是治。照亮世界与人生，靠的是天日昭昭，清洁世道人心，而不是沉浸在邪恶、混乱、黑暗与龌龊中，对其加以夸张，这个说法极不寻常。它还强调了类别的重要性，认为分类是成为君子的开端，荀子的分类说，约等于如今说的定性说，做事待人，关键在于弄清性质，性质决定类别，类就是性，弄清性质是做好一切的前提，这是非常中国的思路。

君子行不贵苟难，说不贵苟察，名不贵苟传，唯其当之为贵。故怀负石而赴河，是行之难为者也，而申徒狄能之；然而君子不贵者，非礼义之中也。山渊平，天地比，齐、秦袭，入乎耳，出乎口，钩有须，卵有毛，是说之难持者也，而惠施、邓析能之；然而君子不贵者，非礼义之中也。盗跖吟口，名声若日月，与舜、禹俱传而不息；然而君子不贵者，非礼义之中也。故曰：君子行不贵苟难，说不贵苟察，名不贵苟传，唯其当之为贵。《诗》曰："物其有矣，惟其时矣。"此之谓也。

转述：君子不会只因为做了随便什么难做的事，而珍重某项行事；不会只因为说了随便什么人之未见的见解，而珍视某个见解；不会只因为能够广为传播，而珍重某种名声。只有正当适宜的东西才是珍贵的。抱起石头跳河自杀，不容易做到，但商代的申徒狄这样做了；君子并不因此而赞扬他，因为他的自杀并不符合礼法与义理的大原则。什么山与深渊一样平啊，天与地是相连而不是分开的啊，齐国能够联结上遥远的秦国啊，大山有耳听得见声音，有口发得出回音，老妇也会长胡须，鸡蛋也长着毛啊，这些说法听起来很难站得住脚，但是惠施、邓析都善于发表这样的言论。然而讲得再好君子也不会佩服，因为它们是一些怪论，不符合礼法与义理。盗跖贪婪凶恶，名声如日月之普及，名声与虞舜、夏禹一样方方面面长长远远，然而君子不可能珍视江洋大盗的名声，那不是符合礼法与义理的名声。

所以说，君子的评价、事迹不是只论难度，说话不是只论新奇，名声不是只论大小，而只有正当恰当才值得珍贵。《诗经·小雅·鱼丽》中有句"此种现象有是有的，但还要看它是否合乎时宜"，说的就是这个意思。

感悟：荀子讲的有预见性。他的含义是什么事什么人都有自己的方向性与价值体现。行事之难易，立言之巧拙与深浅，名声之大小与延续，固然能够给人以一般层面的深刻印象，但是如果行事难而不善，见解卓越而不切实际，名声巨大而无益于家国民众，就只能说是方向错了，价值混乱，不值一顾。

当今世界，有所谓靠传播造名人、造明星的选秀之类的闹哄，还有明星间咬出来的丑闻段子，荀子早准备好了，在这儿等着你们这些名不符实的家伙丢人现眼呢。

君子易知而难狎，易惧而难胁，畏患而不避义死，欲利而不为所非，交亲而不比，言辩而不辞，荡荡乎，其有以殊于世也。

转述：君子人容易了解与结交，随和，但是不可对其无礼无格儿，瞎来；容易有所畏惧，但是不可对之胁迫威吓；可以让他们对灾难有所惧怕，但是他们不会回避为义理原则而付出生命；可以与他们亲近，但是不可能与他们搞成团团伙伙；他们可以有极好的言谈与说服力，但是拒绝卖弄辞令，他们开朗大方，与世上的俗人显然不同。

感悟：说得太好了，君子坦荡荡，随和，有所畏惧，不难亲近，但是有原则，有底线，不庸俗，不怯懦，不低级，不丢脸。君子就是比小人高出一大截，小人们羡慕嫉妒恨，活活急死，硬是够不着。

君子有君子的格调，有君子的高尚，有君子的宏大；这样，嘀嘀咕咕、嘟嘟囔囔、抠抠搜搜、斤斤计较的小人们永远无法理解君子的人格，他们最多见识到君子的干练纯熟精到与好运罢了。

君子能亦好，不能亦好；小人能亦丑，不能亦丑。君子能则宽容易直以开道人，不能则恭敬撙绌以畏事人；小人能则倨傲僻违以骄溢人，不能则妒忌怨诽以倾覆人。故曰：君子能则人荣学焉，不能则人乐告之；小人能则人贱学焉，不能则人羞告之。是君子、小人之分也。

转述：君子能干，情况会很好；君子没有某种能力，也是正常的。小人能干了会出丑；不能干了，干不成了，还是要出丑。君子能干了，他仍然待人谦恭，平易正派，开导他人；而遇到自己有所不能的时候，君子恭敬谦虚谨慎，向当事人表示不安。小人显出点能干来了，立刻牛皮冲天，哪儿也装不下了；无能为力了，就会嫉妒怨恨，破坏攻击他人。所以君子能干，大家以向他学习为荣，君子遇到不会干的事情了，大家也乐于告诉他该怎么做；小人有两手，大家觉着跟上去学是丢自己的人，小人犯了难，别人顾虑指点他反而会使得自己丢份儿。这是君子与小人大大有别之处。

感悟：比较起来，君子稳定，有准头；小人轻佻，忽冷忽热，忽高忽低，赢不起也输不起。从境遇上说，君子与小人有共同或相似处，有他们显露本事的事由、地方与机遇，也有让他们为难的事由、地方与时机。而不论境遇顺逆，事功成败，君子都沉得住气，都有自己的定力与形象，而小人却总是有出不完的洋相。

小人显露了自己的无知无能的时候，为什么他人羞于教导他们，荀子没有细说，个中滋味值得揣摩：一种可能，小人嘛，你给予指点帮助，他反而视为丢他的面子，对你不是感恩而是记仇。还有一种可能是小人公众形象太差，你与他搞到一起去，只会丢你自己的人。还有一点很重要，小人嘛，最不愿意承认别人对他有恩有助有德，小人的特点是吃谁的饭砸谁的锅，是专咬东郭先生的狼性，是坚定的恩将仇报。这种故事我是亲有体会。可能，还有别的因素。

但也可以从相反的角度思考，小人云云，可能毛病多、讨人嫌，而尚非巨恶，而且君子助人也好，有能力也好，不是为了自己赚一把，君子可以帮助君子，君子更要舍得帮助小人；见到溺于水困于火中的人就要救援，不用先查核该人是君子还是小人，假设一个君子一生中关键性地帮助过六个小人，很可能其中有两三个后来脾性有某些改善，有百分之三十三到百分之五十的成功率，也算行了好事。谁也不能把世界划成两半，君子一个群体，小人一个群体。再说，小人恩将仇报了，不能由帮助过他的君子负责，小人丑态恶行，自有其因果报应。如果是真君子，不会动辄防备待救援者是中山狼，君子应该是宁做东郭先生，不做中山狼，也绝对不认为世界上的中山狼代表正常人士。

《荀子》中的这一段，生动活泼，充满生活气息，特别是如见小人之丑态窘态失态，富有文学性。《论语》里的君子小人之辨，讲得简练清明；孟子讲的君子小人的喻于义与喻于利之辨，讲得正气凛然；荀子讲的则活生生有幽默感，我的说法是幽默感常常表现的是智力的优越感，在荀子这里则还有人格的优越感与对小人的悲悯感。

君子宽而不慢，廉而不刿，辩而不争，察而不激，直立而不胜，坚强而不暴，柔从而不流，恭敬谨慎而容，夫是之谓至文。《诗》曰："温温恭人，惟德之基。"此之谓也。

转述：君子宽厚而不怠慢，廉正而不伤人，善于言谈，但是不喜争论，看问题敏锐但不偏激，刚直但不盛气凌人，坚强但不暴躁，温良随和但不随波逐流，自己恭敬谨慎同时从容不迫。这样，就算是修养到家了。《诗经·大雅·抑》上有句："温温和和，恭敬他人，这才是德行的基本。"

感悟：内容符合孔子所讲的温良恭俭让，但加了辩证法与底线。宽容应该，但是不能简慢；清廉必须，但是不能拒人于千里之外，也不能轻易伤害他人；会讲道理很好，但是不必喜争多辩，不能耽于唇枪舌剑，空话连篇；明察秋毫也行，不可神经兮兮，夸张失实；堂堂正正也罢，不可过分强势；坚强勇敢也不等于火爆霹雳；温良恭俭让是应该的，但不可丧失独立的判断与选择，任人裹胁；小心翼翼，好，但是不可紧张匆迫。这个思路是有益的。

君子崇人之德，扬人之美，非谄谀也；正义直指，举人之过，非毁疵也；言己之光美，拟于舜、禹，参于天地，非夸诞也；与时屈伸，柔从若蒲苇，非慑怯也；刚强猛毅，靡所不信，非骄暴也。以义变应，知当曲直故也。《诗》曰："左之左之，君子宜之；右之右之，君子有之。"此言君子以义屈信变应故也。

转述：君子推崇他人的德行，弘扬他人的美好，并不是谄媚拍马；正义直言，指出他人的过错，也不是毁谤挑剔；谈到自己的大美，可比拟舜、禹，可参配天地，不是夸张过度；根据时机有所调整屈伸，像蒲苇一样柔韧，不是由于恐惧怯懦；而刚强勇猛坚持到底，遇事伸展大气，也并不是骄傲暴烈。这样做的目的都是根据义理原则，妥善应对形势，懂得什么时候要曲柔，什么时候要刚直。《诗经·小雅·裳裳者华》上讲："天意决定靠左走靠左走，君子走得适应适宜适度；天意决定靠右走靠右走，君子照样有自己的把握与尺度。"说的就是根据义理原则，有所调整屈伸，因应变化，无不得宜。

感悟：君子并不古板，该夸奖时不吝美言，该指斥时敢于指斥，不需要说什么话都先拟稿。君子绝不僵硬，随时调整自身，因应事物与形势而有所变化。可以赞扬，也可以有所指摘，一切都是以义理、以是否符合原则即大义为标准。君子也有相对比较张扬与比较收缩时刻的区分，君子也有极其自信和强势与更注意谦恭时刻的区分，君子也有温馨随和与刚强猛毅状态的区分。最妙的是，君子也有需要左一点或右一点的对于时机条件的区分，太有趣了。当然，荀子时代的"左"与"右"是指运势、时机与义理上的变化，而不是近二百余年国际共产主义运动中的"左"倾或右倾机会主义。君子必须有应变的能力，有应变的自觉。

左右逢源之说，源远流长。孟子当初讲"资之深，则取之左右逢其原"，意为学问大了就能左右逢源，可惜被后人误解成了两面通吃的意思。《诗经》当年讲"左右皆宜"的时候，做梦也想不到左、右二字到后世向"左"倾、右倾含义的发展与转化，但此语之精彩，到了二十一世纪的中国，令人喜乐地尬蹦。

网络上更多的对于"左之""右之"的疏解是君王左右都有能人参谋。但阅读此段，整体理解似应是谈"因应屈伸"，如果只是讲听左右的意见建议，说得内涵小多了，能听意见，其实也可以包括在因应屈伸之中。

君子，小人之反也：君子大心则敬天而道，小心则畏义而节；知则明通而类，愚则端悫而法；见由则恭而止，见闭则敬而齐；喜则和而理，忧则静而理；通则文而明，穷则约而详。小人则不然：大心则慢而暴，小心则淫而倾；知则攫盗而渐，愚则毒贼而乱；见由则兑而倨，见闭则怨而险；喜则轻而翾，忧则挫而慑；通则骄而偏，穷则弃而儑。

传曰："君子两进，小人两废。"此之谓也。

转述：君子与小人是正好相反的。从君子心志之大、格局之大的角度看，君子的思考方向在于尊崇而且把握天道。从君子心志之精微与格局之微的角度来看，注意力在于敬畏义理而节制。君子智商高的方面在于明白通顺而且善于综合归纳推导。君子天真而愚朴的方面是正派、诚恳、规矩守法。君子得到信赖重用，恭敬而不妄动；被忽略了呢，仍然保持自己的端庄厚重。高兴了，和善讲礼（理）；忧愁了，沉静合礼（理）。处于顺境，要文雅明白；处于逆境，要简单周到。

小人不是这个样子，他们心气大，就会傲慢暴躁；心气小，就会邪恶坑害。小人聪明了，盗窃欺诈，贪得无厌；傻了呢，恶毒使坏，唯恐不乱。小人得志，急急忙忙，烧得洋相百出；小人得不到机会，一肚子怨怼，包藏祸心。小人高兴了，轻浮嘚瑟，哪儿都容不下他；小人发愁了，惊惶失措，自馁自怜。小人处于顺境，自以为是，偏执狭隘；小人处于逆境，自暴自弃，卑贱丢份儿。

古书有云："君子处于两种不同的情况，无论是大小知愚用弃喜忧顺逆，都是前途光明远大的，而小人同样处于两种不同的情况，都是垃圾。"

感悟：孔子讲君子与小人之别，令人惊叹其精准透辟，荀子讲君子小人之别，也令人叹服其逼真，尤其是说到小人的"兑（锐）而倨"，"怨而险"；"喜则轻而翾（儇）"，"忧则挫而慑"；"通则骄而偏，穷则弃而儑（隰）"，如见小人的嘴脸，如见小人的表演，如闻到了小人的气息。荀子善于勾画君子与小人的举止、形色、容貌、形象，入微细致，拍案叫绝："小人，我瞅着你怎么那么面熟呢！"

这一段，有些古字相当生僻，读起来费点劲；但一联系实际，一激活记忆与经验，不禁豁然开朗，如观活剧，各种品相，呼之欲出，不呼也活灵活现了。

读这一段，还有一个启发，君子与小人主要是道德品质所决定的，君子中也有心大志大的，也有心小志小的，有智的，有愚的，有顺境的，有逆境的，有见用的，有见弃的，有高兴的，有发愁的，其可贵之处恰恰在于，即使个人的主观条件与客观境遇相当不同，君子有君子的风度，小人有小人的洋相，君子有君子的文明教养，小人有小人的不成样子。中华文化重视的是自家的品德，诚于中而形于外，内功过硬，怎么弄怎么对，自己没出息，没格调，怎么弄怎么丢人。

君子治治，非治乱也。曷谓邪？曰：礼义之谓治，非礼义之谓乱也。故君子者，治礼义者也，非治非礼义者也。然则国乱将弗治与？曰：国乱而治之者，非案乱而治之之谓也。去乱而被之以治。人污而修之者，非案污而修之之谓也，去污而易之以修。故去乱而非治乱也，去污而非修污也。治之为名，犹曰君子为治而不为乱，为修而不为污也。

转述：君子要治理安排的是秩序与礼义，不是混乱。什么意思呢？君子讲的是礼法与原则，做的是治理秩序与礼义而不是去治理失去礼义的混乱。那么，如果国家发生了混乱，就无法治理了吗？不是的，治理国家的混乱不是就乱治乱，而是去掉乱来治乱。就像人有了污垢恶行，需要清洁洗涤，不是顺着肮脏修好肮脏，而是去除肮脏修好其人。总之，"治理"一词，就是要带来秩序礼义，带来清洁美好，而不是折腾出各种混乱与肮脏来。

感悟：值得深思。这一段文字上有些拗口，想起来道理很深：中心含意是，你要治理混乱、乱世、乱象，治理各种胡思乱想胡说八道胡作非为，你光知道如何对付混乱的形形色色是不够的，关键在于你必须摆脱与跳出乱世的乖张与混乱，要看你有没有足够的礼义与秩序的资源、品德、教养、学识、经验、追求，要看你能不能摆脱混乱污浊，还是陷于混乱污浊。你切不可以伪对伪，以狠胜狠，以暴易暴，以恶锄恶，以乱平乱。以低级手法对付低级现象是做不到治理的，弄不好会治完老乱再出新乱，治完原有的无政府状态再出现你的简单粗暴所造成的新无政府状态。治乱就是抛弃乱，消灭乱，重打鼓，另开张，另起炉灶，一元复始，万象更新。

你想让肮脏人污秽人变干净，那么仅仅指斥肮脏人的肮脏是不够的，你本身必须具有足够的健康、清洁、抗菌性、免疫力、卫生知识、卫生习惯、卫生设备与卫生维护经验。这可以说是社会治理需要敢于去动大手术，也可以说重在建设，重在文化立国，重在道之以德，齐之以礼，不能停留在就事论事，就乱治乱，就污修污上；不能仅仅是道之以政，齐之以刑，不能像法家那样只知道紧握着权抓权，死盯着势造势。

所以说，荀子学说虽然与孔孟侧重有所不同，仍然是儒学大家。

君子洁其身而同焉者合矣，善其言而类焉者应矣。故马鸣而马应之，牛鸣而牛应之，非知也，其势然也。故新浴者振其衣，新沐者弹其冠，人之情也。其谁能以己之湫湫，受人之掝掝者哉?

转述：君子一身清洁干净，那么同样注重清洁干净的人就会与他会合；君子说的话公正仁义，那么追求公正仁义的人也就会因之响应。马嘶会引起马的回应，牛吼会引起牛的反响，这并不是一种智能，而是一种自然趋势。一个人刚刚洗过澡就会抖一抖衣服，刚刚洗完头就会弹一弹帽子（清洁一下衣帽），这都算是人之常情。

哪个人能够愿意以白白净净的自身，来结交黑黢黢脏乎乎的他人呢？

感悟：人要保持一定的规格，一定的格调，有所不为，有所不与，有所远离，有所不受；然后物以类聚、人以群分，形成不同格调的群体。即使你没有有意识地去笼络、组成自己的圈子，这样的圈子也会自然形成。清廉、正直、洁净，内心、外表、衣装与举止，都要有格调，都要有所把持与维护、坚守，有所追求，有所不为，有所拒绝，有所躲避。

君子养心莫善于诚，致诚则无它事矣。唯仁之为守，唯义之为行。诚心守仁则形，形则神，神则能化矣；诚心行义则理，理则明，明则能变矣。变化代兴，谓之天德。天不言而人推其高焉，地不言而人推其厚焉，四时不言而百姓期焉。夫此有常，以至其诚者也。

君子至德，嘿然而喻，未施而亲，不怒而威。夫此顺命，以慎其独者也。善之为道者，不诚则不独，不独则不形，不形则虽作于心，见于色，出于言，民犹若未从也，虽从必疑。

天地为大矣，不诚则不能化万物；圣人为知矣，不诚则不能化万民；父子为亲矣，不诚则疏；君上为尊矣，不诚则卑。夫诚者，君子之所守也，而政事之本也，唯所居以其类至。操之则得之，舍之则失之。操而得之则轻，轻则独行，独行而不舍，则济矣。济而材尽，长迁而不反其初，则化矣。

转述：君子培育滋养自己的心灵，没有比保持诚挚更重要的了，诚恳到位，其他的事都好办了。一准需要守持的是仁爱的内心，一准需要遵从的是行为的义理原则。诚恳地守持了仁爱，就会有仁爱的表现与外化，有了表现外化仁爱之形，就有了仁爱的神力神功神灵；能仁爱通神了，就能化育、教化天下。诚恳地奉行道义，办事就有条理，有条理就明白易晓，明白易晓就能让人改变。改变与教化交相而起，这就是天德。天没有说什么，但是人人推崇天的崇高；地没有说什么，但是人人都称道地的厚重；四时四季没有说什么，但是百姓都预期着季节的变化。所有这些都是靠得住的常态化，这就是天地四时的诚挚可信。

君子最到位的功德在于，他们不说什么而让天下明理，不必设计施恩而自然亲和，未曾发怒但自有威严。这样就是符合了天命而专一于仁政。追求遵行天之善道的君王，如果做不到诚挚诚恳诚信，就做不到专心致志，做不到专心致志的人就不可能有什么好的表现，没有好的表现，虽然心里想了、脸上有了好的表情了、嘴里说了各种好话了，老百姓仍然未必信服追随，即使追随了，仍然会时有疑惑与不信任感。

天地够伟大的了，不诚恳就化育不了万物。圣人够智慧的了，不诚恳就教化不了民人。父子够亲密的了，不诚恳就会彼此生疏。君王够尊贵的了，不诚恳也就显得卑微。诚挚，是君子需要守护的核心，是为政（行政、执政）的根本所在，能够坚持诚挚，就能够把讲求诚信的同一类人都吸引过来。把握住对诚挚的践行，就会获得诚信的善果；舍弃了对诚挚的坚守，也就失去了诚挚的公信。能把持，能践行，办事就顺利，做事就专心致志，也就能功成事就。功成事就，人可以做到慎独，才能也就发挥出来了，经过长期的向善的变化而没有返回原有的蒙昧，那么就被教化成功了。

感悟：这里，荀子对于仁政、王道的解释与孔孟有所不同。孔子讲的是"我欲仁，斯仁至矣"；孟子强调的是想成为有德的王者，并不困难，如"为长者折枝"，关键在于君王的一念。但是荀子承认还需要面对某些中间或过渡状态，即使有了仁义之心、仁义之行，却诚挚不够，诚恳不够，诚信不够，专心致志不够，公信力不够，才能发挥不够，等等，那就需要进一步的努力。

所谓专心致志，问题在于各种背离仁义天道的思想动机会有所干扰破坏。君王公卿未尝不愿意行天道、守仁义、立诚信、神则能化，但是现实世界并非一触仁义就乖乖向仁义就范，君王公卿又怎么能独一无二地坚守仁义大道呢？二、三、四不仁不义的诱惑多了去啦。

把天地四时树立为诚的标兵，倒也有趣。把人们应该有的品德、教养、文化全部分析成为先验的天地境界、天地品质、天地美德，而天地既是自然、人世、唯物论的存在，又是超自然、超人世、概念神、一切大概念的根本，是空间与时间的终极，是概念中的趋向上帝，是主观囊括客观的唯心。老子的逻辑如此，孟子的性善论如此，孔子的"譬如北辰"如此，荀子的性恶论也是如此。

中华传统文化追求一种惊人的整合能力，天人合一，心物合一，神形合一，知行合一，一直到道家的生死合一。让我们慢慢咀嚼吧。

君子位尊而志恭，心小而道大；所听视者近，而所闻见者远。是何邪？则操术然也。故千人万人之情，一人之情是也。天地始者，今日是也。百王之道，后王是也。君子审后王之道，而论于百王之前，若端拜而议。推礼义之统，分是非之分，总天下之要，治海内之众，若使一人。故操弥约，而事弥大。五寸之矩，尽天下之方也。故君子不下室堂，而海内之情举积此者，则操术然也。

转述：君子地位尊贵，志向恭谨，心气低调，道术宏伟；耳听目看的虽然贴近，知晓与见识到的却很远大。为什么会这样呢？他们有自己的思想与推论的方术。

这个方术的关键在于，千万个人的心情，应该当作一个人的心情来把握。天地开始时的状态，可以从今天的状态来追溯。百代君王的治平之道，可以从此后的几代君王的状况来分析。

君子掌握与评析百代君王之道，从后世的君王说起。评论起后代君王之道，就像面对百代君王，端庄郑重，从容议论。

推崇礼义的尊贵，分别是非的界限，囊括天下的要务，治理海内的人众，就像管理一个人一样。所以说，做法越是简单明了，成事就越是广阔宏大。有一个五寸宽的矩尺，可以囊括天下的方形矩形。君子不用出殿堂就知道海内所有事，这是掌握了正确的方术的缘故。

感悟：孔子讲"举一反三"，老子讲"圣人不行而知，不见而名，不为而成"，荀子讲简约化，从小到大，从多到一再从一到多，从今到昔，从室堂之中到四海之内。他们都有一种理念主义，有一种一巧胜百拙的追求，有一种一字一言一个概念包治天下百病的幻想。这可能与他们的为帝王师的追求有关，帝王希望从他们身上得到的是简约迅捷的速效法门。

大意是可取的：帝王君王，整个古代中国的权力系统，哪个不是面对千变万化、四面八方、花样翻新、层出不穷的政事民事国事军事……但他们不能惑，不能杂，不能急，不能自乱阵脚，不能陷于被动搪塞纠缠不清，必须以易制难，以简对繁，以有序对无序，以明快对模模糊糊。

当然，这样说是对的，这样做起来，学问经验，自信定力，创造性想象力，乃至气运机遇，要讲究的东西还多了去呢。

有通士者，有公士者，有直士者，有悫士者，有小人者。上则能尊君，下则能爱民，物至而应，事起而辨，若是则可谓通士矣。不下比以暗上，不上同以疾下，分争于中，不以私害之，若是则可谓公士矣。身之所长，上虽不知，不以悖君；身之所短，上虽不知，不以取赏；长短不饰，以情自竭，若是则可谓直士矣。庸言必信之，庸行必慎之，畏法流俗，而不敢以其所独甚，若是则可谓悫士矣。言无常信，行无常贞，唯利所在，无所不倾，若是则可谓小人矣。

公生明，偏生暗，端悫生通，诈伪生塞，诚信生神，夸诞生惑。此六生者，君子慎之，而禹、桀所以分也。

转述：有全面通达之士，有公正无私之士，有正直纯真之士，有诚恳老实之士，有实为小人者。对上能尊崇君王，对下能爱护民人，外界有什么情况能够予以回应，发生什么事件了能够明辨，这就是全面通达之士了。不与下边的人串通蒙蔽上级，不迎合上级收拾伤害下级，遇到分歧，不会因为私利去混淆是非，这就算是公正无私之士了。自己有什么长处，君王不知道，也不会因之违背君王；有什么短处，君王不知道，也不会去讨巧求赏；优胜缺憾都不掩饰，诸事真情流露，这是正直纯真之士了。平常的说话，力求可靠可信，平常的行动，力求小心谨慎，不敢随大流，也不敢自以为是，这就能算是诚恳老实之士了。而说话靠不住，做事没原则，只知道私利，一点什么事就能影响他改变他，这样的人就是小人了。

公正产生明晰，偏颇产生昏暗，端直造成通达，欺诈虚伪造成障碍，诚信必有神助，必生神功、神力，夸张怪诞则令人困惑。这六点，君子都要认真对待，而这六点也正是夏禹（圣人）与夏桀（暴君）的区别所在。

感悟：坚持为政以德，以德取士的路子。先是讲通、公、直、悫四种或四方面的美德是士的理想标准，而私利为先，轻慢为性，言行都是机会主义，靠不住，这些是小人的特点。倒也合情合理。尤其是时事多端、情况多变的时刻，做一个靠得住的士，谈何容易。

后来又从三大项六方面来说，公与偏，端悫与诈伪，诚信与夸诞，强调的是公心不私，厚朴端庄，诚信准确。从另一方面来说，强调想象力、创造力、机变能力似乎少了一些。

欲恶取舍之权：见其可欲也，则必前后虑其可恶也者；见其可利也，则必前后虑其可害也者；而兼权之，孰计之，然后定其欲恶取舍。如是则常不失陷矣。凡人之患，偏伤之也。见其可欲也，则不虑其可恶也者；见其可利也，则不顾其可害也者。是以动则必陷，为则必辱，是偏伤之患也。

转述：你想要什么，不想要而且讨厌什么，在这样的选择上，应该是：想要什么，就要考虑它有什么可厌恶的方面，见到它的有利方面了，还要思考它是不是有什么有害方面，要能够兼顾它的正反利害两方面。要深思熟虑，然后才能认清它的可爱与可憎、有利与有害而做出正确的取舍选择。能做到这样，就能正确选择，不陷失误。

人们常有的失误是偏颇片面，考虑到可爱方面了，却忽略了可憎方面，看到有利方面了，却忽略了有害方面。这样，一行动就陷入失误，一作为就反遭其辱，这就是偏颇片面的恶果。

感悟：这是对"三思而后行"的极关键、极实用的解释。越是好事，越要多加思考，慎重行事，不要脑门一热就决策。反过来说，有时碰到不快不顺，自己也要面对世界发出的逆耳之言与外界送上的苦口之药，要虚怀若谷，日求长进，这一点荀子没说。

"三思而后行"出自《论语》，说的是季文子三思而后行，三是多的意思，而且孔子认为不必三思，再思也就行了，孔子什么事都主张适可而止，两次能办好的事不一定闹成三回。

但是成语流传下来的是三思而后行，在季文子的三思与孔子的再思之间，受众宁愿选择前者而不是孔圣人，这也有趣。

人之所恶者，吾亦恶之。夫富贵者则类傲之；夫贫贱者则求柔之。是非仁人之情也，是奸人将以盗名于暗世者也，险莫大焉。故曰：盗名不如盗货。田仲、史鰌不如盗也。

转述：常人所憎恶的，我也会跟随着有所憎恶。如果见到富贵之人就傲视轻慢，见到贫贱者就曲求亲柔（故意反其道而行之），这反而不是常人情理，是奸邪的人用来在黑暗的社会里盗取名誉的做法。所以说，偷盗名誉，还不如干脆偷盗东西货物。田仲离开富有的哥哥秀清高，史鰌搞尸谏让儿子不要在他死后将遗体置入棺材，做这种违背情理之事求名，不如去做强盗。

感悟：这里的人、仁人，或作贤人解，窃以为还是作常人解更能与谈田仲、史鰌的表述连贯与一致。

人应该正常，合乎情理，忽然某人不讲情理，怪怪地不凡起来，荀子不相信。荀子不相信过分的特立独行，也令人莞尔，并且联想起一些比较矫情的大师。

　　但是反过来说，能做到田仲、史鳟那个样子，也不易啊，二人在一个鄙俗的世界上拼命追求清高，有一定的意义，而且是付出了代价的。

荣辱

本章讨论人的性相近习相远，责任在于反求诸己，心正则万事正，心不正则万事颓败。本章讲解人的不同选择带来不同结果、不同荣辱命运，希望大家做君子，抑制傲慢、懈怠、自是、争斗、意气、伤人、强辩、怨怼等小人的毛病，知轻重，辨是非，选择好、安排好自身，优化世道人心、家国天下，天下太平。

憍者，人之殃也；恭俭者，偋五兵也。虽有戈矛之刺，不如恭俭
之利也。故与人善言，暖于布帛；伤人之言，深于矛戟。故薄薄之
地，不得履之，非地不安也。危足无所履者，凡在言也。巨涂则让，
小涂则殆，虽欲不谨，若云不使。

转述：骄傲懈怠，是人的祸殃；恭谨节制，能够取代与屏除武
力冲突。你拥有尖利的戈矛，其实不如恭谨节制的文明有效。所以
说，好好地表达善意的言语，比布帛衣衫更能温暖人心；而恶语伤
人，创痛之深胜于矛戟。广阔的地面上你觉得没有立足之地，并不
是地面有什么毛病，全在于你的言语表现。宽大的道路上挤挤攘
攘，窄小的路途上路况危险，你想不谨慎也是使不得的呀！

感悟：该文表达了文化立国，以文求天下，以德服人的理念。这近
于当代一些国家关于"软实力"的议论。软实力，从说话做起，这很
实在，也很通俗。病从口入，祸从口出，这其实是黄金箴言啊。古往
今来，口舌之争，演变成暴力相残，造成不幸后果，事例多多。所
以，辞令中有了"暴力语言"一词，亦即有了语言暴力的出现。反过
来说，图口舌之争的一时快意，图暴力语言暴力之争的一时胜利，这
种"胜利"的有效期又有多长呢？儒家对德、礼、文软实力的强调，
对于急功近利的政客来说，或对于脱离实际的"腐儒"来说，有迂腐
空洞的一面，却也有更加深谋远虑的一面。

强调仁政，强调王道，强调为政以德，还要道之以礼，这是儒家
的观点，并未见用于东周、春秋战国孔孟活着的当时，却在后世受到
了欢迎。当时各侯国急于纷争求胜，他们是急中风，孔孟则幻想挽狂
澜于既倒，回归西周及更早的大治时代，他们是慢郎中，他们更注意
的是世道人心，是民心，是掌权者的人格修养与提升。这样的主张，
对于已经掌握了权力、比较自信的君王来说，尤其对于社会精英——君
子、士、臣子来说，对于百姓来说，比较顺耳舒心，比较容易接受。
至于由于权力斗争，宫廷内外，难于仁义，更难于温良，他们宁可信
服"无毒不丈夫""先下手为强"的俚语——对于权力系统更实用的是

法家的权势理论与权势操作。

与此同时，"礼失求诸野"，加上士大夫的一套道统、文统、学统、治统、法统的君子型、英型理论，确实动人感人，人们对于太平盛世、对于天下归仁的幻想，永远存在，对于统治权力的不够满意，与对于统治权力的理想性期待，经常共存。对于盛世、仁政、王道的心愿从不磨灭，对于暖人衣帛的恭俭善言的强调，几乎可以说是中国人的政治祈祷词。

快快而亡者，怒也；察察而残者，忮也；博而穷者，訾也；清之而俞浊者，口也；豢之而俞瘠者，交也；辩而不说者，争也；直立而不见知者，胜也；廉而不见贵者，刿也；勇而不见惮者，贪也；信而不见敬者，好剸行也。此小人之所务，而君子之所不为也。

转述：不计后果而自取灭亡的事端，是由于怒气；精明强悍却自显破绽或自找倒霉的状态，出自嫉妒狭隘之心；博闻强记却仍然窘迫碰壁，是由于是非挑剔太多；想清高却越发陷入泥潭，是因为口舌放肆；吃喝玩乐而越发衰落是交际的邪路；花言巧语而令人不快是由于喜争好辩；正直独立而不被理解认同是由于好胜；清廉而不被敬重是由于锋芒伤人；勇敢却没有威严，是由于他贪利；说到做到却得不到敬爱是由于一个人的独断专行。所有这些，都是小人的活计，是君子所不能干的。

感悟：决断者或易怒而自毁，精明者或易妒而自伤，博学者或易挑剔而自陷，自命清高者或卖弄口舌刺伤他人而被泼污水，求结交而低俗，求雄辩而可厌，自信而压人一头，坚守却不近情理，大胆却利己，行动能力超强却不懂团结人众，没有团队观念。这些都说得太对了。过去对，现在也对，中国对，外国也对，厉害了，荀子之眼光也！

换一个角度来说，善决断之人要警惕自己的轻率误判；精明强悍的人要克服自身的嫉妒显摆之心；博闻强记的人千万不要卖弄残旧存货，不要动辄对他人冷嘲热讽、飞短流长；而既然您自命清高了，又何必刺人伤人之后喋喋不休地表白辩诬？善于交际的人要严防低俗化、利益交换化；能言善辩的人，要注意勿因争强好胜而惹厌多方；越是有两下子越不可趾高气扬，越是自有主张的人越要善于调整消化，越是洁身自好的人越要讲求分寸；而越是勇于冲锋陷阵的人越要注意公正与法度、节制，不可为公大胆、为私也大胆，为公冲锋，为私也打前站。如此做人，当无大错。

同时，不能不佩服，荀况对世态人性太门儿清了，他说的这些情况，只觉历历在目，确曾相识。

斗者，忘其身者也，忘其亲者也，忘其君者也。行其少顷之怒，而丧终身之躯，然且为之，是忘其身也；家室立残，亲戚不免乎刑戮，然且为之，是忘其亲也；君上之所恶也，刑法之所大禁也，然且为之，是忘其君也。忧忘其身，内忘其亲，上忘其君，是刑法之所不舍也，圣王之所不畜也。乳彘不触虎，乳狗不远游，不忘其亲。人也，忧忘其身，内忘其亲，上忘其君，则是人也，而曾狗彘之不若也。

转述：耽于争斗，就会忘掉自身的安危，忘掉亲友的关注，也忘掉了自己对君主的忠诚与义务。为了片刻的一口气，冲上去丢了性命身躯，这叫忘掉自身的蛮干；不顾家室损伤，不顾亲人的连带被惩处，仍然蛮干，这是忘记了亲族的冒险；不顾君王对这种私斗的厌恶，不顾刑法对这种私斗的严厉禁止，则是忘记了对君王的忠诚与义务。丢掉了自身实在堪忧，再加上毁了亲族、损害了自家，对上则违背了君王朝廷，这样的事是刑法所不可饶恕，圣贤君王所不能接受的。

哺乳的母猪躲开老虎，哺乳的母狗不会走出去太遥远，说明连猪狗也不会忘记它们对亲族的义务，那么，一个人既自找了丧身之忧患，又损害了自家亲族的利益，还丢掉了对君王的忠诚与义务，岂不是连猪狗都不如了吗？

感悟：古代圣贤大多讲不争，孔子讲"君子矜而不争，群而不党"（端庄持重，但不去争执；合群喜众，但不搞圈子）；老子讲"天之道，不争而善胜"，还有"夫唯不争，故天下莫能与之争"。王阳明讲"克己之怒"，林则徐则干脆把"制怒"二字作为座右铭摆在桌上。

这与当时他们说的"争"主要是朝廷或士人内部之争有关，儒家的仁义之说，侧重于人际关系，侧重于世道人心，侧重于谦恭礼让，口号是克己复礼，天下归仁，这当中极其失态、极其有害、极其误事的是匹夫之争、匹夫之勇、匹夫之怒、匹夫之怨，而需要提倡的是君子之风、君子之争、君子之温良恭俭让。

问题是完全没有斗争也是不可能的，应该做的是慎于斗争，善于斗争，不挑事，不怕事，有备无患，勇于担当，适可而止。

凡斗者，必自以为是而以人为非也。己诚是也，人诚非也，则是己君子而人小人也；以君子与小人相贼害也，忧以忘其身，内以忘其亲，上以忘其君，岂不过甚矣哉！是人也，所谓以狐父之戈钃牛矢也。将以为智邪？则愚莫大焉。将以为利邪？则害莫大焉。将以为荣邪？则辱莫大焉。将以为安邪？则危莫大焉。人之有斗，何哉？我欲属之狂惑疾病邪？则不可，圣王又诛之。我欲属之鸟鼠禽兽邪？则又不可，其形体又人，而好恶多同。人之有斗，何哉？我甚丑之。

转述：争斗中，人们总是自以为是，而认为与他争斗的一方为非为不是，如果自己确实是正确的，而对方是错误的，就等于说你是君子，对方是小人，堂堂一位君子与一个小人相争相骂，达到忘自身、忘亲族、忘君王的地步，是不是太过分了呢？这样的人，不就与拿了最好的利剑去捅牛粪一样可笑吗？这是聪明吗？不是，是傻大发了。这是有利的事情吗？不是，是危害大发了。这是光荣的吗？不是，没有比这更可耻的了。这是安全的吗？不是，这是危险大发了。人而耽于争斗，这是怎么回事呢？算成精神病？还是不行，圣人发现这样的好斗者是要惩罚诛杀他们的。把他们算成猪狗畜类？也不行，他们的形体是人，他们的爱憎与他人相同。人为什么要那样争斗呢？我觉得这种争斗是太丑恶了。

感悟：反复告诫。反复煽情，反对争斗，提倡和谐，虽然情笃意诚，语重心长，却又不可能消除一切人际争斗，甚至我们会发现争斗也能发展人的智力与能力。比较起来，争斗可能更多积淀着动物性的残余，而文化的发展，有可能利于和谐社会、和谐世界的建立，这种说法我童年即曾与闻，聊备一说，查无实据。在这一过程中，斗争又是不可避免的。用战争消灭战争，用斗争减少争斗，这是令人遗憾的，却又是有它的理由的。"我甚丑之"云云，是从风度上说事，倒是很有说服力。儒家注意容色，注意态度，讲究不愠，讲究中庸即适可而止。

有狗彘之勇者，有贾盗之勇者，有小人之勇者，有士君子之勇者。争饮食，无廉耻，不知是非，不辟死伤，不畏众强，恈恈然唯利饮食之见，是狗彘之勇也。为事利，争货财，无辞让，果敢而振，猛贪而戾，恈恈然唯利之见，是贾盗之勇也。轻死而暴，是小人之勇也。义之所在，不倾于权，不顾其利，举国而与之不为改视，重死持义而不桡，是士君子之勇也。

转述：有猪狗类的所谓勇敢，有商家盗贼类型的所谓勇敢，有小人品级的勇敢，有士大夫、君子品级的勇敢。

争夺吃喝而不讲廉耻，不讲是非，不避死伤，不怕众怒，只看得见那点吃喝，这是猪狗之勇。为利益事功，争夺货物钱财，不懂得推辞谦让，一见财利就激昂振作，一争夺财利就凶狠贪婪，只看得见财利，这是商家盗贼类型的勇敢。拼抢起来暴躁得不顾死活，这是小人品级的所谓勇敢。郑重于大义公理，不因权势而倾斜，不因财利而照顾，举国反对他也不轻易改变观点，为了道义而面临死亡他也是不屈不挠，这是士大夫、君子的真正高尚的勇敢。

感悟： 在春秋战国、天下大乱的时代，诸侯君王无不需要勇士、死士、斗士、壮士。但是同样的表面的以不惜一死、不怕一死为特征的勇，其实是可以区分为三六九等的。有的是为了争吃喝，有的是为了争财利，有的是为了争功名，有的只是小人的赌气冒险玩命。现代也仍然有这样的人，以赌徒的心态参与社会各行各业各种事务的竞争与赌博，他们的勇敢，常常不是国家之幸、人民之幸，而是国家之祸、人民之祸、自身之祸。

道德，品格，说起来是很重要的，伟大与渺小，高尚与卑贱，献身与赌博，具体状况是多种多样。有的是君子之风，有的是小人之相；有的是争蝇头小利，有的是争大是大非；有的是押宝，有的是清醒明晰地为了维护真理。同样的情绪激昂，有高尚与低下的区别，有实事求是与装腔作势的差别。

儵鮓者，浮阳之鱼也，胠于沙而思水，则无逮矣。挂于患而欲谨，则无益矣。自知者不怨人，知命者不怨天；怨人者穷，怨天者无志。失之己，反之人，岂不迂乎哉！

转述： 白鲦鱼，是喜欢浮在水面接受阳光照耀的，一旦搁浅到沙滩上再想找水，就来不及自救了。这就像人，等陷入祸患再考虑谨慎小心，也就没用啦。有自知之明的人不会轻易抱怨他人，理解自己的命运的人不会抱怨上天，埋怨他人是穷途末路的标志，埋怨上天的人没有志气。自己失误了反而赖旁人，这不舍近求远了吗？

感悟： 一个是要有提前量，不能充当撂到干沙滩上再想找水的白鲦鱼角色，不能靠吃后悔药过日子。第二就是反求诸己，自己选择，自己担当，自己反思，自己总结经验，求得上进。怨天尤人，只能说明自己没出息，只能说明自己没希望。

荣辱之大分，安危利害之常体：先义而后利者荣，先利而后义者

辱；荣者常通，辱者常穷；通者常制人，穷者常制于人，是荣辱之大
分也。材悫者常安利，荡悍者常危害；安利者常乐易，危害者常忧
险；乐易者常寿长，忧险者常夭折，是安危利害之常体也。

转述：荣辱的根本区别，平安与危难、有利与有害的经常体现，
其通常的情形在于：首先考虑义理而后考虑利益的将得到光荣，优
先考虑利害之后才想到道理的人则会获得耻辱；光荣者常常遇事通
畅，屈辱者常常走投无路；遇事通畅的人能够管制他人，走投无路
的人只能受他人管制，这是光荣与屈辱的区分。朴实可靠的人常常
安全获利，而放荡凶悍的人常陷于祸害危险；平安得利的人常常快
乐顺当，放荡凶悍的人常常遇险并且焦虑；快乐顺利的人常常长
寿，焦虑的人常短命，这也是安危利害的常规体例与体现呀。

感悟：注重义利之辨，义利之大分，这很像孟子。把义、利的问题
作为荣辱的问题来谈，则是荀子的道德动机主义、初心主义的特色。
但社会实践与历史实践证明，只考虑动机不考虑效果、实效未必站得
住。商鞅变法成功，虽然车裂而亡，未得善终，仍然名留青史。王安
石变法失败，虽然身兼唐宋八大家的美名，虽然后世多认为他的变法
其实是有的放矢，针对着北宋的痼疾，也仍然留下了被讥为拗相公的
遗憾。其实谁也说不清商鞅、王安石的动机里有没有私利的成分。胸
怀家国天下，先天下之忧而忧，力挽狂澜，追求青史留名、流芳百
世、尽才尽力、光宗耀祖，这里的义与利是交叉与互通互补的。

义与利交通互补，是一等的状态，追求正义、大义、真义、主
义，不惜为之牺牲私利，是特等的也是不容讲价钱的原则。追求义
理，但也受私利私情的影响，有所失误，有所遗憾，这是二等或三等
的状态，不完全符合天降大任的使命与历史责任，但绝不罕见，也有
令人理解与感叹处。而最坏的，是以义之名，行唯私利之实，如贪官
污吏，如腐化变节分子，如投机取巧而又品格低下者，那就不仅是小
人、猪狗，而且可能成为家国天下与历史的罪人了。

夫天生蒸民，有所以取之。志意致修，德行致厚，智虑致明，是天子之所以取天下也。政令法，举措时，听断公，上则能顺天子之命，下则能保百姓，是诸侯之所以取国家也。志行修，临官治，上则能顺上，下则能保其职，是士大夫之所以取田邑也。

循法则、度量、刑辟、图籍，不知其义，谨守其数，慎不敢损益也；父子相传，以持王公，是故三代虽亡，治法犹存，是官人百吏之所以取禄秩也。孝弟原悫，軥录疾力，以敦比其事业，而不敢怠傲，是庶人之所取暖衣饱食，长生久视，以免于刑戮也。

饰邪说，文奸言，为倚事，陶诞、突盗，惕悍憍暴，以偷生反侧于乱世之间，是奸人之所以取危辱死刑也。其虑之不深，其择之不谨，其定取舍楛僈，是其所以危也。

转述： 天意使得人众生存于世上，他们各有自身的可取之处、获取之道。有的美化优化自己的修养，积累加厚自己的道德操守，做到了仁厚爱民，经过智慧与思虑，达到明察公正的圣明，这是天子能够获得天下的道理，能够正确地制定法令，及时地采取措施，公平地审理判断，对上符合天子帝王的旨意，对下能够保护善良百姓的利益，这是诸侯能够管理自己的侯国的依据。志于修行，负担起官员的管理职责，服从上级的领导，对下能坚守自己的职责，这是士大夫能主管自己的地面与乡镇的理由。

那么遵守法则、度量、刑罚规定、土地登记簿、人口册，哪怕有些规则不能解其用意也好，都要老老实实遵守执行，不敢自行增加或减少规矩，无所忤逆，父子代代相传，扶持王公大人，虽然夏、商、周三代都已远去了，那时的治理之道与法度仍然保存了下来，这是各种公务人员取得俸禄的根基。在家孝悌，诚实本分，做事努力，实实在在地做好手头的事务劳务，不敢轻蔑怠慢，这是百姓获取温饱、延续生存、避免惩罚杀戮的必须。

至于有的人演绎邪恶的学说，渲染奸诈的言论，专干偏颇怪诞的坏事，欺世盗名，凶狠狂暴，浑水摸鱼，乱中求逞，利用乱世的不正常情况，求取个人的发达利益，这就是奸邪之人的自取灭亡之道。他们既没有深谋远虑，又没有慎重选择，他们决定取舍时草率粗放任性，这就注定了他们难免灾祸的危难下场了。

感悟：同样面对东周乱世，同样面对其时千姿百态的祸福安危的不同命运与下场，荀子的注意力在于每个人的人品、人性、人格、人事，他认为区别在此、道理在此、责任在此，各人应该对各人的命运负责。每个人的顺逆通塞祸福荣辱，首先都是自己而不是他人不是老天爷造成的。这里也有天人合一的意味，人事天命一致的意味，有修身第一、德行第一的意味，有反求诸己的强调，也有选择决定命运的存在主义的先声。

儒家，确实倡儒、倡温文尔雅。荀子不厌其烦讲的是不要横蛮，不要霸道，不要胆大妄为，不要太强势，要的是彬彬有礼，要的是谨慎小心，要的是如临深渊、如履薄冰。这是儒家被后世帝王所喜爱的原因，因为它从根本上有利于秩序与安稳；同时这也是为秦始皇所厌恶的原因，因为它絮絮叨叨，用窝窝囊囊的空话干扰着英雄豪杰大政治家的胸怀，以仁义道德软不拉耷的空谈妨碍着形势大好的秦国与嬴政的进取与拳脚，妨碍着权势的扩大，妨碍着一统天下的大事。

另一方面，荀子极其强调礼法规则直到度量衡与绳墨，甚至提出理解的要执行，不理解的也要执行。于是传统文化中也就产生了变法的冲动，法是在变与不变的互撞中延续与发展的。

材性知能，君子、小人一也。好荣恶辱，好利恶害，是君子、小人之所同也，若其所以求之之道则异矣。小人也者，疾为诞而欲人之信己也，疾为诈而欲人之亲己也，禽兽之行而欲人之善己也。虑之难知也，行之难安也，持之难立也，成则必不得其所好，必遇其所恶焉。

故君子者，信矣，而亦欲人之信己也；忠矣，而亦欲人之亲己也；修正治辨矣，而亦欲人之善己也。虑之易知也，行之易安也，持之易立也，成则必得其所好，必不遇其所恶焉。

是故穷则不隐，通则大明，身死而名弥白。小人莫不延颈举踵而愿曰："知虑材性，固有以贤人矣。"夫不知其与己无以异也，则君子注错之当，而小人注错之过也。故熟察小人之知能，足以知其有余，可以为君子之所为也。譬之越人安越，楚人安楚，君子安雅，是非知能材性然也，是注错习俗之节异也。仁义德行，常安之术也，然而未必不危也；污僈突盗，常危之术也，然而未必不安也。故君子道其常，而小人道其怪。

转述：材具、资质、智力、技能，君子与小人是同样具有的（他们的区分并不在这方面）。喜欢荣光，反感羞辱，愿得利益，憎恶损害，君子与小人也是共同的。但是，君子小人求荣避辱、趋利拒害的路数是不同的。

小人的特点是使劲做那些怪诞的、不合情理的事情，却要他人相信自己。他们还起劲地虚假诈骗，却希望他人亲近自己。他们做着禽兽一般的不讲文明道德的事情，却要他人夸奖与认同。小人的特点是：想了半天想不明白，做了半天做不安顿，提倡了半天树立不起来，做的结果不可能是恰恰符合自己的爱好，而总会遇到对自己可能不利的结果。

所以，君子人注意的是，自己做到了诚信，再要他人相信；自己做到了忠实，再要他人亲近；自己调整正确、分辨清晰了，再期待他人认同与附和跟随。君子的特点是：思虑起来，清楚明白，易知其是非；做起来平衡妥当，安顿无误；提倡起来稳健鲜明，端正大方，易于接受；那么做到最后，就能达到好的预期，而不会遭遇到事与愿违的恶果。这样的君子，遇到困顿的境遇，仍然遮蔽不住自己的光辉，遇到通达的处境，更会大放光芒，即使人死去了，声名反而益发彰显。

小人们见到这种大人物，往往仰着脖子踮着脚，羡慕地议论说人家天生智谋周全，算计得当，本来就是强于凡人。他们不知道，其实，论才智，论计谋，他们与自己没有大区别。问题在于君子做什么不做什么，都恰当。而小人做什么不做什么，老是错误不妥。

如果人们仔细地考察小人的智能，就会理解他们本来也完全可以做一个好好的君子的。正像越国的人生活在越国，楚国的人生活在楚国，君子则生活在比较高雅的文化氛围之中，这也并不是天生才智智能的不同，而是举止习性的不同所形成的。

仁义道德，本来是长治久安的路子，但是未必就能摆脱一切危难；龌龊下流，是自取灭亡的路子，但是也未必没有得其所哉的可能。君子遵循的是常理常道，小人注意的却是歪门邪道。

感悟：这里也是讲"性相近，习相远"，君子小人，是一个文化的概念、风习的概念、教育的概念与价值选择的概念，不是一个宿命概念、先验概念、遗传基因或转基因概念。荀子说，考察一下小人们的智能，他们本来做君子也是做得到的，但是他们选择了小人的行事举措方式、习性、思路、风气。这是对小人痛下决心、改恶从善的鼓励，也是对小人的痛切责备，你不做好事，成就不了文化、高雅、仁义、德行，是你们自己造成的啊！

荀子学说的特点是强调教化，强调道德，强调责任、格局与选择，强调人应该对自己与命运负责，他的性恶论正是为了指出仅靠天性善良，靠不住。他意在指出的是人的资质、智能无大异，但成为小人还是成为君子，就有天壤之别！

此段最后，荀子指出君子道其常，小人道其怪，极有趣。有些人与事之差池，并非在多么高精艰深的事情上，而是在常识问题上，总是有人企图侥幸：例如靠阿谀奉承、行贿告密、拉帮结派、欺上罔下的骗术投机取巧、邀宠取媚，获取"成功"，最后难逃原形毕露、身败名裂的下场。

凡人有所一同：饥而欲食，寒而欲暖，劳而欲息，好利而恶害，是人之所生而有也，是无待而然者也，是禹、桀之所同也。目辨白黑美恶，耳辨音声清浊，口辨酸咸甘苦，鼻辨芬芳腥臊，骨体肤理辨寒暑疾养，是又人之所常生而有也，是无待而然者也，是禹、桀之所同也。可以为尧、禹，可以为桀、跖，可以为工匠，可以为农贾，在势注错习俗之所积耳。是又人之所生而有也，是无待而然者也，是禹、桀之所同也。为尧、禹则常安荣，为桀、跖则常危辱；为尧、禹则常愉佚，为工匠、农贾则常烦劳。然而人力为此，而寡为彼，何也？曰：陋也。尧、禹者，非生而具者也，夫起于变故，成乎修为，待尽而后备者也。

人之生固小人，无师无法则唯利之见耳。人之生固小人，又以遇乱世、得乱俗，是以小重小也，以乱得乱也。君子非得势以临之，则无由得开内焉。今是人之口腹，安知礼义？安知辞让？安知廉耻隅积？亦呥呥而噍，乡乡而饱已矣。人无师无法，则其心正其口腹也。

今使人生而未尝睹刍豢稻粱也，惟菽藿糟糠之为睹，则以至足为在此也。俄而粲然有秉刍豢稻粱而至者，则瞲然视之曰："此何怪也？"彼臭之而嗛于鼻，尝之而甘于口，食之而安于体，则莫不弃此而取彼矣。

今以夫先王之道，仁义之统，以相群居，以相持养，以相藩饰，以相安固邪。以夫桀、跖之道，是其为相县也，几直夫刍豢稻粱之县糟糠尔哉！然而人力为此而寡为彼，何也？曰：陋也。陋也者，天下之公患也，人之大殃大害也。故曰：仁者好告示人。告之、示之、靡之、儇之、铅之、重之，则夫塞者俄且通也，陋者俄且僩也，愚者俄且知也。是若不行，则汤、武在上曷益？桀、纣在上曷损？汤、武存，则天下从而治；桀、纣存，则天下从而乱。如是者，岂非人之情，固可与如此，可与如彼也哉！

转述：人的天性大致是相同的。饿了要吃东西，冷了要找温暖，劳累了希望休息，喜欢对自己有利的事，讨厌对自己有害的事情发生。这些是自来固有的本性，不需要什么过程，自然而然地表现出来的。放到大禹这样的圣人身上或者放到夏桀这样的暴君身上也是并无不同之处的。

人长着眼睛能辨别白黑美丑，耳朵能辨别声音的清晰或者混浊，口舌能辨别酸咸甜苦，鼻子能辨别芳香腥臊，骨肉皮肤能辨别冷热痛痒，这也是自来如此，不需要什么过程，自然而然地表现出来的。同样，放在大禹身上，放在夏桀身上，它们的表现亦无不同。有人可能成为尧、舜那样的圣贤，有的可能成为夏桀、盗跖那样的坏蛋，有的成为工匠，有的成为农民，有的成为商贾，这些就不是天生的了，是他们的行为与所受到的风习所影响积累而后造成的，这种童稚的原生态的可塑性可变异性，其实也是禹、桀同有的特质。

你当了尧、舜那样的圣贤，你是又安稳又荣耀；你当了桀、跖那样的坏蛋，则陷入危险与耻辱之中；你当了工匠、农民、商贾，你也就必然辛苦劳累。但是人类当中，走坏人的路子、走辛苦的路子的多，走安稳荣耀的路子的反而少。为什么呢？是由于自身的见识浅薄，见解鄙陋（不懂道理，不懂善恶）。

唐尧、夏禹，当然不是生而成就的，他们是经历了许多磨难挑战，奋力于品行修炼，长期努力而后走向完备的。

人之初，仅靠本能，那还是（没有教养的区区）小人，看不到师长，不懂得法度，只知道利害。初生的小人赶上了乱世乱俗，这就叫小上加小，乱上加乱，君子想开导启发他们，但是没有统治的势位就很难做到。人们被口腹感官需要牵动，哪里会懂得礼节与义理、推辞与谦让？哪里懂得清廉与羞耻、大局与细部？反正大家都一样地磨齿咀嚼，都一样地吃饱了舒舒服服。没有师长与礼法的观念，人心也就是停留在人口人腹一样的原生态器官水平上（只懂个要吃饱）罢了。

让我们想一想，如果有人压根没有见过牛羊猪狗这样的畜养动物，没有见过稻米高粱这样的正经粮食，只吃过糟糠杂豆之属，他自然以为有点糟糠杂豆，也就很到位了，也就到了顶级了。后来忽然有带着家畜食粮而来的人，乍一看，这是什么稀奇古怪的玩意儿啊？闻一闻，挺香，尝一尝，挺甘美，吃下去，周身舒泰，于是人们就会丢弃原来的低端糊口食物，改吃更美好健康的食品。

现今如果人们以先王之道来引导，以仁义之德来统领，依此而群居生存，依此而保持养育，依此而装点美化，依此而稳定平安。如果不行先王之道，而是走上夏桀、盗跖的路子，这可就悬殊了，那个差别就不仅仅是上述糟糠杂豆与牛羊稻粱的差别了。

那么为什么，人们努力施行先王之道的人少，而施行桀、跖之道人多呢？同样也是由于浅薄鄙陋。可见，浅薄鄙陋是天下的公害，是人类的大祸。所以说，仁者最愿意宣扬告示人众以正道，说了讲了，大家知道了，养成习惯了，诱导成路径了，原来闭塞的人也明白通畅了，原来鄙陋的人也有了见识学问了，原来傻呵呵的人也变得明白事理了。如果做不到告示天下，引领诱导，优化世道人心，那么有商汤、周武王这样的明君又有什么好处？有夏桀、纣王那样的暴君，又有什么害处？反正有了商汤、周武王吧，天下就治理好了，有了夏桀、纣王吧，天下就乱套了，那不等于说，世道人心既可以跟着明君走向治理，也可以跟着暴君走向混乱了吗？

感悟：荀子分析与承认人的同一性，认定这种同一性来自人的躯体求生存本能，饿求饱，冷求温，累求歇息，求利而避害，这些都是无可厚非的，但这些都还只是小人水准。可以说这是性恶论，其实更像是性情小儿科论，它够不上君子的温文尔雅，但也还没有小人的党而不群、比而不周、同而不和、常戚戚、求诸人、有过必文，以及此前荀子说的，小人特点是：通畅也不对头，碰壁也不对劲，怎么着也大气不了，怎么着也舒服不成。

君子需要教育，需要知道礼义，需要学习师法，需要长期修为，需要培养君子的高尚、阔大、谦恭与谨慎。

小人碰到了乱世恶俗，则是倍加低劣愚拙。人与人，君子与小人，桀纣盗跖与先王汤武，越拉距离越远，社会越来越分裂了。

与君子小人一起，加上了工匠农商，前段还把贾（商）与盗放在一起，有点不伦不类，显示了荀子在士农工商"四民"中只正眼看士，贬低了农工商另外三种民，他远不如《管子·小匡》讲得好："士农工商四民者，国之石民也。"石民，意为国家的柱石。

其实这一段的警句在于，光有追求仁义道德的理念，有坚守这样的理念的仁者是不够的，你必须广为宣传讲授，你要将仁义道德变成人民的生活，理念必须落地生根，中国的圣贤追求的不是当学者专家，而是修身齐家治国平天下，要经世致用，要的是实践性。

后面的话更值得警醒，如果做不到修齐治平，有所实践，做不到理念的经世致用，那么天生的众多小人，自来的陋识浅见，可能驱使众生跟着先王走、圣贤走、君子走、礼义师法走，也可能、更可能跟着桀纣盗跖走。读到这里荀子并没有提出什么卓有成效的对策，这也许会让人出一身冷汗，但是荀子毕竟是正视了这个危险。

此段与前文，历史上曾经引起关于礼义是人类内在的天性还是外加的规范这样的异议。应该说，荀子所谈的共同性在这里多是动物性，但也可以认为人类性既包括了动物性又包括了文化性社会性群体性，如孟子所强调的恻隐、恭敬或辞让、是非、羞恶，则偏于后天的文化性。但又不宜于把先天动物性与后天文化性完全割裂，原因在于，文化性有助于人类生活的和谐顺畅，有利于你好我好大家过得好，反过来说，如果人不恻不恭、没羞耻、没是非，人的群体就会出现负面现象。这样，致力于经世致用、修齐治平的圣贤、君侯、上卿、大夫、士人，多数愿意把文化性的根据说成天地呈现的大美大德，同时强调个人心志与选择的重要性。

人之情，食欲有刍豢，衣欲有文绣，行欲有舆马，又欲夫余财蓄积之富也，然而穷年累世不知不足，是人之情也。今人之生也，方知蓄鸡狗猪彘，又蓄牛羊，然而食不敢有酒肉；余刀布，有囷窌，然而衣不敢有丝帛；约者有筐箧之藏，然而行不敢有舆马。是何也？非不欲也，几不长虑顾后而恐无以继之故也。于是又节用御欲，收敛蓄藏以继之也，是于己长虑顾后，几不甚善矣哉！今夫偷生浅知之属，曾此而不知也，粮食大侈，不顾其后，俄则屈安穷矣，是其所以不免于冻饿，操瓢囊为沟壑中瘠者也。况夫先王之道，仁义之统，《诗》《书》《礼》《乐》之分乎！彼固天下之大虑也，将为天下生民之属长虑顾后而保万世也，其泎长矣，其温厚矣，其功盛姚远矣，非顺孰修为之君子，莫之能知也。故曰：短绠不可以汲深井之泉，知不几者不可与及圣人之言。夫《诗》《书》《礼》《乐》之分，固非庸人之所知也。故曰：一之而可再也，有之而可久也，广之而可通也，虑之而可安也，反铅察之而俞可好也。以治情则利，以为名则荣，以群则和，以独则足乐，意者其是邪！

转述：人的心情是这样的，吃，希望吃到牲畜肉品，穿衣，希望能穿上有装饰的锦绣衣装，出行呢，希望有车马，此外是多余的财产要积蓄下来成为财富，就这样（得到了又得到，积累了又积累）年复一年，月复一月过去了，并不知足，这也算人之常情。现今人活着，养了鸡狗猪仔，再畜养了牛羊，仍然不敢撒开了穿丝帛，吃酒肉之席；攒下了钱财，修起了谷仓地窖（存放了财富），仍然不敢置办轿子车马，这是怎么回事呢？难道不是顾虑长远，怕将来财力接续不上的原因吗？这样，人们就要节约花销，控制欲望，才好接续长远，这不是很好的想法吗？

而现在有些糊里糊涂活着、浅薄无知之徒，就不懂得上述道理，挥霍食粮，不虑往后，用不多久就吃上顿没下顿，日子没法过了，免不了其后挨冻受饿、拿着讨饭的家伙死在沟壑里。更不要说能不能懂得珍惜保藏先王的大道，仁义的传统，《诗》《书》《礼》《乐》的经典精髓了，这些哪里是庸夫俗子们所能理解积累保持的呢？这些才是关乎天下安危的思虑，是为全体民人的世代安宁而打算，绵延长远，蕴藏深厚，作用持久，如果不是仔细娴熟地把握住，是理解不了这些宝贵的精神财富的。

所以说，绳子短了，无法从深泉（井）中打水，智力差得太远的，也就够不着圣人的教导。《诗》《书》《礼》《乐》的精髓，自然是庸夫俗子们所无法理解的。对这样的精神财富领会践行，有一次开了头，就能一再坚持下去，拥有了对经典的认识，也就长期拥有了精神力量，推广到各方，都能通达受用，按照经典的思路思考问题，也就能保持定力与平安，反复学习与践行经典，诸事妥善顺遂。以经典陶冶情性，就会让民人得到好处，以经典的名义鼓励人众，会使大家感到光荣，以经典的原则加深相互理解沟通，则使诸人更加和谐，以经典精神把握自身，将使自身快乐舒畅，是不是这样呢？

感悟：这一段有非常重要、非常"东方"式的积善——积德观念。做好事，说好话，行善，助人，救人，好思想、好品质、好记录，不见得立马见效，但是长久做下去，积之久远，必有奇效奇功。人们知道存钱、存物、存粮、存栏（繁殖家畜），为什么不知道更宝贵的是存下仁义道德、存下诗书礼乐的精神气质、存下好人好事、存下积德行好的记录呢？这种对于善意、德行的积存，不是比存钱存货更重要吗？

令人想起 1949 年前的旧北平的一些四合院大门上用油漆书写的门联，最常见的，一副是"忠厚传家久，诗书继世长"；一副是"守身如执玉，积德胜遗金"。与荀子的精神完全一致，传家继世，靠的是忠厚仁义，靠的是美德，靠的是诗书礼乐，靠的是经典文化，这也是我喜欢体味的中华文化的为政以德精神，文化立国精神，"我欲仁，斯仁至矣"（见《论语》）精神。

这是圣人之道，君子之道，治人治国治世之道。"小人""浅薄"，旧中国"小人"喜欢在门联上写的是另类的"生意兴隆通四海，财源茂盛达三江"。然而今天看来，"小人"与君子也是互补双赢的关系，为商的生意兴隆，为农的谷粮满仓，为牧的牛羊遍野，为工的产品先进，这才是太平盛世，这才是民生无忧，这才是治国有方，这才是仁政王道。

反之，如果全国都是尧舜，都是君子，劳心于治人，都只讲积德积善，都不讲财物稼穑，那首先会饿肚子，叫作民有饥色，野有饿殍，那也是此国此地的灾难了。

还要补充一句，这段文字的逻辑还暗含着两个文明都要抓，两手都要硬，精神文明更珍贵，更要下大力气的含义。

夫贵为天子，富有天下，是人情之所同欲也。然则从人之欲，则势不能容、物不能赡也。故先王案为之制礼义以分之，使有贵贱之等，长幼之差，知愚、能不能之分，皆使人载其事而各得其宜，然后使悫禄多少厚薄之称，是夫群居和一之道也。故仁人在上，则农以力尽田，贾以察尽财，百工以巧尽械器，士大夫以上至于公侯，莫不以仁厚知能尽官职，夫是之谓至平。故或禄天下而不自以为多，或监门、御旅、抱关、击柝，而不自以为寡。故曰："斩而齐，枉而顺，不同而一。"夫是之谓人伦。《诗》曰："受小共大共，为下国骏蒙。"此之谓也。

转述： 论等级，最尊贵的是天子，论财富，最充盈的是占有天下的一切所有，想当天子，想当垄断性巨富，这是人同此情、人有此欲的。但是都去当天子，势所难容，都去占有天下，财富供应不起。所以尧、舜等先王制定礼义原则秩序，予以分别处理。一个是人要有贵贱的等级，年龄与资历的差别，还要分别开睿智与愚傻，能干与不能干，不同的人担任不同的职务，各得其所，然后给以不同数量与质量的俸禄报酬，这就是群体生活、合作共生的章法与原理。

这样，以仁爱待人为同一原则，让农民靠力气种田，让商贾靠精明获财，让工匠靠技巧手艺制造器具，而公侯、士大夫、贵族高官，没有谁不是靠仁厚美德与智慧能力正义仁厚来履行自身的官职责任的。这样有所区分，才能达到充分的公平。这样，有的人管理天下大事，取得较高的俸禄，并不自以为有什么了不起；有的人看门守屋，打更察夜，也不会自以为贫贱吃亏。

所以人们说，有长有短，才有规范整齐，有弯有曲，然后才有平直顺利，各不相同，才是真正的一体。这就叫作"人伦关系"，《诗经》上说："接受大事上的大法度，也接受小事上的小法度，这样就能给予小国以保护。"

感悟：荀子的这一段非常精彩，人人生来应该平等，但在智商能力心理素质方面确有差异，不可能全部一个水平。人人都希望获得最大最好的享受，但是势与物的条件不可能同样满足每个人的欲求。怎么办呢？只能承认差别，实行差别待遇乃至拉开档次付酬方略。这个方略表面上看是君王制定、长期实行，最后成了习俗，乃至是统治阶级强行推行下来的，很可能是剥削者、压迫者戴在被剥削者、被压迫者身上的镣铐。但实际上是根据人自身的区别，唯一有道理、有实行可能的报酬方略。平等不是平均，这是今天我们也承认的。荀子讲的"各得其宜""群居和一""至平"理念中，主要是从为政统领的角度讲公平，如今日所说的"一碗水端平"。有所不同，有所区别才能平，才能公正，才能合情合理。这是平与不平、均与不均的辩证法。这些说法颇有启迪的意义，比如说"大锅饭"和"共产风"等带来的是负面的后果。

但是荀子完全没有说到这样承认差别的结果，也可能是如老子所讲的"损不足以奉有余"，俗话讲的"越穷越吃亏"，占据了社会结构分配层级的优势的人，利用优势压榨弱势群体，拉大贫富贵贱的差距，造成严重的社会矛盾、阶级斗争，造成革命无罪、造反有理的形势。

还有，贫富、贵贱的种种差别，都是智商、能力、贡献的如实反映吗？当阶级形成以后，当统治与被统治的差别形成以后，占据优位高位的阶级阶层，以优取优，以优凌劣，以高夺低，以高压低，以强凌弱，以大吃小，以霸权欺世，这样的事情难道是鲜见的吗？

荀子只讲了不平均乃至不平等的必然性、必要性，却没有讲怎样警惕与避免威迫剥削现象的恶性膨胀与社会不安、社会矛盾的激化的危险，这是限于当时的条件造成的认知上的缺陷了。

非相

本章首先讲的是不可以貌取人，要任用真正有仁善之心与治理之术的人，要信用君子，疏离小人。然后讲到了人的言论说话，人不但要有好的心术，还要有好的言说。古代典籍中，荀子少有地提出了做好君子的宣传工作的使命，而不是只强调大辩若讷，善者不辩，不言之教。

相人，古之人无有也，学者不道也。古者有姑布子卿，今之世梁有唐举，相人之形状、颜色，而知其吉凶、妖祥，世俗称之。古之人无有也，学者不道也。故相形不如论心，论心不如择术。形不胜心，心不胜术。术正而心顺之，则形相虽恶而心术善，无害为君子也；形相虽善而心术恶，无害为小人也。君子之谓吉，小人之谓凶。故长短、小大、善恶形相，非吉凶也。古之人无有也，学者不道也。

转述：看相算命，古代是没有这样一回事的。求学问讲学问当中，没有这一项目。古代有姑布子卿，当今之世，梁国有唐举，会看相，看人的形状神色，判断他的吉凶祸福，世人称赞他们的本领。

古人不看相，进学不看相，因为观察形貌不如评估他的心意，评估心意不如看他待人做事的路数。形貌不如心意重要，心意不如路数明晰。如果路数正直，心意平顺，即使形貌丑陋也不妨碍他是正人君子；而形貌挺好，心术恶劣，减少不了他身为小人的负面特质。君子带来的是吉祥，小人带来的是危殆。所以说，长的个子高矮，相貌美丑，并不能显示吉凶命相。古人不相面，进学中也无此一说。

感悟：人的外形与内质，究竟有没有关系呢？荀子这里强调的是没有关系，美人不一定是好人，丑人也不一定是恶人。这是事物的一方面，相面云云，好多是牵强附会，靠不住的，这说得对。

但诚于中而形于外，人的外形与内质又不能说全无关系。常人看到所谓獐头鼠目、眼珠乱转者有轻视感、怀疑感，见到狞恶粗暴者，有警惕心与防备感，应该说是人之常情。文明礼貌、教育程度、心智发育、与人为善、乐观悲观、坦荡荡还是常戚戚、赤诚坦率还是诡计阴谋、阴毒郁闷还是阳光灿烂，都会影响表情，影响神态，影响风度，影响外观，一直到影响外貌，影响面部肌肉与五官的配置运动，影响举手投足的姿态风格，影响目光眼神给他人的印象。

如果像荀子这里说的那样，外貌归外貌，内心归内心，彼此风马牛不相及，起码把绘画与人相摄影的意义抹杀了，画与影，画与照下来的当然是外形，它们的妙处恰恰在于从外形的特色与表现来寻找、来把握、来透露人物的内心与遭遇。

盖帝尧长，帝舜短；文王长，周公短；仲尼长，子弓短。昔者，卫灵公有臣曰公孙吕，身长七尺，面长三尺，焉广三寸，鼻目耳具，而名动天下。楚之孙叔敖，期思之鄙人也，突秃长左，轩较之下，而以楚霸。叶公子高，微小短瘠，行若将不胜其衣然。白公之乱也，令尹子西、司马子期皆死焉；叶公子高入据楚，诛白公，定楚国，如反手尔，仁义功名善于后世。故事不揣长，不揳大，不权轻重，亦将志乎尔。长短、大小、美恶形相，岂论也哉！

且徐偃王之状，目可瞻马。仲尼之状，面如蒙倛。周公之状，身如断菑。皋陶之状，色如削瓜。闳夭之状，面无见肤。傅说之状，身如植鳍。伊尹之状，面无须麋。禹跳，汤偏，尧、舜参牟子。从者将论志意，比类文学邪？直将差长短，辨美恶，而相欺傲邪？

转述：唐尧个子很高，虞舜个子矮；周文王个子高，周公个子矮；孔子个子高，子弓（孔子门徒或一名易学家）个子矮。从前，春秋时期卫国君王灵公有个臣子，名叫公孙吕，身高七尺，脸长三尺，面颜的宽度只有三寸，窄脸上鼻子眼睛耳朵俱全，名声震动天下。楚国的宰相孙叔敖，本来是期思城的普通百姓，发少头秃，左臂长于右臂，躯体矮小得连大车的横直木梁都够不上，但是靠他的力量推进了楚国的霸业。叶公字子高，瘦小干巴，走起路来连自己穿的衣服都撑不起来，楚国发生了白公之乱，令尹字子西、司马字子期，都死于白公的作乱，叶公子高进入楚都，杀掉了作乱的白公，平定了楚国，反掌间扭转局势，他的仁义功绩、美名扬于后世。所以说，看人选士不在于高矮，不在乎块头，不在于他的分量，管那些表面的长短大小、美丑外表做什么！

再说西周徐国君王偃，他的奔儿头大得可以被自己的眼睛看到，而孔子的相貌，凶恶如打鬼仪式上的披头散发的面具，周公的体型如同折断的枯树，虞舜时期的刑官皋陶，脸色发绿像削了皮的瓜；周臣闳夭，满脸胡须，根本看不到脸；商王大臣傅说，身上像是长出了鱼鳞；商汤的大臣伊尹，看不到眉毛胡须；此外夏禹走路一颠一颠，商汤走路偏于一面，唐尧、虞舜眼睛对眼（眸子不正），你们后学者，究竟是探讨意志学问，还是胡言乱语去谈相貌，互有欺骗，彼此傲视呢？

感悟：读到这一段，似乎讲得太多了，列出那么多古人名流，都是奇形怪状，形象丑陋，言语未免夸张。例如将孔子的面容说得如此吓人，再无他证。但关键并不在美丑，荀子也无意论述选拔人才必须求丑弃美。这里反映的是古人尚无选拔人才的公认的标准、成熟的程序、全面的共识。古代的选拔人才，主要是看印象，看观感，听君王和大臣公卿的一瞥一言一点表面的感觉。荀子这一段，其最可取之点，不是说人才毋美，而是说不要用印象分决定用废，不要用表面感觉替代冷静与深入的观察评析。

古者，桀、纣长巨姣美，天下之杰也。筋力越劲，百人之敌也，然而身死国亡，为天下大僇，后世言恶，则必稽焉。是非容貌之患也，闻见之不众，议论之卑尔。今世俗之乱君，乡曲之儇子，莫不美丽姚冶，奇衣妇饰，血气态度拟于女子；妇人莫不愿得以为夫，处女莫不愿得以为士，弃其亲家而欲奔之者，比肩并起。然而中君羞以为臣，中父羞以为子，中兄羞以为弟，中人羞以为友，俄则束乎有司，而戮乎大市，莫不呼天啼哭，苦伤其今而后悔其始。是非容貌之患也，闻见之不众，议论之卑尔！然则，从者将孰可也？

转述：古代的亡国暴君夏桀与商纣，都长得高大英俊，一看就是天下的杰出人物。他们的筋力优越饱满，一人能敌百人。然而他们的下场是国破身亡，成为天下公认的可耻失败者的典型。后人说起恶人来，没有不提这两位暴君的。个中原因，不是二人容貌太差，而是由于他们的见闻知识鄙陋，观念判断卑下。

如今俗世上的一些不走正道的君民，乡间的轻薄男子，个个都是美丽妖冶、奇装异服、女里女气，举止容色模拟女性的。已婚妇人愿意有这样的丈夫，未婚女孩愿意有这样的未婚夫，甚至女性们愿意与之私奔。然而，一般君王以有这样的臣子为丢脸，一般父亲以有这样的儿子为丢人，哥哥会因为有这样的弟弟而羞愧，一般人以有这样的朋友为丢脸。一旦这些人因故被管理机关拘捕，再在刑场上受死，一个个为自己的下场呼天抢地，悔不当初。这其实并不是他们因容貌美好而招的祸，这是由于他们见闻知识鄙陋，观念判断卑下所造成的。请问，这个看法对不对呢？

感悟：想不到荀子时代中国已经发生了"娘炮""伪娘"问题，一方面是社会方方面面以之为耻，容不得"娘炮"，一方面受到广大女性喜爱。这种男权社会的舆论与女性心理的分裂也是由来已久。"娘炮"云云，俄而（忽然）就逮捕法办直至戮乎大市，处以极刑，这有点让人看不明白，不知道是两千多年前男权意识形态已经走向极端化，还是当时"娘炮"泛滥，确实带来了大灾大难。

另外，还扯上了夏桀商纣，还扯上了一大堆青史留名的大人物的外貌都存在严重的奇葩问题，这中间的逻辑关系，不是很严密，但是荀子痛感斯时的掌权者以貌取人，印象派，人事取舍任意任性太过分了，故而陈词紧迫，痛心疾首，当是事出有因。

人有三不祥：幼而不肯事长，贱而不肯事贵，不肖而不肯事贤，是人之三不祥也。人有三必穷：为上则不能爱下，为下则好非其上，是人之一必穷也；乡则不若，偝则谩之，是人之二必穷也；知行浅薄，曲直有以相县矣，然而仁人不能推，知士不能明，是人之三必穷也。人有此三数行者，以为上则必危，为下则必灭。《诗》曰："雨雪瀌瀌，宴然聿消。莫肯下隧，式居娄骄。"此之谓也。

转述：一般人有三种情况会产生不吉利不祥和的恶果：一个是你年幼却不肯礼敬服侍长者，一个是你自身低贱却不肯礼敬服侍贵人，一个是你本身不成材却不肯礼敬服侍贤人。这三种状况都会自找倒霉。一般人还有三种情况会搞得走投无路：一个是居高位而不体恤下属，当了下属又喜欢非议长上，结果是自己碰钉子；一个是对他人当面不随和，背后又挑剔诽谤，这是第二种情况自找碰壁；一个是智谋与行事浅薄愚蠢，才能与应有水平悬殊，却又不懂得推荐仁人，看不出贤士，这是第三种情况自找碰壁。

有这些不良情形的人，位置高的，处境危殆，位置低的，则是自取灭亡。

《诗经》有句："雨雪纷飞，其势滔滔，一旦日出，冰化雪消。妄居其位，岂肯引退？骄横一世，噩运难逃！"说的就是这个意思。

感悟：这里强调的一是秩序，二是仁爱。幼事长，贱事贵，不肖事贤德，叫作长幼有序，贵贱有则，贤与不肖有分。同时，上必须要仁爱下属，人际关系要注意和谐团结，克己复礼，不可随意顶撞伤害或是牢骚抱怨树敌得罪人。三是要反躬自省，碰到了自己无能的事，要推荐比自己强的人，自己不够强，能团结住、使用好、推荐出更强更贤明的人才，也有利于自己的站住脚跟，立于不败之地。

人之所以为人者，何已也？曰：以其有辨也。饥而欲食，寒而欲暖，劳而欲息，好利而恶害，是人之所生而有也，是无待而然者也，是禹、桀之所同也。然则人之所以为人者，非特以二足而无毛也，以其有辨也。今夫狌狌形笑亦二足而无毛也，然而君子啜其羹，食其胾。故人之所以为人者，非特以其二足而无毛也，以其有辨也。夫禽兽有父子而无父子之亲，有牝牡而无男女之别，故人道莫不有辨。辨莫大于分，分莫大于礼，礼莫大于圣王。圣王有百，吾孰法焉？故曰：文久而息，节族久而绝，守法数之有司极礼而褫。故曰：欲观圣王之迹，则于其粲然者矣，后王是也。彼后王者，天下之君也。舍后王而道上古，譬之是犹舍己之君而事人之君也。故曰：欲观千岁，则数今日；欲知亿万，则审一二；欲知上世，则审周道；欲审周道，则审其人所贵君子。故曰：以近知远，以一知万，以微知明。此之谓也。

转述：人之所以为人，原因在哪里呢？原因在于人对外物有所见识与辨认。饥饿了知道要吃，冷了知道要取暖，累了知道要歇息，喜欢对自己有利的事物，讨厌对自身有害的事物，这些生下来就知道的，是不需要等待什么其他条件的，大禹也好，夏桀也好，这方面都是一个样子的。也就是说，人之所以为人，不是仅仅因为是两条腿直立，身上也没有长那么多毛，事情在于人是有见识的。猩猩也能直立，也是两条腿，没有长太多的毛，但是堂堂君子能拿它们做汤羹，吃它们的肉。也就是说光有两条直立的腿与不长毛还不够，人类必须有见识，能辨认。禽兽也有父子，有雌雄，但是它们没有父子的情义，没有夫妻的名分，可见做人的道理首先在于分清见识规矩。

见识辨认没有比名分更重要的，名分当中没有比礼数更重要的，礼数的维护与践行没有比古代圣王更完美的。圣王有许多，我们师法哪一位呢？说是礼法仪式太久了，也就渐渐消亡；音乐的节奏，渐渐失传；主管礼数的官员，也无从寻找。所以说，要考察先王的轨迹，只能从比较明白处入手，也就是从其后的王者的轨迹上传承。这些此后的王者，是天下的君主，我们如果舍弃后王的轨迹，只盯着久远古代的先王，那与舍弃自己这里的君王而去事奉他处的君王是一样舍近而求远。所以说，你想懂得千秋万代吗？那就先看看当今时日吧；想了解亿万国情人事吗？那就先从身边的几个人研究起吧。你想了解历史，先从对周朝的道术路子的研究开始吧，而想辨认周朝的治国之道，就须要先去知晓斯时人们尊崇的君子。人的见识、辨认，须要从切近起始而延伸到远大，从一两端事例起始而延伸发展到通达亿万多方，从微弱模糊发展到清晰明白，这才是真正的见识与辨认喽。

感悟：用今天的语言来说，人之为人，离不开人类的社会性、文化性。而文化是从对于世界万物万象的命名、分类，从而产生的认识、秩序的把握积累起。所以从孔子就强调正名，名代表了事物与人的概念归属，即人的性质、地位、责任、义务、诉求、权利（这方面讲得比较弱）、礼法。有了这些，就是有道之邦，是身修、家齐、国治、天下平的表征，是百姓安享太平盛世的征兆。没有了这个，就是上为无道昏君如桀与纣，下为成了覆舟之水的暴民刁民，于是民不聊生，如鲁迅所说想安安稳稳地当奴隶也做不成。

名分，就是按命名加以区分，确定其权责地位身份，然后大家都安分守己、遵礼守法、天下太平。现在，从某种意义上说，人们也是重名分的，例如划分人民内部矛盾与敌我矛盾，例如政治运动中的"戴帽子"与"摘帽子"，例如级别待遇的规定与影响，等等。

荀子的特别与可贵之处，在于他与孔孟老庄之一味怀古复古不同，与历史上的借复古之名要求革新的策略也不一样，他一方面高度歌颂古代圣王，以古圣王为标的，另一方面高度认可后王的历史经验，甚至达到厚今薄古的程度。他的看法是，要粲然明朗，不要神秘含混；要研究"近现代"的后王，不要耽于"先王"；要研究人情世故生活，不能只知道传说与符号；要从切近处入手，不要好高骛远；要从一两个典型体会起，不能够一味大而无当。他的这些说法，更切实也更容易被权力系统所接受，更多了一些可实践性、可操作性。

夫妄人曰："古今异情，其所以治乱者异道。"而众人惑焉。彼众人者，愚而无说，陋而无度者也。其所见焉，犹可欺也，而况于千世之传也！妄人者，门庭之间，犹可诬欺也，而况于千世之上乎？

圣人何以不可欺？曰：圣人者，以己度者也。故以人度人，以情度情，以类度类，以说度功，以道观尽，古今一也。

类不悖，虽久同理，故乡乎邪曲而不迷，观乎杂物而不惑，以此度之。五帝之外无传人，非无贤人也，久故也。五帝之中无传政，非无善政也，久故也。禹、汤有传政而不若周之察也，非无善政也，久故也。传者久则论略，近则论详，略则举大，详则举小。愚者闻其略而不知其详，闻其详而不知其大也。是以文久而灭，节族久而绝。

转述：有些狂妄的人说什么古今情势不一样，古治今乱，是因为古今治理的路子不一样，这种说法令大家迷惑。那些人众，愚昧而没有自己的见解，鄙陋而没有自己的思忖，与人面对面，亲眼见到的情事，照样可能被欺瞒，更何况是谈论百年千年以前传闻下来的事理呢？那些骗子对于发生在眼前门庭之内的事都可以蒙骗，何况是百年千年前的事情呢？

那么为什么说圣明的人不可能被欺诈、被捉弄呢？原因是圣人有自己的考量。他们能够做到以对于人情世故的了解分析衡量人间诸人诸事，他们能够以对于感情的正与邪的了解来分析与衡量各种情绪情况情势，他们能够按类区分，通过把握外物的类别（性质）所属，来分析衡量各种人与事的性质与应对。以一定的观念分析衡量各种功能与业绩。根据大道来分析衡量一切现象的根本与究竟。这些原则道理，古也好今也好，都是同样的，一致的。

如果类别属性同一，相隔再久，情理同一，所以即使面对曲折奸邪，圣人也不会为之迷惑；面对杂乱无章，圣人也不会困扰不解。这样说来，五帝之前，没有什么其他人物传之后世，不是说那时没有可圈可点的贤人，而是由于时间相隔太久远。五帝虽然有名，但是他们为政事迹也没有传下来，也不是由于他们为政没有好政策好事功，而是由于时间相隔太久。夏禹、商汤的为政事迹，后世有所传播，但是不如周朝的政事人们说得更加清楚明白，这不是说禹与汤没有太多的好政策好事功，也是由于他们与现世时间相隔太久了。传述下来的东西，久远的讲得简略，晚近的讲得周详，简略了就讲个荦荦大端，详尽了就讲到各种细节。愚笨的人众，听到大端了，不知道还有细节，听到了详尽的包含各种细节的传述，就又忽略了大局。所以说，文饰久了，就会淡出消逝，节律久了，也就难以保持了。

感悟：一个是强调上智与下愚、圣贤与愚众的区别，在于前者有头

脑，善于分析思忖，能对大千世界分类命名，而后者头脑浅薄，见识
鄙陋，迷惑困扰，真伪莫辨，起哄生事。这些说法当然缺少群众观
点，人民中心意识，但也击到了民粹思想的痛处，不可小觑。

然后再讲要重视晚近与现实，重视活在当下。用不着，也不可能
舍近求远，把古与今、先与后对立起来，而是要以今溯古，自近思
远，从点析面，沿着西周继承古代圣王的政治遗产。这里的"古今一
也"，应属荀子金句。

凡言不合先王，不顺礼义，谓之奸言，虽辩，君子不听。法先
王，顺礼义，党学者，然而不好言，不乐言，则必非诚士也。

故君子之于言也，志好之，行安之，乐言之，故君子必辩。凡人
莫不好言其所善，而君子为甚。故赠人以言，重于金石珠玉；观人以
言，美于黼黻文章；听人以言，乐于钟鼓琴瑟。

故君子之于言无厌。鄙夫反是，好其实不恤其文，是以终身不免
埤污佣俗。故《易》曰："括囊，无咎无誉。"腐儒之谓也。

转述：不符合先王的教训，不遵循礼法的原则，这样的言语是
奸佞之言，即使讲得雄辩，君子是不会听信的。师法先王，遵循礼
法原则，认同学识与学者，这样的人或又不喜欢讲话、不欣赏美好
的言语，那么他就不是一个具有真诚信念与追求的士人。

一个君子，应该有志于讲说追求信念的言语，行为与言语一
致，欣赏美好的言语，所以说君子一定是雄辩的。所有的人都会喜
欢他们信奉的美好言语，尤其是君子，更是这样。所以说，赠人以
精彩的言语，胜过了赠送黄金、玉石、珠宝。观赏他人的美好言
语，美过了观赏礼服官服上的文采花饰。聆听他人的美好言语，好
过了聆听钟鼓琴瑟的奏乐。

所以说，君子对于美好的言语，是百听不厌的，低层次的人则
是相反，只知道实用，不知道语言的美好形式与情趣感受，这是卑
下污浊庸俗的表现。

《周易》上说，一个系紧了口儿的不吭声儿的布袋，既无过错，也无声誉，它也就是个无用的腐儒罢了。

感悟：中华传统文化多半提倡少言慎言，老子的说法是"不言之教""知者不言"，他的对于"俭"的推崇，包含了权力系统的言语的俭。庄子提倡虚静，孔子则强调对于"巧言令色"的贬抑。《三国志·蜀书·马良传》："先主临薨，谓亮曰：'马谡言过其实，不可大用，君其察之。'"京剧《失街亭》里也是强调"言过其实，终无大用"。

除了荀子，很少看到从正面论述讲说的重要性、必须性、美好性的文字。此处荀子多少改变了传统文化的以无胜有、以少胜多、以智胜力、以弱胜强、以柔克刚、以轻巧胜拼搏的思维惯性，荀子其实是更现实，也更多地为人君人主，更是为君子立言的重要性而着想的。

凡说之难，以至高遇至卑，以至治接至乱。未可直至也，远举则病缪，近世则病佣。善者于是间也，亦必远举而不缪，近世而不佣，与时迁徙，与世偃仰，缓急嬴绌，府然若渠、䡃栝之于己也。曲得所谓焉，然而不折伤。

故君子之度己则以绳，接人则用抴。度己以绳，故足以为天下法则矣；接人用抴，故能宽容，因众以成天下之大事矣。故君子贤而能容罢，知而能容愚，博而能容浅，粹而能容杂，夫是之谓兼术。《诗》曰："徐方既同，天子之功。"此之谓也。

转述：说话的难处在于：你的极高明言语碰到的可能是低俗卑下，你的治国平天下之道，碰到的可能是昏乱哄闹。这样，你直截了当地说是无效的（你需要委曲婉转，旁敲侧击），但是说远了说深了涉嫌荒唐，说近了说浅了涉嫌平庸一般化。那么善于此道的人呢，说深远了能不给人脱离实际之感，说浅近了，不给人以平庸无味之感。言语要随着时代而有所变化，随着世道有所调整，有从容也有紧迫，有增益也有精减，俯身适应接近，像堤坝，像矫正木材的器具那样管控自己的言说。有所委曲，而终得言说所追求的意向，有所说服但是不使他人产生受挫感、伤害感。

所以说，君子以绳墨规矩来要求自己，树立法则，以接引工具引领他人，做到宽阔包容，广泛团结，能依靠众人而完成平天下的大业。君子贤明，同时包容品德才能比较差的人；君子智慧，同时包容愚傻；君子博学深厚，同时包容浅薄；君子纯粹精悍，同时包容杂凑不入流者。

《诗经》上说"连徐国的人也归顺了，这是天子的化育之功"，讲的就是这样的意思。

感悟：本章从非相即不搞以貌取人与相面占卜说起，说着说着讲起言说的重要性来了，有趣。

言说的意义在于教化，一要有教化的责任心与坚持性，也就是孔子讲的"诲人不倦"所说的责任感、使命感；二要会言说，会说话，有说话的学问根基、经验背景，还要有方法艺术。要适当，要婉转，要避免荒远、避免俗套，要有良好的态度，要俯就，要诚恳，要明白而且动人。

最后引用的徐方即徐国人的归化的诗篇，通过教诲再收编边远，扩大自身，这果然是值得嘚瑟的善举，是大理想、大成功、大胜利。

谈说之术：矜庄以莅之，端诚以处之，坚强以持之，譬称以喻之，分别以明之，欣欢、芬芗以送之，宝之，珍之，贵之，神之，如是则说常无不受。虽不说人，人莫不贵，夫是之谓为能贵其所贵。传曰："唯君子为能贵其所贵。"此之谓也。

君子必辩。凡人莫不好言其所善，而君子为甚焉。是以小人辩言险，而君子辩言仁也。言而非仁之中也，则其言不若其默也，其辩不若其呐也。言而仁之中也，则好言者上矣，不好言者下也。故仁言大矣。起于上所以道于下，政令是也；起于下所以忠于上，谏救是也。故君子之行仁也无厌。志好之，行安之，乐言之，故言君子必辩。小辩不如见端，见端不如见本分。小辩而察，见端而明，本分而理，圣人士君子之分具矣。

有小人之辩者，有士君子之辩者，有圣人之辩者：不先虑，不早谋，发之而当，成文而类，居错迁徙，应变不穷，是圣人之辩者也。先虑之，早谋之，斯须之言而足听，文而致实，博而党正，是士君子之辩者也。听其言则辞辩而无统，用其身则多诈而无功，上不足以顺明王，下不足以和齐百姓，然而口舌之均，噡唯则节，足以为奇伟偃却之属，夫是之谓奸人之雄。圣王起，所以先诛也，然后盗贼次之。盗贼得变，此不得变也。

转述：言说的方法在于，矜持庄重地对待，正经真挚地从事，坚强鲜明地保持，多方譬喻地讲解，分门别类地说明，欣喜、快乐、芬芳（欣赏有加）地把握自己的言语与听者，要将真知灼见传达给听者，要懂得宝贵、珍爱、尊重与沉浸于自己的言说之中，做到这些了，你说的就不会有不被接受的情况发生。即使你的话并非特别讨人欢喜，听者却不能不重视你的言说，这就叫让听者重视起值得他特别重视的一切。

古书的说法就是，正是君子，能够做到，重视他必须重视、值得重视的一切言说、思想见解和建议。

君子必须辩说。人人都会多讲他们所认同的话语，尤其君子们更是这样。所以说，小人的辩词凶险，君子的辩词仁厚。如果言说了许多却没怀有仁厚的心意，还不如沉默不语，那样的辩论不如闭嘴。如果言说中有仁厚的怀抱，那么喜欢言说的人站位在上，不喜欢言说的人站位居下。富有仁厚之心的言说是伟大的。从上头说出来说给下头的人听的是政令，下边的人说出来给居上的人听取的是谏言。所以说君子为了仁厚的动机而言说起来，是从没有厌倦的，也是不会令人厌倦的，他们是意愿仁厚，言行一致，讲述欣悦。所以说，君子的言说富有说服力。小题目小事情的争论不如抓住端倪，而弄清端倪不如搞明白它的名分性质。小争论要洞察，抓住端倪要明晰，搞清名分也就能够合乎原则道理了，而这，也正是君子不同于小人的特点。

争辩可以分为小人之争，士君子之争，圣人之辩。不必准备预热，不必思谋推敲，说出来就恰当，记下来就有条有理有归纳有结论，论述有进展有调整有变化，应对从无死角难点，这就叫圣人之辩。有所准备预热，有所思谋推敲，说出来言之有理，听起来像那么回事，有文采而且联系实际，有学识而又认同正道，这是士君子之争。而如果是听一个人的言说，浮词夸饰却抓不住主题，信用此等人物就是受骗上当，不会产生任何正面的结果。往上看，他们的言说无法认同明君与被明君认同，往下看他们的言说无法让百姓和睦规范，同时他们口舌有致，能多说，能少道，自吹自擂，洋洋得意，他们是奸人中的雄强干将。圣王出现了，先要诛杀这样的奸人干将，其次才是清除盗贼。盗贼还是有可能有所转变的，而这种奸雄，其恶劣与危害，是无法改变的。

感悟：圣人有口才，好人可能有口才，坏人也可能有口才，公害也会有口才。圣人有口才，传播的是大道，天理，圣明智慧；好人传播的是美德，是礼法，是和平、文明、秩序。坏人口才，传播的是歪理，是强词夺理，是低俗丑恶，是昏乱迷信，是愚昧混乱。而奸雄，人坏才大，传播的是祸国殃民，是仇恨欺诈，是伤天害理，是欺世盗名，是颠倒黑白，是人类的灾难。

荀子对于各种人各种品性与才能都很注意分类分析，分类其实是分别性质，所以他如此重视分类；同时他也注意分别层级，达到或距离一定的层级太遥远了，性质就会发生变化，荀子对世态与人群，尤其是士人的了解，堪称烂熟于胸矣。

非十二子

这一章带棱带角，荀子批评斥责了他认定的奸邪谬说，甚至连孟子、子思也在其火力网内，但同时他又反对好斗善辩。这一章还对各种非礼不敬的举止容色嘲笑攻击了一顿。说明荀子既重视治国平天下的路线方向是否正道，又重视个人修养是否符合贤良君子的标准。他既提倡温良礼敬辞让包容，又常常发火口诛笔伐，毫不客气。

假今之世，饰邪说，文奸言，以枭乱天下，矞宇嵬琐，使天下混然不知是非治乱之所在者有人矣。

纵情性，安恣睢，禽兽行，不足以合文通治；然而其持之有故，其言之成理，足以欺惑愚众，是它嚣、魏牟也。

忍情性，綦溪利跂，苟以分异人为高，不足以合大众，明大分；然而其持之有故，其言之成理，足以欺惑愚众，是陈仲、史鳅也。

不知壹天下、建国家之权称，上功用、大俭约而僈差等，曾不足以容辨异、县君臣；然而其持之有故，其言之成理，足以欺惑愚众，是墨翟、宋钘也。

转述：利用现世情势，装点邪说谬论，修饰奸诈的、别有用心的言论，混淆是非，扰乱社会，诡诈乖僻，使天下人糊里糊涂，不明白什么是是，什么是非，什么是治，什么是乱，这样言说表现者，确有人在呀！

放纵一己的感情个性，习惯于任意放浪，行禽兽之事，违背文明秩序规范，但是讲说起来，这种人也照样头头是道，坚持自己的一套（成事不足），欺骗迷惑傻老百姓有余，像它嚣、魏牟就是这样的人。

压抑自己的真实性情，标榜深奥，特立独行，卖弄自身的特立独行，不合群，却又沽名钓誉，追求名分，同样头头是道，坚持自己一套，欺骗傻老百姓。陈仲（秀清高）、史鳅（兴尸谏），就是这样的人。

不懂得天下一致的礼法规矩，只知道追求实用，只强调俭省收缩平均，不注意应有的差别，不承认上下君臣的尊卑，但讲说起来照样头头是道，坚持己见，足以欺骗庸众。墨翟、宋钘就是这样的人。

感悟："假今之世"之说颇有特点，荀子是主张道（真理）的稳定性的，警惕廉价的异端邪说以赶时髦的面貌，钻时髦的空子，警惕政见与学理的自我兜售骗子。

邪说奸言，靠的是时髦打扮，靠的是巧言令色，靠的是诡异诈骗，我们要学会从学风、文风、起底上判断真伪虚实，不要上当受骗。

邪说奸言的特点在于颠倒是非，混淆真伪。问题在于伪而诈的东西也能持之有故，言之成理，而且此八个字几经流传已经成为正面的褒义词句，已经成为迈入百家争鸣门槛的资格证书。这里既反映了命题传播的选择性与可变性，也说明了荀子本人是非分明，立场坚定，又说明了荀子缺少包容与学术民主观念。他那个时期，居然将持之有故、言之成理的表现视为邪说奸言的伪装面具。

他举的这些例子，公正地说来，各有其不足，亦有其可取之处，例如恣肆情性与严管情性，强调等级差别与强调平等俭约，强调清高与强调合群从众，都不是万能的与绝对的，也不是如荀子所讲可以看着不顺眼一棍子打死的。

此前，荀子又讲了一些要有所包容的主张，关键在于，荀子可以容愚众、容小人、容卑俗、容浅陋，却不能容有故成理的、与自己平起平坐的学派。固可叹也。

尚法而无法，下修而好作，上则取听于上，下则取从于俗，终日言成文典，反察之，则倜然无所归宿，不可以经国定分；然而其持之有故，其言之成理，足以欺惑愚众，是慎到、田骈也。

不法先王，不是礼义，而好治怪说，玩琦辞，甚察而不惠，辩而无用，多事而寡功，不可以为治纲纪；然而其持之有故，其言之成理，足以欺惑愚众，是惠施、邓析也。

略法先王而不知其统，然而犹材剧志大，闻见杂博。案往旧造说，谓之五行，甚僻违而无类，幽隐而无说，闭约而无解。案饰其辞而祗敬之曰：此真先君子之言也。子思唱之，孟轲和之，世俗之沟犹瞀儒，嚾嚾然不知其所非也，遂受而传之，以为仲尼、子弓为兹厚于后世，是则子思、孟轲之罪也。

转述：崇尚法令却又没有明确的规范，头脑里没有圣贤前人，喜欢自己另搞一套,往上就听从君王意旨,往下就随从风俗习惯、约定俗成,于是自发形成未经圣贤评价甄选的一套靠不住的东西。虽然整天讲着书文典籍,考察鉴别一下,其实无根无据无出处无来由,抓不着要点,治不好理不清国家名分,仍然头头是道,坚持己见,足以欺骗迷惑庸众。如慎到、田骈等人,就是这样的。

不师法先王圣贤的传统,不认同礼法与原则大义,喜欢琢磨一些奇谈怪论,玩弄巧言辞令,观察细密却无济于事,能言善辩却无的放矢,务事多端却不见绩效,不能够成为治国理政的纲领规范,但是他们仍然讲得头头是道,坚持己见,足以欺哄庸众百姓,如同邓析、惠施那样的人。

大致地师法先王却抓不住纲要,可又是才高志大心高,见闻杂乱广博,按照旧有的一些说法提出仁义礼智信五常之说,讲得怪怪的而无法系统归类,讲得艰深玄奥隐秘,却抓不住见解见地,或者是简约而晦涩难解。装点文饰言语,作恭恭敬敬状,说什么这才是孔子的言说。与世俗无知者一道咋咋呼呼,不知道自己所讲并不正确,传播下来,还以为仲尼、子弓对于传承孔子起了多大作用,这就是子思、孟子这些人的罪过了。

感悟:有些时候,荀子的斗争性、鲜明性、排他性非常强,横扫千军,口气有点像现在的某些网红大咖。

对于他否定的一些学人的总结性描述,听起来有点意思,说慎到、田骈是法而不明,不学先王,丢了初心,没有主心骨,没有理论的概括性与稳定性,然后上听权贵,下随民粹,随波逐流地闹哄,对慎到、田骈的这些勾勒,可能不全面,但令人觉得批得深刻、高明、生动、精彩。

然后说到惠施、邓析的好提怪论,"玩琦辞,甚察而不惠,辩而无用,多事而寡功",即巧言空谈、脱离实际、言过其实、终无大用的毛病,也很有学坛、政坛人物的典型性,如见其人,如闻其声。

尤其是对于孔子的嫡孙子思和亚圣孟轲的批评,相当尖锐,说他们是才高志大，闻见杂博，案（按）往旧造说；即否定"思孟学派"的儒学正宗地位，认为他们虽然才高志大，却只会东拉西扯，并无货真价实的对于孔子学说的传承与发展。这个说法与中国历史上人们对于他们的看法相距甚远。后人如苏轼，对荀子就很不以为然，不以为然却也打不倒荀况的独树一帜的大儒地位。从学术发展与学术政策的角度，荀子这样的自以为是的大家的出现，是百家争鸣学术盛况的不可或缺的一道风景。问题在于，同时，被荀子树为对立面的十二位学人，多半同样是相反相成、不可或缺的学术与历史风景。

若夫总方略，齐言行，壹统类，而群天下之英杰，而告之以大古，教之以至顺；奥窔之间，簟席之上，敛然圣王之文章具焉，佛然平世之俗起焉；六说者不能入也，十二子者不能亲也；无置锥之地，而王公不能与之争名；在一大夫之位，则一君不能独畜，一国不能独容；成名况乎诸侯，莫不愿以为臣。是圣人之不得势者也，仲尼、子弓是也。

一天下，财万物，长养人民，兼利天下，通达之属，莫不从服，六说者立息，十二子者迁化，则圣人之得势者，舜、禹是也。

今夫仁人也，将何务哉？上则法舜、禹之制，下则法仲尼、子弓之义，以务息十二子之说。如是则天下之害除，仁人之事毕，圣王之迹著矣。

转述：说到方针谋略的综合与引领，言说行事的规范，概括分类（定性）认识标准的统一，招揽天下精英，告诉他们古代开初的文化传统，教导他们以最正确顺当的治国之道；帷幄之中，座席之上，能够做到聚集齐备古圣先王的格式章法，振兴太平盛世的民风民俗；这些要务，是上述那些魏、墨、孟、田、邓、史学说所不能登堂入室的，也是那十二位学人无法靠近的；能够做到上述的统领规范聚集振兴的贤士，即使身无立锥之地盘，王公大人也争不到他们的名声影响；如果得到了公卿大夫的职位，并不是一个君王或邦国所能垄断私有的；盛名超过诸侯，君王们都愿意以他为重臣。虽无权势，实为圣人，孔丘、子弓就是这样的人了。

当然也有统一天下、管理万物、养育民人、造福天下、令各方悦服、令其他学说止息、令其他学人跟随变化的有权有势的圣人，他们就是虞舜与大禹这样的人啦。

今天的仁人君子，应该致力于什么任务呢？上要师法虞舜与大禹的章法，下要师法孔子、子弓的原则，务求平息十二位学人的妄说。做到这些，十二学人的危害就消除了，仁人君子的任务就完成了，圣人先王的路线也就彰显于世了。

感悟：从这些讲述与驳论中，我们会看到荀子的学风特色：要简明，要单纯，不要繁复深奥；要恒久，要如一，不怎么要突破变异更新；要本于先王、孔子之类的有定评的圣人，不要后世的能人名嘴；要已经形成、成熟、公认与无疑的章法路数，不要摸索，不要探求，不要试验，更不要异端；宁要老一套，不要新思路；要统一、一元，不要共生、互补、多元；要经世致用，不要学术抽象。这里有它的责任心、实用性、端正感与严肃性，也有它的局限性与呆板性。

但在他处又多次强调沿着后王的实践求尊重先王之道。也许可以说是实践上厚今，学说上厚古。

信信，信也；疑疑，亦信也。贵贤，仁也；贱不肖，亦仁也。言而当，知也；默而当，亦知也。故知默犹知言也。故多言而类，圣人也；少言而法，君子也；多言无法，而流湎然，虽辩，小人也。故劳力而不当民务，谓之奸事；劳知而不律先王，谓之奸心；辩说譬谕，齐给便利，而不顺礼义，谓之奸说。此三奸者，圣王之所禁也。

知而险，贼而神，为诈而巧，言无用而辩，辩不惠而察，治之大殃也。行辟而坚，饰非而好，玩奸而泽，言辩而逆，古之大禁也。知而无法，勇而无惮，察辩而操僻，淫太而用乏，好奸而与众，利足而迷，负石而坠，是天下之所弃也。

转述：相信可信信息，是本身诚信的表现；怀疑可疑虚妄，也是诚信的必然。懂得贤士的可贵，是仁爱的表现；轻蔑与否定那些不成样子的烂人，也是仁爱的必须。说话恰当妥善，是智慧的表现；默默无言而恰到好处，还是智慧的必然。所以说，智慧的沉默也正如智慧的讲说。所以说，讲说很多而且一以贯之，这是圣人；讲说很少而且遵纪守法，这是君子；同样讲说滔滔，并无法度，沉湎于巧言令色之中，虽然似乎能说会道，不过是小人的口舌之利。所以说，辛劳忙碌，却无助于民人需要，那是做奸邪之事；辛劳思忖，却不师法先王之道，那是用奸邪之心；辩论比喻，机敏巧妙，却不符合礼法原则，那是讲奸邪之言。奸事、奸心、奸言，这三种奸邪，是圣王的大禁忌。

智谋多端但用心险恶，神机妙算却贼害他人，巧于言行却用来欺诈，能说会道却无济于事，精明细致但没有任何成就，这是政治生活中的祸患。违背常识与民心，找别扭而且僵硬坚持，文过饰非，颠倒黑白，惯于奸邪而且圆滑滋润，用漂亮说辞颠覆仁义礼法，这是古时的大禁忌。智谋而违法，猛勇而无所谨慎自律，精细而异端乖僻，奢侈无度，浪费资源，结交奸人而且拉拢党羽，追逐利益，走上迷途，抬高自己，获取重位的结果是堕入深渊，这样的人只能被天下厌弃淘汰。

感悟：《荀子》读到第六章，一个"非十二子"，显出了荀况刚直的一面。太刚直了常常容易形成悖论，但这里的荀子却早已注意到对于悖论的防范与转化，例如，信的逆向观念应该是疑，提倡推崇信的人，从语义学上看，应该排斥疑惑；但是荀子一上来就告诉你，信应该相信的东西是信，疑本来就应该质疑的东西也是一种信。这说明信——信仰、信任、信用是有条件的，不是无条件的，关键在于对象的复杂性。这还说明，疑也可能成为与信具有同一性的概念，这在形式逻辑的同一律、矛盾律与排中律的信奉者看来是荒谬的，但国人已经习惯于这种相反相成的思维与论断模式。

同样的道理。贵贤人而贱不肖，都是真正的仁；言说与静默，都是同样的知言当言言当。这就与"爱敌人"的执拗与夸张大异其趣。

但是这里也产生了一个问题，什么该信，什么该疑，什么该贵，什么该贱，什么情况下该说，什么情况下不该说，由谁来判决呢？你认为 A 应该信，B 应该疑；他认为 A 应该疑，B 应该信；你认为 L 应该贵，M 应该贱；他认为 M 应该贵，L 才应该贱；你认为 N 状况下应该言说，X 情势下应该静默；他认为 X 情势下应该说话，N 状态下应该闭嘴，又怎么办呢？中华人士确实太富有灵活性了，神机妙算，令人赞叹，也令人摸不准脉。

把不同见解说成小人之见，尚可；把不实用、无功利、违背先王的见解称为奸邪并概括为"三奸"，则嫌过分；与孔子的中庸之道、过犹不及，评论人、事、学、理都追求恰到好处，差异太大了。

然后荀子强调治国平天下的大祸殃是知而险、贼而神、诈而巧、辩而无用、察而不惠……的有害性，这个思路在中国也形成了一种文化传统，所谓巧言令色、有才无德、志大才疏、言过其实、政治标准错了艺术性越强越糟糕，还有永远解决不完的是方向问题，这些思路都与荀况的说法靠近。当然中华文化也有另一方面的经验，例如说坐山雕是"愚而诈"，说某领导的特点是爱才，还有关于人才兴国战略的提出等。

兼服天下之心：高上尊贵，不以骄人；聪明圣知，不以穷人；齐给速通，不争先人；刚毅勇敢，不以伤人；不知则问，不能则学，虽能必让，然后为德。

遇君则修臣下之义，遇乡则修长幼之义，遇长则修子弟之义，遇友则修礼节辞让之义，遇贱而少者则修告导宽容之义。

无不爱也，无不敬也，无与人争也，恢然如天地之苞万物。如是则贤者贵之，不肖者亲之。如是而不服者，则可谓訞怪狡猾之人矣，虽则子弟之中，刑及之而宜。

《诗》云："匪上帝不时，殷不用旧。虽无老成人，尚有典刑。曾是莫听，大命以倾。"此之谓也。

转述：要能服众，能兼顾天下多方面的人士，使他们心悦诚服：处于高位高端的人，不可因自己的地位而压迫他人；聪明博学的人，不应以自己的学识智商而挤对他人；机敏高效的人，不必因自己的效率速度而争先恐后，争夺先机；刚毅勇猛的人，也不可以自身的气势去伤害他人；对于自己不甚了解的事物，要勤于请教，对于不会做的事情，要勤于乐于求学；对于自己已经懂得也会干的事物，也要适当谦让（不必逞强），这才算是有德行的贤士。

对于国君，要依照臣子下级的原则秩序来对待；对于乡亲，要依照长幼的原则秩序来对待；对于长者，要以晚辈子弟的讲究来对待；对于朋友，要讲究实行谦恭礼让；对于地位低微又比较年轻的人，则要尽忠告引导的义务。

这样的贤人，没有他不仁爱相待的，没有他不礼敬相待的，他也从来不与任何他人争夺名利。对于这样的人，贤人会敬重他，不怎么样的人也会亲近他。对于这样的人而不心悦诚服的，只能说是怪诞狡猾，即使是自己的子弟，也该用刑罚惩治。

《诗经·大雅·荡》说："并不是上苍不给商纣王以时运，是商纣自己不遵守古代的章法。那时虽然没有什么年高德劭的重臣了，毕竟还有传下的法典与榜样。你不按这些遗教做事，也就只能是覆灭倾倒的噩运了。"

感悟：果然，讲了非十二子，似乎排他性很强，横扫千军，一棍子打死，紧接着荀子大谈仁爱、礼敬、辞让的必要性，为什么他对十二子毫不客气，这里却又强调包容、谦逊、礼让，还说是君子也罢，小人也罢，贤也罢，不肖也罢，都要团结聚拢，使他们心悦诚服呢？这很简单，前面要非的十二子，是指扬言要按自己的一套治平天下的士大夫，即候补官员，是志大才疏的"野心家"，简单地说，是荀况的竞争对手；而这里讲的要仁爱团结礼敬辞让的是民人，最多是贤人，是荀况的人力资源。一方面要得民心、得天下；另一方面要非异端，排谬论，撂倒对立面，这正是荀卿这种人士的处世方略。

古之所谓仕士者，厚敦者也，合群者也，乐富贵者也，乐分施者也，远罪过者也，务事理者也，羞独富者也。今之所谓仕士者，污漫者也，贼乱者也，恣睢者也，贪利者也，触抵者也，无礼义而唯权势之嗜者也。

古之所谓处士者，德盛者也，能静者也，修正者也，知命者也，著是者也。今之所谓处士者，无能而云能者也，无知而云知者也，利心无足而佯无欲者也，行伪险秽而强高言谨悫者也，以不俗为俗，离纵而跂訾者也。

转述：古代说的做官的人士，是诚实厚道的人，是与众人合作随和的人，是喜欢富贵上进（正常）的人，是乐于施舍馈赠分享红利的人，是远离非法罪过官司麻烦的人，是拎得清事理利害的人，是羞于独占鳌头攫取好处的人。而当今的那些热衷于当官的人呢，是龌龊的人、胡作非为的人、任性纵欲的人、贪婪私利的人，是违法乱纪的人，是不讲规矩与原则义理、只知道争权夺势的人。

古代说的不想为官的人士，是德行充溢的人，是静谧平和的人，是能够自我调节而不离正道的人，是懂得并求得与天命一致的人，是突出对于真理的追求的人。而当今的所谓官场外体制外的人物，（常常）是一无所长却做出能力高强状的人，是并无知识却做出无所不知状的人，是追求私利却做出清高无私状的人，是行事虚伪、险恶、低下却又硬唱高调，同时做出诚恳谨慎状的人，是披着不同凡俗的外衣，做庸俗低下之烂事，踮起脚做出与众不同乃至高人一等状的货色。

感悟：绝了！第一，孔孟老庄荀，竟然都是古非今，崇仰远古，非议现实。第二，某些关于优良精神遗产变质变味的警示，读来竟如此贴近熟悉真实，如当下的部分（当然只是一小部分）社情民意。古代后世，都有好官好吏，也都有高士贤人。荀子说的古代的仕士处士，都比较好，高尚、纯正、可取，有点像我们现在说的不应忘记的"初心"可用。而他说的后世的某些情况，则是指初心背弃，心口不一，南辕北辙，虚伪欺骗，贪婪下流，一无可取者。

是不是神州大地上的一部分人类，走的是负发展的道路呢？是不是科学技术生产力是在不断进化优化，而我辈的品德心意在不断下沉，在走向腐烂、丑恶、低下、毁灭呢？是不是圣贤明君高士鼓吹的一切美善只能是出现在尧舜禹汤时代呢？

可能是私有制与阶级社会发展中，古人对于原始共产主义社会的怀念？

可能恰恰是美与善的价值追求的理想性，造成了美与善与现实性的某种距离。追求到理想的美与善，谈何容易？挫折感，或者实现了相当一部分理想后出现的新矛盾、新问题、新的不平衡，带来了新的质疑与困惑，乃至带来了对于现实、人性、大道的某种动摇与失意？尤其是中国传统文化在价值标准中，比较强调的是带有某种主观性的美与善，而不是更富客观性的真。

这样的一些印象与感叹正是说明了老子的"天下皆知美之为美，斯恶已。皆知善之为善，斯不善已。故有无相生，难易相成，长短相形，高下相倾，音声相和，前后相随"这样一种万物相反相成、趋向自己的反面的发展观。知美的同时必然是知恶，知善的同时必然是知不善，知和的同时是知战，知仁的同时是知暴。大道的一个特点是它的逆反倾向，生活是有悖论的，潮流是有反复的，人是有逆向思维能力的，语言是有结构各种层次近义词、衍生词与反义词的功能、方便与必要的：有君子就有伪君子，有忠就有愚忠、忠烈、伪忠，有直言就有巧言、佞言、谎言、假大空言，有坚持就有修正、动摇、僵硬与执拗。人的结构各义词类的能力大大发展了人的智慧、人的思维。人看到的、接触到的是有限，同时追求着无穷；人看得到的、接触得到的是具体与局部，同时追求着抽象、概括、覆盖、全局；人看到触到的是专属、界域，同时追求着根本与全能。人们看到得民心者得天下，同时人们也就运用了这个规律、这个思想去颠覆、推翻、夺取在民心所向上出现了问题的政权。人们看到了为政者、为学者、为人者的仁爱的力量，同时也就会去探索试验暴力加谋略的能量，以及怒从心头起、恶向胆边生，先下手为强、后下手遭殃的方式的有效性与成功率。人们体会到了忠恕的可贵，从忠恕的可贵中体会到了美德的稀少，从美德的稀少中发现了、发展了人性中自私与不甚可靠的那一面的事实，于是从对于善的敬畏珍重，发展到对于善的试验性的违背与表态性的利用，乃至对于恶的功利的某种大胆的与好奇的尝试，而一时的恶的成功，更造成了"斯恶已""斯不善已"的结果。

对于善的宣扬中可能包含着几分天真、几分拘谨，也有初则可贵、继则为难的梦想，有梦想的需要充实与发展。而对于恶的尝试中，可能包含着几分效能、几分自由、几分嘚瑟。但同时，世人皆知恶之为恶，皆知不善之为不善，斯善已，斯美已。这个思路也是对的。世界是与时俱化的，善恶也是不断调整演变着的。善中有恶，恶中有善。这里有一分为二，有合二为一，二生三与三生万物，有肯定之否定，也有否定之否定，有相反相成、相反相反、相成相成与相成相反。中华古典辩证法是人类文化的宝贵遗产。

荀子的眼光不简单，但荀子解释为古实今伪，古正今邪，古是今非，这其实是简单化乃至粗放化了。

士君子之所能不能为：君子能为可贵，不能使人必贵己；能为可信，不能使人必信己；能为可用，不能使人必用己。故君子耻不修，不耻见污；耻不信，不耻不见信；耻不能，不耻不见用。是以不诱于誉，不恐于诽，率道而行，端然正己，不为物倾侧，夫是之谓诚君子。

《诗》云："温温恭人，维德之基。"此之谓也。

转述：士君子，有他们做得到的，有他们做不到的：他们能做到让自己高贵，但是他们未必做得到让人人尊重他们；他们做得到有良好的信用，但是未必做得到让人人信任他们；他们能做到使自身成为有用之才，但是未必做得到让君王大臣任用他们。所以说君子引为耻辱的是自身的修养不够，但不必因为他人向自己泼污水而感到耻辱；可以是因自身的信用度低而感到耻辱，但不必由于他人不相信自己而羞愧；可以是为自己的无能而羞惭，但是不必因自己没有被任用而羞惭。这样的君子，并不被名誉所引诱，也不会受到诽谤的吓唬，遵循正道做好一切，端端正正要求与规范自身，不因为外界的原因而动摇。这才叫真正的君子。

《诗经·大雅·抑》里说"温和恭敬，这是维护德性的基础"，讲的就是这样的意思。

感悟：反求诸己，这是中国古代儒家的一个非常精彩的思想，某种意义上来说，它比"己所不欲，勿施于人"更高尚。后者其实更加直白简明，难以置疑，再说，你将己所不欲的行事施于他人了，你必会遭到报复遭到教训。"反求"则是一般人常常做不到的，"行有不得"，做的事情达不到目的，人必然介意，会很自然地想到一大堆外物环境给自己造成的困难，当然是障碍重重才使自己受挫。但是荀子告诉我们，应该培养自责自省自律的精神，不论什么样的失败挫折，要从自己身上找原因。要时刻准备着反省，时刻准备着成功，问题不在于你有时遭霉运、碰钉子，问题在于任何人的一生都会遇到大量机遇，但是一无所知、一无所长的庸人懦夫懒人太多太多了，他们的德才的低下，他们的信义的缺乏，他们的无知无能无用，使他们一辈子一事无成，再怨天尤人，也改变不了自己的卑微低贱处境。

与反求诸己可以并列的儒家词语是"慎独"——即使独处，也仍要守持礼义，一丝不苟。中华传统文化对于精英人物，对于士大夫，对于君子的苦练内功的强调与讲究，是很有意思的。

士君子之容：其冠进，其衣逢，其容良；俨然，壮然，祺然，蕼然，恢恢然，广广然，昭昭然，荡荡然，是父兄之容也。其冠进，其衣逢，其容悫；俭然，恀然，辅然，端然，訾然，洞然，缀缀然，瞀瞀然，是子弟之容也。

转述：士君子的仪容是戴好帽子，穿好衣服，容色良善，认真矜持，庄重稳健，吉祥康泰，轻松随意，开阔包容，境界广大，光明朗健，胸怀坦荡，这是父兄在子弟面前应有的精神与形容面貌。他的帽子高高的，他的衣服宽宽大大的，他面容诚朴，态度谦卑，举止美好，应对亲和，心术端正，做事勤勉，礼敬周到，绵密连续，不敢大意，这是子弟在父兄面前应有的形容与精神面貌。

感悟：我们现在喜欢讲所谓精神面貌，其实古代也极注意面貌，面貌里有身体健康与物质生活水平的体现，也有精神状态的外露。形体与容色都是政务活动、社交活动、家庭生活中的重要因素，打孔子时期就讲究"色难"，他们强调，表情、脸色不能难看，态度不能骄傲压迫、粗暴放肆、松懈懒惰。窃以为这与孔、荀同时是教育家，致力于培养生徒有关，教育儿童少年，当然会端正他们的举止、姿势、表情、动作，要体现文明礼貌，修养品德。

荀子的这十六个"然"，也就是十四种面貌代表的十六种状态——形象与气质，文明与品性，写得很有生活性与具象性，看似文采修辞，实乃人情世故。不接地气、没有阅历的人是写不出来的，何况下一段还有十三种负面的"然"与其他重要说法，很精彩。

吾语汝学者之嵬容：其冠，其缨禁缓，其容简连；填填然，狄狄然，莫莫然，瞡瞡然，瞿瞿然，尽尽然，盱盱然，酒食声色之中则瞒瞒然，瞑瞑然；礼节之中则疾疾然，訾訾然；劳苦事业之中则儢儢然，离离然，偷儒而罔，无廉耻而忍謑詢，是学者之嵬也。

弟佗其冠，衶禫其辞，禹行而舜趋，是子张氏之贱儒也。正其衣冠，齐其颜色，嗛然而终日不言，是子夏氏之贱儒也。偷儒惮事，无廉耻而耆饮食，必曰君子固不用力，是子游氏之贱儒也。彼君子则不然。佚而不惰，劳而不僈，宗原应变，曲得其宜，如是然后圣人也。

转述：我给你们讲讲某些读书人的怪样子吧：他们的帽子前倾

低沉，腰带松弛，容色自大，自满自足，或轻浮躁动，或不声不响，或东张西望，或少见多怪，或寻寻觅觅，或直眉瞪眼。而在饮酒用餐的时候，或稀里糊涂，或沉湎迷醉；而在一些礼节交际活动之中，他们常常发泄情绪，恶言恶态；而在需要辛苦做事的时候，他们常常慢慢腾腾，不肯出头动手。他们偷懒懦弱，迷迷糊糊，不干不净而饱受诟病。这些就是某些读书人的怪样子。

随随便便地戴着帽子，无滋寡味地说着话，还学着大禹的样子一跛一拐地走路，或是学着虞舜的样子低头疾行，这是孔子门徒子张那种地位低贱的儒士形象。衣帽整齐，面孔绷紧，貌似谦虚，是孔子另一位门徒子夏那种地位低贱的儒士的形象。偷懒躲藏，遇事缩头，不讲廉耻，只讲吃吃喝喝，还说什么君子本来就不必辛苦劳累地做事，这是孔子门徒子游那种地位低下的儒士形象。而那些真正的君子，就不是这个样子了，他们安详而绝非懒惰，辛劳却从不傲慢，他们遵从本原大旨，同时顺应各种变化，调整适应，分别情况，尽量得其相宜，能够做到这一步，就通向圣人的境界了。

感悟：荀子的这些说法发人深省，他谈到贱儒的口气，甚至使读者想起秦始皇的焚书坑儒来。儒哇儒，是不是确有误国空谈，脱离实际，指手画脚，大言不惭，成事不足，败事有余的一面呢？

是不是有什么背景呢？学者云云，贱儒云云，似不怀好意，似有个人情绪，似有一笔抹杀之势，尤其是荀子的经历身份，毕竟他不是统一六国的始皇啊，你不也是一个儒生吗？最多人家是小儒、窝囊儒、可怜儒，你是牛儒、高屋建瓴儒、立言有成儒罢了，为什么用那样高高在上的口气谈堂堂孔子的弟子子张、子夏、子游呢？

荀子不喜欢装腔作势，不喜欢找不着方向，不喜欢动辄出洋相的不稳重的士人，他喜欢的是自然，是本色，是求实，是淡定，这是《非十二子》给我们的重要启发。这是可贵的。

仲尼

本章要旨在于宣扬与守持儒家的道德理想主义、文化理想主义、王道仁政主义，反对与否定法家的重视权与势的主张，相当吃力地否定以齐宣王与管仲群臣为代表的成功君相，提出以修身为中心的圣贤之道、经世致用之道、修齐治平之道，有其理想性、美善性与动人性。某种意义上，这里维护的正是中华传统文化的核心。

　　后边几段，仍是讲荣辱的荣，讲了荣的危险，更讲了长久保持光荣体面的重要性与道术。

仲尼之门，五尺之竖子，言羞称乎五伯。是何也？曰：然！彼诚可羞称也。齐桓，五伯之盛者也，前事则杀兄而争国；内行则姑、姊、妹之不嫁者七人，闺门之内，般乐奢汰，以齐之分奉之而不足；外事则诈邾袭莒，并国三十五。其事行也若是其险污淫汰也，彼固曷足称乎大君子之门哉！

转述：试问，孔子门下，即使是少年弟子，谈起齐桓公、晋文公、楚庄王，还有吴王阖闾、越王勾践，都觉得不好意思，这是为什么呢？回答说，情况确是如此，这五个大人物，令人引以为羞。齐桓公在这五个人物当中是所谓功业盛大的一个，他先是杀了兄长将齐国夺到自己手里，在自己家族中，他的姑姑姊妹没有出嫁的有七个人，内廷之内，奢靡享乐，由齐国赋税之半供奉都不能满足；对外，他欺诈邾国，袭击莒国，吞并了三十五个小国。他做的事阴险肮脏、淫乱奢靡，他又怎么配得到孔门的称道呢？

感悟：儒家讲究仁政、王道，对于强人政治，强人胜利，强人开拓与强权威势以及以强权为中心的政治谋略，常常抱批评态度。

从长远来说，不无理想主义地说，从纲领宣示意义上来说，儒家所主张的以仁爱、美善、教化、礼义为中心的"为政"（如今日所说的"行政"与"执政"）观，是伟大深远高尚的，尤其是易于得到民人百姓的认同与好感。儒家几千年来被中国的权力系统树为主流意识形态，不是偶然的。

但是这种儒家观念更多的是从动机、心愿、信念上讲究，可以说是"唯（居）心论"；而从操作的层面、应对的层面、拯危济困的层面来看，儒家的空论性、修饰性、文学性、慰安性，某些状态下超过了实践性、功能性、效用性；用当代语言来说，它美好简约舒心，但不是百分百管用，更是常常不管急症、急诊、急用。李白早就指出过："鲁叟谈五经，白发死章句。问以经济策，茫如坠烟雾。""文革"后期出现一个大规模"评法批儒"的浪潮，也不是偶然的。

这个矛盾从东周百家争鸣时期延续到了现代。《论语》中用相当的篇幅谈到了管子，有颂扬也有批评，谈起管子，孔子不无为难，管子功劳太大，孔子说如果没有管子，就保卫不住三皇五帝圣人文化的根脉。但管子的某些记录又不符合孔子的克己复礼、天下归仁的规矩。

而这里谈起并不按照儒家教条做事，却都在一定程度上成就了霸业的五伯即五霸，荀子坚决维护儒家基本教义，强调真正的孔门弟子，只能为五伯感到羞耻。这个用词很有意思，为什么是羞耻而不是痛恨诛之讨之呢？原因何在，闹不清楚，只能理解为从手段记录上看，这五个人都是非仁非礼非儒的，但他们又都是作为当权者、成功者、有贡献者，他们不全然是儒家的对立面。否则，孔门竖子有什么可为他们而羞愧的呢？

李白在上述诗中，说"君非叔孙通，与我本殊伦"，他认为鲁叟们都是些不合时宜的腐儒，而自己要做的是最识时务的叔孙通类的谋士。这也极有味道。至于腐儒一词出自杜甫的自嘲，虽是自况，仍然事出有因，词出有因，荀子般的坚决激烈，仍然阻挡不住儒学遭受的与生俱来的挑战、法家的挑战、实用主义的挑战、时务的挑战，尤其是政治功利的挑战。与儒家俱来的是凤歌笑孔丘的接舆，是指出"儒者博而寡要，劳而少功，是以其事难尽从"的司马谈的批评。

而同样真实的是，无论有怎样的嘲儒拒儒的力量，也阻挡不住、扼杀不了入情入理、亲和顺遂的儒学文化生命力与政治美善化引力。

若是而不亡，乃霸，何也？曰：於乎！夫齐桓公有天下之大节焉，夫孰能亡之？倓然见管仲之能足以托国也，是天下之大知也。安忘其怒，出忘其仇，遂立为仲父，是天下之大决也。立以为仲父，而贵戚莫之敢妒也；与之高、国之位，而本朝之臣莫之敢恶也；与之书社三百，而富人莫之敢距也。贵贱长少，秩秩焉，莫不从桓公而贵敬之，是天下之大节也。诸侯有一节如是，则莫之能亡也；桓公兼此数节者而尽有之，夫又何可亡也！其霸也，宜哉！非幸也，数也。

转述：他们顺时而动有这样那样的弱点，仍然建树了霸业，怎么回事呢？看呀，齐桓公能坚持天下人难比的大纲纪大原则，有了那样宏大的心胸眼光，哪一个能干掉他呢？齐桓公坦然地认识到管仲是可以将国家托付给他的人，这是天下的大智慧。忘记了对管仲的愤怒，忘记了对管仲的仇恨，进而尊管仲为"仲父"，这是天下最英明的决断。将他立为仲父王叔，其他齐王亲眷不敢有所嫉妒；给管仲高氏、国氏那样尊贵的地位，其他大臣不敢不服；给管仲三百社的封地，没有哪个富人敢于抵制。不分老幼、不分贵贱都规规矩矩地追随着齐桓公尊敬服从管仲，这是天下的大纲纪，作为诸侯，能显示这一类的某一方面的恢宏气度，就没有什么力量能战胜他。齐桓公则是兼有几方面都能做到气度恢宏，就更是灭不掉的了。他能够称霸，这是合乎规律的事情，并不是运气好，而是合乎天数、合乎规律的结果。

感悟：这是一个矛盾，从出发点上说，管仲等人绝对不是儒道的信奉与实行者，不是儒家，不标榜三皇五帝、仁义道德、王道民心，但他们又是成功者，是用绩效代替教义的践行家，是君王喜欢的实干兴邦的重臣，而与空谈误国、纸上谈兵、寻章摘句的赵括式、鲁叟式、放空炮式摆设划清了界限。齐桓公、管仲，至少是经得住折腾者、无敌于一时者、胜利者。荀子要坚持儒学的基本教义，又要承认齐桓公、管仲的历史成就，就提出了大节——纲纪一说，哈哈，这样一来，就等于承认仁义礼智信、王道仁政之外，还有能在邦国的存亡胜负中起决定性作用的东西，比如知人善用……它们突破了儒学，靠拢了法家的权力中心主义、御民主义。

然而仲尼之门，五尺之竖子，言羞称乎五伯，是何也？曰：然！彼非本政教也，非致隆高也，非綦文理也，非服人之心也。乡方略，审劳佚，畜积、修斗而能颠倒其敌者也。诈心以胜矣。彼以让饰争，依乎仁而蹈利者也，小人之杰也，彼固曷足称乎大君子之门哉！

转述：如上述，桓公管仲，也是有成就、懂得大关节、有本事的成功者，但是孔子门徒们，连少年人也羞于谈及五霸类人物，为什么呢？五霸型人物没有从根本上抓为政的世道人心教化，他们没有达到崇高伟大的理念峰顶，他们没有做足文明礼法的规范，他们不能使民人心悦诚服。他们只是一心策划方案谋略、权衡劳逸节奏、积蓄备战、打败了敌手。他们是靠狡诈来胜敌手的。他们的特色是以礼让掩饰争夺，依托仁义争取自身利益最大化，他们是小人下等人中的豪杰，他们哪里够得上在博大君子门下被谈论称道呢！

感悟：堂堂大儒如荀况者，讲起这个话题也不无心虚，五霸的绩效戳在那里，他不能不承认人家的大节、无敌、莫之能妒、莫之能恶、莫之能亡，只能贵敬，却又承认羞言。这其实是为儒学的说得好而实效赶不上五霸、赶不上管仲而羞，当然不是齐桓公、管仲羞，而是仲尼、孟轲、荀况羞。于是荀况就抬出基本教义，抬出根本信条来贬低法家的实绩，抬出高端来抹杀法家的步步为营，抬出周到细密来挑剔法家不可能没有的疏失，再抬出人心来嘲笑法家的使用政权。

王某读孔孟朱王多矣，对他们的修齐治平、入情入理、中庸妥善、世道人心、君子教化……深为首肯。但这里荀子的路数让人想起了"只抓粮棉油，忘了敌我友""只顾埋头拉车，没有抬头看路""宁要社会主义的草，不要资本主义的苗"之类的立论模式。呜呼，空论之风，盖有年矣！

彼王者则不然：致贤而能以救不肖，致强而能以宽弱，战必能殆之而羞与之斗，委然成文以示之天下，而暴国安自化矣，有灾缪者然后诛之。

故圣王之诛也，綦省矣。文王诛四，武王诛二，周公卒业，至于成王，则安以无诛矣。故道岂不行矣哉！

文王载百里地，而天下一；桀、纣舍之，厚于有天下之势，而不得以匹夫老。故善用之，则百里之国足以独立矣；不善用之，则楚六千里而为仇人役。故人主不务得道，而广有其势，是其所以危也。

转述：真正能以王道而君临天下的圣人（不是齐桓公、管仲一流人物），他们是自己努力做到贤明，同时济助那些没有成色的低级人物；是自身努力做到强大，同时宽待那些弱小的群体与个人；对于如果与之战争定能战胜的对手，却羞于与他们争斗，宁愿向天下彰显自己的蔚然兴盛的文化礼仪，使得暴虐的邦国也渐趋平安，自我有所教化，只有对成为灾祸谬戾根源的地方，才要用武力消灭之。

所以圣王动武诛杀的事例极少，周文王曾经灭过四个小国，周武王灭过两个小国，周公完成了文王武王的大业，而到了周成王时期，就天下太平，不用动武了。所以，怎么能说王道是行不通的呢？

周文王拥有了百里纵横的地盘，而以其道统一了天下。桀纣则舍弃了大道，身为君王，虽然拥有千里广袤的势力，却得不到一个老百姓式的善终。所以说，能够好好地行道用势，有百里地的地盘的依仗，足够自主挺立；而不会行道用势，像楚国那样，即使六千里纵横，最后君王依然被敌方所役使指挥。所以说，君王而不重视行道，只知道势力，这是最危险的。

感悟：这里讲的是内圣外王之道。从自身来说，意诚心正身修，成就了圣者、仁者、王者以及君子、士、大丈夫的德性，是孝悌忠信，礼义廉耻的内圣，彰显的是软实力。对外、对社会、对家国、对天下，是家齐国治天下平，是天下统一，是善用大道与实力，是外王。与大道相比，势力是第二位的、从属的。硬实力从属于软实力，慎诛杀、慎斗狠、慎示强、慎动武，宜救援、宜宽容、宜文明、宜教化。内圣，就是说宣扬的是天道、道德与文化理想主义，是克己复礼、天下归仁，是天下太平，是王者之道，是性善天理、为政以德，是天下大同与无为而治，是具有中国特色的共产主义理想的初始化。外王，就是说对外要有一定的权威，有统一的势力与决策，有齐家治国平天下的决心与能力。但荀子赞扬内圣，贬低外王，内圣外王毕竟是庄子提出的道家学派对儒家与法家思想的整合，与荀子的体系不同。

持宠、处位、终身不厌之术：主尊贵之，则恭敬而僔；主信爱之，则谨慎而嗛；主专任之，则拘守而详；主安近之，则慎比而不邪；主疏远之，则全一而不倍；主损绌之，则恐惧而不怨。贵而不为夸，信而不处谦，任重而不敢专，财利至，则善而不及也，必将尽辞让之义，然后受。福事至则和而理，祸事至则静而理。富则施广，贫则用节，可贵可贱也，可富可贫也，可杀而不可使为奸也，是持宠、处位、终身不厌之术也。虽在贫穷徒处之势，亦取象于是矣。夫是之谓吉人。《诗》云："媚兹一人，应侯顺德。永言孝思，昭哉嗣服。"此之谓也。

转述：保持尊宠，稳处一定的权位，长久不惹君王与同僚的讨厌，它的方略在于：受到君主尊重抬举，自己要恭敬而且退让；受到君主信任爱惜，自己要谨慎谦逊；受到君主专一委任，自己要小心周到；受到君主亲近，自己要慎重服从正派；受到君主疏远，自己更要全心全意尽忠而消除逆反心理；受到君主罢黜贬损，自己要有所畏惧，不可怨怼。自己地位高贵，注意不要夸张膨胀；自己得到信任，注意不要行事不当而造成嫌隙；自己任务重大，注意不要独断专行；得到财利赏赐，一定要认识到自己的表现并没有足够良好，要坚持有所推辞谦让的原则，然后才能接受。有了好事好运，平和顺畅地对待；碰到坏事坏运，冷静而不丧气。富足了，就广泛地施舍救助。穷困了，就减少开支使用。人的处境可能高贵也可能低贱，人的拥有可能富足也可能穷困，甚至于可能被杀害，但不可以令我作奸犯科。这就是保持尊宠、稳处权位，永不惹人讨厌的方略！即使处在贫穷孤单的情势下，也要保持这样一个正确的姿态。这才是善良有福的吉人啊。

《诗经·大雅·下武》说："人们喜欢的是周武王这个帝王啊，继承了祖上的德操传统。始终孝敬着先人，我们也要继承武王的德操啊！"

感悟：中华文化传统，一直珍视着自身的文明精神：地位越是尊宠，信任越是满满，就越要给自己提出终身不招方方面面讨厌的目标。这已经有一点中华辩证思维的意思了，为什么要追求终身不招厌？因为"物壮则老，是谓不道"（老子），执宠处位，这样的优厚处境，是很难长期保持的，富足强势，是最容易成为嫉恨靶子的，干脆说，优厚处境与富足强势本身是难以终身不厌的，是易厌易毁、惟艰惟危、危机四伏的。越是受到信任，越是经不起见疑生隙；越是专权重责，越是容易顾此失彼、捉襟见肘、暴露弱点、为对立面所乘；越是被主上亲近无间，越要注意不可造次，不可失言失态失礼又不可一味拘谨生分，同样令长上不悦。这也是《尚书·大禹谟》所说"人心惟危，道心惟微"的意思吧。

怎么办？高大上的"道"讲了一大堆，沉下来是毛泽东的"谦虚谨慎、戒骄戒躁"八个字，是《诗经·小雅·小旻》"战战兢兢，如临深渊，如履薄冰"十二个字。这些正是大道做小、以退为进的谋略，但是讲一百次这样的谋略对于某些浮躁者也是没有用处的。关键在于真正的品德，在于仁爱与谦卑，在于诚恳与从容，在于心胸与境界。

这里的分析还有一点极其可贵，就是一个人要警惕长项、要警惕优势、要小心成功。我们一般知道注意克服缺点、克服短板、扭转劣势、随时弥补漏洞，却很少想到成就大了会遭妒，上面信赖了会产生过高的期望值，地位高了容易脱离人众，事情做多了失误也会多，青睐与亲密多了容易失言失态，被肯定夸奖多了自己显得膨胀、招人讨厌。这一点说得太出彩了。

求善处大重，理任大事，擅宠于万乘之国，必无后患之术，莫若好同之，援贤博施，除怨而无妨害人。能耐任之，则慎行此道也；能而不耐任，且恐失宠，则莫若早同之，推贤让能，而安随其后。如是，有宠则必荣，失宠则必无罪。是事君者之宝，而必无后患之术也。故知者之举事也，满则虑嗛，平则虑险，安则虑危，曲重其豫，犹恐及其祸，是以百举而不陷也。孔子曰："巧而好度，必节；勇而好同，必胜；知而好谦，必贤。"此之谓也。

愚者反是：处重擅权，则好专事而妒贤能，抑有功而挤有罪，志骄盈而轻旧怨，以奢意而不行施道乎上，为重招权于下以妨害人。虽欲无危，得乎哉！是以位尊则必危，任重则必废，擅宠则必辱，可立而待也，可炊而傹也。是何也？则堕之者众，而持之者寡矣。

转述： 应该追求这样的道术，能够做到很好地居高位、成大事、得到万乘大国的专一信赖倚重，而不留后患祸端，最后能够随和合作，举荐贤良，广结善缘，消除怨怼，不念旧恶。自己有足够的能力，担当胜任，必须践行上述道术。如果感到自己的能力不足以胜任，而且担心自己失去主子的信赖好感，那就不如早早地推举与让贤，自己踏踏实实地跟随能人走。能这样做，得到宠信，光荣体面；失去好感了，也不会获罪倒霉。这才叫善于服务君王，永远不留后患祸端的道术。

所以人们说，真正的智者，办起事来，圆满时考虑欠缺，平顺时考虑险情，安稳时考虑危难，千方百计地预防不测，仍然要时时防备灾祸的萌发。这样才能做到百无一失。孔子说："巧妙机智而有所衡量忖度，必然会有所节制掌控；勇敢决断而注意合作随和，必然取得胜利；智慧高明而注意保持谦逊，必然会显示出贤良的形象。"他说的就是这样的意思。

而一些愚蠢的家伙适行其反，他们占据重要职位，擅权专断，妒贤嫉能，既压制功臣，又挤对罪臣，志骄气满，轻忽与己有旧怨者，在上则待人刻薄，寡恩薄情，在下则作威作福，弄权生事，讨嫌害人，这样的人还想不涉危难，那怎么可能呢？这样的人地位上去了，危险必然到来，任务再重大，必然剥夺作废，越受到恩宠也必然会越是丢人取辱，这样的事情是立等可见，一顿饭的工夫就会现时现报的喽！什么原因呢？这样的人丧尽人心，大多数人都想着的是干掉他，而少有人愿意支持他呀！

感悟： 这里讲到了政治品德问题，让我们看到了一些歪瓜裂枣、一些蛇蝎心肠、一些低劣鄙陋的人，一旦得势会出些什么洋相，读之如见其人，如闻其声。其中说到既排挤功臣，又踩乎获罪人士，简单说就是与人为恶者，很有趣，可惜的是这样的人至今仍然漫居各处。轻旧怨的说法也耐人寻味，可以解释为轻蔑打压与你有旧怨的人，也可能是轻视过往的历史恩怨、历史曲折、历史教训，干脆说就是无视历史；也可以说是对于人际矛盾、人心惟危的掉以轻心，反正是个人自我感觉超级佳好的昏迷膨胀。

这样的人会现世报，诚然。这样的人本身绝无忧患意识，也是特点。

而正确的高尚的道术的特点是"无后患"三字。处高位、任大事、获得高度宠信，所有高大上的成果，所有的名、位、权、利，都有其吸引力，都有其引人艳羡之处，但得到了它们也有后患，有危险。位高人不服，名大人挑刺，你成功的结果是，他人妒火中烧；众人看法不一，有人作梗破坏，成事不足、败事有余，坐以待变；而越是失意者、不得志者、无一技之长又绝对不肯努力者，唯恐高、富、贵、名之人不倒，时时刻刻盼着明星陨落，最好还有高天落下中箭的大鹏鸟。许多好事埋伏着祸患变故，荀子斯言，值得牢记。

天下之行术，以事君则必通，以为仁则必圣，立隆而勿贰也。然后恭敬以先之，忠信以统之，慎谨以行之，端悫以守之，顿穷则从之，疾力以申重之。君虽不知，无怨疾之心；功虽甚大，无伐德之色；省求，多功，爱敬不倦。如是则常无不顺矣。以事君则必通，以为仁则必圣，夫之谓天下之行术。

转述：可以行于天下之术，遵循它去事奉君王，能够通达顺遂；去行仁行义，能够成为圣贤。高尚隆盛，无可置疑。然后，谦恭尊敬为先，忠实诚信如一，严谨慎重做事，端正诚恳保持，遇到困顿则更要顽强奋斗，反复努力。君王不了解自己的苦心，毋可埋怨；功劳非常大，也没有自吹自傲的色容；要求少、功劳大、恭敬仁爱、坚持永远，这样，就能长久地保持顺利而少遇磨难。这种事奉君王定能通达，行仁行义必成圣贤的道术，就是行于天下的道术。

感悟：事君王，是在朝，行仁义，则不分朝野，敦厚仁义，谦恭尊敬，忠实诚信，严谨慎重，任劳任怨，始终如一，这是可以走遍天下的道术，也是最普适、最通用、最有效的道术，具体情况千差万别，基本素质，道通为一。

少事长，贱事贵，不肖事贤，是天下之通义也。有人也，势不在人上，而羞为人下，是奸人之心也。志不免乎奸心，行不免乎奸道，而求有君子圣人之名，辟之，是犹伏而咶天，救经而引其足也。说必不行矣，俞务而俞远。故君子时诎则诎，时伸则伸也。

转述：年轻的要事奉年长的，地位低下的要事奉地位高贵的，没有修养成色的要事奉贤明的人，这是普天下的公理。有的人，他的条件与地位不在他人之上，偏偏又羞耻于（不甘为）人下，这是一种奸邪（不正当）的心理。一个心志上有奸邪处、行为上也有奸邪毛病，同时希求自己有圣贤之名，打个比方，（其荒谬）就是趴在地上要舐天，救人却去拉自缢者的腿。这明摆着就是做不到的事情，越这么想这么做，离目标就越远了。

感悟：这一段的主体是劝一些不肖者，无修养历练、无学养成色、无本事能耐者应该心甘情愿地去事奉比你年长、比你高贵、比你贤德之人，心甘情愿地当低下者，而一个人一无所长，偏偏还要闹腾不服，钻营活动，制造麻烦，这就是奸邪，就是欺诈，就是捣乱。此说自然有它的针对性，甚至还有点心灵鸡汤的味道，但是遇到每个不同情况下的不同的人，却不是能够容易说得清分得明的了。人生情况比较一般，比较低调，比较黯淡，是顺顺当当地低头就好，还是坚持奋斗、挑战、奋起好？不同的人，不同的历史与地域条件，不同的潮流下，千人也许有千种情况，有千种选择。旧时代，奋起抵抗环境，选择有理，造反有理，天翻地覆慨而慷，这是伟大的。而雷锋的时代，一心向好，一心助人，一心增益社会的温暖阳光，也是感人的。荀子的讲法当然有理，但是不同情况下可能有不同选择，这也是不能不看到的。

八

儒效

本章谈儒对于国家的功德作（效）用。这里的儒不仅是百家中的一家，不仅是一种学派，更是一种不可或缺的政治力量，是权力系统的预备役、参谋部与智库，某些特殊情势下，于权力交接遇到某种困难的时期，甚至可以临时摄政，由预备役的可以称为道统文统传承人的儒者，安排权力系统与法统的构建与运行。然后将民、士、君子、圣人区分，将俗人、俗儒、雅人、大儒区分，是中国古代的精英主义理论。荀子进一步强调了儒与道德积累，法先王与法后王的重要性，礼义教化的重要性，儒家理想主义与儒学实践论的意义。

　　大儒之效：武王崩，成王幼，周公屏成王而及武王，以属天下，恶天下之倍周也。履天子之籍，听天下之断，偃然如固有之，而天下不称贪焉；杀管叔，虚殷国，而天下不称戾焉；兼制天下，立七十一国，姬姓独居五十三人，而天下不称偏焉。教诲开导成王，使谕于道，而能揜迹于文、武。周公归周，反籍于成王，而天下不辍事周，然而周公北面而朝之。

　　天子也者，不可以少当也，不可以假摄为也。能则天下归之，不能则天下去之，是以周公屏成王而及武王，以属天下，恶天下之离周也。成王冠，成人，周公归周，反籍焉，明不灭主之义也。周公无天下矣，乡有天下，今无天下，非擅也；成王乡无天下，今有天下，非夺也，变势次序节然也。故以枝代主而非越也；以弟诛兄而非暴也，君臣易位而非不顺也。因天下之和，遂文、武之业，明枝主之义，抑亦变化矣，天下厌然犹一也。非圣人莫之能为，夫是之谓大儒之效。

　　转述：像周公这样的大儒，他的功效（这里更恰当的说法应该是"功德"或"历史贡献"）是：武王驾崩去世了，武王的弟弟周公先是庇护年幼的成王，自己接续了周武王的权力，统治了天下，避免了天下背离周朝的噩运。他登上天子的位置，决断天下的事务，大模大样，就像他自己早已成就了天子大位一样，但天下人并不议论他是贪权越位；周公旦的哥哥管叔煽动殷商遗民作乱，周公乃处死了管叔，把殷的遗民迁到洛邑，使原来的殷都成为废墟，但天下无人议论他是暴戾；周公全面统治天下，分封了七十一个诸侯国，其中的五十三个都是由文王血统的姬姓为王，但是天下人没有人说他偏私。周公开导教诲成王，使成王明白接受了正道，使成王继承了他们的道统。周公把周朝的天下和天子之位归还成王，天下仍然事奉周朝，没有因而中断停止，但周公自己回归面北朝拜成王的臣子地位。

　　天子的身份，是不可以临时代理一下的，做得成，天下归属一心，做不成，天下就分崩离析了。所以（初时），周公看到成王确实担当不起天子的角色来，他只能庇护成王，自己继承武王王权，避免天下背离周朝，而等到成王满二十岁，长大成人了，周公归还周朝与王位于成王，彰明了绝对不能无视成王作为武王嫡长子的主子身份的大义。这样周公就没有王天下的地位，原来有天下，现在没有天下了，不是他禅让了天下；而成王原来没有获得归他为王的天下，后来获得了天下，不是争夺夺取而来，而是形势发展、时期变化的历史进程使然，叫作水到渠成。周公以支系的身份代替嫡长子做天子，并不是越位；以弟弟的身份诛杀了兄长，也不是暴虐，一度君臣互换了地位，却没有显出悖逆不顺。凭借天下的和顺，周公完成了文王、武王的事业，明确了朝廷的主脉与支系的关系，虽然有变化与调整，天下正正经经仍然是一以贯之。这样的功业，除了圣人谁也做不到，这就叫大儒的作用功效。

感悟：周公在中国古代身份特殊，地位崇高，经历特殊，无懈可击，影响很大，尤其是受到孔子的敬仰，孔子饱含文化政治深情说："甚矣吾衰也！久矣吾不复梦见周公！"（《论语·述而》）这说明，孔夫子年富力强之时，经常做梦也是梦到周公，师法周公的。

这里荀子一是明确将周公定性定位于"大儒""圣人"，而不是弄权大佬与宫廷政客。周公的伟大与事业，不在于他是武王兄弟，而在于他既尊崇君臣之义，又坚决正确地处理事关治乱、关乎朝纲的艰难课题，特事特办，敢作敢当，不犹豫，不畏惧，同时一旦成功，急流勇退，见好就收，戛然而止。

可以说，周公已经做到了内圣外王、尽善尽美、无懈可击、滴水不漏了。尤其是他的急流勇退四字，说的人很多，但很难再找得到这样做的典型。

周公的故事透露了到宋明时期逐渐提出来的双统理论，一个是权统、政统，即朝廷权力系脉；一个是道统、学统、文统，可以说是价值正道系脉。武王驾崩，按照权统政统规矩当然应该是成王继位，但成王年幼，他的继位会使周朝不道无道、成王可能成为无道昏君，从而陷天下于大乱、陷人民于水深火热、陷周体制于分崩离析。这时，必须发挥道统作用，发挥圣人作用，发挥玄圣素王的作用，发挥大儒作用；周公乃暂置权统与政统于不顾，以枝代主，以臣代君，先挽救与扭转危险的政治局势再说。紧急状态下，某些律令准则也只能暂时搁置不采用，此事自古已然。

但这样的权宜处置的结果是，确实周公面对的麻烦太多太多，理论上将之说通，比干脆断然处理更难，这也是一种知难行易，更具有有口难辩之危险：他既不能把成王打倒批臭，打倒批臭了就把周朝的朝纲颠覆了，又不能早早声明自己摄政只是临时权变，强调自己的权力的临时性等于承认自己摄政的非完全合法性与跛脚鸭性，你会马上失去权力系统的稳定与效能。

白居易诗曰："……周公恐惧流言日，王莽谦恭未篡时。向使当初身便死，一生真伪复谁知？"白居易并不认同荀子所持周公的特殊作为是理所当然的简单化说法，什么对周公，天下不称贪，不称戾，没有人说周公夺了王权，越了王位，而且是又和又顺啦之类。白居易认为周公处境相当危险，如果死早了只能背上大不义之名。

是直儒真圣，不是虚儒伪圣，周公的货真价实的儒家大德与其说是出自他的担当借位（其实当然是越位）摄政，不如说是决定于他最后还政于其侄成王，没有贪权恋栈眼红于元首天子之位，这方面的事迹与伊尹有相似处，而且显得比伊尹格调做派高些。因为伊尹有为了接近商汤学厨艺、自卖身为奴的故事，孟子不承认这样的故事，但是此故事在历史上已成一说，影响很大。而明显的相反例子恰恰是明成祖朱棣，他也是以皇叔的身份夺得了朱元璋亲自选下的传人、嫡孙建文帝朱允炆的皇位，却不但没有还政于侄，还使得朱允炆不知去向，波及另一个被认为血脉更加纯正的皇侄朱允熥疑似为朱棣害死。玩儒家仁义还是玩权，做法各有不同，儒家仁义有时显示伟大光辉，有时处境尴尬，则是事实。

这就需要强调周公的非王亲身份，强调其大儒身份。甚至由于孔子被封为"至圣"，周公乃被后世儒家列为"元圣"。但事实上，如果周公不属于王室，光靠自己的（前）儒家修养，天知道他能干成什么大事。

对待成王如此仁义厚道，但对待他的哥哥管叔则断然诛杀，那是由于事关王权，不能含糊。周公毕竟是代理了一下子天子，他有决不含糊的底线。

秦昭王问孙卿子曰："儒无益于人之国？"

孙卿子曰："儒者法先王，隆礼义，谨乎臣子而致贵其上者也。人主用之，则势在本朝而宜；不用，则退编百姓而悫，必为顺下矣。虽穷困冻馁，必不以邪道为贪；无置锥之地，而明于持社稷之大义；呜呼而莫之能应，然而通乎财万物、养百姓之经纪。势在人上，则王公之材也；在人下，则社稷之臣、国君之宝也。虽隐于穷阎漏屋，人莫不贵之，道诚存也。

"仲尼将为司寇，沈犹氏不敢朝饮其羊，公慎氏出其妻，慎溃氏逾境而徙，鲁之粥牛马者不豫贾，必蚤正以待之也。居于阙党，阙党之子弟罔不分，有亲者取多，孝弟以化之也。儒者在本朝则美政，在下位则美俗，儒之为人下如是矣。"

王曰："然则其为人上何如？"

孙卿曰："其为人上也，广大矣！志意定乎内，礼节修乎朝，法则度量正乎官，忠信爱利形乎下。行一不义、杀一无罪而得天下，不为也。此君义信乎人矣，通于四海，则天下应之如讙。是何也？则贵名白而天下愿也。故近者歌讴而乐之，远者竭蹶而趋之，四海之内若一家，通达之属莫不从服，夫是之谓人师。《诗》曰：'自西自东，自南自北，无思不服。'此之谓也。夫其为人下也如彼，其为人上也如此，何谓其无益于人之国也！"

昭王曰："善！"

转述：秦昭王向孙卿子（荀子）质疑："儒家对邦国，未必有什么好处吗？"荀子说："儒家师法古圣先王，弘扬礼法义理，是一种令臣子谨守规范，而使君主更加高贵的涵养。君王任用他们，他们在朝廷做适宜的事情；不用他们，他们退出朝廷而成为一个老老实实的百姓，成为下层顺民。即使穷困冻饿，也不会走邪道去贪求什么；虽然身无立锥之地，他们仍然坚持社稷天下的大义；即使他们呼唤却未能得到响应听从，他们仍然明白料理万物、化育百姓的经纬纲纪。如果他们取得了君王权势，他们是王公诸侯的材料；处在君王之下，他们也仍然是社稷重臣、君王的宝贝。他们隐居在僻巷陋室中，仍然会受到尊敬与重视，因为他们身上确有大道的体现。

孔子将要担任鲁国司法高官司寇，（奸诈的）沈犹氏不敢早晨先将羊喂足水、充分量去卖高价钱，（懦弱的）公慎氏把淫乱的妻子休逐，（奢靡的）慎溃氏离境迁走，售卖牛马的人不敢虚提高价，（鲁人）必早早改正自己的行为来等待孔子。孔子居住在阙里，阙里的子弟捕获了鱼兽也不会枉自分配，有双亲在世的多拿一些（不会产生争执），因为他们已经接受了孝悌的教化。儒家中人在朝廷能使政事美善，在民间能使风俗美善。他们即使位处下层，也是这样的。”

“那么，他们如果位处上层呢？”

荀子说：“他们如果位处上层，那作用就太大了！他们从内心来说，具有坚定的意向与心志，在朝廷上，他们构建好礼法与节律，在官员当中，有法则与尺度的规范与矫正。再往下，也要（提倡培养）忠诚、信用、仁爱、互利。做一件不符合大义的勾当，错杀一个无辜的人，就能掌握天下的权柄，他也绝对不会做的。这样的君王，他的恪守大义为人众所信赖，通达四海，为天下所齐声响应。这是怎么回事呢？他已经是美名显耀，天下仰慕。离他近的人欢呼歌颂，远处的人们不辞辛苦地走向他，四海之内由于他而凝聚成一家，凡是知道他的没有人不心悦诚服，他就是万民的师表。

“《诗经·大雅·文王有声》上说：‘从西向东，从南到北，没有不归顺臣服的’所讲的就是这种情况。请看，大儒在下，是那种情况，在上，是这样的情况，怎么能说大儒是于国无益呢?"

秦王说:"很好。"

感悟:秦王质疑儒学儒道于国家无效益，这不足为奇，因为东周时期的各诸侯国家，都是急功近利的对外扩张对内压制主义者，他们想的是速见成效，扩军、扩人口、扩领土、扩影响、扩实力，取代周而王天下。而儒家的特色是重文化，是重道与德、义与理，是智仁勇、孝悌忠信礼义廉耻、恭宽信敏惠、温良恭俭让诸美德，是三纲与五常，是道之以德、齐之以礼，是优化世道人心、克己复礼、天下归仁，是应该算文化立国的美善政治理念。

皇帝需要仁义，圣人需要仁义，公卿、百官、君子、士一直到各行各业百姓小人群氓，都需要仁义礼智信，这一套美善文化说着顺耳，论着万能，分析起来无可争辩，实行起来平易近人，常识常理，无诡异，无玄虚，不深奥，不较劲，很难驳倒。

缺点是单纯的、偏自足自适的，乃至是天真烂漫的历史唯心主义，是一厢情愿的整体主义、一揽子主义:心好了就一切都好了，一通百通，一好百好，好则无灾无殃无咎无忧;心好了就没有犯罪，没有冲突，没有暴力，没有艰难困苦了，说起来何等轻松顺意，然而心好不好不仅是所谓一念之差，不仅是知道几个好字好词儿就能确定或调整方向，不是一好就再无一恶一糟的了。社会不公、人际矛盾、生命威胁、不良乃至极端处境，恶的出现与得势，被迫无奈与绝境下的妄动盲动，此亦一是非、彼亦一是非的价值悖论，天灾人祸瘟疫争拗变乱误解一时糊涂，等等，都会影响世道人心，都会使美善的理念不翼而飞，会使理念陷入泥沼，社会流于失序，权力沦于失义与失效，而儒家美善顺耳的语言化为空谈乃至伪善。

先王之道，仁之隆也，比中而行之。曷谓中? 曰:礼义是也。道者，非天之道，非地之道，人之所以道也，君子之所道也。君子之所谓贤者，非能遍能人之所能之谓也;君子之所谓知者，非能遍知人之所知之谓也；君子之所谓辩者，非能遍辩人之所辩之谓也；君子之所谓察者，非能遍察人之所察之谓也：有所止矣。相高下，视墝肥，序五种，君子不如农人；通财货，相美恶，辩贵贱，君子不如贾人；设规矩，陈绳墨，便备用，君子不如工人；不恤是非然不然之情，以相荐撙，以相耻怍，君子不若惠施、邓析。若夫谪德而定次，量能而授官，使贤不肖皆得其位，能不能皆得其官，万物得其宜，事变得其应，慎、墨不得进其谈，惠施、邓析不敢窜其察，言必当理，事必当务，是然后君子之所长也。

转述：三皇五帝以降实行的先王之道即仁义道德的弘扬，我们需要把握住，行其正道。什么是正道呢？就是要合乎礼法与义理原则。这样的道，不是天地阴阳四象八卦之道，而是以人为中心的大道，是君子表率之道。君子所倡导的贤人，并不是能够做到所有能人之所能的意思；君子所肯定的智者，也并不是能够掌握所有的智者所掌握的知识的意思；君子所首肯的辩者，也不是能辨析人间一切课题的意思；而君子所心仪的明察者，也不等于他能把握一切明察者所获知的万事万物。贤人的能为、智慧、辨析、明察也都有自己有所不能的边限。勘察田亩的势貌、判断土地的肥力、安排五谷的品序，他们不如农民；交易沟通财货、识别商品质量、估算它们所值，他们不如商家；设计规范尺寸、使用度量工具、准备与使用各种器具，他们不如工匠；而说到不管是非真伪详情，能够争强好胜、抹黑挤对他人，他们不如邓析、惠施。但是如果说到根据德性而排列次序，衡量能力而任命官职，使贤明者、较差者适得其位，使能力强的与弱的都得其职，万物适逢其会，事变都有应对，这样，慎到式的道家法家、墨子式的人物，不敢宣讲他们的（偏颇）主张，惠施、邓析不能卖弄他们的（怪异）见解，说话一定要合乎道理，做事必定要合乎需要，这才是君子所擅长的。

感悟：首先不是天道地道而是人道，这是中国古代的人文主义，荀子此语，震响春雷。孔子讲起天命，老子讲起天道，孟子讲起天爵与天降大任，庄子讲起天地之大美，都是将之视作最高最终极的概念，但是荀子竟然将人间诸道理、诸事务、诸课题放到天地之前，有眼光，有勇气！

贤明，君子，并非事事能为，处处智慧，字字雄辩，行行精通，而是在关键性大问题上，在礼法与大义即大原则上能够做到探讨、明晰德性的高低，厘定才能的先后次序，让人与万物得位得宜，各得其所，对事端变化应对有方，存正祛邪，一切走上儒家正道。

重视对人员的道德评析，重视人事的择优择德任用，重视仁义道德的方向，重视经世致用；贬斥巧言令色，轻视雕虫小技，拒绝抽象思辨论证，这样的价值取向，至今仍有极大的现实意义与影响。例如我们至今强调的选拔干部要坚持德才兼备、以德为先的八字标准，仍然极具中华文化特色。

困难在于，德的标准是有可能产生歧义、争议的。包括这里提到的慎到、墨翟、邓析、惠施，和前面提的主张离坚白、合同异的公孙龙，就不是荀子这样轻易地一说，就可一笔抹杀的，特别是墨子的兼爱情怀与摩顶放踵的苦行精神，与今天的一些模范人物是很有共性同感的，这是一。有些历史上风云际会、功勋千载的大人物，在争夺权力或保护自身的关键时刻，留下过有争议的记录，单纯地以德为先，还无法把历史的选择与道德的掂量结合透辟、结合严密，无法把历史法则与道德法则更完整地结合起来。衡量判断，选择决策，当然有道德、有名誉、有影响后果的掂量，但同时也更会有胜败得失、存亡荣辱的考量，重视德是并无异议的，其他各方面都不必计较，则简单化了。

凡事行，有益于理者，立之；无益于理者，废之。夫是之谓中事。凡知说，有益于理者，为之；无益于理者，舍之。夫是之谓中说。事行失中，谓之奸事；知说失中，谓之奸道。奸事、奸道，治世之所弃，而乱世之所从服也。若夫充虚之相施易也，坚白、同异之分隔也，是聪耳之所不能听也，明目之所不能见也，辩士之所不能言也，虽有圣人之知，未能偻指也。不知，无害为君；知之，无损为小人。工匠不知，无害为巧；君子不知，无害为治。王公好之则乱法，百姓好之则乱事。而狂惑戆陋之人，乃始率其群徒，辩其谈说，明其辟称，老身长子，不知恶也。夫是之谓上愚，曾不如相鸡狗之可以为名也。

《诗》曰："为鬼为蜮，则不可得。有靦面目，视人罔极。作此好歌，以极反侧。"此之谓也。

转述：大凡行事，有利于弘扬明德正道的，就要肯定它；不利于弘扬明德正道的，就要废止它。这就叫作正确行事。而智谋言说，有利于弘扬明德正道的，就可以宣扬；不利于弘扬明德正道的，那就要舍弃掉。这样就叫作正确言说。行事不正确，就成了奸诈行事，智谋言说不正确，就成了奸邪之道。奸诈行事与奸邪之道，治理良好的世道应该舍弃之，而在混乱世道中会得到听信（成为某种气候）。例如那种认为充实与空虚可以互变，认为坚与白必须分别认知，不能将白色与坚硬都视为石头的属性，还有什么认为同也是异、异也是同之类的诡辩，不论你有多么强大的听力，你的耳朵也难以一下子听出它的要害，无论你有多么清明的目力，你的眼睛也无法一下子看清它的荒唐，你哪怕是能言善辩之士，你也说不清它的路数，哪怕你有圣人的心智，你也做不到屈指可数地讲明白它们的是非。这样的诡辩，不知道，说不清，并不妨碍你仍然是君子；善于讲这一套，也同样改变不了一个人本是个低层次的小人。工匠不懂这样的诡辩，影响不了工匠的技巧；君子不玩这一套诡辩，也对君子治理家国没有影响。反过来说，如果是公子王孙喜欢这样的诡辩，家国的律法就会混乱，百姓小民喜欢上诡辩，则诸事陷于混乱。而一些狂妄、昏乱、愚蠢、执拗的人，他们会率领着一帮糊涂人，辩说那种诡异，接受他们的怪话邪说，一辈子过去了，不明白那些诡异邪祟的可恶。这就是自命上乘的愚蠢（犹言"聪明的傻瓜"）。这样的蠢人，还不如相鸡狗的人可以有名声。

《诗经·小雅·可人斯》说："是鬼是妖，难以认清。既有面目，终将分明。作首好歌，伴你始终！"说的就是这样的人、事、理呀！

感悟：荀子的排他性相当强，其好辩姿态不输孟轲。或中正或奸邪，或有利或有害，两分法。问题是世界上除了中正与奸邪、治与乱、立与废，还有抽象思维，还有形而上学，还有急功近利，还有严刑峻法，还有滔滔雄辩，包括孔子不喜欢的巧言令色、怪力乱神，很难把它们归入中道中理中正或奸邪鬼蜮乱世乱心，就是孔子对自己感到格格不入的东西，也是采取不言语、不理睬的躲避态度，却不认为它们是多大的祸害。荀子所说的难以命名与难以分类，也很难说是对象本身的罪大恶极，只能说明荀卿的陌生感与隔膜感，见到自己感到陌生与隔膜的对象就视为敌对，未必是可取的态度。

荀子确实有一种正气，正经劲，邪的绝的、神乎其神的，一概要叫停。

我欲贱而贵，愚而智，贫而富，可乎？

曰：其唯学乎。彼学者，行之，曰士也；敦慕焉，君子也；知之，圣人也。上为圣人，下为士君子，孰禁我哉！乡也，混然涂之人也，俄而并乎尧、禹，岂不贱而贵矣哉！乡也，效门室之辨，混然曾不能决也，俄而原仁义，分是非，图回天下于掌上而辨黑白，岂不愚而知矣哉！乡也，胥靡之人，俄而治天下之大器举在此，岂不贫而富矣哉！今有人于此，屑然藏千溢之宝，虽行贸而食，人谓之富矣。彼宝也者，衣之不可衣也，食之不可食也，卖之不可偻售也，然而人谓之富，何也？岂不大富之器诚在此也？是杅杅亦富人已，岂不贫而富矣哉！故君子无爵而贵，无禄而富，不言而信，不怒而威，穷处而荣，独居而乐！岂不至尊、至富、至重、至严之情举积此哉！

转述：一个人想由低贱升华为高贵，由愚蠢升华为智慧，由贫穷发达为富有，可以这样想——做得到吗？

回答说：那就只能靠学习了吧？有了这个"学"字呢，学了而且践行，那就是士；学了能敦厚敬慕求上进，那就是君子；学了能理解知会扩大影响，那就是圣人啦。往高里说，要做圣人，往低一点说，也要做士和君子，谁又会阻挡我们呢？

原来一个糊里糊涂浑浑噩噩的人，经过学习，向往着与唐尧、虞舜并列了，这不就是低贱变为高贵了吗？原来一个连居住的门户房室都分辨不清晰的人，一下子连仁义道德的本质、是非对错也能够区分了，能够将天下大事放在手掌上掂量拿捏如同区分黑白，这不就是变愚蠢为智慧了吗？原来一个一无所有的人，一下子掌握了治国平天下的大权与实力，这不就是从贫穷变为富有了吗？

如果现今有个人，藏着各式各样金银财宝，即使他行乞为生，别人还是要说他是富佬。那种金银财宝，既不能吃喝，也不能穿戴，还不好售卖，为什么都说他富有呢？那些玩意儿确实是大富的器物嘛！这样的器物拥有得越多，就越是自贫变富、似贫实富的人物。所以说，君子没有爵位级别也是尊贵的，没有得到高额的薪酬俸禄也是富有的，不说很多话也是有公信力的，不发怒也是有威严的，一时受到阻碍挫折也是光辉荣耀的，独自生活也还是乐在其中的，一切大尊荣、大富有、大分量、大严正的尊严荣耀，他都积聚满满了，难道不是这样的吗！

感悟：荀子说，一个士，一个君子，一个圣人，不需要俸禄，不需要官职，不需要权力与财富，就会因自己拥有的乃至是深藏的宝贵资源而宝贵高尚，正如同一个藏有千亿之宝物的人，哪怕他一时没有将宝物折变成真金白银，没有得到高位高级别高待遇，人们也不会认为他是穷汉贱民，而只能认定他是大富大贵，大佬大人物。那么君子的千亿珍宝是什么呢？荀子这里没有多说，但是已经很明白：在于君子的德行，君子的修养身心，齐家治国平天下的正道，君子的克己复礼，君子的知、仁、勇，美德与智慧，学而时习之，见贤思齐，见不贤而内自省，好学不厌，诲人不倦，种种。千亿宝物是内功，级别俸禄是外遇，外遇有通塞顺逆的变化，内功则全在一己，完全可以，完全必须有足够的自信。这也是孔子认为"君子坦荡荡"的根由。

这个说法也令人想起老庄说的"鱼不可脱于渊，国之利器不可以示人"，和民间关于"藏而不露"的美谈，从正面来说，这是强调深沉稳重，强调戒骄戒躁，从负面来说，则缺少开放透明、交流互鉴的战略思维。

故曰：贵名不可以比周争也，不可以夸诞有也，不可以势重胁也，必将诚此然后就也。争之则失，让之则至；遵道则积，夸诞则虚。故君子务修其内，而让之于外；务积德于身，而处之以遵道。如是，则贵名起如日月，天下应之如雷霆。故曰：君子隐而显，微而明，辞让而胜。

《诗》曰："鹤鸣于九皋，声闻于天。"此之谓也。鄙夫反是：比周而誉俞少，鄙争而名俞辱，烦劳以求安利，其身俞危。《诗》曰："民之无良，相怨一方。受爵不让，至于己斯亡。"此之谓也。

转述：所以说，高贵的名誉，不是靠拉帮结派闹出来的，不是靠夸张吹嘘炒出来的，不是靠造势发威压出来的，而只能是诚实践行，一步一个脚印达到高尚境界的。名誉的特点是，越争越会离去，礼让才会获得，遵从正道则有所积累增益，夸张吹嘘只能得到空洞虚妄。所以君子必须修养于内在，礼让于外界，积累德性于自身，遵从正道于处世。做到这些，高贵的名誉之产生如日月经天，得到的呼应如雷霆震野。所以说，（拥有高贵名誉的）君子，能隐忍反而彰显，能低微反而辉煌，能辞让反而胜算。

《诗经·小雅·鹤鸣》上说"鹤鸣叫于遥远的沼泽，却震响于九重之高天"，说的就是这样的高尚风姿。相反，低俗的人众正好反过来行事，他们是，越拉帮结派名声越低微，越斤斤于格调低下的争执名声越臭烂，越是忙碌辛苦以求养尊处优获利，越是身陷危难。

《诗经·小雅·角弓》上说："那些居心不良的人氏，总是抱怨敌视着对方。得到了爵位从不礼让，只会导致自身的灭亡。"说的就是这种状态。

感悟：说到拉帮结派的"闹而优则仕"，夸张吹嘘地大哄大嗡，装腔作势，借以吓人，还有越争越臭，越折腾越空虚的故事，等等，说得何等切近在目，如并不陌生的老哥老弟，嘟嘟囔囔地在你身旁耍弄着呀。

这里确实有君子与小人、高尚与低下、正道与邪术、一时奏效与高瞻远瞩的天渊之别。孔孟老庄荀墨，虽然主张有别，但是追求高尚，追求正道，追求利他及利人与利己的结合，得民心与得天道的结合，追求修身心而利天下，追求亲民明德，追求长治久安，长享太平，则是一致的。

《荀子》的此段讲述，文字也极见功力，高屋建瓴而入情入理，清明透彻而实事求是，雄辩宏伟而极接地气，好文章也！

故能小而事大，辟之是犹力之少而任重也，舍粹折无适也。身不肖而诬贤，是犹伛伸而好升高也，指其顶者愈众。故明主谲德而序位，所以为不乱也；忠臣诚能然后敢受职，所以为不穷也。分不乱于上，能不穷于下，治辩之极也。《诗》曰："平平左右，亦是率从。"是言上下之交不相乱也。

转述：所以说，以一个渺小的主体而去从事大事业、依附大客体，犹如脊力有限而负重担，除了弯腰碎骨再无他途。自己不成样子，却要去吹嘘卖弄（或诬蔑陷害）贤良，就好比屈身驼背却要显示自己的高大上，越是这样做，指着他的脑瓜顶子笑骂的就会越多。明察的君王，根据臣子的德行明确排定他们的序列，不产生乱象；忠贞之臣，确有所能才接受官职，他们在履行职务中不会陷于困境。上面财富与权力的分配，不产生混乱无序状态，下面对应挑战的能力不会蹩脚，是治理与判断的极致。

《诗经·小雅·采菽》有句"对待左右，一律公平，个个服气，人人顺从"，也就是说上下级通畅无挂碍，就不会出现乱局。

感悟：这里讲吏治、识人与用人的重要性。前面其实已经讲过几次了，一个是要有自知之明。身小事大，已经捉襟见肘，再呼哧呼哧地吹牛冒泡，则只能成为笑柄。而更关键的是人主的公正与明察，够什么份儿上，用到什么份儿上，不够份儿的坚决不用，够份儿的坚决发挥其能量，荀子称这是治国理政的要务与极致。

原因在于，中国自古讲的是人政、德政、礼政、民心之政、圣贤之政。只有用人公平才能服天下、得民心，优化世道人心，优化臣民自律自觉，优化政风世风民风文风吏风，走上正道。而如果贤愚错勘，忠奸易位，亲小人而远君子，宠弄臣而贬法家拂士，直至任意褒贬，制造冤假错案，制造虚假事迹成绩数据，制造奸佞圈子，那就要毁灭于万劫不复，叫作死无葬身之地了。

这里还有一个角度，就是渺小的主体——个人、家族、集团、邦国，从事着、事奉着、承担着一个远非可以轻松胜任的历史大业。这是弄不好要粉身碎骨，至少要折腰驼背的，偏偏混上职位的不肖之徒还要吹牛冒泡，自诩高调，令人嗟叹。

以从俗为善，以货财为宝，以养生为己至道，是民德也。行法至坚，不以私欲乱所闻，如是，则可谓劲士矣。行法至坚，好修正其所闻，以桥饰其情性；其言多当矣，而未谕也；其行多当矣，而未安也；其知虑多当矣，而未周密也；上则能大其所隆，下则能开道不己若者，如是，则可谓笃厚君子矣。修百王之法，若辨白黑；应当时之变，若数一二；行礼要节而安之，若运四枝；要时立功之巧，若诏四时；平正和民之善，亿万之众而博若一人，如是，则可谓圣人矣。

转述：以为随大流就是做对了，以为财富金钱就是宝贝了，以为养生长命就是得道到头了，这是一般民人的道德观。而坚决遵行法度、不因私欲而违背自己一贯接受的教导，做到这些的才是强劲的士人。另外也有能坚持法度的人，同时必要时能修正自己的所学，矫正自己的一时情性趋向，这样人往往也能做到讲出话来基本靠谱，但不一定都令人信服；他们行为也大致妥善，但不一定稳健扎实；他们的思虑大致是正当的，但不一定细致周密；对上，他们能推崇他们所尊敬的贤人，对下，也能给不如自己的人以开导帮助，这样的人可以说是笃诚厚道的正人君子。汲取遵行古今众多君王之良好法度，（识别把握起来）像分辨黑白一样分明；应对某时某刻的变故，如同计算一二三一样清晰准确；行为举止，合乎礼节，就像四肢运动一样自然合适；不失时机地巧成各种事功，好像四季时节都得到上天的告示与提醒；平顺和睦的善意，使亿万众人凝聚为一体，引领万民如引领一人，做到这些，那就是圣人了。

感悟：对几种常见的好士好人，分析得入情入理：随俗、喜财、养生，这算大众化，也不免有些一般化。坚决遵法，坚持执法，强劲士人——另一种既坚持既定原则法度，又随着时间与条件的变化时有调整，而且对上对下都与人为善，应该说是得人心的，却仍然难于尽善尽美，总还有些疏漏遗憾，这分析得很平实也很有说服力，称之为笃厚君子，似乎还嫌低估了些。至于圣人，这里的描写近乎天才天助天成，恐怕仅有自身的品德与智慧还是不行的，要有天时地利人和诸方面条件的圆满，诸方面大数据的天作之合。

井井兮其有理也，严严兮其能敬己也，分分兮其有终始也，猒猒兮其能长久也，乐乐兮其执道不殆也，炤炤兮其用知之明也，修修兮其用统类之行也，绥绥兮其有文章也，熙熙兮其乐人之臧也，隐隐兮其恐人之不当也，如是，则可谓圣人矣。此其道出乎一。曷谓一？曰：执神而固。曷谓神？曰：尽善挟治之谓神。曷谓固？曰：万物莫足以倾之之谓固。神固之谓圣人。

转述：井井有条，条理分明；端庄有礼，威严自重；各有分定，有始有终；安安宁宁，地久天长；落落大方，无忧开朗；光光亮亮，清楚明畅；正正当当，遵纪守纲；葳蕤丰茂，华彩文章；温温和和，体贴善良；忧心忡忡，恐有不当。这样的人，是圣人。圣人之道出自"一"。什么是这个"一"呢？就是说全"神"贯注，坚定不移。什么是这个"神"呢？这个"神"就是完美尽善地治理国家的精神。什么是坚定不移呢？任何事物也不可能倾覆这种尽善治理的专一性与一贯性。而具有这种坚定不移的治国精神的人呢，就是圣人。

感悟：这里再讲圣人，先是讲圣人的风度、风姿、风格，井井、严严、分分、猒猒、乐乐、炤炤、修修、绥绥、熙熙、隐隐……讲得风雅文采，令人一见钟情，五体投地。然后是一，是神，是固，一字千钧，堂堂正正。这表达的是一种思想，一种文化，一种规范，同时这也是一种文字符号的形式美，一种符号文字构建的概念神祇、膜拜对象。

汉字在传统文化中，占有极重要的地位。

圣人也者，道之管也。天下之道管是矣，百王之道一是矣。故《诗》《书》《礼》《乐》之道归是矣。《诗》言是，其志也；《书》言是，其事也；《礼》言是，其行也；《乐》言是，其和也；《春秋》言是，其微也。

故《风》之所以为不逐者，取是以节之也；《小雅》之所以为《小雅》者，取是而文之也；《大雅》之所以为《大雅》者，取是而光之也；《颂》之所以为至者，取是而通之也。天下之道毕是矣。乡是者臧，倍是者亡。乡是如不臧，倍是如不亡者，自古及今，未尝有也。

转述：圣人把握的，是道的枢要（关键）。天下的道枢，在圣人心中，诸多君王的治国之道，就在前述的圣人的这个"一"中。《诗》《书》《礼》《乐》的道理在这个"一"中。《诗经》讲的是"志向"，《尚书》讲的是"事迹"，《礼经》讲的是"行止"，《乐经》讲的是"和谐"，《春秋》讲的是"微言大义"（都在这个"一"中）。

《诗经》中的《国风》，并不放任逐流，靠的是圣人儒道对之有所节制；《小雅》之能够成为"小雅"，靠的是圣人儒道对之有所文饰修辞；那么《大雅》所以能成为"大雅"，靠的是圣人儒道对之有所弘扬；而《颂》之所以盛大而达极致，靠的是圣人儒道的畅通明达。天下的正道都体现在这个"执神而固"的"一"上了，遵道而行，出现正面的美好的成果，背道而驰，就会自取灭亡。遵道而不美，背道而不亡的，自古而今，那是从来没有过的。

感悟：尚一，表现的是一元论的整体主义，是万物万事万理万法的通而为一，《诗》《书》《礼》《乐》《春秋》，《国风》《大雅》《小雅》《颂》，全靠圣人儒道的方向引领，圣人是因儒道而圣，儒道因圣人而得以传播发展、弘扬光大。方向对了才有价值有意义，方向错了一切成果都要打上负号标记。乡是，遵循了儒道，也就是方向对了才可能有圣、有道、有管、有要、有枢、有天、有一，也会有志、有事、有行、有和、有微、有节、有文、有光、有通；而有了各方面的美善、功德、教化、和合，才充实了、权威了毕是、全盛、统一的大道之行。从逻辑上说，这样的循环论证或有不足，从信仰激情上说，这样的浑一圣道论无懈可击。

客有道曰："孔子曰：'周公其盛乎！身贵而愈恭，家富而愈俭，胜敌而愈戒。'"

应之曰："是殆非周公之行，非孔子之言也。武王崩，成王幼，周公屏成王而及武王，履天子之籍，负扆而立，诸侯趋走堂下。当是时也，夫又谁为恭矣哉！兼制天下，立七十一国，姬姓独居五十三人焉；周之子孙，苟不狂惑者，莫不为天下之显诸侯。孰谓周公俭哉！武王之诛纣也，行之日以兵忌，东面而迎太岁，至汜而泛，至怀而坏，至共头而山隧。霍叔惧曰：'出三日而五灾至，无乃不可乎？'周公曰：'刳比干而囚箕子，飞廉、恶来知政，夫又恶有不可焉！'遂选马而进，朝食于戚，暮宿于百泉，旦厌于牧之野，鼓之而纣卒易乡，

遂乘殷人而诛纣。盖杀者非周人，因殷人也。故无首虏
之获，无蹈难之赏。反而定三革，偃五兵，合天下，立声乐，
于是《武》《象》起而《韶》《濩》废矣。四海之内，莫不变心易虑
以化顺之。故外阖不闭，跨天下而无蕲。当是时也，夫又谁
为戒矣哉！"

转述：有来客说："孔子说过：'周公是太伟大了呀，他自己越
是高贵权威就越是谦恭尊敬，家里越富有就越俭朴，战胜敌人越多
就越是警惕细心。'"

回答："这大概不是周公的行为方式，也不是孔子对周公的说
法。武王驾崩，成王继位，周公庇护了成王而继承了武王，履行天
子的职责，站立在屏风前天子的位置上，诸侯在堂下听候驱遣指
挥，那时候，周公又对谁用得着谦恭尊敬呢？他全面统领着天下，
册封了七十一个诸侯国家，其中五十三个是与周天子同宗的姬姓人
士，周天子的子孙，只要不狂乱糊涂的，都当了诸侯，这个周公又
哪里有什么缩俭（谨小慎微）的呢？武王起兵剿灭商纣，出兵的日
子是历法上本来忌讳用兵的日子，往东走逆犯了太岁星，到了氾水
碰到了洪水泛滥，到了怀城碰到了坍塌毁坏，到了共头山而山崩，
武王弟弟霍叔害怕了，他说：'咱们这次出来三天，已经遇到了五
个灾祸凶兆，是不是说明不应该有此次行动呢？'周公说：'纣王挖
了比干的心、囚禁了箕子，他让飞廉、恶来这样的坏人掌权，讨伐
纣这样的人，难道有什么不对吗？'于是选择好马匹，继续进军，
早晨用餐于戚地，夜晚宿于百泉，黎明时分迫近于牧野，擂鼓一进
攻，就趁着殷军倒戈一击之势，诛杀了纣王。就是说，不是周兵斩
首俘虏敌兵，也没有搞什么犒赏冲锋陷阵功臣，（取得大胜）回师
后做的是停止制造盔甲，收缴三种兵器，统一天下，树立典礼音乐
规范，于是周的《武》乐、《象》乐振兴，虞舜与商汤时期的《韶》
乐、《濩》乐被淘汰，四海之内，全都改换旧思想，归化于周，周
占领了全部天下，不用关闭门户，到哪里去也没有什么界线区分，
那时候又有什么戒备呢？"

感悟：圣人儒道统领一切，不但是一通百通，一顺百顺，而且是无忧无虑，无忌惮无疑惧。孔子早就讲过仁者不忧，智者不惑，勇者不惧。仁者出以公心，也是道家讲的以百姓之心为心，一心为民为家国为天下，一身浩然正气；智者知天命，知人事，知通塞，知预后，不睬物议，不失淡定与自信也与道家的庖丁解牛、游刃有余的说法一致；勇者更不会怕历法、星宿、征兆、庸俗迷信，不语怪力乱神，永远立于不败之地。

此段一上来讲的高贵谦恭、富足俭朴、胜利警惕，本来是很高尚也很高明的，然而，这里荀子讲的周公这一类人物，可不是谨小慎微的谦谦君子，而是伟大的政治家，与那种仅仅能讲做人，却不知齐家治国平天下的小头小脸的人不是一回事。

从这个话题上看出，荀子既能漂亮地讲儒道，更能无难于、无惊于解释与把握政治实践的种种变通与突破，讲传统儒学，只讲孔孟朱王，不讲荀子、船山，不讲周公、伊尹，那是不行的。

造父者，天下之善御者也，无舆马，则无所见其能。羿者，天下之善射者也，无弓矢，则无所见其巧。大儒者，善调一天下者也，无百里之地，则无所见其功。舆固马选矣，而不能以至远，一日而千里，则非造父也。弓调矢直矣，而不能以射远中微，则非羿也。用百里之地，而不能以调一天下，制强暴，则非大儒也。

转述：传说中的周穆王的车夫造父，是天下最善于赶车的驭手，没有轿车与马匹，他的超高驾车本领也就显示不出来。羿呢，是天下最优秀的弓箭射手，没有弓箭，也表现不出他的技巧。大儒是治理天下的能手，如果没有上百平方里的领地，不可能看出他的功绩。如果你有了坚固的车辆、整齐的马匹，却不能一日千里地赶到远方，那就说明你不是造父；如果你有质量很好的弓箭，却射不中目标，说明你当然不是羿；你管着上百平方里的地面，却不能统一天下，制止强暴，也说明你根本不是大儒。

感悟：强调儒学的经世致用性质，而一切实践，尤其是修齐治平的实践，都是系统工程，都是多种因素的合力作用结果，都离不开一定的条件，都需要一定的资源与手段，这一点，荀子是相当务实的。同时，荀子又是理想的，具有了百十平方里的领土，就能统一天下并且制止强暴，这恐怕没有造父赶车与羿射箭的故事那么容易令人信服。

彼大儒者，虽隐于穷阎漏屋，无置锥之地，而王公不能与之争名；用百里之地，而千里之国莫能与之争胜；笞棰暴国，齐一天下，而莫能倾也。是大儒之征也。其言有类，其行有礼，其举事无悔，其持险应变曲当。与时迁徙，与世偃仰，千举万变，其道一也。是大儒之稽也。其穷也，俗儒笑之；其通也，英杰化之，嵬琐逃之，邪说畏之，众人愧之。通则一天下，穷则独立贵名。天不能死，地不能埋，桀、跖之世不能污，非大儒莫之能立，仲尼、子弓是也。

转述：那种大儒，即使隐蔽在穷乡僻壤、陋室之中，连个立锥之地都没有，王公贵胄也无法与之争名。他治理百十平方里的地面，上千平方里的大国无法将他战胜。大儒能打击强悍，统一天下，不被颠覆。这才是大儒的效验与表征。大儒的议论有章法有根据，他们的行为合乎礼义，他们做事不会反悔，他们遇到灾难能曲为应对，求得恰当，随时随着世道而俯仰，使用种种方术，而基本的道义原则始终如一。他们受挫的时候会受到俗鄙儒者的嘲笑，他们顺达的时候，英明杰出的人跟随其教化，委顿低琐的人仓皇逃遁，异端邪说者畏惧不安，凡人庸众为之惭愧。如果命运亨通，大儒能教化天下为一体，命运艰窘，也能独享高尚光荣，名扬四海。上天不能令其死亡，土地不能埋没其光辉，夏桀、盗跖不能玷污他们的圣洁，除了大儒，谁也不可能这样顶天立地地耸立世间，仲尼（孔子）、子弓就是这样的大儒啊。

感悟：大儒是无条件的，不论通塞成败，不论天时地利人和的顺逆，不论由于世道不同而有的种种曲折变化，不论受到称赞、诬陷、玷污、诽谤、妒忌还是胡吹乱捧，乃至是受到委屈迫害，大儒是"穷则独善其身，达则兼善天下"，顶天立地，万古流芳。

这也是在帝王的权力系统之外，或有时在帝王权力特别是话语权之外，被借助，被汲取，被使用，由一拨读书人建立的一个道统、学统、圣贤教化的思想文化系统、名教系统、礼义系统、礼法（包括乡规民约、家规宗法、士绅习俗、帮会习俗）系统，意义重大，数千年一以贯之，既起了维稳维序、维护传统的作用，还起了一定的谏争平衡、拾遗补阙、平衡君权的作用，也起了束缚禁锢人的活力的作用。

这与此前刚刚讲过的赶车必须有车、射箭必须有弓箭、在儒必须有地盘角度不同，重点不同。

> 故有俗人者，有俗儒者，有雅儒者，有大儒者。
> 不学问，无正义，以富利为隆，是俗人者也。
> 逢衣浅带，解果其冠，略法先王而足乱世术，缪学杂举，不知法后王而一制度，不知隆礼义而杀《诗》《书》；其衣冠行伪已同于世俗矣，然而不知恶者；其言议谈说已无异于墨子矣，然而明不能别；呼先王以欺愚者而求衣食焉，得委积足以掩其口，则扬扬如也；随其长子，事其便辟，举其上客，亿然若终身之虏而不敢有他志：是俗儒者也。
> 法后王，一制度，隆礼义而杀《诗》《书》；其言行已有大法矣，然而明不能齐法教之所不及，闻见之所未至，则知不能类；知之曰知之，不知曰不知，内不自以诬，外不自以欺，以是尊贤畏法而不敢怠傲：是雅儒者也。
> 法后王，统礼义，一制度；以浅持博，以古持今，以一持万；苟仁义之类也，虽在鸟兽之中，若别白黑；倚物怪变，所未尝闻也，所未尝见也。卒然起一方，则举统类而应之，无所儗怎；张法而度之，则暗然若合符节：是大儒者也。
> 故人主用俗人，则万乘之国亡；用俗儒，则万乘之国存；用雅儒，则千乘之国安；用大儒，则百里之地久而后三年，天下为一，诸

侯为臣，用万乘之国，则举错而定，一朝而伯。

转述：所以说，世上有俗人也有俗儒，另外才有雅儒与大儒。

不求学问，不讲究正道与义理，以为有了财富与利益就算发达得意，这是俗人。

穿上宽宽大大的衣服，戴上中间高、两边低的帽子，对先王的礼制略知一二，不能真正传承，只能搞乱世道人心，杂七杂八地学到了一点皮毛。他们不知道师法三皇五帝后的帝王对治国理政的发展变易创造，而是死守一种照抄先王的制度与方略，他们不知道弘扬礼法与义理而贬黜了《诗》与《书》；他们的穿戴行止已与世俗低级的俗人同流合污，但是不知道自己的沦落低俗，应该说他们的谈吐，已经无异于墨子的偏颇了，然而仍然糊里糊涂、闹不明晰；满口忽悠着三皇五帝，用以骗吃骗喝，有所积蓄，能够糊口，也就得意扬扬起来；跟随上高大上人物的大儿子，结交上大人物的宠信，俨然自身也成了大人物的上宾，心甘情愿地去做高大上人物的奴仆，不敢有别的心志与想法。这就叫俗儒。

懂得师法后王的（发展、变革、切近）现实意义，统一与明确体制规矩，弘扬礼义，贬低《诗》《书》；言行符合大的法律原则，然而他们的判断力够不着法律教化达不到的地方，也办不了超出自己的见闻的事宜，他们的智慧，还不能触类旁通；概括总结，他们只能做到知道就是知道，不知道就承认不知道，自己对自己不能哄骗，对外人不能欺诈，他们尊崇贤良，畏惧法制，不敢怠慢倨傲。这就是雅儒了。

师法后王，（敢于发展以切合当下）统领礼法义理，明确统一制度，依据浅显明白的道理应对博大的世事。依据过往的经验，把握当今的课题（或是依据当今的实际来分析历史的经验），以一人的集中把握处理千头万绪的杂多政务；而在事关仁义的时候，即使处于鸟鸣兽吼般的低层次混乱之中，也能黑白分明，妥善应对；被外界所左右，昏聩混乱，发生的事情，你是不曾听说，也不曾看到的，哪怕是出现突发事件，也能正常地以常理对待处置，没有什么可犹疑动摇的，以公认的法理律令权衡掂量，像符节相合一样完全合拍，这样的人就是大儒了。

君王信用一批俗人，万乘大国也会灭亡；信用俗儒，万乘大国则尚可为继；信用雅儒，那么千乘之国可以安顺维稳；信用大儒，那么有百里纵横的地盘，最多三年时间就能统一天下，臣服诸侯，而如果治理万乘之国的话，有所举措就能大治，短时间就能显赫光耀于世。

感悟：这一段极为有见地。

第一点是，这里将世人，主要是说臣子，分四类：一曰俗人，只求个人财利，没有受过什么教育，无知识，无头脑，无情怀，无志向。误人误己误国，虽有万乘战车的军备与规模，也会在这帮低俗恶劣之辈手里毁灭。

二曰俗儒，同是一个俗字，一是一般人，一是受过点教育、读过点书、长了点见识、通了点文墨，他们勉勉强强能维持住靠前辈先贤们成就的邦国王朝，比起俗人来，他们还能说点有根据、有出处、不完全离谱的套话，还能比画比画，做点模仿先王先人的事情，搞点老一套的形式主义活动之类。

俗儒最大的特点是无思想，无心志，无追求，靠低俗地拉关系，特别是拉高大上人物的子女宠信的关系，混成高大上人物的座上客。这种俗儒给人以一种寄生混世的爬虫感。相当恶心，也相当生动，至今遗脉不绝，但他们至少口头上还能应对一气，所以，俗儒比俗人还是使得气象上式样上能够好许多。俗儒能使万乘之国存而不亡，而俗人是使万乘之国亡而不存。

三曰雅儒，即他们不仅读过点书，而且（至少口头上）不甚庸俗，不搞小儿科忽悠与吹蒙欺诈，不无君子之风。他们是书斋型、书呆子型的人，有点死学问却也有限。他们不恶劣，但也没有大功效、大格局。摆摆样子还是不错的，放到近现代，有所谓书斋马克思主义者或精英理论家，有所谓空头文学家，有所谓书读得越多越蠢的专家。

而四曰大儒。他们不是死守先王，而是师法后王。他们敢于发展三皇五帝的传统，他们敢于尊重历史，尊重传统，更尊重近现代，面对当下，用现在的话说就是敢于追求创造性的转化与创新性的发展。他们同时面对哪怕是鸟兽嘈杂、喧嚣混乱的多元社会，同时还能从中条分缕析，总结概括，找出正道义理，坚持仁义道德。

讲得真好。重视实践，重视经世致用，重视理论与实践的结合，重视坚持原则义理，重视实事求是地妥为应对，重视历史的发展变易，既没有粗俗鄙陋的野蛮，也没有随波逐流的混世，没有僵化呆板又自命不凡的自恋，荀卿要的是大儒，是大格局，大气派，大通达，大自信。他所说的四种人物，至今不陌生，呼之欲出，思之莞尔，生动有趣，终究令人叹息。於戏！

不闻不若闻之，闻之不若见之，见之不若知之，知之不若行之。学至于行之而止矣。行之，明也；明之为圣人。圣人也者，本仁义，当是非，齐言行，不失豪厘，无它道焉，已乎行之矣。故闻之而不见，虽博必谬；见之而不知，虽识必妄；知之而不行，虽敦必困。不闻不见，则虽当，非仁也。其道百举而百陷也。

转述：学习上进，没有听到过儒道，不如听到过、接受过儒道的教导；听到过教导，不如见到过事实例证；见到过事实例证，不如对儒道的知晓与理解；有了知晓与理解，不如在实践上贯彻落实儒家的仁义道德。学习受教，到了实践上就算完成了。实行，就是明道明德，就是光明清晰，光明清晰的大儒，就是圣人一级的了。

圣人是什么呢？以仁义为基本，正确地衡量分辨是非，规范言行，分毫不差，除了实践贯彻正道，再没有其他的选择，完成于实践实行。所以说，只是听到了教导，你知识虽然很多了，却必有荒谬。看到了一些事实例证，却做不到通晓明白，虽然有所见识却必定会有不妥不实不深不透的错讹误解之处。有所通晓明白了，却没有去实践实行，即使你的认识是诚恳敦厚的，也仍然会碰壁受挫。而不受教导，不见事例，你是做不到仁爱正道的，你不论做什么，总会跟跄失足落败。

感悟：中国古代的"实践论"：第一是听闻，是接收信息、接受教育；第二是亲眼看到，叫作耳听是虚，眼见为实；第三是知，是通晓与理解；第四是行，是实践与实行。行了，就达到了明，也就是明白、明晰、明确、明亮的境界，认识与实践的最高境界。

这些描述甚至给人以时代感，以熟悉与亲切感。闻而不见，好比当今的网瘾、网虫、手机瘾患者，他们是一知半解的万事通，正是荀子所说的"虽博必谬"，上知天文、下知地理但同时错误百出。见而不知，好比当今的忙人、红人、明星、成功人士，东奔西跑，处处参与，见多识广，但不得要领，没有准头，忽悠有余，成事难期；荀子说这样的人"虽识必妄"，似有头脑，似有见地，却往往被证明是妄议而已。第三种虽知不行的人呢，好比当今的教条主义者，口头正确人，态度挺好，貌似忠诚敦厚，但解决不了什么实际问题，叫作空谈误国，"虽敦必困"；还可以用《三国演义》上对马谡的评语，叫作"言过其实，终无大用"。而既无信息也无见识的人呢，就更等而下之，叫作"百举百陷"——一百个举动啦，一百回掉到坑里了。

故人无师无法而知，则必为盗；勇，则必为贼；云能，则必为乱；察，则必为怪；辩，则必为诞。人有师有法而知，则速通；勇，则速威；云能，则速成；察，则速尽；辩，则速论。

故有师法者，人之大宝也；无师法者，人之大殃也。人无师法，则隆性矣；有师法，则隆积矣。而师法者，所得乎积，非所受乎性，性不足以独立而治。

性也者，吾所不能为也，然而可化也。积也者，非吾所有也，然而可为也。注错习俗，所以化性也；并一而不二，所以成积也。习俗移志，安久移质。并一而不二，则通于神明，参于天地矣。

转述：所以说，一个人没有什么师法（的标杆方向路线）而自认为智谋多多，这是做强盗的路子；没有方向而自恃其勇敢，则是走向做贼偷窃；没有师法而自吹其能干，必然是去闹腾作乱；这样的人自以为敏锐洞察，只能搞出一些诡异奇葩；这样的人自诩辩才，只能去讲什么荒诞诡辩。而有师长有法度的人呢，有智慧，就能迅速判断通明；勇敢，就能迅速表现出威严；自信，就能迅速成就；明察，就能迅速搞清搞透；善辩，就能迅速理论明晰。

所以说，有所师法，是人生最重要的宝贝；没有师法，是人生最大的祸殃。人无师法，突出的是自己的本性。有师法，靠的是自己的学习经验的积累。师长与法度，是要靠学习经验来积累的，不单纯是本性所带来的，光靠本性，是不足恃的。

本性，不是哪个人能自行制造天成的，但是可以予以教化培育。积累涵养，不是个人所固有的，但是可以通过努力而获得。认真地学习与实现习俗的要求与提倡，是可以化育本性的。专心学习师法，是能够积累美德的。风习能够改变心志，久长了也就改变了品质。再做到专一不二，一个人的涵养，其高大上通于神明形而上，其坚实包容无穷，尽通于天地！

感悟：仅仅有美好的天性是不够的，需要的是后天，是教化，是礼义，是长期专注的积累与自我化育。这是荀子的性恶论与孟子的性善论的不同之处。个人的修养积累可以达到通天通地通神通明的程度，超凡脱俗的程度，圣贤顶峰的程度，这是一种宗教式的教育观，修养观，内功观，反求诸己观。它很有些正能量。

这里讲有所师从，有所标的，有所遵从，有所依据的重要性，即有所师法的重要性，含义是很深的：谁都不是自我作古，空手套白狼、白手起家的路数，所谓师法，其实是尊重已有的知识经验，尊重历史，尊重已有的积累、文化、学问、主张、价值、常识一直到风俗习惯，这就是警惕与反对文化冒险主义，警惕与反对文化乌托邦主义，警惕与反对唯意志论与历史唯心、个人英雄主义。

故积土而为山，积水而为海，旦暮积谓之岁，至高谓之天，至下谓之地，宇中六指谓之极，涂之人百姓，积善而全尽谓之圣人。彼求之而后得，为之而后成，积之而后高，尽之而后圣，故圣人也者，人之所积也。人积耨耕而为农夫，积斫削而为工匠，积反货而为商贾，积礼义而为君子。工匠之子，莫不继事，而都国之民安习其服。居楚而楚，居越而越，居夏而夏，是非天性也，积靡使然也。故人知谨注错，慎习俗，大积靡，则为君子矣；纵情性而不足问学，则为小人矣。为君子则常安荣矣，为小人则常危辱矣。凡人莫不欲安荣而恶危辱，故唯君子为能得其所好，小人则日徼其所恶。

《诗》曰："维此良人，弗求弗迪；维彼忍心，是顾是复。民之贪乱，宁为荼毒。"此之谓也。

转述：积累土壤而成山丘，积累水流而成海洋，积累昼夜而成年岁。往高里积蓄就是天，朝下面积累就成为地。在天地间往各个方向指认则成为极地，在人生的道路上行路的是人，人而全面具备了各方面的德性善良的就是圣人了。圣人，有所追求才有所获得，有所作为才有所成就，有所积累才成为高尚，有所发挥努力才成为圣贤。所以说，圣贤，是人长期努力积累涵养的结果。一个人积累了耕作的经验素养而成了农人，积累了砍削制作的经验素养而成为工匠，积累了买卖往来的经验素养而成为商贾，积累了礼法义理的经验素养而成为君子。工匠的儿子多半会继承父业而继续成为工匠，而都市市民也都是习惯了自己的住地。住在楚地就按楚地的方式生活，住在越地就按越地的方式生活，住在中原地区就按中原地区的方式生活。与其说这是由于他们的天性，不如说是长期顺从某种积累下来的习惯习俗而造成的。

那么，一个人懂得对自己的行为举措要有所谨慎，有所顺从，慢慢自己也就成为君子了。而自己随随便便，任意率性，不求学，不受教化，就成了小人了。成了君子，（受尊敬）经常平安荣耀，成了小人，（被轻蔑）经常遇险受辱。所以说，只有成为君子才能得到自己所喜欢的一切，而成了小人，天天招人讨厌。

《诗经·大雅·桑柔》有句说："那些个有良心的好人，周厉王不去看望与起用他们；而那些个心如铁石的人，周厉王对他们照顾得热乎。还能说什么是老百姓喜欢作乱，甘愿受动乱的荼毒呢！"

感悟：讲的是习惯论与积累论，一切的一切，都不是一蹴而就的，学问、能力、影响、品德、权威、人缘、功能、技巧，都要勤恳学习，都要坚持不懈，都要假以时日，都要日积月累，点点滴滴地做，甚至于开始做还有些生疏，还无力把握，还尴尬别扭，如能习惯而成自然，就能进入化境，就能成为品德、成为本能、成为天性，行云流水，得心应手，一顺百顺，成绩斐然。

人论：志不免于曲私，而冀人之以己为公也；行不免于污漫，而冀人之以己为修也；甚愚陋沟瞀，而冀人之以己为知也；是众人也。志忍私，然后能公；行忍情性，然后能修；知而好问，然后能才；公修而才，可谓小儒矣。

志安公，行安修，知通统类，如是则可谓大儒矣。大儒者，天子三公也；小儒者，诸侯、大夫、士也；众人者，工农商贾也。礼者，人主之所以为群臣寸、尺、寻、丈检式也。人伦尽矣。

转述：谈到人的类属与相互关系，有一种人，免不掉私心私利，却希望旁人把自己当作出以公心者；行为有所污秽低贱，却希望旁人认为自己有极好的修为；本来一己已经相当愚昧无知，却希望旁人将自己视为智者，这正是多数人的水准。志向上能克制私心，然后能学会思考公众的利益与愿望；行为上能克制情性，然后能有一些好的修为；求知好问好学，然后能具有一点点才干；有了公心，有了修为，也有了才干，这就可以算作一个小儒了。

志在为公，行在修为，知识通达类属，做到了就可以称作大儒了。大儒，说的是天子重臣三公；小儒呢，就是指诸侯、大夫、士；一般众人呢，指的是工、农、商贾。而礼法呢，那是天子衡量群臣的尺度。我们所说的人伦，指的就是这些个了。

感悟：这里的分类，与前面的俗人、俗儒、雅儒、大儒的分法有所不同。大致上，一种是俗人庸众，一种是小儒包括小儒中的雅而显高级者，一种是大儒。中国的思想家从来都认为人是有类属、有高低的，孔子推崇君子，孟子推崇大丈夫，荀子推崇大儒，老子推崇太上与上善，庄子推崇至人真人，他们都早早与民粹主义拉开了距离。

君子言有坛宇，行有防表，道有一隆。言政治之求，不下于安存；言志意之求，不下于士；言道德之求，不二后王。道过三代谓之荡，法二后王谓之不雅。高之，下之，小之，巨之，不外是矣。是君子之所以骋志意于坛宇宫廷也。故诸侯问政，不及安存，则不告也。匹夫问学，不及为士，则不教也。百家之说，不及后王，则不听也。夫是之谓君子言有坛宇，行有防表也。

转述：君子的言论，有自己的高度与空间；行事，有自己的框架与界限；方向与原则，有自己的尊崇与标的。谈论政治追求，不能脱离安稳治理；谈论意志欲求，不能脱离士的使命与格调；谈论治平之道路与功能，不能脱离后王的实践经验。

道，过了三代人了，会显出脱离实际的空荡。法，背离了后王，会显得不妥（赶不上时代）。事务不论高低，不分巨细，都离不开这样的道理。所以说君子的意志，只能驰骋在一定的高度与空间中。所以说，诸侯来请教政事，离开了安稳治理，君子应该是无可奉告；普通人来请教学问，不问如何做士，就不教导他；百家来宣扬主张，离开了后王实践，可以不予置理。这就叫作君子的言行有框架、有界限的了。

感悟：坛宇与防表：界限、高度、规范、禁忌，这是对于大人物、掌权者、高位者的言行必然会有的约束，你读黄仁宇的《万历十五

年》会看到这些约束，你读卜键的《明世宗传》会看到这些约束，你
看电影《末代皇帝》会感到这些无处不在的约束，你从赫鲁晓夫当
年、特朗普现世受到的非议中也会体会到这些约束。地位越高，自由
度越小，许多轻率、任性、玩笑、游戏、恶作剧，包括涉嫌不雅的话
语与行为，都是不允许的，值得思忖掂量。

王制

本章讲王者的治理规范：用人、决策、心志（政治追求）、赏罚、分辨、亲民、秩序、分定、精英主义、重农、睦邻，等等。

请问为政？曰：贤能不待次而举，罢不能不待须而废，元恶不待教而诛，中庸民不待政而化。分未定也，则有昭缪。

虽王公士大夫之子孙也，不能属于礼义，则归之庶人。虽庶人之子孙也，积文学，正身行，能属于礼义，则归之卿相士大夫。故奸言、奸说、奸事、奸能、遁逃反侧之民，职而教之，须而待之，勉之以庆赏，惩之以刑罚。安职则畜，不安职则弃。

五疾，上收而养之，材而事之，官施而衣食之，兼覆无遗。才行反时者死无赦。夫是之谓天德，是王者之政也。

转述：如果谈论治理国家，可以说，（重要之处在于）有了贤能良才，不必拘泥于升迁的台阶次序，碰到疲软无能之辈，也用不着等待一阵才撤换，首恶不用考虑教育完了再诛杀，普通百姓用不着等候使用刑赏手段时才想起教化。名分（级别）没有定下来，就要按照昭穆的宗庙体制分出上下。你是王公士大夫的子孙，如果不能守礼法义理，也只能是处于普通民人的地位。你是普通民人的后代，好学尚文，力行正道，做事符合礼法义理，则应给予卿相士大夫的级别。

对于说话、主张、做事时，耍手段、钻空子、不安分、偷奸使坏之人，要给予安置，加强教育，适当等待，有所鼓励引领，有所惩罚警示。能够接受安置的就让他们安定下来，不能接受安置的只好予以舍弃。

对于几种残疾人，君王要收养他们，使用他们的才具，救济他们的衣食，全面覆盖，不能遗漏。

而对于颠覆社会秩序的人，只能坚决处死，不能赦免。这样做，叫作合于天道天德。这是王者的施政方略。

感悟：为政，即行政，即治国理政，对于荀子来说，主要是分门别类，对几种人的态度与做法问题。对于高级官员，要求高，要敢于决策，敢于落实，决不迁延犹豫，也不必看出身门第，政务优先，"儒效"优先。对于残疾弱势群体，权力系统要起社会保障的作用，早在

《礼记·礼运》中已经提出："矜、寡、孤、独、废、疾者皆有所养。"看来我国古代对于民政工作还是重视的。对于普通老百姓呢，一曰安置就业，二曰教化引领，三曰赏罚分明，四曰严禁作乱。也算说得完整，讲得干脆分明，乃干才之语。

说到不足处呢，荀子很注意安定与秩序，风尚与道德氛围，但是稳住了，不乱了，风气也不错了，这个邦国、这个君王、这个权力系统究竟是在追求什么呢？不知道。为为政而为政，为安职而安职，为贤能而贤能，为教化而教化，这一点，荀子就不如孟子啦，孟子至少还提出了民生与君民关系上的一些设想，井田、抗灾、吃肉、衣帛、君民同乐等方面的一些设想。

荀子谈一些治理问题，或一针见血，或略显急躁与简单化。

听政之大分：以善至者待之以礼，以不善至者待之以刑。两者分别，则贤、不肖不杂，是非不乱。贤、不肖不杂，则英杰至，是非不乱，则国家治。若是，名声日闻，天下愿，令行禁止，王者之事毕矣。

转述：管理政事的要务在于：一切从善意出发的言语行为，要以礼节来对待处理；一切用心不善的言语行为，要以政法惩罚来对待处理。善者与不善者，二者必须区分清楚，贤良与不肖者，不能混杂为一谈，是非也就不会发生混乱。贤与不肖不混杂，英明杰出的人才就会到来，是非不混乱，国家就治理得好。做到这一步，名声传播，天下事从人愿，政令畅通，查禁有效，王者的事务全面完成。

感悟：将区分动机的善与不善视为头等要务，这很容易让众人接受，但又不易厘清，比如说两方面的政见不同，又无不信誓旦旦论证自己方面的动机是善意的，同时相互斥责对方的政见是恶意的，这样的事很多，怎么办呢？

政治的善恶与日常事务家务私德的善恶不尽相同，判断起来也并非易事。

凡听：威严猛厉，而不好假道人，则下畏恐而不亲，周闭而不竭。若是，则大事殆乎弛，小事殆乎遂。和解调通，好假道人，而无所凝止之，则奸言并至，尝试之说锋起。若是，则听大事烦，是又伤之也。

故法而不议，则法之所不至者必废。职而不通，则职之所不及者必队。故法而议，职而通，无隐谋，无遗善，而百事无过，非君子莫能。

故公平者，听之衡也；中和者，听之绳也。其有法者以法行，无法者以类举，听之尽也。偏党而无经，听之辟也。故有良法而乱者，有之矣，有君子而乱者，自古及今，未尝闻也。传曰："治生乎君子，乱生乎小人。"此之谓也。

转述：听政处事，威猛严厉，不能宽和地给臣下留出言行的空间，臣下恐惧不敢亲近，言语行为设防周密，多有保留，这样大事废弛（不能讨论），小事因循（不需言说）。（而听政处事）和解、调停、沟通，喜欢给臣下留下空间的君王呢，他搞的是无所阻禁，碍难决断，各种胡说八道都出来了，各种空谈假设都忽悠一番。在此种状态下听政繁杂，君相只能是意烦心乱，妨碍为政而已。

有了律法却不能很好地讨论研究，那么律法不能直接管住的事务必然废弛。有了安置分工，政令却不通达，那么安置分工没有够着的地方必然忽略遗漏。所以要说，有律法又有讨论研究，有分工又有通达延伸，既没有隐蔽什么坏事危殆，又没有遗漏掉什么好事好心，诸事妥善，绝少过失，除了君子，谁能做得到呢？

什么是公平，理政而注意权衡；什么是中和，理政而又有所量度。律法已有明确规定的，按律法行事；律法尚无明确规定的，按不同性质类别参照使用同类的律法规定，这就叫理政完善周到。而如果听政理政者有所偏私，脱离了正道礼义与律法，那就叫邪辟偏颇。所以说，虽有良好的律法，仍然出现乱象的地方是存在的；有了良好的君子，却仍然治理不好，从古到今，却是从未与闻的。

古书上说："治世是因君子而出现的，乱世是因小人而出现的。"说的就是这样的道理。

感悟：人治重于法治，君子重于良好的律法。律法也好，行政手段也好，安排分工也好，总有照顾不到之处，事先未有明确预案之处，乃至空子、漏洞、模糊……不可能完全没有；到时候只能靠人治的权衡量度，靠君子的公平、中和、周到与光明正大，这是能够讲得通的。

律法上未有具体规定的，按性质与类别处理，时至今日，我们仍然讲的分清人民内部矛盾与敌我矛盾的方针，或源于荀子此议也。

但也有例外的情况，因为人是可能有偏私的，可能有误判的，可能有情绪波动的，可能有宽容与不宽容、威猛与平和乃至软弱废弛之别的。人是会犯错误的，小人会犯错误，君子也不可能保持正确率百分之百。《晏子春秋》有云："圣人千虑，必有一失；愚人千虑，必有一得。"那么，蒙按：君子千正，必有一偏；小人千偏，必有一正，也完全是可能的。

今天的中国方案是，把以德治国与依法治国、选拔干部、君子治国结合起来，把治国理政的先进性与人民性、法制性结合起来。

分均则不偏，势齐则不壹，众齐则不使。有天有地，而上下有差；明王始立，而处国有制。夫两贵之不能相事，两贱之不能相使，是天数也。势位齐，而欲恶同，物不能澹则必争；争则必乱，乱则穷矣。先王恶其乱也，故制礼义以分之，使有贫富贵贱之等，足以相兼临者，是养天下之本也。《书》曰："维齐非齐。"此之谓也。

转述：分定均等，就没有了轻重上下的秩序了，势力均等，就没有办法统一意志了，众人地位均等，也就没有办法互相役使了。

世界有天有地，从而有了上下差别，明君立国，处理政务要有等差法制。两方面同样尊贵，你没有办法让他们互相事奉。两方面同样低贱，你没有办法让他们互相使役，这是上天的命定。势力地位均等，好恶又彼此相同，外物无法满足双方的需要，就会引起争执，争斗得大发了就会产生混乱，混乱的结果是使人们陷入困窭。古代先王不希望发生混乱，就必须制定礼法义理，对人们的地位有所区分，使得社会有序，分成贫富贵贱等级，相互包容体认，这才是兼济天下的根本。

《尚书》有云："维护规范，承认差别。"讲的就是这样的以差别求规范的道理。

感悟：一方面，如毛泽东《矛盾论》所言"差异就是矛盾"，一方面历史的经验告诉我们，分均势齐众平的平均主义、"大锅饭"，会造成生产力的破坏与各方面的消极后果。对差异既要承认、正视、善用，又要调整、掌控、平衡；对矛盾既要分析解决，防止极端化与过激化，又不能搞一刀切。荀子尤其重视秩序与人际，尤其是为政的不能平等的一面，自有他的根据与见地，也有他的说得不全面、值得警惕与预防的地方。

马骇舆，则君子不安舆；庶人骇政，则君子不安位。马骇舆，则莫若静之；庶人骇政，则莫若惠之。选贤良，举笃敬，兴孝弟，收孤寡，补贫穷。如是，则庶人安政矣。庶人安政，然后君子安位。

传曰："君者，舟也；庶人者，水也。水则载舟，水则覆舟。"此之谓也。故君人者，欲安，则莫若平政爱民矣；欲荣，则莫若隆礼敬士矣；欲立功名，则莫若尚贤使能矣，是君人者之大节也。三节者当，则其余莫不当矣。三节者不当，则其余虽曲当，犹将无益也。孔子曰："大节是也，小节是也，上君也；大节是也，小节一出焉，一入焉，中君也；大节非也，小节虽是也，吾无观其余矣。"

转述：马惊恐于车，君子不可能安稳地坐车；庶民惊恐于政事，君子不可能安于其位（官职与地位）。马受了惊，什么好办法也不如让马先静下来；庶民受了惊，什么好办法也不如做惠民利民的实事。选择品质贤良的好官员，提拔诚笃敬业的人士，提倡孝悌好人好事，收容赡养鳏寡孤独，接济贫穷困难户。这样做了，庶民就安适于政务环境了，安适于政务环境了，君子也就安于其位了。

古书有云："君王好比船舶，庶民好比是水，水是承载着船舶的，同时水也是可能倾覆船舶的。"讲的就是这个道理。所以说，君王想治世太平，就必须平顺政事，爱惜民人；想荣耀体面，就必须礼贤下士（凝聚住人才）；如果想功成名就，就必须崇尚贤德，使用能士。这都是人君的关键品质。上述三方面都做得好、做得正确，就没有什么方面做得差了；上述三方面做得差，即使有些事费了力、做得不差，也没有什么用处了。

孔子说："大节做得好，小节也做得好，这是上等的君王。大节做得好，小节有些出入偏差，这是中等的君王。如果大节没有做到，即使有些小节做得不错，我们也不必再考虑它们了。"

感悟：一个是静一个是惠，这是荀子养马也是养民御民的两大法门。静云云，有无为而治的意思，有君子之风、文质彬彬、保持敬畏的意思，有坦荡荡、周而不比的意思，有专心致志的意思，有保持淡定的意思，有制怒、不骄、不躁、耐心等待的意思，还有养生的意思。

不宜将中华文化的"静"的提倡完全看成消极的东西，中华文化同时强调鞠躬尽瘁，强调自强不息，强调当仁不让，强调知其不可而为之，强调身体力行，直至强调杀身成仁，舍生取义。

"惠"，这里强调的是民政工作——助援弱势群体。当然，惠的含义更为广泛，所以孔子将"恭宽信敏惠"五德列为行仁的表现，王认为这更像是关于古代权力系统的说法，更像对于官员与候补官员的要求。静与惠结合起来，当然会联想到中国式的"不扰民"的说法，中国的权力系统那么早能认识到权力的行使或有产生"扰民"的后果，这算是很清醒、很自律的。在提出各种以德治国的要求的同时，荀子等人也注意做减法，告诫权力系统不要为政过急、过繁杂、过苛、过于包办代替，这在东周时期是儒、道二家的共识，而道家的说法力度更大更狠。

然后载舟覆舟之论，在我国家喻户晓，流传至今。此说当然已显古老，而且远不如现代西方世界的民主、人权、制衡、法制的种种程序规则之周密，不如理想主义论证中的民有、民治、民享响亮，更不如我们今日的以人民为中心的说法坚决与明确。但是，如果认为有了程序规则、实现了权力的制约更替就当真做得到全民治国、百姓当家，只能说也是天真。而载覆论也罢，御民论也罢，民心天心论也罢，有它的非法理性的不足，有它的改进空间，也有它的现实性、可操作性，至少，有它值得正视与谨记的地方。

一般谈到中国的超稳定的封建社会体制，会强调它的专制主义性质，但历史上的亲民论、载舟覆舟论、得民心者得天下论、仁政与王道论，不可小觑，还要从这样的历史传统做起，使之得到创造性的转化与创新性的发展。

成侯、嗣公聚敛计数之君也，未及取民也。子产取民者也，未及为政也。管仲为政者也，未及修礼也。故修礼者王，为政者强，取民者安，聚敛者亡。故王者富民，霸者富士，仅存之国富大夫，亡国富筐箧、实府库。筐箧已富，府库已实，而百姓贫：夫是之谓上溢而下漏。入不可以守，出不可以战，则倾覆灭亡可立而待也。故我聚之以亡，敌得之以强。聚敛者，召寇、肥敌、亡国、危身之道也，故明君不蹈也。

王夺之人，霸夺之与，强夺之地。夺之人者臣诸侯，夺之与者友诸侯，夺之地者敌诸侯。臣诸侯者王，友诸侯者霸，敌诸侯者危。

转述：卫国国君成侯、嗣公是搜刮聚攒、精于算计的君王，却没有做到聚攒民心；子产是能够听取民意的卿相，却还没有政治治理的主体性与有效性；齐相管仲是具有主体性有效性的政治家（法家先驱），但是他没有达到以礼义教化治国（的儒家理念）。这就是说，做到礼义教化的君、相，是王者、王道；做到有效治理的君、相，是强者、强国；做到听取民意的君、相是安者，是安邦定国的人；而在那里搜刮算计的君、相，只能是自取灭亡者，是自取覆灭者。

也就是说，王道者能够使民人富有幸福，强霸者能够使士大夫富有幸福，只做到邦国安稳存活者能够使大夫富有幸福，而灭亡了的邦国，它们的君、相的库房、箱、包倒是满满堂堂，老百姓却是贫穷困窭的。如果是库房箱包满满堂堂而国家灭亡了，那就叫上边满溢，下边泄漏。这样的国家，不能防守，对外敌，也不能进攻，这样的邦国，你可以站在那儿等待它的灭亡喽。

财富享乐的那一套，自身追求搜刮聚攒，只能通向灭亡。敌手得到你搜刮的玩意儿了，却会变得强大。搜刮积攒，是招引贼寇、肥养敌人、灭亡邦国、危害自身的路子。明君正道，不会干这一手的。

王者要的是人心，霸者要的是邻国臣服，强者要的是地盘。争取到了人心的君、相能臣服诸侯，争取到了邻国的君、相能与诸侯友好，夺取到土地的人与诸侯为敌。臣服诸侯的人能够成为王者，与诸侯友好的人能够成为霸者，与诸侯敌对的人则会使自己的邦国灭亡。

感悟：荀子贯彻王道与霸道的理论。孔子的说法是"道（导）之以政，齐之以刑"，不如"道之以德，齐之以礼"。孟子的说法是"以力假仁者霸，以德行仁者王"。荀子的说法则是"臣诸侯者王，友诸侯者霸，敌诸侯者危"。

用今天的说法，也不妨说，善用软实力的政治家能得到美誉与长治久安，善用硬实力的政治家能得到一个历史阶段的安稳与彰显自身的强大与成功，而贪腐自私又敌视他国之辈只能走向灭亡。

还可以说，王者更理想，但是不能立竿见效，见了效也未必显著；霸者见效快也引人注目，但未能长治久安；强者容易树敌——按道理说，君与相不能害怕树敌；而最不堪的是以权谋私、贪腐低俗的无耻之徒。

儒家的大师言论教诲，是针对君、相、士、大夫、君子、先知先觉者们讲的，而且讲得既严格又理想，注意教化有教化资格与义务的人，注意治理有治理权柄与身份的人，这是中华文化的传统与要旨之一。

用强者，人之城守，人之出战，而我以力胜之也，则伤人之民必甚矣；伤人之民甚，则人之民恶我必甚矣；人之民恶我甚，则日欲与我斗。人之城守，人之出战，而我以力胜之，则伤吾民必甚矣；伤吾民甚，则吾民之恶我必甚矣；吾民之恶我甚，则日不欲为我斗。人之民日欲与我斗，吾民日不欲为我斗，是强者之所以反弱也。

地来而民去，累多而功少，虽守者益，所以守者损，是以大者之所以反削也。诸侯莫不怀交接怨，而不忘其敌，伺强大之间，承强大之敝，此强大之殆时也。

知强大者不务强也，虑以王命，全其力，凝其德。力全则诸侯不能弱也，德凝则诸侯不能削也，天下无王霸主，则常胜矣。是知强道者也。

转述：依靠强力行事的邦国，是在对方依城防而守，以将士出战的情势下，靠己方的强力战胜对手。这样的话，对方的百姓伤亡甚多；对方的百姓伤亡太多了，对方百姓就会痛恨我方；如此痛恨我方，就会天天想着与我方争斗。如前所说，对方靠城防而守，以将士出战，靠己方强力战胜对手，己方的百姓伤亡也是众多的；己方的百姓伤亡太多了，己方百姓也会非常痛恨本邦国的；既然痛恨己方了，也就日益不愿意为己方出战了。一边是对方的百姓日益想与我方作战，一边是己方百姓日益不想与对方作战，强国也就变成弱国了。

地盘增大了，民心减弱了，累赘越来越多，功效越来越小，需要防守的地面越来越大，努力防守的人们越来越少，搞得规模大的一方反而削弱了。诸侯们都会互相来往，结交与自身有同样怨恨的君王，他们是不会忘掉自己的仇敌的，而越是强大的邦国，诸侯们越要找它的间隙，越要利用它的弱点，这正是强大带来的危险。

真正强大的邦国并不恃强秀强，他们经常谋划的是王者的使命，他们要的是保全壮大自身的实力，凝聚提升自身的德性。实力壮大了，没有哪个诸侯能削弱它；德性凝聚彰显了，没有哪个诸侯能削弱它，而从没有称王称霸的君主是不可战胜的。做到这一步，是真的懂得了强化邦国的道理了。

感悟：一个是不要滥用强力，更不要轻易攻略对手的城池地盘。要知道仅仅靠强力，见效虽快，却可能不得人心，暴力的征服难以做到心服口服，长治久安。强力的使用在挫败对手的同时，己方也会付出惨重的代价，不仅会收获敌方对手的仇恨，也会引起己方百姓的不满。可以说这是儒家的仁义之论。

这里同样鼓吹的是道德、仁德、王道、仁政的力量，即孟子所说的得民心者，得天下；即孟子说的在一个强力横行霸道的世界上，老百姓盼望仁德，就如大旱下的农人之"望云霓"。君王卿相，需要积攒的首先不在于财富，不在于军力，而在于德性、德行、民心。

彼霸者不然，辟田野，实仓廪，便备用，案谨募选阅材伎之士，然后渐庆赏以先之，严刑罚以纠之。存亡继绝，卫弱禁暴，而无兼并之心，则诸侯亲之矣。修友敌之道，以敬接诸侯，则诸侯说之矣。所以亲之者，以不并也；并之见，则诸侯疏矣。所以说之者，以友敌也；臣之见，则诸侯离矣。故明其不并之行，信其友敌之道，天下无王霸主，则常胜矣。是知霸道者也。

转述：而志在扩张权力领土、称霸一方的君王卿相就不一样了，他们注意的是开辟农田与地盘，将粮食装满仓库，准备好各种常用的武器、辎重、粮草，严谨地招揽有武艺的人才，以重奖重赏给人才们以引领与鼓励，以严格刑罚来纠正错失。保护有灭亡危险的邦国，继续已经传承不下来的邦国，保卫弱小邦国，阻止暴力侵犯，而没有吞并其他邦国之心意，所以各路诸侯都亲近这样的君相。以友好的路子对待各诸侯邦国，各邦国君相也就感到喜悦了。因为这样的君相没有吞并他们的意图，如果有吞并意图，各诸侯自然就与之疏远了。受到喜欢的原因是这样的君相友好对待他国，如果表现了要其他诸侯臣服的意思，别的诸侯也就离开他们了。

这样，天下也就没有别的王者与霸主了，只有这样的君相才能成为常胜霸主。这就可以说是懂得了如何成为霸主、如何扩展权力的道理与路数了。

感悟：荀子有他的立体思维。一个是坚持儒家的为政以德，坚持王者的王道，聚德行仁，教化万民，恩惠天下，让天下心服口服、爱戴归顺，长治久安。

这里所说的霸道，不是横行霸道的霸道，而是法家式的强自身，务实效，求政绩，一步一个脚印、一招一个效益的政治、经济、军事、外交的统合之道，现在的说法就是组合拳法。王道霸道，王与霸虽有高下之别，各有其道，荀子拥儒，但这里讲得还算相当客观。恐怕对于脚踏实地的君相们来说，倒是法家的霸道更明白与更见效。

而真正的强霸之道以主持正义而绝不称霸为核心，有意思。

或谓，儒家高尚，用高尚忽悠君王，取得君王的崇拜与信任，乃至麻痹君王，意在代君王而高屋建瓴，治国平天下。法家务实求效，用权力、功效、名声、扩张主义、霸权主义的实效诱导君王，取得君王的满意欢喜乃至信服，同样意在取代君王的治理权、摄政权。这是偏于消极的说法，可供一粲。

闵王毁于五国，桓公劫于鲁庄，无它故焉，非其道而虑之以王也。

彼王者不然，仁眇天下，义眇天下，威眇天下。仁眇天下，故天下莫不亲也；义眇天下，故天下莫不贵也；威眇天下，故天下莫敢敌也。以不敌之威，辅服人之道，故不战而胜，不攻而得，甲兵不劳而天下服，是知王道者也。知此三具者，欲王而王，欲霸而霸，欲强而强矣。

王者之人，饰动以礼义，听断以类，明振毫末，举措应变而不穷，夫是之谓有原，是王者之人也。

转述：齐闵王曾被燕、赵、楚、魏、秦打败，齐桓公曾被鲁庄公胁迫，没有其他原因，他们思谋的是统治天下，却又把握不住称王天下的大道。

真正的王者就不是齐闵王、齐桓公这个样子的了，他们的仁德高悬天下，他们的义理高悬天下，他们的威权高悬天下。仁德高于天下，天下没有不与他们亲和的；义理高于天下，天下没有不对他们尊敬的；威权高于天下，天下没有敢对抗他们的。他们以无可抵挡的威权，加上令人服膺的王道，不用战斗就取得了胜利，不用进攻就获得了战果，不动用武装兵员而臣服了天下。这就是懂得并掌握了王道的君王啦。懂得并掌握了王道、霸道、称强之道这三个层次的道术，想做到王者就能做到王者，想做到霸业就能做成霸业，想称强也就能做到称强了。

王天下的人士（君王与他们的辅佐），能够以礼义规范引领自己的言行，以准确的性质与分类判断做出恰当的政务应对，以清明的智慧明察细节，以各种举措应变防止出现被动与窘态。这一切都有它们的（道的）依据与根基（不是偶然的），这才能叫真正的王者啊。

感悟：荀子的说法是你把握了什么道——道德、道理、道法、道术、道行，就能做出什么结果来。种瓜得瓜，种豆得豆，行王道儒道者王天下，行霸道者霸天下，行强道者强天下。什么道术都没有呢，那就只能败、坏、亡、废于天下了。胜败、好坏、兴亡、存废，责任在己，命运在己。

中国有很多士人自命不凡，自以为把握了治国平天下的大道大德大智大才，然而得不到施展其"四大"的平台，平生郁郁不得志，包括李白、杜甫、韩愈、苏东坡都有类似的遗憾，但这样的人毕竟还能进入八大家、八大山人、几大怪之列，从理论上说，甚至可以成为玄圣素王，成为万世师表，孔子就是这样的圣人，他同样不得志、不得用，只是周游列国，还有"丧家之犬"的群众反映。

孟子更创造了牛人理论，说是世界上有两种名分级别，一种叫天爵，道德、文章、读书之类；一种叫人爵，官职、名分之类，说得蛮有底气，但实际情况难说。终于中了举的范进，始终没中举的孔乙己，谁相信他们有什么天爵呢？

而这里荀子说到的齐闵王、齐桓公，则是有了大舞台却唱不成戏的君王，他们比那些不得志的文人更危险许多，惨许多。文人没有平台舞台，你干脆还能在桌子、椅子、平地上面耍把两下，而占有了大台唱不成戏的倒霉蛋呢？恐怕就没有什么好下场了。

王者之制：道不过三代，法不贰后王。道过三代谓之荡，法贰后王谓之不雅。衣服有制，宫室有度，人徒有数，丧祭械用，皆有等宜。声，则凡非雅声者举废；色，则凡非旧文者举息；械用，则凡非旧器者举毁。夫是之谓复古，是王者之制也。

转述：王天下者有自己的制度体例：基本原则不能超越夏商周三代的范围，有关法度规定不能与近王相背离。超越了三代的说法那是渺茫空论，背离了后来的君王的法度那是脱离了正规。各种场合、各种身份的服装有规定，宫室房屋的规格使用有标准，人员分配有编数，丧礼祭祀用具有不同等级的适用惯例。声响音乐，不符正规的全部废除；色彩装饰，不同于原有传统的全部停止；用具，原来没有使用过的全都丢弃。这就叫作复古，这就叫作王者的制例。

感悟：天子、诸侯、大臣、士人，衣食住行、举止活动，没有规矩不行，没有稳定性、继承性、经典性不行，一成不变也无可能。或者讲礼讲文，或者讲法讲律，讲得再全也时时会碰到新问题，荀子这方面的论述很多，既强调尊古复古先王先圣，又正视后王近王，太古远了未免空荡而失去了切实感。

除了礼与法以外，中国人还喜欢讲一个例，例就是先例事例，即此前类似的情况、类似的需要是以怎样的规格、怎样的程序处理的，有极大的参考作用、参考先例，可以减少麻烦与责任。《红楼梦》里探春代理王熙凤管家时，碰到自己亲舅舅赵国基的丧事，她的处理方法就是按先例办理，并拒绝了母亲赵姨娘破例优待的要求。这本身，又成了展现先例的重要性的生动事例。

王者之论：无德不贵，无能不官，无功不赏，无罪不罚。朝无幸位，民无幸生。尚贤使能，而等位不遗；折愿禁悍，而刑罚不过。百姓晓然皆知夫为善于家，而取赏于朝也；为不善于幽，而蒙刑于显也。夫是之谓定论，是王者之论也。

转述：王天下者处理人际问题的原则是：没有足够的德性，是不能成为高贵者的；没有足够的能力，是不能成为官员的；没有功绩，是不能给予赏赐的；没有犯罪，是不能给予惩罚的。朝廷上没有谁是由于侥幸而得到职位的，民人当中，没有谁是靠侥幸（不务正业）而过日子的。王者赏识贤人，使用能者，各有等级职位，个个合适；制裁狡诈的人，制止凶悍的人，但并不过度使用刑罚。百姓明明白白，懂得自己在家庭内部做了好事也会受到朝廷奖掖，而躲藏在阴暗的角落为恶，同样逃脱不了公开的惩治。这些都是不移之原则，即王者之原则。

感悟：王者的一切举措处置，都要有根有据、有理有序，都要是定论，是板上钉钉，是无可争执、无可讨论、无可改变的精准妥善之举。

传统上也讲苟日新、日日新、又日新，讲穷则变、变则通，讲与时俱化，讲识时务者为俊杰，但荀子这里讲的更接近法家的严格指令性管理，虽然他同时强调教化与圣贤的作用以及礼制的作用。

王者之法：等赋、政事、财万物，所以养万民也。田野什一，关市几而不征，山林泽梁以时禁发而不税。相地而衰政，理道之远近而致贡。通流财物粟米，无有滞留，使相归移也。四海之内若一家，故近者不隐其能，远者不疾其劳，无幽闲隐僻之国，莫不趋使而安乐之。夫是之谓人师，是王者之法也。

转述：王天下者的法度：公平的赋税，正确地处理事务，发挥万物效益，提供对百姓的养护。田野赋税十分之一，关卡、市集有所督察但不征赋税，山林湖泊堤坝有间歇性渔猎的休止同时也不收税。根据土地的状况确定税收，区分道路距离的远近来接受贡品。财物米粟流动交换运输，要流通而不停滞（搞活物流）。四海之内如同一家，因此近者不隐藏隐瞒自己的才能，离国都遥远的人也不怕道远辛苦，没有什么地区偏僻艰窘，各地都乐于听从王者的驱使，并得到自己的安乐福祉，这样的王者的法度，堪称是君王的榜样。

感悟：王者行王道王法，也体现在对民生的关照上。孔子、孟子从心术、从动机乃至从王者个人的修养上谈得比较多，以德、以礼、亲亲仁民、亲亲爱民、亲民与止于至善等。孟子已经讲了些民生财经政策上的课题，不违农时、救济灾荒、物品交换、与民同乐等。

荀子这里讲得也比较清楚坚决。

从某种意义上说，荀子讲得更全面，以儒家王道为理想追求，以法家手段处理正事、控制局势，以惠民与让步来收买人心，哪个有用用哪个。

北海则有走马吠犬焉，然而中国得而畜使之。南海则有羽翮、齿革、曾青、丹干焉，然而中国得而财之。东海则有紫紶、鱼、盐焉，然而中国得而衣食之。西海则有皮革、文旄焉，然而中国得而用之。

故泽人足乎木，山人足乎鱼，农夫不斫削、不陶冶而足械用，工贾不耕田而足菽粟。故虎豹为猛矣，然而君子剥而用之。故天之所覆，地之所载，莫不尽其美、致其用，上以饰贤良，下以养百姓而安乐之。夫是之谓大神。

《诗》曰："天作高山，大王荒之。彼作矣，文王康之。"此之谓也。

转述：北部地区那边出产便于骑用的马匹还有护院的狗崽，中原居民也能获得与役使它们。南部地区出产飞禽羽毛、象牙犀牛皮、铜精朱砂等染料，中原地区也可以把它们作为财富。东部地区有着粗细麻布与鱼盐，中原地区的人们会以它们为衣食来源。西部地区则有皮革等衣裳材料与各色装饰品，中原地区的人们也是使用它们的。

所以说，生活于水边的人会有足够的木材所用，而生活于高山的人照样可以吃到足够的鱼品，农夫用不着去干木匠活、陶器活，照样有各种器具可以使用，城市的工匠与商贾不耕作也照样有粮豆可吃食。虎豹虽然凶猛，君子照样剥用它们的皮毛。这就叫作天所覆盖、地所承载的一切，都要发扬它们的美好，体现它们的用途，对上，它们彰显贤良美好，对下，它们安乐民人需求，这就叫天下大治。

《诗经·周颂·天作》有句："天生的高山啊，是太王张扬了它的宏伟，张扬了它的宏伟啊，文王又安定了它的地位！"

感悟：这是将商业交通的作用提高到圣贤的道德和气度上来。北南东西，各有土特产；农工商贾，水边山上，各有各的行业出产与多方面的需要；天下万物，各有各的审美与使用价值，正是商业交通，使之发挥出极正面的作用，使天下大治，天下一家，互通有无，取长补短。这就不仅仅是经济生活，不仅是利益驱动，而是谋划天下，安康万民，济世久远，大道行矣了！

　　当然，这个道理不仅用来讲说经贸，这里还有一种调动一切积极因素的胸怀，有一种不仅是"普天之下莫非王土，率土之滨莫非王臣"，而且是普天之才、财、物、利、智、能……莫不可用、可汲取、可参照，一切积极因素的存在都要能够为我所用！

　　以类行杂，以一行万。始则终，终则始，若环之无端也，舍是而天下以衰矣。天地者，生之始也；礼义者，治之始也；君子者，礼义之始也。为之，贯之，积重之，致好之者，君子之始也。

　　故天地生君子，君子理天地；君子者，天地之参也，万物之总也，民之父母也。无君子，则天地不理，礼义无统，上无君师，下无父子，夫是之谓至乱。君臣、父子、兄弟、夫妇，始则终，终则始，与天地同理，与万世同久，夫是之谓大本。故丧祭、朝聘、师旅一也；贵贱、杀生、与夺一也；君君、臣臣、父父、子子、兄兄、弟弟一也；农农、士士、工工、商商一也。

　　转述：把握性质类别层次，统领处理杂多的事宜，处理好个别的事宜，其余类似的事宜也就触类旁通。有开始就会终结，有终结就会有新的开始，像一个圆环一样，（无始无终）并无端点。忽略了这样一些把握，就会产生混乱与衰败。天地自然，是生命的开始；礼义秩序，是治理的开始；君子出现，带来了礼义秩序开始。践行礼义，学习尊崇礼义，积累总结礼义的意义与内涵，完善坚持对于礼义的理解与践行，这一切就是人们优秀化成为君子的开始了。

　　所以说，是天地自然产生了君子，是君子治理、理顺了天地自然世界，君子参与了天地自然的化育，统领了万事万物的运行。没有君子，天地没有引领，礼义没有规范，上边没有君王师长，下边没有父子伦理，这就叫混乱至极。君臣、父子、兄弟、夫妇这样的人伦关系，有开始就有终结，有终结就有开始，与天地之理一致，与万代万世同在。这是一切的总根本。无论婚丧祭祀，侯王上朝与互拜，军队礼仪规则，都有同样的道理；而行政上的提升、贬黜、处死、赦免、赐予、剥夺也都有同样的依据；君为君，臣为臣，父为父，子是子，兄是兄，弟是弟，农民应该是农民，士人应该是士人，工匠应该是工匠，商贾就是商贾，各类人物人士该什么样就什么样，都有他们同样要遵从的礼义、规范、秩序和规矩。

感悟：这里主要有两个思想，一个是天道永恒，无始无终。这里的始终带有后世佛家所讲的因果的意思。父是因，从而有子，是果，子又生子，子乃成父，构成新的始终因果。兄弟也是一样，有兄在先，其后为弟，弟以后再有弟，原弟成了后弟之兄。君臣之意则麻烦一些，君臣有互文之意，无君则无臣，无臣亦无君。

同时还是古已有之，现代尤其畅行其道，被使用得相当频繁与广泛的"转化"之意。从父之子转化成子之父；从弟兄之弟，转化成或兼化成弟之兄；而在发生政治事变与权力过渡之后，臣可能转化为君，君转化为前朝之君，而又难以在本朝正常存在下去。这样的变化与不变，始始终终就是无始无终，如圆环一般。

另外，这里有正名的意思，君必须君，臣必须臣，父子兄弟亦然。概念表明性质，性质表明分类，分类决定地位与政策，地位决定尊卑主次秩序，秩序决定治乱、安危、有道还是无道，名分决定命运。这是一种概念行政学、语言政治学、言语社会学，这也是孔夫子自古就重视"正名"的原因，"名不正则言不顺"。

至今这一类的问题与讨论仍然是重要的，譬如是人民内部矛盾还是敌我矛盾，是战略合作伙伴还是竞争对手，是摩擦、纠葛，还是冲突、斗争，是缺失、错误、过失还是罪行，在社会生活中、政治生活中、政策制定中，其意义永远是重大的，而这方面的麻痹迟钝或者夸张忽悠或者点火生事，也都是影响巨大、后果严重的。

水火有气而无生，草木有生而无知，禽兽有知而无义，人有气、有生、有知，亦且有义，故最为天下贵也。力不若牛，走不若马，而牛马为用，何也？曰：人能群，彼不能群也。人何以能群？曰：分。

分何以能行？曰：义。故义以分则和，和则一，一则多力，多力则强，强则胜物；故宫室可得而居也。故序四时，裁万物，兼利天下，无它故焉，得之分义也。

故人生不能无群，群而无分则争，争则乱，乱则离，离则弱，弱则不能胜物；故宫室不可得而居也，不可少顷舍礼义之谓也。能以事亲谓之孝，能以事兄谓之弟，能以事上谓之顺，能以使下谓之君。

转述：水火有气，但没有生命生长生态；草木植物有生命生长生态，但没有知觉意识认知；禽兽动物有知觉意识认知，但没有礼义是非原则。只有人，既有气，又有生命，还有知觉，并且有义理，所以说人类是最宝贵的。

人的力气赶不上牛，奔跑赶不上马，但牛马是为人所驱使使用的。这是怎么回事呢？因为人是群居结伴的，人结成社会、结成群体，而牛马是结不成群体的。人为什么能结成群体呢？关键在于人是能够划分（分配、分定、分工）的。怎么个划分法呢？按照义理来划分。按照义理划分清楚，群体仍然是和谐的，和谐了就能统一，统一了就能发挥多人的力量，多人的力量就比单独一人更强大，强大了就能胜过外物的阻碍与困难。这样，体量有限的人可以住上群体才能修建好的宫室。所以说，按照四时的顺序，根据万物的性状，让天下都能获利得当，靠的正是合乎礼义的分配原则啊。

人生来就离不开群体与社会，群体没有合理的分配就会酿成争拗，争拗起来出现混乱，出现混乱就会分崩离析，分崩离析了人力就衰微了，人群之力衰微，战胜不了外物带来的阻碍困难，也就住不上宫室了。就是说礼义秩序是片刻也不能舍弃的。有了礼义，能够很好地事奉双亲，从而有了孝道；能够事奉兄长，于是有了悌德；能够事奉长上，于是有了顺应；能够使用下级，也就成了君王了。

感悟：人类的力量在于群体，人是社会的动物，荀子此论，沾上了点集体主义乃至社会主义的意味呢。

而群体的形成在于秩序，秩序的形成在于分定、分别、分级、分配、分属、分寸，在于不是绝对的平等平均，而是各有各的地位和级别，尤其是帝王的地位与级别不可搞错，不可轻忽大意。这里透露了某种精英主义的味道，所谓父子有亲、君臣有义、夫妇有别、长幼有序、朋友有信，叫作五伦，这是孟子的说法；而到了荀子这里，亲、义、别、序、信，总结为一个字：分。如果这个分字不注意，很容易造成混乱、动乱、分崩离析。君子和而不同，不同就是有分别有分定；和就是讲五伦，讲相互的权利义务，相互的道德伦理。

君者，善群也。群道当，则万物皆得其宜，六畜皆得其长，群生皆得其命。故养长时，则六畜育；杀生时，则草木殖；政令时，则百姓一，贤良服。

转述：君王的特点在于善于引领掌控群体社会。实现了引领群体与社会的大道，万物皆得其所，都感到适宜恰当，六畜都能获得成长，各种生命都得到生发。六畜的养育与成长恰当其时，生长发育良好；砍伐种植适时，则草木繁殖茂盛；政令适时，则百姓认同，贤良服从。百姓们遵守认同，社会精英们也都心服口服。

感悟：两个重点，一是君王要治理群体，治理社会，治理百姓，治理，是君王的责任，君王的权力，君王的使命，对此不能怀疑，不能挑战，也不能推托，不能放弃。

第二，治理有道，治群有道，合道、行道则治，则和顺，则通畅，则统一；违道、逆道、无道则乱，则凶，则分裂，则崩溃。

延伸论述，无君，天下大乱；有君而无道，仍然是天下大乱，然后君被推翻，改朝换代。一曰君，二曰道，三曰改换即权力易主，这是儒家政治学的三维。有君有道，安居乐业，固若金汤。但外来的影响与挑战仍然会带来问题。有君无道，有权无民心、失民心，使权力失去了方向与分寸，危险了。但如果没有像样的挑战者，或赶上你的挑战者本身也无道失道，仍然可能改换不了权力归属，造成的只能是历史的阵痛乃至长痛。新生的权力，摸索这个道，违背这个道，死守这个道，也都还必须善于、勇于面对历史的课题。而坚强的权力，已有有道、行道的记录与积淀，说不定会掩盖道上的失措带来的貌似轻描淡写的小小难点，掩盖某些会孕育不良后果的不平衡，而留下后患、埋伏下病因，留下定时或不定时炸弹。岂能掉以轻心?

圣王之制也：草木荣华滋硕之时，则斧斤不入山林，不夭其生，不绝其长也。**鼋鼍**鱼鳖鳅鳝孕别之时，罔罟毒药不入泽，不夭其生，不绝其长也。春耕、夏耘、秋收、冬藏，四者不失时，故五谷不绝，而百姓有余食也。污池渊沼川泽，谨其时禁，故鱼鳖优多，而百姓有余用也。斩伐养长不失其时，故山林不童，而百姓有余材也。

转述：圣人的法度：草木开花结果之时，不能带上斧斤之类的工具砍伐植物，使草木夭折，使植被不得生长发育。而鼋鼍鱼鳖鳅鳝等水生活物，在它们产卵之时，也不准使用渔网毒药之类的东西去（大规模）捕捉，不能造成水生活物的夭折与断绝它们的生长。

春耕、夏耘、秋收、冬藏，这些农事都要按时序进行，不能耽误，不能错失农时，然后才能源源不绝地出产五谷杂粮，老百姓也就会家有余粮，不遭饥饿。蓄水的池沼湿地，要严格规定禁渔的时令，然后鱼鳖繁殖，百姓取用富裕。

砍伐采用也罢，养护生长也罢，都有自己的时序，山林不会显出荒秃，百姓的木材使用也会富足有余。

感悟：孔子早有"钓而不网，弋不射宿"的说法，即可以垂钓但不能下网大规模捕鱼，同时不可对夜宿树上的鸟儿射箭。这具有早年的生态环境保护的意义。荀子则更进一步比较具体地说到对砍伐树木、捕捉鱼鳖、农田耕作、不误农时诸项与民生有关，更与人与自然的关系有关的话题、有关的事宜。

或谓儒家早就关心环境与生态平衡了，似乎斯时人类尚未碰到环境与生态的问题，更多的可能、也是更多的感人之处恰恰是，第一，孔荀都将儒家的仁爱之心之情扩张到了大自然、扩大到动植物上，一方面孔荀都承认人类的灵长地位，承认人类的食物链与人类对于万物的取用使役关系，即万物对于人类的提供食用与使用的关系，一方面如孟子所谈到的"于我心有戚戚焉"，是"仁术"，是仁心与仁术的表现。在占有使用万物之时，应该适可而止，不可贪婪无度，更不可培养一种血腥与残酷的风习，如历史上有过的所谓吃活猴脑子的做法。

第二是民生与治平。对于儒家来说，仁心也是天心，只有对万物怀仁，万物才能出产成长，繁育发达，满足民生，做到民有余食、余用、余材，百姓才能富庶太平、安居乐业，天下大治。

第三，不可对自然搞赶尽杀绝，这里还有君子的中庸思想。中庸了，才能做到大德曰生，才能是细水长流，才能是可持续发展。

第四，这里还包含着"道通为一"的意义，这些合情合理、君子之风的说法，把仁义道德与"科学发展"打通，把过犹不及、适可而止的分寸感、道德感与多看几步、长远打算的目光与预见打通，将哲学、伦理、经世致用、政治与民生、经济学、发展学与发展社会学打通，把天道、人心、民心、自律结合在一起，自有其美妙之处。

圣王之用也：上察于天，下错于地，塞备天地之间，加施万物之上，微而明，短而长，狭而广，神明博大以至约。故曰：一与一是为人者，谓之圣人。

转述：圣王的功德作用，上面联系于对于天时天命的观察，下面举措安排着地利与地物的状态，他们充满在天地之间，覆盖在天地万事万物之上，精微而又明晰，简短而又绵长，具体而又广袤，神圣博大而又极简明易懂易学易掌握。以纯一的大道统帅着一切的一——一的一切，所以说，他们是圣人。

感悟：圣而王、内圣而外王的王者，既高瞻远瞩、明白高大上的天道，又脚踏实地、紧接实实在在、人情世故国情资源地理地貌地产的地气。

这就是说，能做到一以贯之，始终如一，从天地之一，做到行为、为政、待人、慎独而一的人，以一贯的理念始，经过如一的践行与奋斗，终于创造出如一的现实、果实的人就是圣人。

可以想想各路圣人对于一的强调，马克思欣赏的美德是："目标始终如一。"孔子讲的是："吾道一以贯之。"孟子的名言是："天下定于一。"老子的说法："天得一以清，地得一以宁，神得一以灵，谷得一以盈，万物得一以生，侯王得一以为天下正。"

序官：宰爵知宾客、祭祀、飨食、牺牲之牢数。司徒知百宗、城郭、立器之数。司马知师旅、甲兵、乘白之数。修宪命，审诗商，禁淫声，以时顺修，使夷俗邪音不敢乱雅，大师之事也。修堤梁，通沟浍，行水潦，安水臧，以时决塞，岁虽凶败水旱，使民有所耘艾，司空之事也。相高下，视肥硗，序五种，省农功，谨蓄藏，以时顺修，使农夫朴力而寡能，治田之事也。修火宪，养山林薮泽草木、鱼鳖、百索，以时禁发，使国家足用而财物不屈，虞师之事也。顺州里，定廛宅，养六畜，闲树艺，劝教化，趋孝弟，以时顺修，使百姓顺命，安乐处乡，乡师之事也。论百工，审时事，辨功苦，尚完利，便备用，使雕琢文采不敢专造于家，工师之事也。相阴阳，占祲兆，钻龟陈卦，主攘择五卜，知其吉凶妖祥，伛巫、跛击之事也。修采清，易道路，谨盗贼，平室律，以时顺修，使宾旅安而货财通，治市之事也。抃急禁悍，防淫除邪，戮之以五刑，使暴悍以变，奸邪不作，司寇之事也。本政教，正法则，兼听而时稽之，度其功劳，论其庆赏，以时慎修，使百吏免尽，而众庶不偷，冢宰之事也。论礼乐，正身行，广教化，美风俗，兼覆而调一之，辟公之事也。全道德，致隆高，綦文理，一天下，振毫末，使天下莫不顺比从服，天王之事也。故政事乱，则冢宰之罪也；国家失俗，则辟公之过也；天下不一，诸侯俗反，则天王非其人也。

转述：讲一下官员的设置与职责。宰爵，需要掌握宾客、祭祀、宴请、待屠宰的牲畜的数量。司徒，需要掌握户口宗族、内城外城、设备用具的状况。司马，需要掌握师旅、军备、兵卒、车马的情况。至于制定与修改法令、审理推敲诗词乐谱、禁止淫乱歌曲调门、按时衡量整顿、不让低级邪恶的音声干扰我们的大雅之音，这是乐官（文化）首长的职责。整修堤坝桥梁、疏通沟渠、排涝放水、修建水库、根据时机蓄藏或排放洪水，即使碰上水旱凶年，也能让老百姓农事有成，这是管理水土的首长的职责。察看地势的高低，察看地亩肥沃或是硗薄，使农业劳动有更好的功效，使农村有更适宜的贮存，安排不同谷物的播种、管理、收获，及时安排修正，使农人更加安心专心于务农，这是农事首长的职责。制定消防法令，保护发展山林、湖泊、湿地、草木、鱼鳖、蔬菜，在不同时间禁止或允许采伐捕捉，使国家自然资源有余力可用，财物不会被过度用尽，这是主管湖泊山林的首长的职责。理顺州、里关系，厘清住宅分界，鼓励饲养六畜，提倡做好园艺，推动教化，培养孝悌美德，理顺农人情绪，使农人平安快乐地居于乡村，这是负责乡村建设的首长的职责。评析各行各业的工艺，审度衡量工艺的时机，辨别工艺成败得失，崇尚产品（质量）的坚固与便利，使各种产品与工具便于存贮与使用，匠人不敢私自于自家制造、雕刻及绘饰，这是管理（手）工业的首长的职责。占卜阴阳征兆，操作龟壳求卦象，选择区分其吉凶利害后果，这是奇形怪状的罗锅跛腿的女巫神汉的职责。修建坟墓、厕所，修路养路，严防盗贼，安排旅舍，及时整理修护，使客流平安便利，使物流顺畅，这是管理贸易交通的首长的职责。打击峻急与暴力，防止淫乱与邪恶，用五种酷刑（刺字、割鼻、斩脚、阉割、砍头）惩治犯罪，使犯罪暴力（猖獗局面）得以转变，使邪恶的事情不再发生，这是分管司法公安的司寇的职责。以政治教化为本，以礼法规则为规范，听取各方舆情，经常稽查人员表现，衡量百官功劳，评定鼓励赏赐，及时调整办理，使得百吏努力尽责，百姓也不打马虎眼，这是冢宰的职责。评析安排礼乐，规范人们的行为举止，普及教化，改善风俗习惯，覆盖四方，这是辟公的职责。完备道德讲求，提升精神境界，极致文化理念，统一天下价值观念，振奋作用到每个终端与角落，使天下各方没有不心悦诚服、紧跟照办的，这是理想的天子的职责。反过来说，如果政事混乱，是冢宰的责任；国家风气不好，是辟公的责任；诸侯反叛，那说明天子的职位，没有得到适宜的人选。

感悟：与孔孟老庄相比，荀子的为政即今天所说的行政论述，要具体得多、全面得多。前四位大神，讲的是原则、义理、纲要、哲理。荀子比他们具体并联系实际得多。

有趣的是荀子的此段论述似乎有点举国体制主义的味道，天王、天子、君王要对全社会全民负责，一个是物质文明、精神文明两手抓，两手都要硬。要管农林牧副渔，要管农村建设，要管贸易交通，要管军事国防，要管户口民政，要管惩治犯罪，要管农田与水土保持；还要管文化教育，管礼乐唱歌，管风俗习惯，管祭祀典礼仪式，一直管到巫婆神汉占卜算卦，人、财、物、心、神、鬼、坟、厕都有专职负责。这些论述甚至令人闻到中华古典精英圣贤社会主义的气味。

具具而王，具具而霸，具具而存，具具而亡。用万乘之国者，威强之所以立也，名声之所以美也，敌人之所以屈也，国之所以安危臧否也，制与在此亡乎人。王、霸、安存、危殆、灭亡，制与在我亡乎人。夫威强未足以殆邻敌也，名声未足以县天下也，则是国未能独立也，岂渠得免夫累乎？

天下胁于暴国，而党为吾所不欲于是者，日与桀同事同行，无害为尧。是非功名之所就也，非存亡安危之所堕也。功名之所就，存亡安危之所堕，必将于愉殷赤心之所。诚以其国为王者之所，亦王；以其国为危殆灭亡之所，亦危殆灭亡。

殷之日，案以中立，无有所偏，而为纵横之事，偃然案兵无动，以观夫暴国之相卒也。案平政教，审节奏，砥砺百姓，为是之日，而兵劲天下劲矣。案然修仁义，伉隆高，正法则，选贤良，养百姓，为是之日，而名声劲天下之美矣。权者重之，兵者劲之，名声者美之。夫尧、舜者一天下也，不能加毫末于是矣。

权谋倾覆之人退，则贤良知圣之士案自进矣。刑政平，百姓和，国俗节，则兵劲城固，敌国案自诎矣。务本事，积财物，而勿忘栖迟薛越也，是使群臣百姓皆以制度行，则财物积，国家案自富矣。三者体此而天下服，暴国之君案自不能用其兵矣。何则？彼无与至也。彼其所与至者，必其民也。其民之亲我欢若父母，好我芳如芝兰，反顾其上则若灼黥，若仇雠；彼人之情性也虽桀、跖，岂有肯为其所恶贼其所好者哉！彼以夺矣。故古之人，有以一国取天下者，非往行之也，修政其所，天下莫不愿，如是而可以诛暴禁悍矣。故周公南征而北国怨，曰："何独不来也！"东征而西国怨，曰："何独后我也！"孰能有与是斗者与？安以其国为是者王。

转述：一个君王，具有的是王者的才具——料，就会成为王；有的是霸者的料，就会成为霸；有的是生存的料，就能够生存；有的是灭亡的料，也就会灭亡。拥有上万骑乘的大国君王，能以威强自立，能以美名传扬，能够让敌人降服，能够掌握安危臧否大局，取决于君王的材料才具，而不是取决于他人。是王者王道还是霸者霸道，是平安生存还是危险困难、灭亡不存，取决于此，不是取决于他人。如果你的强大威武并不足以使邻近的敌国感受压力，你的名誉影响并不足以辉煌于天下，就是说你还不具备独立的实力，又如何能免去麻烦与忧虑呢？

即使天下为某一个霸权暴虐国家所胁迫，只要你本身不想走暴虐的路子，即便你经常与暴虐国君同事同行，仍然不会妨碍你成为唐尧那样的圣君。外在的条件并不是功名成就的决定性因素，也不是存亡安危的决定性因素。功名也好，安危也好，恰恰要看你在愉悦殷盛之时的心志所向。你努力把国家变成推行王道的地方，你的国家也就成了王道国家；你把国家变作面临危险灭亡的地方，你的国家也就会危殆灭亡。

殷盛宽裕的时候，你应该保持平安与中立，不要偏袒哪一方面，也不要轻易地树敌或结盟。你应该按兵不动，去观察那些暴虐之君的相争相打。安然地进行政治教化，审度礼节秩序，砥砺锻炼百姓，做到了这些，已方的军力就强劲于天下了。安然专心地去推行仁义，提升境界，规范法度与规则，选拔贤良，养育百姓，做到这些，就能获得天下的美誉了。掌权的人要持重稳当，带兵的人要强悍决断，著名的人物要珍惜自己的美名。这正是唐尧、虞舜统一天下的路线，用不着再加上毫末的多余之说了。

玩弄权谋诡计、翻云覆雨的人靠边站，贤良智圣的好人也就走向前台了。刑罚、行政事务公平合理，百姓和睦，国家风习有条有理，也就能做到军力强劲，城防坚固，敌方也就相形见绌。抓好根本，积累财物，不任意分散糟蹋物力，让君臣百姓都按一定的制度规矩行事，财物得到蓄积，国家自然富足。这三方面做好，好战暴君没办法穷兵黩武了，因为没有人跟随他。好战暴君也需要百姓跟随，而暴君治下的百姓必定会视有道的君王亲若父母，香若芝兰，而再看看他们暴虐的君王，就像看到受过刑罚的罪犯，就像看到仇敌。（想想看）一个人的为人哪怕像夏桀、盗跖一样恶劣，也不会为了他们所憎恶的君王去杀害他们所喜爱的好君王啊！百姓的拥戴，已经被好的君王争夺到自己那方面去了，还有什么可说的呢？古代有以一个邦国之力而能够统一天下的，并不是这一国进入他国将之统一过来，而是因为他那里政事做得好，没有谁不愿意臣服他。这样，也就做到了除暴安良，打击强悍了。正因如此，周公南征的时候，北方的国家会抱怨，为什么不向我们这边进军呢？东征的时候西方的国家也会抱怨，为什么不向我们这边进军呢？像这样的国家，谁又能与之争斗呢？也就是说，能够把国家治理到这种程度，那就算是真正的王者了。

感悟：强调动机，强调正心诚意，强调修身好了路子走对了，才能治国平天下，强调反求诸己，强调选择的责任与后果，强调英雄造时势，奸雄枭雄只能自取灭亡，咎由自取。这些都是中国儒家的根本原则。

同时，这里一再强调按——安的意义，主张中立，不偏，不耽于纵横，观察暴国的相争，然后是靠修仁义，伉隆高，正法则，选贤良，养百姓的方针，统一天下，这是中庸之道，这是道之以德齐之以礼，这是王道，这是弘扬文化软实力，这里也有道家的无为而治与道法自然的意味。

当然太强调个人、人心的作用了，不免有些唯心主义。事实上兴亡、安危、成败种种历史变动之中，都有时势的作用、机遇的作用，乃至某些偶然性的作用，但成事的人、成事的故事都离不开人对于时势与机遇的理解判断与选择决策，对待历史挑战能不能妥为应对克服，对于历史机遇能不能勇敢明哲地抓住，这正是一个人的精神品质、精神力量的表现。

修齐治平，首要是做好自己的事，是修理好、滋养好、管控好自己的心性，其次是管好自己的家庭成员，是提供本国百姓以幸福安康快乐，叫作政通人和，赢得本国的与天下的人心。

尤其是说，一天下，王天下，不是你前往天下各个角落，而是让天下人心聚集到你这里，讲得太美好理想了。

殷之日，安以静兵息民，慈爱百姓，辟田野，实仓廪，便备用，安谨募选阅材伎之士，然后渐赏庆以先之，严刑罚以防之，择士之知事者使相率贯也，是以厌然畜积修饰而物用之足也。兵革器械者，彼将日日暴露毁折之中原；我今将修饰之，拊循之，掩盖之于府库。货财粟米者，彼将日日栖迟薛越之中野，我今将畜积并聚之于仓廪。材伎股肱、健勇爪牙之士，彼将日日挫顿竭之于仇敌，我今将来致之，并阅之，砥砺之于朝廷。如是，则彼日积敝，我日积完；彼日积贫，我日积富；彼日积劳，我日积佚。君臣上下之间者，彼将历厉焉日日相离疾也，我今将顿顿焉日日相亲爱也，以是待其敝。安以其国为是者霸。

转述：在殷盛宽裕的年成，要停止用兵，休养生息，慈爱百姓，开辟农田，充实仓库（积蓄粮食），各种用场，有备无患，冷静谨慎地选择有真才实学的人士，对他们有所奖赏鼓励，有所防范惩罚，使有用之人得到引领与发挥，使人们安然享受积蓄与修饰美化，享受物用的充足。有些军用物资，别国经常暴露毁损于露天，我们搬到府库之内，整理存放，修理、保养、遮盖好。财物食粮，别国是散放弃置于各地的，我们要积蓄集中于仓廪之中。对那些才智过人、骨干人物、武勇之徒，别国让他们在对敌斗争中已经饱受挑战、筋疲力尽了的，我们招引收纳他们，锻炼砥砺他们为朝廷效力。这样，敌对方日益凋敝，己方日益完善；对方日益贫穷，己方日益富足；对方日益疲惫，己方日益安稳从容。说到君臣上下之间的关系，对方互憎互厌、越来越紧张，己方诚恳友善、越来越亲爱。这样，己方可以等待敌对方的凋敝。做到这一步，己方自然就强大起来了。

感悟：荀子主张从根本上解决问题，一个邦国的君王，你想王天下、一天下，不是靠打败他方他国，而是靠充实、发展、理顺、改善己方，这也是反求诸己。要以正胜邪，以礼胜暴，以文胜野，以安胜危，以富胜贫，以完善胜凋敝，以逸胜劳，以谦和胜强横，而且要谨慎用兵。硬实力，军力，也要从长计议，从根本上打基础。用人，砥砺，赏罚分明，天公地道，先取得政治、经济、文化、风习上的优势，再取得军力的优势，再取得争斗的胜利。以斗争求斗争是危险的，是没有把握必胜的，以发展充实、积蓄整顿、端正稳健而求胜，则胜利是水到渠成之事，叫作可以"待其敝"，对方的失败是指日可待的了。

立身则从佣俗，事行则遵佣故，进退贵贱则举佣士，之所以接下之人百姓者则庸宽惠，如是者则安存。立身则轻楛，事行则蠲疑，进退贵贱则举侫兑，之所以接下之人百姓者则好取侵夺，如是者危殆。立身则憍暴，事行则倾覆，进退贵贱则举幽险诈故，之所以接下之人百姓者，则好用其死力矣而慢其功劳，好用其籍敛矣而忘其本务，如是者灭亡。此五等者，不可不善择也，王、霸、安存、危殆、灭亡之具也。善择者制人，不善择者人制之。善择之者王，不善择之者亡。夫王者之与亡者，制人之与人制之也，是其为相县也亦远矣。

转述：做人遵照正常途径与习惯，做事按照正常的规矩与程序，升降进退用人则用正常人，对待下属百姓要宽厚实惠，那么，一切就会安然存留下去。反过来说，如果做人轻佻恶劣，做事迟疑不决，用人喜欢听奇谈怪论，对待下人百姓老想侵犯掠夺人家的利益，你就会处于险境了。做人骄傲暴躁，做事反复无常，用人用阴险狡诈的坏人，对下对百姓不知爱惜保护，只知压榨、用其油水，不知道下面的功力与劳苦，不知道支持援助百姓赖以为生的农业根本，这就是自取灭亡了。这五方面的情况是需要认真选择的。这正是决定你走向王道还是霸道、平安还是危殆、存在还是灭亡的依据所在。选择对了，你是统辖者；选择错了，你只能为人所统制。选择对了，你是王者；选择错了，你就灭亡。一个王，一个亡，相差得也太远啦。

感悟：荀子强调不同的"具"决定不同的命运。具是什么？是物件，是存在，是才能，是材料，什么选择决定了你是什么材料，什么材料决定了你是什么命运。

荀子宣扬的是一种文化决定论，是文化立国、文化治国，而他指斥的、反对抗拒的是森林法则、贪婪与强暴、暴政与压榨勒索，提倡的则是为政以德、克己是复礼、天下归仁。以崇高的政治道德、社会道德、君子之风、圣贤之仁义、导师之教化，征服天下人之心，王天下、平天下。同时以全面、精准的施政体现这种仁德与智慧，这就是他的政治道德社会理想主义。

富

国

富国，是治国的重要目标。国家要富强，民人要在物质上、精神上、文化上、社会活动上、生活气象上都获得富足感、充实感、满意感。君王、臣子、权力系统要对民人负责，要惠及四方，要赢得民人的感恩与爱戴，关键在于爱惜民力、关怀民生、利民在先、役民在后；权力系统要兢兢业业，治理有方。

万物同宇而异体，无宜而有用为人，数也。人伦并处，同求而异道，同欲而异知，生也。皆有可也，知愚同；所可异也，知愚分。势同而知异，行私而无祸，纵欲而不穷，则民心奋而不可说也。

如是，则知者未得治也；知者未得治，则功名未成也；功名未成，则群众未县也；群众未县，则君臣未立也。无君以制臣，无上以制下，天下害生纵欲。欲恶同物，欲多而物寡，寡则必争矣。故百技所成，所以养一人也。而能不能兼技，人不能兼官。离居不相待则穷，群居而无分则争。穷者患也，争者祸也，救患除祸，则莫若明分使群矣。

强胁弱也，知惧愚也，民下违上，少陵长，不以德为政，如是，则老弱有失养之忧，而壮者有分争之祸矣。事业所恶也，功利所好也，职业无分，如是，则人有树事之患，而有争功之祸矣。男女之合，夫妇之分，婚姻娉内，送逆无礼，如是，则人有失合之忧，而有争色之祸矣。故知者为之分也。

转述：万物同处天地之间，并无确定的功能与用途，但是对于人来说，它们都可能是有用的，这是天生注定的。各种关系的人们生活在一起，有同样的追求却不是同样的思路方向，同样的欲望却是不同的人心，这是人性的表现。不论智愚，都有自己认可的事物，这一点大家是相同的，但各自的认同方面，却是智愚各不相同的。同样的处境、同样的形势，各有不同的认知，各行其是，谁也管不了谁。放纵自己的欲望，没有底线和限制，这样下去，人心奋激相争，谁也平息说服不了谁。

这样的话，智者不能获得统治的地位；没有这样的地位，意味着他们的事功与名望都还没有成就；事功与名声没有成就，群众也就不会敬仰高看；没有敬仰与高看的，也就构建不起君臣关系来，没有君王统辖群臣，也就是没有上级对下级的统辖，（没有尊卑上下的秩序）天下就会受害于各行其是、各纵其欲。人们的欲望与憎恶是相同的，大家都想要的东西没有那么富裕，就要产生争夺。一个人的身上，需要各行各业提供的产品，你本事再大，你不可能什么都通，你掌握了某种能力，却管理不了各类事业。相互分离而不合作，会造成贫穷，群居于一地没有适当的分工分类，就会相争。贫穷是一种疾患，相争是一种祸害。要防疾患，除祸害，就是明确地划分上下阶级与行业。

强者会胁迫弱者，智者会畏惧愚众，如果民人当中，下层不能服从上层，年轻人去欺侮长辈，不以德行的原则处理政务，这样的话，老弱会失去生活的赡养，壮年会陷于纷争的混乱。辛苦做事会为人们所厌恶，功名利益变成人们的追求，社会分工不能正常合理地运行，人们就会产生各干各的却又争夺功利的局面。男女结合也要分别夫是夫，妇是妇，婚是婚，姻是姻，娉是娉，纳是纳，送是送，迎是迎，都有自己的分别与礼法。失去了这样的分别与礼法，人们就会产生失去配偶的忧虑，而有争夺配偶的祸患了。

感悟：万物与人类同居一个空间，但万物各有其存在的依据、条件、功能，并不是上苍专为人类所创造，但是人类会琢磨研究，找出万物于人类的用途来。这是唯物论，含义包括客观世界的存在不依人的意志为转移。同时这里讲的又是文化决定论，是自然存在的对象被人化的过程，是人文的发生驱动与构建发展成果。

人类需要社会，一个人就需要百技百类工种之养护支持才能活下来，一身就需要接受百业的规则乃至约束，一身需要回报百技、回报社会。这是荀子式的中华古典社会主义思潮的一点点萌芽。

群居需要秩序，秩序的根本是治与治于即被治——孟子的说法，"劳心者治人，劳力者治于人"。"制与制于即被制"则是荀子的说法。怎么样安排好制与被制呢？必须分工，必须分出尊卑长幼，必须确定三纲五常，必须坚守孔子提出的君君、臣臣、父父、子子、夫夫、妇妇，必须执行孟子提出的"父子有亲，君臣有义，夫妇有别，长幼有序，朋友有信"的"五伦"道德规范。西方的各派社会主义，都强调平等，荀子强调社会、强调分工、强调制与制于，强调不能平等。

这个规范靠的是教化，靠的是礼法，靠的是奖惩行政与司法手段，最后，靠的是君王与大臣的道与德、仁与义。

如果缺失了道德教化，缺失了礼法规范，缺失了明确分工，缺失了民心崇奉，就会陷入任性恣意纵欲无序，陷入恶性争拗，人性恶的一面就会失控。

但是除了对秩序的追求，人们普遍还有对于自由与平等的追求，而各种争拗除了制造混乱，也还有推动发展进步的正面作用。这恰恰是先秦诸子时期，尤其是儒家诸子所思考不够、探讨不够的短板了。

足国之道：节用裕民，而善臧其余。节用以礼，裕民以政。

彼裕民故多余，裕民则民富，民富则田肥以易，田肥以易则出实百倍。上以法取焉，而下以礼节用之，余若丘山，不时焚烧，无所臧之。夫君子奚患乎无余？故知节用裕民，则必有仁义圣良之名，而且有富厚丘山之积矣。此无它故焉，生于节用裕民也。不知节用裕民则民贫，民贫则田瘠以秽，田瘠以秽则出实不半，上虽好取侵夺，犹将寡获也。而或以无礼节用之，则必有贪利纠譑之名，而且有空虚穷乏之实矣。此无它故焉，不知节用裕民也。

《康诰》曰："弘覆乎天，若德裕乃身。"此之谓也。

转述：使国家富足的路径是节约开支、优厚裕民，如有节余，就要善于积蓄存储。节约开支靠礼法规则，优厚于民，靠政事——政策与行政管理。

你能够做到优厚于民，民人就会有富余，有富余了民人就富了，田地也会得到治理，变得肥沃，田地产出就会成倍地增加。上面收取财物，依法行事，下面使用财物，按礼法自觉节制，年年有山丘一样的富余，即使不断焚烧仍然无地可以贮藏（蒙按：说得太过分了）。君子遇到这种情况还会为艰窘紧张而发愁吗？所以说，懂得了节制使用，富民厚民，就会拥有圣贤的名誉，就会拥有山丘一样的余粮积蓄，没有别的，这乃是出自节用裕民的果实。不知道节用裕民，民人就会穷困；民人穷困了，田地就会瘠薄低劣；土地瘠薄低劣了，粮食产量就会连一半也收获不了啦。那样，虽然上边拼命争夺收敛，也得不到什么财富啦。或者是毫无礼法节制地浪费挥霍，结果会是背上贪婪虚骄的恶名，同时遭遇的会是两手空空的贫弱匮乏。这也没有其他原因，就是由于没有节用裕民。

《尚书·康诰》上说："天覆盖着人间，如果有德性，你就会富裕充盈。"它的含义，就是这样的。

感悟：这也是对仁政、王道的理解。主要是指朝廷，一个是谨慎财政，优惠政策，一个是节约开支，减少民人负担。当然，这里也有只说一面或一个向度的道理的地方，例如，说富裕了田地就会好，这里或有倒因为果处，更容易理解的其实是土地肥沃，土地资质好、养护好、管理得好，才会有好的收成。其次一个开支使用，一个积蓄存贮，表面上看是对立的，从市场经济的观点来看，则亦有互相支撑、互相促进的一面。关键在于有没有发展的理念与实践，如果没有发展，只有自然经济，只有生产与消费的固定循环，那么开支越少，积蓄越多就越富裕，开支越多，积蓄越少就越贫瘠。问题是经济生活是一个变量，不能没有发展变化，尤其是市场经济，没有消费的拉动不可能有生产、积累、发展。

对"争"的理解也是一样，有恶性的争，森林法则的争斗，直至互相屠杀的战争；同时也有良性竞争，有序的、有规则的竞争，就是鲁迅说的"费厄泼赖"，公平竞争。在旧社会，一心搞"费厄泼赖"是空想，但今天，当然只能搞公平竞争了。

礼者，贵贱有等，长幼有差，贫富轻重皆有称者也。故天子袾裷衣冕，诸侯玄裷衣冕，大夫裨冕，士皮弁服。德必称位，位必称禄，禄必称用。由士以上则必以礼乐节之，众庶百姓则必以法数制之。量地而立国，计利而畜民，度人力而授事，使民必胜事，事必出利，利足以生民，皆使衣食百用出入相揜，必时藏余，谓之称数。故自天子通于庶人，事无大小多少，由是推之。故曰："朝无幸位，民无幸生。此之谓也。"

轻田野之税，平关市之征，省商贾之数，罕兴力役，无夺农时，如是则国富矣。夫是之谓以政裕民。

转述：礼节礼法，说的是贵贱是有等级的，长幼是有差距的，贫富轻重各有各的、与之相称的地位和规矩。所以天子穿红色龙袍与礼帽，诸侯是黑色龙袍礼帽，大夫穿裨服礼帽，士戴白鹿皮帽。地位必须符合你的德行修养，俸禄必须依照你的地位，功能业绩必须符合你的俸禄。士以上的人士主要靠礼乐节制规范他们的言行举止，大众百姓，主要靠法律统制。根据自身的领土来制定国家规划，依据收入与财力养护安排民人生活，根据人力资源来用人成事，要做到人力可以胜任诸事，诸事可以产生收益，收益足以提供民人温饱。要使衣食百用收入与支出相抵，有富余则及时收藏，叫作治理合乎法度，心中有数。所以从天子到老百姓，事无巨细，均依此办理。所以人们说："朝廷上没有侥幸无能者的职位，百姓没有侥幸无赖的生计。"

要减少田野的农业赋税还要公平合理地征收关隘市场商业税收，要少用劳役，要注意不因政事劳务的需要而耽误农时。这样，国家才能变得富裕，这才叫：通过政策与行政管理使民人愈益富足。

感悟：荀子是将臣民分为上下两大等级的，上等的，是道之以德，齐之以礼，对下等的庶民，则是道之以政，齐之以刑，而且他是毫不客气毫不含蓄地将礼的本质在于等级划分这一点说得清清楚楚。他不像孔子只讲君君、臣臣、父父、子子，孔子的说法从语词与语法上看更像是讲分工，不同的地位有不同的要求，强调的似是横向的分与别，但荀子强调得明确，是纵向的上与下、尊与卑。也不像孟子要从更深远的理念与理想主义的观点强调民为贵，社稷次之，君为轻。孟子关注的是权力来自民人民心民意，是从最宏观上谈这个什么贵什么轻的。荀子则是从穿衣戴帽说起，要求生活起居、衣食住行，都要严守尊卑长幼的规矩。

　　现代观念则是要求平等。人格的平等，机会的平等，司法的即面对法律的平等，日常生活中的平等。但现代观念同时并不否定在财富的拥有、获得与使用上，在才能和就业求职上，在团队活动中的人们地位、权力、资源上的种种事实上的不平等。平等与不平等，这其实是一个需要更深入探讨与钻研、校正的永恒课题。君与臣、官与民、高与低、富与贫、劳心与劳力、高智商与低智商、高体能与低体能、城与乡、环境与机会，不平现象与事实多了去啦。按劳分配、优胜劣汰、市场经济、级别待遇，实际上允许着乃至支持着具体事务上的不完全平等，这里的道理，还深得很哩。

　　另一个令人思考的命题是荀子反复强调的以政裕民的提法。第一，这里似乎有些政治挂帅的含义。简单直接地谈富国裕民问题，我们会首先想到以农、林、工、商、交通、开埠、水利裕民的说法，但中国自古有政治挂帅的传统，有天子、朝廷、君王、士大夫全面负责、内圣外王的政治理念传统。第二，把民生问题大大地政治化。这很好，让权力系统在正常情况下关注民生、负责民生，但毕竟富不富裕的问题还与领土、领海、矿藏、自然资源等多方面有关，与教育、文化、科技、宗教、风俗、国民性都有关系。先秦诸子，加在为政者头上的担子太全面、太垄断了。

　　人之生不能无群，群而无分则争，争则乱，乱则穷矣。故无分者，人之大害也；有分者，天下之本利也；而人君者，所以管分之枢要也。故美之者，是美天下之本也；安之者，是安天下之本也；贵之者，是贵天下之本也。

　　古者先王分割而等异之也，故使或美或恶，或厚或薄，或佚或乐，或劬或劳，非特以为淫泰夸丽之声，将以明仁之文，通仁之顺也。

　　故为之雕琢刻镂、黼黻文章，使足以辨贵贱而已，不求其观；为之钟鼓管磬、琴瑟竽笙，使足以辨吉凶、合欢定和而已，不求其余；

为之宫室、台榭，使足以避燥湿、养德、辨轻重而已，不求其外。《诗》曰："雕琢其章，金玉其相。亹亹我王，纲纪四方。"此之谓也。

转述：人类的生活不能不结合成群体（结合成群体就要有所区分、分定、分封、分配、分割、分别、名分），没有这些区分就会相争，相争就会混乱，混乱就会贫穷而无出路。区分不好，是人群的大害，有区分是人类生活的根本性的利好。人君，君王，体现的则是管理区分分配的枢纽与要务。赞美君王就是赞美天下的根本，维护君王就是维护天下的根本，尊重君王就是尊重天下的根本。这些都要做好区分与分配。

古代的先王，通过分封分割而体现了等级，有的地位高贵，有的地位卑微；有的资源或待遇丰厚，有的资源或待遇菲薄；有的任务安逸快乐，有的任务辛苦操劳。这样做，并不是有意地传播一部分人奢靡、舒适、夸张、华丽的名声，这正是仁政所要求的对仁与不肖不同对待的道义与礼遇。

对生活的各个方面，有所讲究，目的是分清贵贱，并不是为了好看；用不同的乐器钟鼓、管磬、琴瑟、竽笙演奏，是为了促进和谐欢乐，并没有其他目的；修建宫室台榭不同的建筑，也是为了防湿避燥，分出高低等级，并不考虑其他。《诗经·大雅·棫朴》上说，"要雕琢出花纹，还用金玉来包装。君王辛辛苦苦，纲纪章法遍及四方"，就是这个意思。

感悟：荀子有点秩序主义、统领主义、礼法主义，按他的解释，衣食住行的一切文化性，一切材料、加工、工艺、设计都是为了厘清尊卑长幼。他这完全不考虑人类的统一性、一体性，生活各方面的需要与技艺的人文性包括实用、审美、方便、享受的需要。老爷子在这里，未免太呆板，太缺少人情味儿啦。

礼可以分清尊卑，但礼也可以调节人间的距离，增加互敬互谅、互相亲爱，乐可以表现中和和谐，但乐也可以表达或宣泄悲伤与怨嗟。荀子能从社会意义上理解与宣扬礼乐的意义，也有他的大局意识。

若夫重色而衣之，重味而食之，重财物而制之，合天下而君之，非特以为淫泰也，固以为王天下，治万变，材万物，养万民，兼制天下者，为莫若仁人之善也夫。故其知虑足以治之，其仁厚足以安之，其德音足以化之，得之则治，失之则乱。

百姓诚赖其知也，故相率而为之劳苦以务佚之，以养其知也；诚美其厚也，故为之出死断亡以覆救之，以养其厚也；诚美其德也，故为之雕琢刻镂、黼黻文章以藩饰之，以养其德也。故仁人在上，百姓贵之如帝，亲之如父母，为之出死断亡而愉者，无它故焉，其所是焉诚美，其所得焉诚大，其所利焉诚多。

《诗》曰："我任我辇，我车我牛，我行既集，盖云归哉！"此之谓也。

转述：穿颜色华美的衣服，吃美味佳肴，聚集大量财富使用，统一管理天下各方，并不是为了奢侈享受资源与权力，而是通过统管天下、处理种种变故、使用开拓各种材料与资源，养育百姓万民，做到无以复加地以仁爱统治天下的美好与善德。原因是仁人的智慧思虑能够做到妥为治理，仁人的慈爱厚道能够做到让民人安宁踏实，仁人的道德声望能够形成教化感染。得到这样的仁人称王，天下大治；失去了这样的仁人主政，天下大乱。

百姓离不开仁人的智慧，所以百姓都愿意辛辛苦苦，让仁人安逸，为的是让仁人智慧获得养护；百姓赞美感激仁人的仁厚，愿意出生入死、保护支援这样的仁德之王，为的是保养住这样的仁厚治理；百姓赞美珍重仁者的功德，所以要雕琢璞玉、刻镂木料、美化礼服，装点美化丰富仁者的形象，这也是为了维护仁者的功德。所以说，仁者在上，百姓尊敬他像尊敬天帝，百姓亲近他像亲近父亲，愿意将为他出生入死视为幸福，这里没有其他原因，而是由于仁人的治理实在是美善，仁人的成就实在是伟大，仁人带来的利好实在是很多。

《诗经·小雅·黍苗》上说："我背我推，套牛拉车，此行完成，该回家啦。"正是这种尊仁奉德（完成赋税义务）的景象。

感悟：荀子的理想是社会、家国的双向运动，双向努力，双向自觉。一方面，是王者，即以王道统领天下的天子、帝王、内圣外王，以仁爱美善、亲民化民、育民安民之心缔造人间的乐园，另一方面是百姓对王者的爱戴、支持、维护与自觉奉献。其关键在于王者应该是、必须是仁者，将心比心，将意唤意，以德报德，以善应善，于是你亲我爱，你拥我戴，得民心者得天下，施仁德者得效忠，天下太平，皆大欢喜。

这个总体逻辑是站得住的，这个总体逻辑仍然源于载舟覆舟的大数据或无数据，即无法用数据证明的结论。或者这是一种信仰，一种情感，是一个既民粹又善良的结论。它既简明又舒适，既训诫权力系统又教训庶民；但是嫌单纯，嫌一厢情愿，嫌没有面对历史上的一些相反的数据。例如刘邦战胜项羽，李世民干掉了亲兄弟并压服了老爹，还有元朝与清朝的成功。

历史的经验教训一言难尽，先秦诸子，往往追求一言以尽之，又有什么办法呢？

故曰：君子以德，小人以力。力者，德之役也。百姓之力，待之而后功；百姓之群，待之而后和；百姓之财，待之而后聚；百姓之势，待之而后安；百姓之寿，待之而后长。父子不得不亲，兄弟不得不顺，男女不得不欢。少者以长，老者以养。故曰："天地生之，圣人成之。"此之谓也。

转述：所以说，君子要做什么靠德行，小人要做什么靠力气。而主宰与使用力气的是德行。百姓有力气，靠德行的指引才能完成一些事功；百姓聚居聚集，靠德行的教化才能相互和顺；百姓的财物，靠德行的教化才能积聚；百姓的地位，靠德行的驱动才能平安；百姓的寿命，靠德行的培育才能长久。父子间没有德行的浸润，就没有父慈子孝的亲切；兄弟间没有德行的浸润，就没有互惜互悌的顺遂；夫妻之间没有德行的浸润，就没有你怜我爱的欢乐。年少者要凭依德行而成长，年老者要依赖德行而获得赡养。所以人们说："天地生养了生民，圣人成就了家国天下的文化。"

感悟：儒家强调，人的本能离不开道德仁义，离不开文化礼法的滋养培育的明确化与秩序化，否则，本能的美好的东西将会消失或变质，本能的消极的东西将会泛滥。道家认为，自然本能本来已经很好，故意执意强调的结果反而不美，反而会产生虚伪做作矫情。他们各有自己的角度。而有情怀、有志气、有作为的人多半会更接受儒家的观点与行事动机。至于文化礼法，仁义道德的讲究，则是圣人的贡献，人们要敬圣敬德，克己复礼，才能天下归仁，让天下回到三皇五帝的盛世。

今之世而不然：厚刀布之敛，以夺之财；重田野之税，以夺之食；苛关市之征，以难其事。不然而已矣，有掎挈伺诈，权谋倾覆，以相颠倒，以靡敝之，百姓晓然皆知其污漫暴乱，而将大危亡也。是以臣或弑其君，下或杀其上，粥其城，倍其节，而不死其事者，无它故焉，人主自取之。《诗》曰："无言不仇，无德不报。"此之谓也。

转述：现在的世道就大异其趣了，（一些君王）增多聚敛钱财，夺占了百姓财产；加重农田赋税，夺占百姓的食粮；苛刻地收取商贸的征税，阻碍商务的发展。不仅如此，他们还要挑剔找麻烦，伺机欺诈，设局折腾你、坑害你、搞垮你、瘫痪你，颠倒是非，破坏家国运转与发展的正道。百姓也看得清清楚楚，知道这样的君王权力系统污秽暴乱，面临着危亡颠覆的局面。于是会发生臣子弑君，下级杀害上司，出卖自己的城邦，违背自身的节操，谁也不为君王献身奋战的局面。这种局面的出现并没有别的原因，是由于君王（无德）造成的。《诗经·大雅·抑》上说："一切的言语都会得到回应，一切的美德都会得到回报。"说的就是这个意思。

感悟：好人好事则好报，坏心坏事则恶报，大致上、大道理上、大数据上，应该是如此的。这是数据、道理、事实，更是信仰，否则就是向人类的恶德投降，就纵容了乃至倾斜于恶。但又不能太天真，王道也罢，仁义也罢，以德报怨或以直报怨也罢，总还要有点招数，光等着报应自行来到是不行的，还要自身能直面人生的艰辛与挑战，能直面与应对恶人、恶意与恶事。

兼足天下之道在明分。掩地表亩，刺草殖谷，多粪肥田，是农夫众庶之事也。守时力民，进事长功，和齐百姓，使人不偷，是将率之事也。高者不旱，下者不水，寒暑和节，而五谷以时孰，是天之事也。若夫兼而覆之，兼而爱之，兼而制之，岁虽凶败水旱，使百姓无冻饿之患，则是圣君贤相之事也。

转述：使天下全部富足在于分明各方面的责任。耕地计量田亩，整理杂草种植粮谷，多施肥以改善地力，这都是农民的责任。把握农时，帮助民人，推进事宜，添加功利，统领规范百姓，使人们不苟且误事，这是将帅领军人物的责任。高地不能干旱，洼地不能泡涝，寒暑冷热合乎节令，五谷按时按季成熟，这是老天爷的事。而兼顾天下，罩得住各个方面，仁爱施得够各个方面，统领规范，够得着各个方面，即使赶上凶年水旱灾祸，也不会有百姓冻饿丧生，这是圣明的君王、贤良的卿相的责任了。

感悟：要让家国天下好，人人有责，老天爷也有责，就是说，即使君王、卿相、将帅、农民、百姓都尽责良善，也仍然可能因天时不利而碰到困难。对此情，对世道，不能期望值太高，另一方面，各有各的责任使命，不能逃避责任，不能诿过于人，不能互相干扰，不能不尊重分工合作与应有的秩序。

墨子之言昭昭然为天下忧不足。夫不足，非天下之公患也，特墨子之私忧过计也。今是土之生五谷也，人善治之，则亩数盆，一岁而再获之。然后瓜桃枣李一本数以盆鼓；然后荤菜、百疏以泽量；然后六畜禽兽一而剸车；鼋、鼍、鱼、鳖、鳅、鳣以时别，一而成群；然后飞鸟、凫、雁若烟海；然后昆虫万物生其间，可以相食养者，不可胜数也。夫天地之生万物也，固有余，足以食人矣；麻葛、茧丝、鸟兽之羽毛齿革也，固有余，足以衣人矣。夫有余不足，非天下之公患也，特墨子之私忧过计也。

天下之公患，乱伤之也。胡不尝试相与求乱之者谁也？我以墨子之"非乐"也，则使天下乱；墨子之"节用"也，则使天下贫；非将堕之也，说不免焉。墨子大有天下，小有一国，将蹙然衣粗食恶，忧戚而非乐。若是则瘠，瘠则不足欲，不足欲则赏不行。墨子大有天下，小有一国，将少人徒，省官职，上功劳苦，与百姓均事业，齐功劳。若是则不威，不威则罚不行。赏不行，则贤者不可得而进也；罚不行，则不肖者不可得而退也。贤者不可得而进也，不肖者不可得而退也，则能不能不可得而官也。若是，则万物失宜，事变失应，上失天时，下失地利，中失人和，天下敖然，若烧若焦。墨子虽为之衣褐带索，嚽菽饮水，恶能足之乎？既以伐其本，竭其原，而焦天下矣。

转述：墨子常常为天下资源之不足而耿耿于怀。其实不是天下的资源不够用，给大家带来了祸患威胁，而是墨子个人操心算计太过分了。现今田地里生长五谷粮食，一亩地能够收获许多盆粮食，一年可以收获两次。至于瓜果桃枣李类，一棵树也是以盆计量收获；还有一部分刺激性强的称为荤菜的与一般的蔬菜，其收获量也很大；六畜禽兽，越养越多；而鼋、鼍、鱼、鳖、鳅、鳣这些水产品，还是越养越多；种种飞禽，一大片一大片的；还有昆虫万物生活在天地之间，可供人食用的多了去了。

所以说，天下万物，提供给人类食用的其实是富足有余的，而麻葛茧丝、鸟兽羽毛齿革，提供给人类做衣服穿戴用的，也是多了去了。

　　所以说，是有余还是不足？这并不是威胁天下的大问题，这是墨子自己想不开、硬制造出来的问题罢了。

　　天下的问题不是资源不足，而是秩序混乱所造成的。为什么我们大家不集合起来一道找出这个问题的所在与责任人呢？我以为，天下的混乱是墨子否定音乐造成的，天下贫穷是墨子过度提倡节约使用所造成的。这里并不是要故意贬低墨子，而是从墨子的主张中自然引导出来的结论。墨子往大了说是考虑治天下，往小了说是考虑治一个邦国，他非要愁眉苦脸、粗衣恶食、忧虑重重地否定掉音乐。这样做下去，对下是待遇贫瘠低下，不能满足下级的愿望，难以有所奖赏鼓励。墨子大了是治天下，小了是治一个邦国，他要精简随从，少设官职，劳苦功高者也与普通老百姓看齐平均，这样权力系统也就没有了威严，没有了威严也就进行不了惩戒处罚。没有奖赏，贤人无法上进提升，没有处罚，不像样子的官员也没办法退出。这样真正有能力的人当不上官了。这样，也就搞得万物都不能各得其所，出了事也得不到及时与恰当的处置，往上说是失落了天时，往下说是失落了地利，往中说是丧失了人和，天下煎熬，火烧火燎。一个墨子，破衣烂衫，半饥半饱，苦不堪言，又能对谁有什么补益呢？伤了根本，断了源头，天下只能陷于水深火热之中了。

　　感悟：其实儒家、道家都是提倡勤俭节约，反对奢侈浪费，反对放纵人的欲望的。但是墨子这方面的言论与主张，未免太偏激了一些。在这一点上荀子对墨子的批评相当鲜明与合乎情理。荀子那么早能看到消费——使用，不仅仅是一种对于资源和劳动的耗费，同时是对生产、对劳动、对资源，乃至对治国平天下的一种推动的正能量。这种观念有它先进的一面。

　　先秦诸子，大致从道德与哲理的观点，应该说还有从自然经济的观点看问题，当然要将克己、节用、吃苦、朴素、自律视为美德，而将主体欲望，特别是物质消费、感官享受的欲望视为失德。这种观点如果发展成绝对化地仅仅满足于维持动物性生存的温饱，而否定一切美化、修饰、条理、秩序、舒适、快乐、求知、思想、追寻、上进即人文方面、文化方面的讲究，那就是对人类的限制与高压，是束缚与阉割，是自以为高尚的拉齐一条线的共同受苦，是以高尚的名义取消文化、头脑、情绪、艺术、科学与一切社会的进步。

荀子对墨子的非文化主义的批评，比孟子对于墨子的兼爱是"无父无君"的帽子，要合理得多。

不怕产品与资源不足，只怕秩序混乱，分配不好。这有点不在意生产力，只注意生产关系的意味。这与历史唯物主义强调生产力是社会结构与社会发展的决定性因素的观点是不一致的，对生产力、生产手段、生产智慧与技能长期关心不够，是我们传统文化的一个弱点，是权力系统只知道自己的管理重要不知道生产重要的表现。

故先王圣人为之不然。知夫为人主上者，不美不饰之不足以一民也，不富不厚之不足以管下也，不威不强之不足以禁暴胜悍。故必将撞大钟、击鸣鼓、吹笙竽、弹琴瑟，以塞其耳；必将雕琢刻镂、黼黻文章，以塞其目；必将刍豢稻粱、五味芬芳，以塞其口；然后众人徒、备官职、渐庆赏、严刑罚，以戒其心。使天下生民之属，皆知己之所愿欲之举在是于也，故其赏行；皆知己之所畏恐之举在是于也，故其罚威。赏行罚威，则贤者可得而进也，不肖者可得而退也，能不能可得而官也。若是，则万物得宜，事变得应，上得天时，下得地利，中得人和，则财货浑浑如泉源，汸汸如河海，暴暴如丘山，不时焚烧，无所臧之，夫天下何患乎不足也？

故儒术诚行，则天下大而富，使而功，撞钟击鼓而和。《诗》曰："钟鼓喤喤，管磬玱玱，降福穰穰，降福简简，威仪反反。既醉既饱，福禄来反。"此之谓也。

故墨术诚行则天下尚俭而弥贫，非斗而日争，劳苦顿萃而愈无功，愀然忧戚非乐而日不和。《诗》曰："天方荐瘥，丧乱弘多。民言无嘉，憯莫惩嗟。"此之谓也。

转述：所以古代的君王圣人都不认同墨子那一套。他们知道，一个君王，不美化、不修饰天下以及他们的家国与民人，不美化、不修饰他们的形象与行为，就做不到统一民心；不富裕不充足，做不到有效地管理与服人；不具备威严与强势，也就禁止不住强暴与凶恶。所以他们要敲响大钟、擂响大鼓、吹奏笙与竽、弹奏琴瑟，以音乐提供给民人的耳朵；还要雕塑琢磨、镌刻镂挖、锦绣花饰，以工艺之美提供给人的眼睛；还要以肉类食粮，做出种种味道来提供给民人的口腹；然后对各类随从人员要让他们知道有哪些官职可以追求，有哪些重要的赏赐可以期待，有哪些严厉的惩罚需要警诫注意。这样的话，贤明的人能够提升上来，不成样子的劣者也会淘汰下来。这样，天下的民人都知道自己希望得到的东西是在什么事情上，自己应该怎样去获取，也就是说君王的奖赏能够行得通了；天下民人也都知道自己所害怕恐惧的事情在什么地方，赶紧远离它们，这样，君王的惩罚也就有了权威。奖赏有效，惩罚有威，好人上得来，差人下得去，比他人有能力的人做得上官员。这就叫万物各得其所，事变都能得到妥善的应对处理，上得天时机遇，下得地利方便，中得人和民意民心，于是财产货物源源不断像喷泉一样地涌出，像河海大水一样地流淌，像高耸的山丘一样地林立，就是不停地焚烧也烧不完，没有地方藏贮。天下又怎么可能显出艰窘缺欠来呢？

所以说，如果儒家的一套治国理政的方术得到实现，天下就会安泰富足，安逸而且有效，闻听到音乐就会和谐太平。《诗经·周颂·执竞》上说："钟鼓咣咣咣，管磬呛呛呛，福气洋洋洋，福气大无边，威仪庄且严，餐饮都满意，福禄返不断。"

墨子的道术如果认真做起来，崇尚俭朴却是天下贫瘠，反对争斗却是天天你争我夺，困苦辛劳却是一无所得，一个个愁眉苦脸全无喜乐，整天没有祥和平顺。

如《诗经·小雅·节南山》所说："天时才刚发生了疫病，死亡的乱象还在延续。百姓们没有顺心的言谈，唉声叹气也没完没了。"正是这种情况的记录呀。

感悟：先秦诸子大体上都是提倡勤俭，反对奢侈浪费的，其根据在于一些诸侯、一些邦国、一些土豪恶霸型的君王，穷奢极欲，鼠目寸光，又被一些宵小佞臣所包围，大兴土木，酒池肉林，三宫六院，声色犬马，他们的消费是家国的灾难，是丧失民心民望的根源，是政治上、经济上、生理健康上的倒行逆施，是自取灭亡的行径。老子说："民之饥，以其上食税之多，是以饥。民之难治，以其上之有为，是以难治。民之轻死，以其上求生之厚，是以轻死。夫唯无以生为者，是贤于贵生。"这里显现的是君王与民人的两极对立，君王们吞吃税赋太多就会使民人陷入饥饿，君王们想逞欲妄为就会逼得民人生不如死，正因为君王们贪婪到这个地步，民人才会为求生轻于犯死。士人们提倡节俭的许多说法，其实是针对那时的王公贵族、权力系统的。当然也有时候，王公贵族们反过来要求民人不断勒紧裤带。

荀子则从整个社会看问题，认为消费与生产积累是不可以截然对立起来的，勒紧裤带的方针不应该成为治国理政的方针，更不能用道德上的苦行主义、禁欲主义去冲击民生改善、生产发展的社会进步规律。荀子讲的是正常社会生活，正常人欲的满足，是符合经济学常识中对积累与消费关系的认识。而墨子提倡的是泛道德论，是针对权力系统的清教徒式的说教。

垂事养民，拊循之，呴呕之，冬日则为之饘粥，夏日则与之瓜麮，以偷取少顷之誉焉，是偷道也。可以少顷得奸民之誉，然而非长久之道也；事必不就，功必不立，是奸治者也。儳然要时务民，进事长功，轻非誉而恬失民，事进矣，而百姓疾之，是又不可偷偏者也。徙坏堕落，必反无功。故垂事养誉，不可；以遂功而忘民，亦不可。皆奸道也。

转述：放下大事，专门去摩挲哄慰百姓，冬天熬好稠粥，夏天预备上大麦瓜汤，用小恩小惠的巧术求得一时好评，这是取巧走的邪道，可能一时半会得到奸诈民人的赞誉，但绝对不是长治久安的治理之道。这样去做事，事终将无成，这样去求功效，也终将劳而无功。这是取巧的侥幸治理方术。（反过来说）大呼小叫地去催逼百姓干活劳役，急于求成，不在乎民人的抱怨与民心的丧失，就算事功上有某些进展，也会为百姓所反感，这乃是另一种偏差，使得事情往低下堕落方面发展，反而没有事功可言。可以说，放下大事去搞小恩小惠是不行的，或者是急于求成而忽略民人的痛痒与心愿也是不行的，它们都是歪门邪道呀！

感悟： 在封建权力系统、天子、君王公卿与民人的关系问题上，荀子认为权力系统应该爱民亲民，但不是一味俯就，不是降格以求，不是小动作讨好，现在的话来说就是不能搞小恩小惠的尾巴主义。因为百姓虽众，民心虽不可违，但百姓不容易看得长远深刻，而常常是计较一时，计较表面，计较局部，权力系统的责任在于深谋远虑，周到细密，把握大局、整体、长远。

与此同时，也不能搞作威作福的急于求成、命令主义、高压手段，不接地气、不考虑百姓的眼前的与具体的利益、不懂得民人利益无小事，乃至于脱离民人、成为民人的对立面。

故古人为之不然：使民夏不宛喝，冬不冻寒，急不伤力，缓不后时，事成功立，上下俱富；而百姓皆爱其上，人归之如流水，亲之欢如父母，为之出死断亡而愉者，无它故焉，忠信、调和、均辨之至也。故君国长民者，欲趋时遂功，则和调累解，速乎急疾；忠信均辨，说乎庆赏矣；必先修正其在我者，然后徐责其在人者，威乎刑罚。三德者诚乎上，则下应之如景向，虽欲无明达，得乎哉！

《书》曰："乃大明服，惟民其力懋，和而有疾。"此之谓也。

转述： 古人是不会这样搞小恩小惠或作威作福的：古人夏天帮助民人防止其受热中暑，冬天帮助民人防止其挨冻受寒，遇到紧迫的事宜，不要造成对人力物力的损害，遇到平缓的事宜，不要耽误错失时机。事事成功，上下都富裕获益。于是百姓都爱戴君王公卿，归依这个君王公卿的人如流水一样聚集，对这个权力系统的亲和与欢喜如同对待自己的父母，为君王出生入死也会感到欢愉。为什么呢？因为这个权力系统忠信可靠，调和亲切，公平公正。

所以说，引领民人的国君，想要及时迅速地完成事功，就更要和谐、调整、妥善把握，这样比一味抢时间更能从速做事；而忠信可靠，公平公正，比庆贺赏赐的手段更加令人喜悦；遇到问题，君王要先反躬自省，修正改善自己，然后再舒缓地去责备他人，这样比刑罚手段还要威严。和缓调整，忠信公正，从自身开始纠错，这三方面的美德，上面做到了，下面的百姓就会如影随形、如响应声地积极响应，虽然不想显赫通达，那也不可能啊！《尚书·康诰》上说，"如果君王的英明大为折服下属百姓，民人奋勉有加，就能做到和睦而又高效"，就是这个意思。

感悟：荀子提倡权力运作的高度美德化、理想化。他的理想是以德感人，以正服人，以仁引人，以礼待人，以仁心，以和缓，以身作则，以君子之风、圣贤之度来凝聚民心臣心，而尽量少用严厉与惩罚的手段。讲起来，这很美好，做起来，则还须要区分情况，宽与严、儒雅与强悍的手段互补相济。

故不教而诛，则刑繁而邪不胜；教而不诛，则奸民不惩；诛而不赏，则勤励之民不劝；诛赏而不类，则下疑俗险而百姓不一。故先王明礼义以壹之，致忠信以爱之，尚贤使能以次之，爵服庆赏以申重之，时其事，轻其任，以调齐之，潢然兼覆之，养长之，如保赤子。若是，故奸邪不作，盗贼不起，而化善者劝勉矣。是何邪？则其道易，其塞固，其政令一，其防表明。故曰：上一则下一矣，上二则下二矣。辟之若草木，枝叶必类本。此之谓也。

转述：所以说，如果是事先没有宣讲教育，犯了法就惩罚诛杀，你那里会是罚不胜罚，罚来罚去照旧有太多的作奸犯科。如果只知道教诲，却没有刑罚诛杀，那就会使坏人罪犯得不到惩罚。而如果只有惩罚没有奖赏，那么勤劳奋进的民人得不到劝勉鼓励。而如果惩罚诛杀、奖赏鼓励搞得没有章法，不伦不类，那就会使下面怀疑，风习险恶，大家没有一致的看法。所以古代先王要讲明礼法与义理，统一人们的认识，要用忠信的美德表达对民人的亲爱，以崇尚贤能来形成社会的礼法秩序，要通过爵位服饰庆典奖赏来强调规矩，要及时安排事宜，简明政务，妥善调整，全面周到，养护培育，如保护初生的婴儿一般。能做到这些，奸邪不敢妄为，盗贼不敢出手，受到教化走向善路的人得到劝勉。这是怎么回事呢？是先王之道简易分明，先王选择与灌输的基础观念坚固牢靠，政令一以贯之，他们的臧否奖惩态度分明。这就是说，上面强调"一"，底下也会"一"起来，上面说"二"，底下也会跟着"二"。就像草木一样，它们的枝叶如何，决定于它们的根本如何啊。

感悟：比起《论语》《孟子》来，荀子讲起治国理政之道要接近实际得多、周全得多，这里，一个是教化（德治）与法治的结合，一个是权力系统的责任强调，一个是先王政令的简明传统，都有儒家理论，更有实际的榜样树立在那里，具有可操作性。

不利而利之，不如利而后利之之利也。不爱而用，不如爱而后用之之功也。利而后利之，不如利而不利者之利也。爱而后用之，不如爱而不用者之功也。利而不利也，爱而不用也者，取天下者也。利而后利之，爱而后用之者，保社稷者也。不利而利之，不爱而用之者，危国家者也。

转述：不能为民人谋利却要取得统治的利益，不如给民人谋取了利益之后再取得统治的利益、便利。不懂得爱惜民人却要役使民人，不如在对民人有所爱惜资助之后再役使民人，使他们为统治所用，有效而又成功。给民人谋取了利益，然后取得统治的利益，又比不上给民人谋取了利益却不从民人那边谋取统治的利益更能得到利益。表现了对民人的爱惜之后去使役民人，比不上爱惜了民人却不急于役使他们更有功效。利民而不利己的统治者，是能够夺取天下的统治者。为民谋利以后，也要获取统治的方便与利益，表达出亲民爱民之后，也要役使民人为统治所用，这是保江山的统治者的做法。而不去为民谋利，只知为统治谋利，不去亲民爱民，只知去役使民人，这是危害国家安全治理的错误行事。

感悟：荀子讲得很有见地。在夺取谋取权力阶段，有志于王天下、王家国者，甚至可能做到、愿意做到舍己为民、舍私为人、舍小我为大我。取得政权后，你要考虑得民心，考虑公平合理可行可操作，当然也要考虑到权力系统治理与发展、自卫等国事的需要，这时候，大体要保持平衡，最好是能达到对民生、民利、民意、民心的斟酌，优于、重于、大于对治理的行政性、技术性的斟酌。

关键更在于，君王公卿等权力系统，不能只求自上而下的治理功绩，更不能把心思放在优待自身、自我服务、自我服侍上，不能忽视民生民利亲民爱民，处处以民为先，如果反过来做，就是自毁家国，就是丧失民心，就会自取灭亡！

观国之治乱臧否，至于疆易而端已见矣。其候徼支缭，其竟关之政尽察，是乱国已。入其境，其田畴秽，都邑露，是贪主已。观其朝廷，则其贵者不贤；观其官职，则其治者不能；观其便嬖，则其信者不悫，是暗主已。凡主相臣下百吏之俗，其于货财取与计数也，须孰尽察；其礼义节奏也，芒轫僈楛，是辱国已。其耕者乐田，其战士安难，其百吏好法，其朝廷隆礼，其卿相调议，是治国已。观其朝廷，则其贵者贤；观其官职，则其治者能；观其便嬖，则其信者悫，是明主已。凡主相臣下百吏之属，其于货财取与计数也，宽饶简易；其于礼义节奏也，陵谨尽察，是荣国已。贤齐则其亲者先贵，能齐则其故者先官，其臣下百吏，污者皆化而修，悍者皆化而愿，躁者皆化而悫，是明主之功已。

转述：一个国家治理与否、路子对不对，到了它的边关就可以看出点门道了：越是紧张巡察、苛刻烦琐（如临大敌）的地方，越说明它那里是一个混乱的没治理好的国家。进入它的国界，它的田地荒芜杂乱、市镇暴露（无城垣），说明那里的君主贪图享受（而不事国务）。再看看它的朝廷（即权力系统最上层），那些权贵中没有什么贤良人物，他们的官员治理系统，并没有什么有能力的人员，君主身边的亲信，又都是一些靠不住的不诚实的人，可以断定他们的君王也是个糊涂昏君。再看看他们的君主、丞相、大官直到种种官吏，他们在钱财货物上精明强悍、细密严苛，而在礼节规矩上稀里糊涂、马马虎虎，就会知道这是一个没有尊严的国家。你看一个国家，农民喜爱田间的劳作，军人能够面对并克服艰难，百官注意的是法理制度，朝廷推崇的是礼仪与义理，卿相高层注意的是协调商议，这里就是治理有效的国家。你看一个国家，它的朝廷，权贵者都很贤良；它的官员，治理者都有能力；他的君王亲信，都诚实可靠，那么，可以断定它的君王是英明君主。一个国家，它的君主、丞相、百官、整个治理系统，在财物出入账目上相当宽松简便大方，在礼节规矩上细致明白有序，那么就可以断定这里是一个讲尊严、讲文明的国家。遇到同样贤良人，首先起用提升的是君王的亲近亲属；遇到同样有能力的人，首先委任官职的人是君王的故交，他用的人当中，有污点的人能够自我教化、澡雪精神，凶强的人则变得温和，狡猾人会变得诚恳。这正是英明君主的功业啊。

感悟：荀子论政，喜欢采用两分法，好的品质、德行、动机，必然导致的是一系列好的结果，而坏的品相则是一系列坏的品质、德行与动机造成的。这是一种美好的初心，当然事物的状况，尤其是一个邦国的治理的成败得失，可能要比荀子的二分法更复杂微妙得多。

再说，任何事物事务，都是过犹不及，苛察到发神经的程度，只能显示权力系统的缺乏自信与小人心态；现代世界的注重防止走私与非法入境，则必然是越做越细，越做越严，这无可争议与怀疑。

再者则是，账目的认真与礼法的认真，有什么可对立的呢？提倡文化的在意，提倡礼法的一丝不苟，又有什么必要以账目的难得糊涂为代价呢？君子之风，君子之慷慨大度，不计个人得失，与会计出纳的专业水准、专业操作之间，又能有什么抵牾的呢？

一上来说，边关稽查严苛是乱世乱国的表现，后来又说经济账目严格细密而礼法粗糙是无尊严的表现，这似乎忒道家了些。当然道家也反对礼法的细密强化。荀子的有关观念，前现代的天真理想主义色彩太重了。

国的家庭化与家庭的国事化，是中国儒家的特点之一。荀子认为同样的贤良人士，先用亲戚，同样的能干人士，先用老相识，这样说起来令人觉得太土太寒碜，但又有它的诚实与自然可信之处。可信，但不可敬，可爱，但不可张扬。应该说，用人应该放眼五湖四海，应该放开眼界与心胸，但先用了亲与故，也是很自然的事。古今中外，都是这样的。

更重要的是要用贤人，用能人，用诚实可靠的人，用人要有更高的战略与天下胸怀，这是更加重要的。

观国之强弱贫富有征验：上不隆礼则兵弱，上不爱民则兵弱，已诺不信则兵弱，庆赏不渐则兵弱，将率不能则兵弱。上好功则国贫，上好利则国贫，士大夫众则国贫，工商众则国贫，无制数度量则国贫。下贫则上贫，下富则上富。故田野县鄙者，财之本也；垣窌仓廪者，财之末也。百姓时和、事业得叙者，货之源也；等赋府库者，货之流也。故明主必谨养其和，节其流，开其源，而时斟酌焉。潢然使天下必有余，而上不忧不足。如是，则上下俱富，交无所藏之。是知国计之极也。故禹十年水，汤七年旱，而天下无菜色者，十年之后，年谷复熟，而陈积有余。是无它故焉，知本末源流之谓也。故田野荒而仓廪实，百姓虚而府库满，夫是之谓国蹶。伐其本，竭其源，而并之其末，然而主相不知恶也，则其倾覆灭亡可立而待也。以国持之，而不足以容其身，夫是之谓至贫，是愚主之极也。将以求富而丧其国，将以求利而危其身，古有万国，今有十数焉，是无它故焉，其所以失之一也。君人者，亦可以觉矣。

转述：看一个国家的强弱贫富是有它的征兆与验证的：居于上位的权力系统不弘扬礼法与义理，它的兵力是疲弱的；在上者不爱民亲民，它的兵力是疲弱的；在上者的言语承诺不能兑现，没有公信力，它的兵力也是疲弱的；奖赏表扬不够分量，它的兵力也是疲弱的；将帅无能草包，它的兵力也强不了。

上边一味好大喜功，会造成一个穷国；上位者贪图私利，也会制造贫穷；（不事生计的）士大夫过多，国家也会贫穷；从事工商业的人数比例过大（而务农的人员不够数）也会贫困；没有数据化的规章制度，国家也会贫穷。下边基层草民太穷了，上边朝廷官府也就跟着贫穷；下边基层草民富起来，上边朝廷官府也会富裕。所以说，田野乡村低贱之地，正是国家财富的来源与根本，而（权力系统整天盯着的）粮库、地窖、谷仓、米仓等，只是财富财力的末端。百姓的劳动合乎天时，得到上天的和合，百姓的耕作举措，合乎时序，不违农时，这是一切财富财物的源泉；而米仓、粮库等等，只是财富的延伸与流变。这样，英明的君主就会小心谨慎地保护社会运转得和谐，掌控节制社会财富的流转，开拓发展社会财富的源泉，时时有所斟酌调整，从容安排，使国家财富有余裕空间，使君王不必为财政的艰窘担心。这样，上下官民都走向富裕，上下都富足，财货多得都没有地方贮藏了。这样就是做到了国计民生的极致。故而人们说，夏禹年代，有十年的水灾，商汤年代，有七年的旱灾，百姓中没有哪个人面有菜色，十年后收成好了，积存的粮食仍有存贮。这里没有其他原因，就在于明主懂得财富的根本与末端、起源与支流的道理。这也告诉我们，如果田野荒废，仓廪殷实，百姓空空荡荡，府库满满堂堂，那可就是国家的灾难了。砍伐了国家财富的根本，搜括枯竭了国家财富的源泉，搜括人民的财物聚集到国库，然而君主和卿相却不知道危害，这样的国家的覆亡，是立等可见的。掌握着一国的权柄地面，搞得自己失去容身之地，这也算达到了贫穷的极致，是君主最愚蠢的标本。追求财富的结果是亡了国，追求利益的结果是丢了命，古代的千万邦国如今只剩下几个了，没有其他原因，就是由于失去了对根本与源泉的认知和作为。做君主的人应该快快醒悟与掌握好自身的取舍。

感悟：荀子的见解，对于一个农业为中心的社会，对于一个封建邦国式的政权来说，算是相当有教益的。他要求权力系统克己亲民，精简编制，节制消耗，关注百姓。他认为邦国君相的政策对于国的贫富弱强具有决定性的作用，主张民富方能国富，恤民亲民方能富国强邦，国之强弱富贫不取决于权力系统的积贮搜刮自卫自慰自享，而取决于百姓特别是农民的生活状况，取决于人民的抗灾度险实力，取决于权力系统的仁爱忧心、对正确政策的有效掌控。人民与田野是源泉，朝廷财力是流变，农业是源泉，工商是流变。这些都是对于儒学的发挥与延伸，是先秦诸子中谈及有关问题时比较务实、比较靠谱的说法。至于，斯时他认识不到工商业的重要性，也算可以理解的了。

百里之国，足以独立矣。凡攻人者，非以为名，则案以为利也，不然则忿之也。仁人之用国，将修志意，正身行，伉隆高，致忠信，期文理。布衣纮屦之士诚是，则虽在穷阎漏屋，而王公不能与之争名；以国载之，则天下莫之能隐匿也。若是，则为名者不攻也。将辟田野，实仓廪，便备用，上下一心，三军同力，与之远举极战则不可；境内之聚也保固；视可，午其军，取其将，若拨韄。彼得之，不足以药伤补败。彼爱其爪牙，畏其仇敌，若是则为利者不攻也。将修小大强弱之义，以持慎之，礼节将甚文，珪璧将甚硕，货赂将甚厚，所以说之者，必将雅文辩慧之君子也。彼苟有人意焉，夫谁能忿之？若是，则忿之者不攻也。为名者否，为利者否，为忿者否，则国安于盘石，寿于旗翼。人皆乱，我独治；人皆危，我独安；人皆失丧之，我按起而治之。故仁人之用国，非特将持其有而已也，又将兼人。《诗》

曰："淑人君子，其仪不忒。其仪不忒，正是四国。"此之谓也。

持国之难易：事强暴之国难，使强暴之国事我易。事之以货宝，则货宝单，而交不结；约信盟誓，则约定而畔无日；割国之锱铢以赂之，则割定而欲无厌。事之弥烦，其侵人愈甚，必至于资单国举然后已。虽左尧而右舜，未有能以此道得免焉者也。辟之是犹使处女婴宝珠，佩宝玉，负戴黄金，而遇中山之盗也，虽为之逢蒙视，诎要挠腘，君卢屋妾，由将不足以免也。故非有一人之道也，直将巧繁拜请而畏事之，则不足以持国安身。故明君不道也。必将修礼以齐朝，正法以齐官，平政以齐民；然后节奏齐于朝，百事齐于官，众庶齐于下。如是，则近者竞亲，远方致愿，上下一心，三军同力，名声足以暴炙之，威强足以捶笞之，拱揖指挥，而强暴之国莫不趋使，譬之是犹乌获与焦侥搏也。故曰：事强暴之国难，使强暴之国事我易。此之谓也。

转述：有个方圆百里的地面，你本来是足足可以站得住的。凡是攻打别国的，要不就是为了宣扬本国的名声，要不就是争夺实利，再不然就是为了泄愤报仇。

而仁德之君治理自己的国家，追求的是修养砥砺意志，端正调整行为，达到崇高隆盛境界，做到忠诚守信用，完善与贯通文明礼敬。穿着布衣、脚蹬麻鞋的读书人，如果当真做到这一步，即使住在偏巷陋室，他们的名望，即使天子诸侯也不能与之抗衡；而如果将国家委托给他们治理，天下就没有什么力量能埋没他们的光辉。这样的志向，怎么可能有什么人为了名声去攻打你呢？开垦田野，充实仓库，改进器械装备，上下一心，三军聚力，而肯定不是要远征扩张；在国内聚集积兵力，保卫强固，看到情况许可，甚至可以迎击出手，擒获敌方将领，像扒拉麦芽一样容易（这样的防御战是难以攻破的）。对方打了一番，所获还不够医治创伤、补充损耗的，加上爱惜己方将领、惧怕对方反击，如果这样，对手也就不会为争夺利益而攻打你了。

这样的人在国内当权，就会实行大国小国之间、强国弱国之间应有的规则义理，把握各方面细致妥帖，礼节十分文明，相互打交道的时候，所持的玉器信物将很体面，贡赠的财礼将十分丰厚，所用的说客（外交官）都是温文尔雅、聪慧善辩的君子。如果对方说话做事注意到通情达理，谁还会怨恨他呢？如果这样，那么也就没有心怀愤恨的人来攻打你了。

求名的不来攻打，夺利的不来攻打，结下怨愤的敌对者也没有，国家坚固如同磐石，长存如同星宿。别的地方混乱，我这儿独独治理得好好的；别的地方危机四伏，我这儿独独安安稳稳；别的地方没落衰亡，我这里崛起发展并收拾大局。所以由仁者治理国家，不仅能够保住已有的家国，还能收纳包容，成长壮大。《诗经》有句："我们佳美的君子，坚持义理威仪无违背。他的威仪规则不违背，也就能安定东西南北。"说的就是这种情况。

保家卫国的难易在于：事奉强暴的国家难，让强暴的国家事奉自己却容易。你用财富事奉强暴邦国，财富用光了，与强暴邦国的文明的邦交关系仍然不能构建成功；和强暴邦国约定会盟，可是今天订好了，没几天他们就背弃无端；割让国土去贿赂讨好，他们的贪欲无尽无休。对他们越是依顺得多，他们越是欺负你，一定要到财物送光，国家全部拿来送给他们，才肯罢休。如果这样，即使有尧、舜辅助，也没有可能幸免于邦国的灾难。这好比一个戴着珠宝、佩着玉饰、背负着黄金的姑娘，碰上山中的强盗，即使对他小心翼翼，眯眼、弯腰、屈膝，像屋里的婢妾一样侍候强盗，仍将躲不过被欺凌劫掠的噩运。所以说，如果没有使人民团结抗敌的办法，只靠花言巧语、跪拜请求，诚惶诚恐地事奉强权，那是无法保家卫国、保护自身的。英明的君王不能这样做。他必须讲究礼节、严格法令、规范百官，公正地治国理政、规范民人，然后才能够做到礼法规范，各种事情治理得合乎章法，民人齐心合力。这样，邻近国家就会争着来亲近，远处的人民愿意归顺，政通人和，三军共同努力；声威足够服人，实力足够震慑；从容指挥，那些强暴的国家也会受你的驱使，这就好像是大力士乌获与矮子焦侥搏斗一样。所以说：事奉强权国家难，让强权国家事奉自己反而容易。说的就是这种情况。

感悟：荀子的说法很精彩，既是大儒的道之以德、齐之以礼主义，文化立国主义，以德治国主义，王道无往不胜主义，又是自强求强建立威权和名声的法家理念。登高望远，抓住国与民的关系这个主纲，强调了国君负责，内政成败决定外事胜负，国之力在于赢得民心，民之祸福在于邦国权力系统的明与昏之别，突出政治文明而不是武力……这些说法，都极有意义。

这一段荀子将儒家与法家的某些观念融合起来，首先在处理邦国之间的外交上，要讲文明、讲道理、讲规矩，无恶言，无劣行，不自我污名化，不给天下人留下把柄，不在道义名誉上给敌对者留下可乘之机。其次是不与他国斤斤于争权夺利，避免狭隘的利益冲突，不结怨，珍重与他国的友好关系。更重要的是要做好自己的事，本邦国内，做到政治仁厚、礼法清明公道、政通人和、君臣一心、君民一心、五湖四海一心、不留间隙、不留隐患，不但自身无懈可击，而且成为天下诸邦国的榜样。地域不需要太大，不搞争夺地盘之征战，百十平方里就能站稳。这是孔孟的路子，王者、王道、仁政、礼治、明主、国士、君子，所向无敌。同时不要企图讨强权霸主国家的好，与其事奉它们、侍候它们，不如用自身的发展与榜样折服它们。

侍候霸权国家难，让霸权国家侍候自己易，妙语雷人，精彩则精彩矣，文学性可能多于国际政治性，更多于可操作性。但反求诸己，关键在于自身本国，不能落后消沉，不能自甘落后，不能不求进取，不能藏污纳垢，不能欠账不还，等等，有深意也！

此章命名"富国"，实际上谈得更多是国之富强，富则强，不知荀子此章言说，包含不包含这样的意思。

王霸

本章讲述王道与霸道，认为以德立国治国、以大道立国治国、以礼义文化立国治国的是王道；以公信力立国治国，以民富国强、秩序井然、为政仁慈、百业兴旺立国治国的是霸道。二者都能在不同程度上做一些利国利民的好事，取得正面的成绩。而如果统治者不仁无道，滥用权谋，自上而下地败坏了政治道德与社会风气，则会大难临头，危殆压顶，后果不堪设想。

国者，天下之利用也；人主者，天下之利势也。得道以持之，则大安也，大荣也，积美之源也；不得道以持之，则大危也，大累也，有之不如无之；及其綦也，索为匹夫不可得也，齐湣、宋献是也。故人主天下之利势也，然而不能自安也，安之者必将道也。

转述：国家，是天下的利器——重器；君王，是天下最有势力（最有条件有所作为）的人物。得以实行大道王道天道，就能长治久安，光芒四射，完成各种美好理念、声誉与事功。而如果无道而居，无道而君，无道而用势用权，君位反而变成了大难根源，变成沉重负担，有这个国、位、势，还不如没有。发展到极端，这种无道君王想好好当个老百姓也做不到，就会像齐湣王、宋康王那样死于非命。所以说，君王人主即使掌握了最有利的权势，仍然不可能平安顺畅，能让自己与国家平安顺畅的只有"道"。

感悟：国家至上，君王至上，但最高概念、神性概念是道。有道则是明君，是福地，是富强国度、天下太平、国家安稳、百姓安居乐业、幸福吉祥；无道，则是昏君，是险域，是进退失据、积贫积弱、民怨沸腾、民不聊生。

先秦诸子，对于道的理解不尽相同，但是都认定：在富强、权势、君臣家国百姓之上，还有一个规范性、终极性、概括性、哲学性、先验兼道德伦理性的天道、大道、王道、人道的"道"——高、大、上、远、反的特点与法则存在着，则不容置疑。而道，除了至高无上的地位还有历史的连续与穿越，即"道统"。道统高于权统与法统，道统与学统、文统，再与圣贤崇拜、士大夫精神……相勾连承继，至少在理性概念上成为一个对权力的文化平衡与文化监督，乃至成为士大夫心目中的一个神性崇拜，成为士大夫心目中各个王朝兴衰成败、存亡兴废的一个关键。

道统是天（道）人（心、性）合一，文史合一，心物合一，主观与客观的高度契合。即使你已经富强功利到最高程度，你还要接受道的检验，接受道的掂量与处置，接受道统的修理，你不可能全由己心，全由己意。这里包含着一种文化（主要是哲学与人伦）在一定意义上监督统辖君权的含义，这个想法有趣。

当然还有另一面，道运用得好，就成为权力系统的一个精神武装，一个摧毁反叛、摧毁敌对力量，一个赢得臣服、赢得理论精神信仰上的优势的利器。

故用国者，义立而王，信立而霸，权谋立而亡。三者，明主之所谨择也，仁人之所务白也。挈国以呼礼义而无以害之，行一不义、杀一无罪而得天下，仁者不为也，擽然扶持心国，且若是其固也。之所与为之者，之人则举义士也；之所以为布陈于国家刑法者，则举义法也；之所极然帅群臣而首乡之者，则举义志也。如是，则下仰上以义矣，是綦定也。綦定而国定，国定而天下定。

仲尼无置锥之地，诚义乎志意，加义乎身行，箸之言语，济之日，不隐乎天下，名垂乎后世。今亦以天下之显诸侯，诚义乎志意，加义乎法则度量，箸之以政事，案申重之以贵贱杀生，使袭然终始犹一也。如是，则夫名声之部发于天地之间也，岂不如日月雷霆然矣哉！故曰：以国齐义，一日而白，汤武是也。汤以亳，武王以鄗，皆百里之地也，天下为一，诸侯为臣，通达之属，莫不从服，无它故焉，以义济矣。是所谓义立而王也。

转述： 拥有治国权柄的君王，以义理立国的，是王者，以信用立国的是霸者，玩弄权术的则是亡国者。对义、信、权谋三者的选择必须谨慎从事，仁德之君更要搞明白。领导国家而倡导礼法与义理，不做伤害礼义的事，就算做一件伤天害理的事、杀一个无辜者就能得到天下的权柄，一个仁德之人也绝对不会去干的。（仁德之君）坚定地以义理管控自己的心志与家国诸事，与他共事的人，全都是坚持正义义理之士；为他宣扬告示律典的人，全都是坚持正义法理的人士；他率领着群臣忙于奔往的志向，全都是合乎正义的目标。做到这样（的感召与凝聚），使人众仰视到的全都是正义的理念，也就奠定了方向与基础。（君王）方向基础夯实了，家国的方向基础也就夯实了，家国奠定了大义为基础，天下也就奠定了方向。

孔子并无立锥之小地盘，但是他的心志坚持正义理念，加上以正义的理念指导自身的行为，弘扬正义理念于言论，有所成就，没有隐没于天下，名垂后代，流芳百世。现今也是这样，天下显赫的诸侯们，如果当真以正义理念做方向与基础，加上合乎义理的法则律令尺度，政务中突出对于义理的坚持，按照义理决定赏罚处置，各方面一以贯之而无有间隙，这样，君王的正义名声也就勃发于天地之间，如日月雷霆之光耀彰显。所以说，能将国家统一于义理，很快就会名声显著的，是商汤与周武王。成汤靠的是亳地，武王靠的是鄗地，也就是方圆百里的小国，最后统一了天下，使诸侯臣服，凡是交通能够得着的地方，都臣服于成汤与武王，这里头没有别的，靠的是正义理念的强调与实行。这就叫义理立国，义理为王。

感悟：一种是以义理、以正道、以原则文明立国，文明富国，文明安国，这样立国的当然是明君，是圣主。一种是诚信立国，靠说到做到、端正务实、一切兑现的事功立国，靠效绩与效率立国、富国、强国、安国。有效绩就有实力，所以可以得到某种霸权，能够有实力使他国臣服。再一种是权谋，以随机应变的谋略取胜，孔子早就以君子不器的说法含蓄地批评了、贬低了为政上的技术性、谋略性考量。荀子对此更是绝对不看好，认为是亡国之君才依靠权谋治国治天下。

这里，首先，荀子与孔孟一样，主张为政以德，成仁取义，看不起细小而且常含欺诈卑劣的技术机巧层面的权谋。他们认为德、仁、义是根本，是基础，是长远起决定作用的因素，权谋则是权宜、临时、表面应付、一时起作用而终将穿帮露底的雕虫小技。其次，他们尤其对权谋、对机巧，甚至对一切技术的道德含量、仁义含量、天道天理含量、人性人心含量，抱怀疑乃至反感态度。他们喜欢的是诚信，是礼敬，是义理原则，是大道恢宏，自然取胜，他们对技术机巧抱否定态度。

但义理原则与技术机巧，本不是势不两立的，人做事，应该有仁义、有忠厚、有诚信、有礼敬。同时也应该有手段、有技术、有随机应变的才能、有转危为安的应对方案、有游刃有余的高明机巧。

到了《六韬·上贤》中，批评的恰是："无智略权谋，而以重赏尊爵之。"就是说，赏识的是愚笨之人。权谋是作为智力能力来讲的。而《汉书·艺文志》上讲："权谋者，以正守国，以奇用兵，先计而后战，兼形势，包阴阳，用技巧者也。"这样说，权谋是高级的战略兼战术智慧，更不是坏东西喽。

这一段的重点还在于荀子搞了一回先秦诸子中罕见的"一分为三"，除了他歌颂的义理立国，他贬斥的权谋立国之外，还承认有以信立国、效绩立国、事功立国、务实立国，理念上不如儒家高明美善，实效上又不能轻忽无视。这与东周时期以管仲为代表的富强派、实效派名臣的事迹有关，孔子当年对管仲也是有所称赞的。这种一分为三的思维模式，对于避免非此即彼的极端主义，避免过分的排他性模式，是很有意义的。

此外还有一个问题，权谋是不是注定与义理、诚信互不相容呢？如果一个邦国，一位侯王国君，又能拿捏义理，又能诚信立业，务虚务实，光辉灿烂，还能足智多谋、举重若轻，将对手玩弄于股掌之上……这是绝对不可信或不可能的吗？抑或，这样全面垄断也因而会成为一种危险呢？诸葛亮的计谋是古今罕见的，同时他又是忠诚厚重的呀！

德虽未至也，义虽未济也，然而天下之理略奏矣，刑赏已诺信乎天下矣，臣下晓然皆知其可要也。政令已陈，虽睹利败，不欺其民；约结已定，虽睹利败，不欺其与。如是，则兵劲城固，敌国畏之；国一綦明，与国信之。虽在僻陋之国，威动天下，五伯是也。非本政教也，非致隆高也，非綦文理也，非服人之心也，乡方略，审劳佚，谨畜积，修战备，齺然上下相信，而天下莫之敢当。故齐桓、晋文、楚庄、吴阖闾、越勾践，是皆僻陋之国也，威动天下，强殆中国，无它故焉，略信也。是所谓信立而霸也。

转述：德行虽然尚未完全到位发挥作用，义理虽然并未完全落实，然而天下的治理已经大体上显示了端倪，赏罚允禁，也大致上取信于民了。臣子下属，也就明明白白，对上意、对方向，心里有了底了。政令提出来，虽然有成有败，但都要认真贯彻，不能对百姓打折扣；与友邻邦国有了约定承诺，虽然有得有失，也都要认真执行，恪守信义，不能打折扣。这样，其武装力量强劲、城池坚固，敌对国家也会畏惧。国家上下前后一贯，约定清明，拥有公信力。即使在偏僻落后的小国，也能拥有天下威名，正如五霸做到了的那样。他们并不是从政治教化（仁义道德）出发，他们并没有走向理想的高度，他们并没有把握足够的文明与天理，他们并没有充分地获得了人心民心，但是他们有自己的方向与大局谋划，他们考量事务的难易与代价，他们注重积蓄国力民力，讲究战备国防，上下互相信任如牙齿之咬合，其他邦国也就不敢与他们作对。于是像什么齐桓公、晋文公、楚庄王、吴王阖闾、越王勾践，虽然都身处鄙陋的邦国，照样能威名传遍天下，危及中原邦园。这里没有其他缘由，就因为他们说到做到，从"信"入手，称霸于天下。

感悟：将绩效、事功方面的成绩归结为"信"，有特殊的角度，就是仍然贯彻儒家坚持以德为先，人品为第一性，事功成败是第二性的观念。得民心，靠的是仁德义理，而一切具体的管理安排、工程庶务、外交内政、威名信用，都是以信德为先。这个用意有它的美好与诚恳，但德与信最多是必要条件，并不是充分条件，德与信再好，如果实力不够、天时地利不对，乃至技巧拙劣，仅仅一个好心、一个信用，一定能够成事吗？肯定不能成事。

还有一点值得推敲，德义、信用与智谋是互不相容的吗？有了智谋就一定要抛弃义理与诚信吗？如果一个君一个相，又能分析德与义，又能履行承诺、树立公信，还能像诸葛亮一样地精通权谋，常常能玩弄敌对势力于股掌之上，常常在各种政治军事斗争中获胜，这是令人赞佩还是令人恐惧抑或是令人轻蔑的呢？诸葛亮是带来希望的人才还是带来灭亡的奸佞呢？

挈国以呼功利，不务张其义，齐其信，唯利之求，内则不惮诈其民，而求小利焉；外则不惮诈其与，而求大利焉，内不修正其所以有，然常欲人之有。如是，则臣下百姓莫不以诈心待其上矣。上诈其下，下诈其上，则是上下析也。如是，则敌国轻之，与国疑之，权谋日行，而国不免危削，綦之而亡，齐闵、薛公是也。故用强齐，非以修礼义也，非以本政教也，非以一天下也，绵绵常以结引驰外为务。故强，南足以破楚，西足以诎秦，北足以败燕，中足以举宋。及以燕赵起而攻之，若振槁然，而身死国亡，为天下大戮，后世言恶，则必稽焉。是无它故焉，唯其不由礼义，而由权谋也。

三者，明主之所以谨择也，而仁人之所以务白也。善择者制人，不善择者人制之。

转述：掌握着一国去求事功与利益，不努力去追求与完成义理的大原则，也不表现自身的诚信，只是谋利逐利。对内，不惜欺骗民人，只为获得一些小利；外，不惜欺骗相交的他国，为了求更大利益。对内，不能调整好、理好归属于自己的一切所有，却老是想着去获取属于他国的东西。这样，你的臣子，你的百姓，也就以欺诈之心对待君王。君王以欺诈心对待下属，下属以欺诈心对待君王，那也就是互相拆台而离析了。这样的话，敌国轻视你，友国不相信你，天天在那里施行诡计，国力却越来越减弱丧失，到了极端，国也就覆亡了，像齐湣王、孟尝君的悲剧就是例证。例如以齐国之强大，没有以之来振兴讲究礼法与义理，没有以之推行政务与教化，没有以之统一天下四方，却没完没了地在那里勾连一些境外诸侯，意欲拓展自己在境外的势力。本来齐国的力量已经强到了往南可以攻克楚国，往西可以制服秦国，往北可以打败燕国，中央地区可以拿下宋国。但后来燕赵等国联合起来进攻齐国，就像摧枯拉朽一样容易。齐王亡国亡身，成了天下最大的耻辱历史事例，后人讲起坏事恶例来，没有不举齐国灭亡这个事件的。这里没有别的原因，这就是因为齐国不讲究礼义，专门讲究权谋的结果呀。

所以说，以义立国、以信立国与以权谋立国三条道路，是需要明达的君王慎重选择的。

感悟：荀子反复讲一个道理——实力比硬实力更重要，义理与诚信比事功更重要，道德感召比争战胜败更重要。自古至今，真正掌握权柄的君王、元首、首脑，很少信这个的，但也很少大反特反这种政治道德说教的。原因在于，软实力确有魅力，软实力有利于打动民心，道德形象是人格魅力的重要组成部分，从长远来说，得民心者得天下不容置疑。另一方面，如果你公然否定道德文明人格信义，等于承认自己操守可疑，公信力可疑，那是政治家所不愿意陷入的道德与舆论困境。

本段有一个有趣的说法：为了获得小利会欺诈国内的臣民；为了获得较大的利益会欺诈国外的人士。在本邦国之内，本来各种权力与利益就是掌握在君王手中的，普天之下，莫非王土，率土之滨，莫非王臣，欺骗压榨一番也还是榨取自己的所有所属，所以求大利，就是榨取到外国去，榨取外国，只恐天下多事了。

国者，天下之大器也，重任也，不可不善为择所而后错之，错险则危；不可不善为择道然后道之，涂薉则塞；危塞则亡。彼国错者，非封焉之谓也，何法之道，谁子之与也。故道王者之法，与王者之人为之，则亦王；道霸者之法，与霸者之人为之，则亦霸；道亡国之法，与亡国之人为之，则亦亡。三者，明主之所以谨择也，而仁人之所以务白也。

转述：国家，是天下的伟大器具，责任重大，不能不妥善地选择格局、安排筹措，安排得失误，就会带来危险；不能不妥善地选择路线然后正确引领，如果这条路线污秽肮脏，道路就会堵塞；道路堵塞就会亡国。国家的安排，不是指划分疆域，而主要是指走什么路线、用什么人选。如果引领走的是王者之法，用的是王者之人，这个国家就可以称王于天下；如果走的是霸者之法，用的是霸者之人，这个国家就可以称霸。如果走的是亡国之君的路子，用的是亡国之人，那么此国就会灭亡。这三条路三种人，明达的君主是要谨慎选择的，仁人志士是必须明明白白的。

感悟：治国平天下，道德不是表现于具体的行政区划等措施，而在于路线与人选，这个话是很容易被理解与接受的。但路线与人的是非成败，主要体现于用什么人上。用什么人，表现了是在走什么路，走什么路就会造就什么结果，用主张王道、践行王道的人，你就会成为得民心、得天下的明主——王者；用主张霸道实力的人，你就会成为讲盟信、成事功的强人霸主；用诡计多端、纵横捭阖的人，你就会成为制造麻烦、自取灭亡的亡国者。

故国者，重任也，不以积持之则不立。故国者，世所以新者也，是惮惮，非变也，改玉改行也。故一朝之日也，一日之人也，然而厌焉有千岁之国，何也？曰：援夫千岁之信法以持之也，安与夫千岁之信士为之也。人无百岁之寿，而有千岁之信士，何也？曰：以夫千岁之法自持者，是乃千岁之信士矣。故与积礼义之君子为之则王，与端诚信全之士为之则霸，与权谋倾覆之人为之则亡。三者，明主之所以谨择也，仁人之所以务白也。善择之者制人，不善择之者人制之。

转述：所以说，治国是重大的责任，不依靠长久积累下来的经验学问来把握守持它，是站不住脚的。所以治国又是不断更新交替的事业。这样的国君禅变，并不是国家治理原则、制度发生了变化，而是治理人的地位、等级、佩玉标志的变化。与邦国相比，君臣个人只是一朝一夕的治理，那么为什么还有千年长存的邦国呢？原来它们有已经具有千年历史的可以信赖的法度法统做治国的依据，还有继承了千年道统文统的可以信赖的士人来守持千年的治国法度。一个人活不上百年，却可以成为千年诚信之士，就因为他以千年法度来把握自身。所以说，君王用富有积累长久的礼义之法度来治国则成为王者；用端正、诚恳、礼义周全的人来治国的，则成为霸主；用诡计多端，权谋倾覆的人治国，就会亡国。三条路三种人，明达的君主是要谨慎选择的，是仁人志士必须弄个明明白白的。选择得好的，能统制与管理他人；选择得不好，只能落败于人，听命于人。

感悟：孟子与荀子，都坚决把功利与义理原则对立起来，一方面表现了他们的道德（仁政、王道、义理、礼治、民心、和穆、虞舜式的无为而治）理想主义的坚决性、彻底性，一方面表现了儒家的道学与书生气，以及儒、道二家热衷分析说理的清谈气。比较起来，法家注重功效，注重事功，注重紧紧抓住治国理政的核心问题是政权问题、权力问题、管理驾驭百姓的问题这样一个实打实的认识。

荀子的特点之一是，义理首要，功利不屑，这个说法与孟子一致。义理表现为人治，这一点又从理想主义前进了一步，离实际操作靠近了一步。道德理想主义的结果必然强调人治，人心、人性、人品决定一切，构成了中国式的"以人为本"政治操作学。

至今的中国特色之一要看组织部门的工作，也要看学习型的政党与社会构建。

彼持国者，必不可以独也，然则强固荣辱在于取相矣。身能相能，如是者王。身不能，知恐惧而求能者，如是者强。身不能，不知恐惧而求能者，安唯便僻左右亲比己者之用，如是者危削，綦之而亡。国者，巨用之则大，小用之则小；綦大而王，綦小而亡，小巨分流者存。巨用之者，先义而后利，安不恤亲疏，不恤贵贱，唯诚能之求，夫是之谓巨用之。小用之者，先利而后义，安不恤是非，不治曲直，唯便僻亲比己者之用，夫是之谓小用之。巨用之者若彼，小用之者若此，小巨分流者，亦一若彼，一若此也。故曰："粹而王，驳而霸，无一焉而亡。"此之谓也。

转述：国家并不是君王独自一人来治理的，邦国的强弱荣辱，在于你怎样使用辅佐君王的（丞）相。君王本身也能干，辅相也能干，这样就成就了王者王道。君王自身不能完全胜任，知道有所不足、有所恐惧谨慎，于是去寻找好的辅相，也能强化邦国。自身不足，不知恐惧谨慎，也去寻找辅相，找了些阿谀奉承、搞宗派山头的人做相，那就会出现危险与国力削弱的祸端，达到极点就要亡国。一个国家，往大里用就很宏大，往小里用就很狭小，这里存在着治国用国是往宏大里走还是往狭小里走的分别，也有大用与小用的混杂。大用，就是先考虑义理原则，后考虑利害得失，不分亲疏，不分贵贱，（公平公正）对待，只要求诚信恳切，也就显示了国家宏伟阔大。小用，就是先考虑利害得失，然后才考虑义理原则，不分是非，不辨曲直，只顺着阿谀宗派者的心意办事，这样，就把国家用得狭隘小气了。往大里用国者是那样的，往小里用国者是这样的，用国大小的分别就是一种情况用得宏大，另一种情况用得狭小。所以有个说法是：治国理政，一心大用，就能成为明君王者；大用小用混杂混乱，也能称霸一番；全无遵循章法，全无一定之规，则只能成为亡国之君，说的就是这种情况。

感悟：讲君王的王道或者霸道，讲到"相"上来了，从用相上看出君王的品德与格局来，国家可以大用也可以小用，此话极妙。与个人比较起来，国家是个大概念，但是用小了、狭隘抠搜了的可能也委实存在，需要注意啦！

国无礼则不正。礼之所以正国也，譬之犹衡之于轻重也，犹绳墨之于曲直也，犹规矩之于方圆也，既错之而人莫之能诬也。《诗》云："如霜雪之将将，如日月之光明，为之则存，不为则亡。"此之谓也。

转述：一个邦国，没有礼数礼法，邦国也就无法走上正轨正道，礼能正（规范）国，正如衡器能规范轻重，绳墨能规范曲直，规矩能规范方圆图形。设置好了礼法（衡器、绳墨、规矩），他人就不可能搅乱妨碍其规范性。古诗上说："如霜雪之广大公正，如日月之光明亮堂，这样做就能存在，不这样做就会灭亡！"

感悟：礼是行为举止乃至表情貌态的规范，礼体现的是义理、是仁义、是君子精神君子风度。到了坏人那里，则是用礼掩饰争权、夺利、拔份儿——小人的狭隘卑微与装腔作势。礼又是度量衡与图表工具，具有规范四方、减少胡说八道矫情争拗（本段中叫作诬）的作用。而最后引用的不知名的诗中词句，则是国因王者之大用，而给人们以益发宏伟高大的感受，很动人。

国危则无乐君，国安则无忧民。乱则国危，治则国安。今君人者，急逐乐而缓治国，岂不过甚矣哉！譬之是由好声色，而恬无耳目也，岂不哀哉！夫人之情，目欲綦色，耳欲綦声，口欲綦味，鼻欲綦臭，心欲綦佚。此五綦者，人情之所必不免也。养五綦者有具，无其具，则五綦者不可得而致也。万乘之国，可谓广大富厚矣，加有治辨强固之道焉，若是则恬愉无患难矣，然后养五綦之具具也。故百乐者，生于治国者也；忧患者，生于乱国者也。急逐乐而缓治国者，非知乐者也。故明君者，必将先治其国，然后百乐得其中。暗君者，必将急逐乐而缓治国，故忧患不可胜校也，必至于身死国亡然后止也，岂不哀哉！将以为乐，乃得忧焉；将以为安，乃得危焉；将以为福，乃得死亡焉，岂不哀哉！於乎！君人者，亦可以察若言矣。故治国有道，人主有职。若夫贯日而治详，一日而曲列之，是所使夫百吏官人为也，不足以是伤游玩安燕之乐。若夫论一相以兼率之，使臣下百吏莫不宿道乡方而务，是夫人主之职也。若是，则一天下，名配尧、禹。之主者，守至约而详，事至佚而功，垂衣裳，不下簟席之上，而海内之人莫不愿得以为帝王。夫是之谓至约，乐莫大焉。

转述：国家危难，就不会有快乐的君王；国家平安，就不会有忧心忡忡的百姓（君王自然也不会陷入忧心忡忡）。国家混乱无序，就会危难；国家治理有方，就会平安稳定。如今有些做了国君的人，急于追求享乐，却不抓紧治理好国家，这不是太离谱了吗？这就好比是追求声色享受，却安然于自己脸上并没有长出可用的耳目。人的情欲，眼睛要的是顶级的色相，耳朵要的是顶级的声音，嘴巴要的是顶级的滋味，鼻子要的是顶级的香气，心思要的是顶级的安适。这五方面的欲望，是人们所难以避免的。你如果意欲供给满足五方面的欲望，你需要具有丰厚强固的资源基础。如果没有这样的资源基础，五欲是不能被供养满足的。一个拥有万辆战车的大国，可以说是资源基础广大富厚的了，再加上治理安排有力度而且稳固扎实，那么这个国家的君王肯定是恬淡愉快、没有危难的了，他也就是能够有能力提供供养五欲的基础资源的了。所以说，多方面的快乐都来自治国有方，而种种的忧患，来自国家乱糟糟、急于追求享乐，却不抓紧治国的人，他们是不懂得真正的快乐的。所以说，明达的君王，必定将治理好国家放在首位，而各种快乐，是从治国有方中产生的。昏聩的君王，必定是急于享乐，却不抓紧治理国家的糊涂君王，所以他们的忧患是无法计量的，必定要搞到亡国丢命的程度才罢休，这也太可悲了呀。本来是追求快乐，反而造成了忧愁；本来追求平安，反而成就了危难；本来追求享福，反而搞成自取灭亡，这不是太可悲了吗？身为君王的人也应该比照自察一下上面的话啊！

所以说，治理国家有自己的原理，君主有自己的职责。当然，（说到政务繁多）需要几天处理，那是可以通过任用能干的官吏来协助，在一天之内做出多方面的安排办理的。这样的政务不会妨碍君王的安适与游乐。至于说到任用一个好的相国（丞相），让相去率领百官处理治国政务，让天下官吏走正道、明方向，处理好各种政务，那也是君王的职权之内的事宜。做到如此，就可以统一天下，与尧、禹媲美。这样的人主君王，管理的事务简约却很周详，做事安适却有功效，垂衣静坐，用不着下竹席离位，就赢得了四海之内生民的拥戴，没有不欢迎他担任帝王的。这就叫作极简极要，没有比这更大的快乐呀。

感悟：这一段讲君王（或加上相），即中国封建社会的国家权力顶峰人物的享乐与担当问题。中心意思是，想享乐是难免的，前提是要把国家治理好。治理好了才无忧，不仅君相无忧，而且百姓无忧，百姓无忧是君相无忧的基础与保证。

"国危则无乐君，国安则无忧民"，这话文通字顺，合情合理合修辞，包含了百姓无忧则君相无忧的不言而明的大道理，正是精彩至理。将后半句话也改成无忧君，实在是狗尾续貂。

而且荀子罕见地讨论了君相的生活质量、起居安适、感官需求问题。他既肯定了耳目口鼻心的享乐需求，又指出治理不好国家，就什么需求也满足不了，把国家搞乱了搞灭亡了不但没有乐趣，而且会丢掉性命。荀子务实，体贴君相也是人，也有一般人的好逸恶劳、好乐惧忧的世俗秉性，另一方面，如果他们不能很好地完成自己的职责担当，他们就必定自取灭亡，自找苦吃。荀子将儒家学派的求圣尊贤的理想性，与人类正常求安求乐的世俗愿望，尽量结合统一起来。

想想孔子，他强调君子坦荡荡，强调乐山乐水，强调颜回虽然生活清苦，不改其乐，但是没有进一步，承认人性中的某种享乐追求的合理性。而孟子，他喜欢强调的是：天降大任的人物——当然包括有作为的圣君贤相——必然会先受够活罪。孟、荀都善辩，但是孟子高调，荀子则多了一点两点论，不像孟子那样绝对化。

还有一个观点也很好，君王想安适一点就是善用敢用贤相与文武百官，依靠与信任人才，发挥官员群体的作用。所说垂衣不下簟席云云，也是一种无为而治的意思，与孔子讲的"无为而治者，其舜也与？夫何为哉？恭己正南面而已矣"含义一致。

人主者，以官人为能者也；匹夫者，以自能为能者也。人主得使人为之，匹夫则无所移之。百亩一守，事业穷，无所移之也。今以一人兼听天下，日有余而治不足者，使人为之也。大有天下，小有一国，必自为之然后可，则劳苦耗悴莫甚焉。如是，则虽臧获不肯与天子易势业。以是县天下，一四海，何故必自为之？为之者，役夫之道也，墨子之说也。论德使能而官施之者，圣王之道也，儒之所谨守也。传曰："农分田而耕，贾分货而贩，百工分事而劝，士大夫分职而听，建国诸侯之君分土而守，三公总方而议，则天子共己而已矣。"出若入若，天下莫不平均，莫不治辨，是百王之所同也，而礼法之大分也。

转述：君王的能干在于任用官员，匹夫一般人的能干在于自己的能干。君王有什么任务可以任用别人去做，匹夫遇事无可依靠推托。匹夫维持着一百亩田地，遇到走投无路的情况，没有办法等、靠、要。人主君王只是一人，一人而要关注把握天下的事务与信息，安排仍然不至于满满当当，而是仍有余力，没别的，他任用他人协理诸务。如果一个君王，往大了说拥有天下，往小了说也管着一国，但是他如果事必躬亲，那就会辛苦劳累憔悴到极点，即使是低贱奴婢，也不会接受与人主换位。这样说，治理天下，统一四海，又何苦要事必躬亲呢？事必躬亲，那是底层劳役的路子，是墨子的（"节用"）执论怪论。评选德行，使用贤能，任用官员治国平天下，这才是古代圣王的治国之道，也就是大儒悉心维护之道。

古书上说："农人要分田地而耕作，商人要分货而贩卖，工人匠人要分别为本行业而致力，士大夫要分职守来关注把握，建国开国诸侯要分封地域而守护管理，三公则是议论研讨全国性大政大事，那么君王呢，（他用人用得好，分工分得好）在那儿拱手而立，享受治理的成功大业也就齐了。"内外政务，都本着这样的思路去做，天下诸事，无不公正，无不得到适当处理安排，古往今来，各地各处的君王，莫不如此，这才是礼法的大治大用啊。

感悟：俚语云："手大捂不过天来。"荀子通篇强调分工，强调用人，用德才兼备之人，强调社会百业各有其道。反对只讲一面理的墨子学说。应该说，荀子学说对于君相百官，有它亲和体贴务实可操作的一面，他强调国君的责任与大权，更强调组织构建及使用好执政团队尤其是用好辅相的意义。

百里之地，可以取天下，是不虚，其难者在人主之知之也。取天下者，非负其土地而从之之谓也，道足以壹人而已矣。彼其人苟壹，则其土地且奚去我而适它？故百里之地，其等位爵服，足以容天下之贤士矣；其官职事业，足以容天下之能士矣；循其旧法，择其善者而明用之，足以顺服好利之人矣。贤士一焉，能士官焉，好利之人服焉，三者具而天下尽，无有是其外矣。故百里之地，足以竭势矣；致忠信，著仁义，足以竭人矣。两者合而天下取，诸侯后同者先危。《诗》曰："自西自东，自南自北，无思不服。"一人之谓也。

转述：有个百里见方的土地，就可以把握治理天下，这是实话。但是（仍然有问题），问题在于百里见方的地域的君王，知道不知道以小国而取天下的成就之道。把握天下，不是说天下人背负着土地来跟随哪个君王，而是指你的大道足以使天下人与你一致。如果与你一条心了，他们的土地又能跑到哪里呢？你又有什么必要去追逐他们的土地呢？百里见方的土地，足以容下天下的贤士，足以安排官员的等级、爵位、官服，也足以安排天下有能力的士人们的职责与事业，（做得到各得其位，各得其职）遵循各地原有的法度，选择其好的部分继续施行，足以使贪图利益的人服膺。一个是贤德之士人与你一心，能干的人才得到官职，贪图利益的人也服膺于你，这三种人都顺服于你也就用尽了人才，再无其他啦。你看，百里见方的土地，足以取得天下所有权力，再做到忠信可靠，彰显仁义可亲，也就足以取信于天下所有人民。一个势一个人两者合起来，你也就取得天下的王权了。诸侯当中谁在臣服认同上落在后边，谁就在陷于危亡上处于前边。

《诗经·大雅·文王有声》上说，"从西到东，从南到北，不管怎么想，没有不服膺的"，指的就是统一了人心。

感悟：说的是人本，民本，心本，开疆拓土远没有感召天下人心民心重要，疆土是随着人走的，得人则得疆土，失人则失疆土，人是本，疆土是末。人呢，一个是贤德，贤德才能赢得民心；一个是人才，人才能够为官办事，辅佐君王，治国平天下；最后一个是好利，好利者必须、必定会服膺王者，只有王者才能提供民人的福利。

所以说王者伟大，所以说周文王是王者典范，因为他是典范所以他统一了"天下"，因为他统一了"天下"所以可以证明他是典范，这里有互为论据、循环论证的味道。但是这里讲的不是逻辑，不是数学证明题，这里讲的是儒家的理想，是道德感召，是对于美善的倾心，也是一种令人赞美欢呼的信念，是修身齐家治国平天下的战略性、整体性高论。

但是后来结束春秋战国乱局、统一六国的是秦始皇。这说明，战略有战略的作用，战术有战术的作用，人心能带来疆土，疆土也能带来人心，服膺能带来有利形势，有利形势也能带来服膺，知其一不知其二三，未知其可也。

羿、蠭门者，善服射者也；王良、造父者，善服驭者也；聪明君子者，善服人者也。人服而势从之，人不服而势去之，故王者已于服人矣。故人主欲得善射，射远中微，则莫若羿、蠭门矣；欲得善驭，及速致远，则莫若王良、造父矣；欲得调壹天下，制秦、楚，则莫若聪明君子矣。其用知甚简，其为事不劳，而功名致大，甚易处而綦可乐也。故明君以为宝，而愚者以为难。

转述：后羿、蠭门，善于射箭；王良、造父，善于驾车；聪明的君子，善于使别人服膺。有人服膺，就有了权势，没有人服膺，也就失去了权势。所以说到底，王者之成为王者，恰在于令人服膺。所以说君王需要射箭好的人，你就要去找后羿、蠭门；你要找驾车驾得好、走得又远又快的人，你就去找王良、造父；而你要统一天下呢，你就需要去找聪明君子。聪明君子所用的智慧非常简单，他做事不辛劳而功名极大，很容易相处而极其乐观，所以明君以任贤为宝，愚者以任贤为难。

感悟："王者已于服人矣"，这话说得似乎很有常识，但又似不够专业。服人，人人都服了你，你不就成了天下的王者，成了王天下的领衔者了吗？但服与不服的情况差别极多，一是王者之争不是赛田径赛球，谁服谁并不清晰，该服还是不该服，也缺少定论。周文王太远了，更像传说中的符号、被纪念的人物，骂的人不多。秦始皇大不然，自古以来骂者骂之，捧者捧之，服者服之，痛恨者痛恨之。王莽、曹操、隋炀帝以及唐宋元明清直到民国的大人物，服人不服人，实难说得清楚。服什么人？服百姓还是服后羿、蠭门、王良、造父这样的尖子人才？还有如果是讲民粹，今天服了明天烦了，造势而服、随大流而服，转眼行市大变，从暴涨变为崩盘，古今中外也不罕见。

另外服人也并无一定之规，有由于仁德过人而服的，有因为智谋超群而服的，有因为夤缘时会而服的，有各种千奇百怪的缘由让你服人或不服人不服众，服了就了（已矣）啦？恐怕没有这么简单明快。

夫贵为天子，富有天下，名为圣王，兼制人，人莫得而制也，是人情之所同欲也，而王者兼而有是者也。重色而衣之，重味而食之，重财物而制之，合天下而君之，饮食甚厚，声乐甚大，台谢甚高，园囿甚广，臣使诸侯，一天下，是又人情之所同欲也，而天子之礼制如是者也。制度以陈，政令以挟；官人失要则死，公侯失礼则幽；四方之国，有侈离之德则必灭；名声若日月，功绩如天地，天下之人应之如景向，是又人情之所同欲也，而王者兼而有是者也。故人之情，口好味，而臭味莫美焉；耳好声，而声乐莫大焉；目好色，而文章致繁妇女莫众焉；形体好佚，而安重闲静莫愉焉；心好利，而谷禄莫厚焉。合天下之所同愿兼而有之，睾牢天下而制之若制子孙，人苟不狂惑戆陋者，其谁能睹是而不乐也哉！

欲是之主，并肩而存；能建是之士，不世绝；千岁而不合，何也？曰：人主不公，人臣不忠也。人主则外贤而偏举，人臣则争职而妒贤，是其所以不合之故也。人主胡不广焉，无恤亲疏，无偏贵贱，唯诚能之求？若是，则人臣轻职业让贤，而安随其后。如是，则舜、禹还至，王业还起；功壹天下，名配舜、禹，物由有可乐，如是其美焉者乎！呜呼！君人者，亦可以察若言矣。杨朱哭衢涂，曰："此夫过举跬步，而觉跌千里者夫！"哀哭之。此亦荣辱、安危、存亡之衢已，此其为可哀，甚于衢涂。呜呼！哀哉！君人者，千岁而不觉也。

转述：一个地位高贵到天子、拥有全天下的财富，有着圣人的名声的君王，管着全体民人，而他人管不了他。想成为这样的角色是人之常情，而这些王者全部拥有。有众多形色的上好衣服可穿，有众多味道的上好食品可吃，有众多财物意欲将它们握于己手，要统一天下、君临天下，饮食非常丰厚，乐声演奏气势宏大，台榭高耸，园林广阔，能做到指挥诸侯，统一号令，这样的意愿，也属人之常情。天子制定的礼数制度就是这样的。制度形成，政令完备，官吏背离了政策法令就要被处死，诸侯违背了礼法，就会被幽禁，四方诸侯国家，如果有分离悖逆的表现就必定会灭亡，使自身的名声如日月之光辉，使自身的功劳成就与天地一样伟大而且长久，使天下之人处处跟随自己响应自己，如影之随形，回响之随声，这又是人之常情常理。只有王者，才能方方面面兼而有之。人之常情，口腹要求美味，谁的美味也比不过王者的餐食；耳朵要求美声，哪儿的美声也赶不上王者拥有的乐音；眼睛要求美色，这方面又有谁能比得上王者看到的那样的丰美；形体要求安逸舒服，谁也享受不到王者的那种休息安适；心中要求利好，谁也比不上王者所能得到的利禄供奉。总而言之，凡是人们所希望有的王者那儿都齐全了，管理天下顺当得如同管制自己的儿孙一样，天下人只要不疯不傻，谁能见到这样的情况而不眼馋羡慕呢？

想达到这一步的君王主子有的是，能帮助君王主子达到目的的士人也从来没有断绝过，但是许多年过去了，没有怎么见过这样的主子与这样的士人的成功遇合。什么原因？人主不公，人臣不忠啊！人主怀着偏见，冷落贤良，偏颇所好，人臣互相争权，嫉妒贤人，这还有什么希望实现明主与贤臣的遇合呢？人主为什么不能胸怀宽广，不考虑与自身的亲疏远近，不偏重臣子的门第高低，只求诚信能干者来信用？这样人臣们也就不贪权力恋职位，而是见贤让位，踏踏实实地跟着贤人走。如此这般，等于虞舜与夏禹回到世上，王者事业重新复兴，其功业足可统一天下，声名匹配虞舜、夏禹，世上还能有比这更伟大美好的事情吗？

君王们可以想想这个话。杨朱曾经在道路的十字路口痛哭，他说："这样的路口，如果走错半步，相差就远在千里了！"他哭得很悲哀。这也是君王邦国的荣辱存亡的路口，走错了的话，比起走上迷途可悲得多了。哎呀，太可悲了，君王走错了路，脱离了贤臣，也许一千年过去了，自己还不明白呢！

感悟：说一千道一万，团队最重要。比如项羽，个人条件一对一地比较，远胜刘邦，但是刘邦的团队里张良、萧何、韩信、周勃、陈平，直到樊哙，班子极强大，而项羽连一个范增也不依靠。

帝王起事后或贤主隆盛时期能够构建成超强的团队，古代称这种选拔辨识信任使用的过程为遇合、知遇，即君王知人遇人，人才知主遇主，乃有知遇之缘，知遇之恩，如姜尚、管仲之遇明主，都是著名的佳话。

《吕氏春秋·遇合》中有言："凡遇，合也。时不合，必待合而后行。"讲的是时机、时运、机遇，到了这个时间点上，贤臣碰到明君，做成大事，无所不胜。《史记·佞幸列传》也说："谚曰：'力田不如逢年，善仕不如遇合。'固无虚言。"就是说，努力种田不如遇上好年景，善于当官不如遇上好君王。这里干脆把君王的用人得人、大业成功，与臣子的官运兴隆、业绩辉煌、诸事胜意、八面得风，归为天机运命；没有这个时运，没到这个节点，再好的明君贤臣，你也成功不了。

儿家在他们讲究的修齐治平大业中，强调的是道德修养、克己复礼，但荀子也看到了时机的重要性，乃至某些偶然因素的存在，只能解释成运与命的时间点。遇合遇合，遇是碰上的遭遇，合是赶上，是几何的相交点，不易说清楚，也不像孔子那么只强调反求诸己了。

而且荀子讲这个话没有故意拔高调门，他说了王者的大业，也说了王者的养尊处优、自我满足，不但说到王者的威风权势、君临天下、颐指气使，甚至也承认王者才能有最高最大最美的生活与器官享受，直到说这是人之常情。荀子实际上承认了，王者也有俗人的世俗性这一面，这是先秦诸子，特别是儿家巨擘中不多见的。

无国而不有治法，无国而不有乱法；无国而不有贤士，无国而不有罢士；无国而不有愿民，无国而不有悍民；无国而不有美俗，无国而不有恶俗。两者并行而国在，上偏而国安，在下偏而国危；上一而王，下一而亡。故其法治，其佐贤，其民愿，其俗美，而四者齐，夫是之谓上一。如是，则不战而胜，不攻而得，甲兵不劳而天下服。故汤以亳，武王以鄗，皆百里之地也，天下为一，诸侯为臣，通达之属，莫不从服，无它故焉，四者齐也。桀、纣即厚于有天下之势，索为匹夫而不可得也，是无它故焉，四者并亡也。故百王之法不同，若是，所归者一也。

转述： 没有哪个国家没有良好的法令，就可以治理成功；也没有哪个国家没有恶劣的法令，就可能制造与引导混乱的发生。没有哪个国家是没有贤良之士，也没有哪个国家没有庸劣之人。没有哪个国家没有奉公守法的百姓，也没有哪个国家没有剽悍好斗的百姓。没有哪个国家没有美好淳厚的风习，也没有哪个国家没有恶劣浅薄的风习。一个国，这两方面都是会存在的，偏倾于前者正面的那些东西，国家是安全与顺利的，偏倾于后者负面的那一套，这个国家就是处于危殆之中的了。能够做到"上一"（即做到前者正面的那些特点），这个国家就能王天下。成了"下一"（即陷于后者负面的状态和特征），国家就灭亡了。一个国家，它的法令完备健全，它的辅佐是贤良之士，它的百姓奉公守法，它的风习美好淳厚，四方面都做到了，叫作上一。做到了上一，就能不打仗而胜，不进攻对手而获得成果，不动用武力而让天下服膺。所以商汤靠的是亳地，武王靠的是鄗地，方圆不过百十来里地的地盘，取得了天下统治权，诸侯称臣，凡是能够到达的地方，没有不服从的。没有其他原因，就是因为四方面的全面达标。而夏桀商纣这种人，他们本来占据了臣服天下的优势，最后想当个老百姓也做不到，也没有其他原因，因为四个方面他们都做不到。诸侯国王多是多，其治国途径也是多种多样，但归根结底，是称王天下，还是灭亡完蛋，关键在于这个"上一"还是"下一"上。

感悟：这大体上属于中华文化传统中的文化立国、文化选择立国论。人类的生理需要、饮食冷暖，大致相同或相似，但以族群为单位或类属的文化选择则各有千秋。荀子的分析很精彩，一个诸侯国家，君相权力系统，可能法治成功，执了好法，执好了法，就把国家治理得好，也可能法治失败，因为制定了恶法，执坏了法，而使国家危殆，乱象丛生。它们可能起用了贤良人才而成功，也可能用了品德不端之辈而失败。这里值得注意的是荀子没有说是因为用了奸佞、乱臣、贼子、暗藏的敌人而失败，你只要是不用贤能用宵小就会自取灭亡。再讲下去的两方面，看起来是民间情况。很好，荀子也重视民间状况，一个是民风，一个是民俗，一个是希望百姓老实谨慎、奉公守法，一个是希望风俗习惯美善淳厚而不是奸损刻薄欺诈恶毒。

这些论述似乎正确得无可争议。问题在于，第一，什么叫治法，什么叫乱法，什么叫贤士，什么叫罢士，什么叫愿民，什么叫悍民，什么叫美俗，什么叫恶俗，最后什么叫上，什么叫下，什么叫上一，什么叫下一，并不是所有人对此的见解都一致。

第二，天下诸国，并不是只有黑白分明的治乱、贤罢、愿悍、美恶两种选择，治中有乱，乱中求治，贤者有昏，罢者有知（所谓"智者千虑，必有一失，愚者千虑，必有一得"），愿者有怒，悍者有义，这都是可能的。

第三，家国与家国、地域与地域、这一代和另一代、个人与个人是有利益摩擦或冲突的，各讲各的治乱，各讲各的贤罢，各讲各的愿悍，各讲各的美恶，也是常见的。

第四是四方面的状况，不见得一个好其余三个都好，但一个没有做好其余三个也必然都失败。法制定得很好，但是没有用对人；老百姓都很老实，正因为老实容易被坏人利用；好风俗，坏风俗，好法令，坏法令，都有分寸把握与过犹不及的问题，各种情况互相转化，因治而骄，因传统与实力而昏，因罢而败，因败而谨慎精微，因精而胜也是可能的。不一定齐好齐坏。

第五、王或亡、王天下或亡国亡家亡头，不同结果的形成，君相权力系统的文化选择、政治路线选择、任用人才选择所起的作用固然很大，毕竟也还有其他因素，天灾人祸、地理历史、偶然因素，都有发挥影响作用的可能，同样的好法，好人，良民，良俗，状态不同，而结局不同，完全是可能的。认为这四方面就是万能药方，荀子用意虽好，讲得还是有小葱拌豆腐之嫌，一清二白，反而天真了些。

上莫不致爱其下，而制之以礼。上之于下，如保赤子。政令制度，所以接下之人百姓，有不理者如豪末，则虽孤独鳏寡必不加焉。故下之亲上，欢如父母，可杀而不可使不顺。君臣上下，贵贱长幼，至于庶人，莫不以是为隆正；然后皆内自省，以谨于分。是百王之所同也，而礼法之枢要也。

然后农分田而耕，贾分货而贩，百工分事而劝，士大夫分职而听，建国诸侯之君分土而守，三公总方而议，则天子共己而止矣。出若入若，天下莫不均平，莫不治辨。是百王之所同，而礼法之大分也。

若夫贯日而治平，权物而称用，使衣服有制，宫室有度，人徒有数，丧祭械用皆有等宜，以是用挟于万物，尺寸寻丈，莫得不循乎制度数量然后行，则是官人使吏之事也，不足数于大君子之前。故君人者，立隆政本朝而当，所使要百事者诚仁人也，则身佚而国治，功大而名美，上可以王，下可以霸；立隆正本朝而不当，所使要百事者非仁人也，则身劳而国乱，功废而名辱，社稷必危，是人君者之枢机也。故能当一人而天下取，失当一人而社稷危。不能当一人，而能当千百人者，说无之有也。既能当一人，则身有何劳而为？垂衣裳而天下定。

故汤用伊尹，文王用吕尚，武王用召公，成王用周公旦。卑者五伯，齐桓公闺门之内，县乐、奢泰、游抏之修，于天下不见谓修，然九合诸侯，一匡天下，为五伯长，是亦无他故焉，知一政于管仲也，是君人者之要守也。知者易为之兴力，而功名綦大。舍是而孰足为也？故古之人有大功名者，必道是者也；丧其国危其身者，必反是者也。

故孔子曰："知者之知，固以多矣，有以守少，能无察乎？愚者之知，固以少矣，有以守多，能无狂乎？"此之谓也。

转述：君王没有不珍爱自己的下属的，同时要以礼法规范他们。君王对于下属，像保护婴儿一样地爱护他们。政令制度，是对待百姓的规矩，即使是一星半点，即使是对待鳏寡孤独弱势者，任何不合理法的事情都是不可以做的。所以下属百姓拥戴君王，欢迎顺从如对自己的父母，即使在生死关头，也不会反目逆向。君臣、上下、长幼、老百姓，都认定这是最根本最重大的原则，从内心里维护实行，不敢大意，在各个诸侯国家中，这一点是相同的，这也是一切礼法的枢纽所在。

然后则是农民分别在不同田地种植，商贾分别以不同货物（行业）贩卖，工匠分别从事不同工种，士大夫高官分别担负不同职守，开国后成为诸侯的君王们，分别在自身疆域中守护。在天子

（中央政权）这边，三公总理天下大事，帝王只需拱手而坐就行。对内对外，都是这样，公正平衡，什么事情都能处理安排好。这是众君王治下的共同规律与礼法要义。

至于日日连续公平合理地处理诸事，衡量万物的使用之道，衣装有规格，宫室有尺度标准，尺、寸、寻、丈，各有其长短轻重，都有制度数量规则，这些事官吏（公务员）都能掌握推行，不需要伟大君王们亲自过问。君王在本朝确立大政方针与朝纲礼法，又依靠仁德宰相处理各方面事务，君王本人安逸治国，功成名就，往高了做能称王，低一点也能称霸。

反过来说，如果大政方针与朝纲礼法没有确立，使用的人才又不是仁德之士，君王会疲于奔命而国家乱糟糟，事情办不好而且得到恶评污名，国家危殆。这正是对君王的根本要求。所以说，你能用对一个宰相，天下都能服你，你用错一个宰相，国家也会危亡。而你一个连宰相也用不对的人，百人千人众人你又岂能用得好？这是无稽之谈。既然能用对一名宰相，你君王还有什么可辛苦的呢？安宁地坐在那里，天下便太平顺遂。

所以说，商汤用（依靠）的是伊尹，文王用（依靠）的是吕尚（姜太公），武王用（依靠）的是召公，成王用（依靠）的是周公旦。比他们水平低一等的是五霸，齐桓公，他整天在宫内追求奢靡享乐，但并没有被天下人指摘为追求享乐，而且能多次会盟诸侯，引领天下走上正路，坐上春秋五霸的头把交椅。原因在于，他用了管仲为相，任命了一个好宰相。这是君王的首要使命。在这种情况下，智者贤君任用良相人才，就能够兴旺国家且获得功劳名望。除了这个，难道还有什么更要紧的事宜吗？古人当中，有大成就的人，都按照这个道理行事，而凡是失败荒废、身败名裂的人，肯定是反其道而行之。

孔子说过："智者的智慧很多，但是他们要管的事则很少，能不明察吗？愚者的智慧很少，但是他们要张罗的事很多，他们能不是狂乱抓瞎的吗?"讲的就是这样一个道理。

感悟：有几个重点。第一是爱护与纲纪规范结合。掌握权力的君王，仁者，爱民如子，爱臣如兄弟，臣民则爱君如父母。统治与被统治，奠基于君王、君相与臣民、臣下的互爱，互爱体现于纲纪礼法，不是奠基于平等与宗教信仰，或者可以说纲纪礼法正是中国长久的封建社会的准宗教。

通过严守纲纪礼法来爱护臣民，使臣民不受惩罚，使君王快乐仁慈、尽显仁爱，而在这种情况下就能令天下臣服，自然万物顺畅，百姓欢娱，国家富强，诸业兴隆。

第二是有分工，工农官民君臣商贾，各有各的地盘，各有各的行当，各安其分，各行其道，有规矩，有秩序，井井有条。

治国者分已定，则主相臣下百吏，各谨其所闻，不务听其所不闻；各谨其所见，不务视其所不见。所闻所见诚以齐矣，则虽幽闲隐辟，百姓莫敢不敬分安制，以化其上，是治国之征也。

转述：治理国家权力系统诸角色，各有其确定的分工职守，各人应该严谨地对待他们所知道、所听闻的，不去打听那些他们不需要知道或并无了解的；各人应该严谨地对待他们见到的、明白了的，而不去干预那些他们未曾见过与并不明了的。（官吏们）各安其事，各守其分，那么即使是在幽微偏僻的地区，百姓也不敢不按制度办理事务，这是国家治理得好、君王教化得好的表征。

感悟：一个是严密分工，不在其位不谋其政，所知所闻所见的领域与你分工职守的领域切合，不越界，不越位，不渎职，不失职。同时，不论怎样分工，有一个齐字，有统一的规范，有一致一体的标准，上下一致，远近一致，大小一致。保持规范性。

主道治近不治远，治明不治幽，治一不治二。主能治近则远者理，主能治明则幽者化，主能当一则百事正。夫兼听天下，日有余而治不足者，如此也，是治之极也。既能治近，又务治远；既能治明，又务见幽；既能当一，又务正百：是过者也，过犹不及也，辟之是犹立直木而求其影之枉也。不能治近，又务治远；不能察明，又务见幽；不能当一，又务正百，是悖者也，辟之是犹立枉木而求其影之直也。故明主好要，而暗主好详；主好要则百事详，主好详则百事荒。君者，论一相，陈一法，明一指，以兼覆之，兼炤之，以观其盛者也。相者，论列百官之长，要百事之听，以饰朝廷臣下百吏之分，度其功劳，论其庆赏，岁终奉其成功以效于君。当则可，不当则废。故君人劳于索之，而休于使之。

转述：治国的要道在于抓住切近的事务而不是遥远的事务，抓住明显的要务而不是幽暗隐藏着的问题，抓住第一位的要务而不是主要政务之外的杂七杂八。主要的切近的事务办好了，距离遥远的事务的处理也会随之向好；把主要的明显的问题解决了，也会帮助幽隐的问题的解决；把主要的第一位事务搞定了，其他纷纭诸事也会随着做好。兼听天下，全面掌握信息，以充分的把握与丰富的预案去面对有限的任务，君王能够做到这一步，是最佳的治理。能够又治近又治远，既治明又治暗，既治第一位的政务又治其他纷纭诸事，这样的治事意图超过了实际的可能，过犹不及。打个比方，这就好比是竖起一根直挺挺的木头却要求它的影子歪来扭去（这是做不到的）。而如果你治理不了切近的事务偏偏要治理相隔遥远的事务，弄不清明显的问题却要解决晦暗幽微的问题，做不好第一位的事情却想做好其他纷纭诸事，这就是荒唐悖谬，这好比是竖起一根歪歪扭扭的木头却想要它的影子直端端。所以说，明达的君王注意要务，糊涂的君王反而喜欢详密周全，日理万机，事必躬亲。其实能抓住抓好要务，百事都能得到兼顾，而只会抓杂多事务，反而会使事务荒废错乱。君王，主要的任务是选好一个相国，制定一部好法规，明确一个中心目标，兼顾其他诸事，照亮其他诸事，然后就可以去观赏国事的盛况了。至于相国，他是百官的老大，整顿理顺百官的职守，衡量百官的功过，决定百官的刑赏，一年年向君王负责，自己的事功，做得好做得对，就会得到肯定，可以继续效忠效劳，干得不妥当，就会被废黜罢免。所以说君王求索选好一个好相国，那是很辛苦的事，使用起相国来，君王就安逸踏实多了。

感悟：用现代语言来说，做事要抓住牛鼻子，抓住关键枢纽，抓住主要矛盾。要由近及远，由明及暗，由大及小，由易及难。要分轻重缓急，要发挥辅佐的作用。要保持以多胜少，以大胜小，以丰富胜简单，以主动选择胜抓瞎应付的优势，永远不使自己陷于被动，陷入重围，陷于十个手指捉虱子、疲于奔命、八面防御、顾此失彼、捉襟见肘的地步。这更像是用兵之道。

当然，这个东西也不能简化固化，有正面迎上的，也有侧面迂回、声东击西的时候，有就近抓起的必要，也有"人无远虑，必有近忧"的教训。有从明处做起的方便，也有见微知著的必要。而治一不治二的说法，也颇有可疑，比较起来还是毛泽东的"弹钢琴"之说更可行也更有说服力，钢琴弹起来十个手指头都要用，但轻重缓急有不同，主次结构配合有不同，比起荀子的治一不治二说还是高明得多。

用国者，得百姓之力者富，得百姓之死者强，得百姓之誉者荣。三得者具而天下归之，三得者亡而天下去之；天下归之之谓王，天下去之之谓亡。

汤、武者，修其道，行其义，兴天下同利，除天下同害，天下归之。故厚德音以先之，明礼义以道之，致忠信以爱之，赏贤使能以次之，爵服赏庆以申重之，时其事、轻其任以调齐之，潢然兼覆之，养长之，如保赤子。生民则致宽，使民则綦理，辩政令制度，所以接天下之人百姓，有非理者如豪末，则虽孤独鳏寡必不加焉。是故百姓贵之如帝，亲之如父母，为之出死断亡而不愉者，无他故焉，道德诚明，利泽诚厚也。乱世不然，污漫突盗以先之，权谋倾覆以示之，俳优、侏儒、妇女之请谒以悖之，使愚诏知，使不肖临贤，生民则致贫

隘，使民则綦劳苦。是故，百姓贱之如倔，恶之如鬼，日欲司间而相
与投藉之，去逐之。卒有寇难之事，又望百姓之为己死，不可得也，
说无以取之焉。孔子曰："审吾所以适人，适人之所以来我也。"此之
谓也。

转述：（拥有）领导一个国家，能得到百姓的合力支持，它就是
富足的；能得到百姓的拼命维护，它就是强大的；能得到百姓的赞
誉拥戴，它就是光荣的。这三个方面都具备了，天下的心都会归向
于你；这三方面都失掉了，天下也就离心离德了。得到民心，就是
王者；失掉民心，就是亡国之君。

商汤、周武王，遵循天道，实行义理，启动符合天下共同利益
的事业，消除天下共同祸害，天下之心也就归顺于他们。能涵养德
性在先，以礼义引导相继，以仪典奖赏突出治理要求，注意时序，
按时处事，注意可行性、可操作性、简易性，安排调配，统筹兼
顾，做到忠诚守信、仁爱人民，崇尚贤能、安排次序，养护臣民如
自己的孩子。宽厚地对待民人，合理地使用民力，决策政令制度都
接地气，与百姓的情况对接；尤其是对待孤独鳏寡、弱势群体，不
能有丝毫的亏待之处。所以，百姓看这样的君王如同老天爷，敬爱
他们如对待自己的父母，为君王出生入死、肝脑涂地，不会打折
扣。这里没有其他原因，就因为他们的君王道义光明正大，利益充
沛满满，无可挑剔。乱世的情况不同，卑污下作，巧取豪夺，阴谋
诡计，尽显恶劣。一些优伶、侏儒、女眷掺和政事，让愚蠢者去教
化智者，让不成样子的人高居贤士之上，使得百姓贫困，使役困
苦。老百姓看掌权者如女巫鬼魅，只想找机会摆脱驱逐，遇到外敌
来犯，希望百姓为之效死，那是不可能的，自是不可取的。孔子
说："想想你怎么对待别人，就明白别人怎么对待你了。"

感悟：邦国、天下的基础是民人，权柄治理引领的中心是民人。亲
民、爱民、恤民、护民，得民心，得天下；失民心，失天下，失一
切。孟子、荀子，这方面的认识是到位的，但限于道德说教，没有接

触到制度、法理的保证。

伤国者，何也？曰：以小人尚民而威，以非所取于民而巧，是伤国之大灾也。大国之主也，而好见小利，是伤国；其于声色、台榭、园囿也，愈厌而好新，是伤国；不好修正其所以有，啖啖常欲人之有，是伤国。三邪者在匈中，而又好以权谋倾覆之人，断事其外，若是，则权轻名辱，社稷必危，是伤国者也。大国之主也，不隆本行，不敬旧法，而好诈故。若是，则夫朝廷群臣亦从而成俗于不隆礼义，而好倾覆也。朝廷群臣之俗若是，则夫众庶百姓亦从而成俗于不隆礼义，而好贪利矣。君臣上下之俗，莫不若是，则地虽广，权必轻；人虽众，兵必弱；刑罚虽繁，令不下通。夫是之谓危国，是伤国者也。

儒者为之不然，必将曲辨：朝廷必将隆礼义而审贵贱，若是，则士大夫莫不敬节死制者矣。百官则将齐其制度，重其官秩，若是，则百吏莫不畏法而遵绳矣。关市几而不征，质律禁止而不偏，如是，则商贾莫不敦悫而无诈矣。百工将时斩伐，佻其期日，而利其巧任，如是，则百工莫不忠信而不楛矣。县鄙将轻田野之税，省刀布之敛，罕举力役，无夺农时，如是，则农夫莫不朴力而寡能矣。士大夫务节死制，然而兵劲。百吏畏法循绳，然后国常不乱。商贾敦悫无诈，则商旅安，货财通，而国求给矣。百工忠信而不楛，则器用巧便而财不匮矣。农夫朴力而寡能，则上不失天时，下不失地利，中得人和，而百事不废。是之谓政令行，风俗美。以守则固，以征则强，居则有名，动则有功。此儒之所谓曲辨也。

转述：危害国家的事情有哪些呢？可以说，一个是重用小人，让他们高高在上、作威作福；一个是巧立名目，搜刮民脂民膏，这是危害国家的大祸患。大国的君王，贪图小利，是危害家国；这样的君王，在声色享受、台榭建筑、王室园林方面，越是拥有越是尊享越是没够，这是危害家国；不好好地调理安排已有的一切，却老是意欲夺他人之所有，就会伤害己国。这几种邪念藏在心里，加上喜欢任用耽于权谋、翻云覆雨的人判断处理政务（不走正道），这样的话，必定是权力轻忽，声名狼藉，江山危殆，为害家国。一个大国的君王，不推崇正道，不抓根本，不尊重传统法制，而喜欢搞阴谋诡诈，那么朝廷众臣也会形成不尊崇礼法义理的内气，耽于权谋。朝廷群臣形成了这种风气，那么老百姓也学着样，不尊崇礼法义理，而是贪图私利。君臣上下，都形成了这样的风气，就会导致领土虽大而权威轻薄，人口虽多但兵员孱弱，刑罚烦琐但法令不能下达，这个国家变成了危殆之国，正是由于上述伤害国家的诸事。

儒家不可能认同这种有害的邪理歪念，必然会对之有所辩驳批判：朝廷一定要推崇礼法义理，审察区分高低贵贱。这样的话，士大夫都会谨守节操与效死礼制。百官也会规范行事礼制与官事政务的秩序，各官吏也必定要敬畏法制，遵守标准。国家对于通关与贸易有所检测，但不会任意收费，公正执行关于价格评议与有所禁止的规定，并无偏私。这样的话，商人也都诚恳老实，无欺无诈。百工匠人，按规定时间伐木取材，宽限从容，发挥能工巧匠智慧技巧。这样的话，工匠们货真价实，忠诚守信，不会偷工减料。四郊农村，减少田地赋税，减少钱币收敛，减少劳役负担，不影响耽误农时。这样的话，农民也都质朴尽力，没有花招旁骛。士大夫能够追求名节，效死礼制，这个邦国的士兵也就强劲有力。官吏们敬畏法律，遵守标准，这样的邦国也就不生乱局。商贾们朴厚诚实，没有奸诈，那么商旅平安，财货流通，国家需要的，都能得到供给。工匠们货真价实，忠诚可信，没有偷工减料，各种用具器物质量优良，效益充盈。再加上农民质朴耕种，心无旁骛。那就能够上不失天时，下不失地利，中间还获得了人和之便，百事俱全，什么也没有废弛耽误。这就叫政令实施，风俗美善，守卫坚固，进攻强有力。居留本地，名声响亮，有所举动，效绩成功，这才是儒家的治理之道啊。

感悟：儒家的使命感在于以文化人，以文化君，成为帝王师，成为政治风气、社会风气、文化风气、权力运用的扶正祛邪的引领者、教化者、圣贤榜样。

荀子念念不忘的一是用人，不要用小人、低俗之人，不要使得小人得志，君子向隅。二是义利之辨、本末之辨、礼与非礼之辨，万事万物，都有自己的是非、规矩、秩序、礼法，必须有所恭敬、有所遵循、有所坚守。三是反权谋倾覆，严防政治舞台的阴谋诡计奸诈化，这很重要，同时这也是知其不可而为之、而言之，古今中外，哪个政治领域里没有权谋呢？想想春秋战国和东罗马帝国的拜占庭权谋故事，呜呼痛哉！

荀子在这里还透露了这样一个观点，权力系统对全邦国的社会风气的形成，责任巨大；权力自我约束、自我规范、爱民如子、适可而止、诚信忠厚、公道正派，这样从君相到官吏，到士人到各行各业百姓，也就走上正道，摒弃邪恶，治理成功，称王天下了。反其道而行，则是垮台灭亡，一败涂地。

君道

君王的治国之道，一在纲纪——大道、仁德、礼义；二在用人，求贤若渴、聚才如神，有亲信近臣，更有相国辅佐；三在君王个人的道德素质与心理品质：开阔、宽厚、包容、大度、淡定、理智、务实。

有乱君，无乱国；有治人，无治法。羿之法非亡也，而羿不世中；禹之法犹存，而夏不世王。故法不能独立，类不能自行；得其人则存，失其人则亡。法者，治之端也；君子者，法之原也。故有君子，则法虽省，足以遍矣；无君子，则法虽具，失先后之施，不能应事之变，足以乱矣。不知法之义，而正法之数者，虽博临事必乱。故明主急得其人，而暗主急得其势。急得其人，则身佚而国治，功大而名美，上可以王，下可以霸；不急得其人，而急得其势，则身劳而国乱，功废而名辱，社稷必危。故君人者，劳于索之，而休于使之。《书》曰："惟文王敬忌，一人以择。"此之谓也。

转述：有混乱荒唐的君王，却并没有自来必定荒唐混乱的国家；有能够实现治理的人君人臣，并没有自来必定能实现与完成治理的法典法律法制。后羿射箭的方法并没有灭绝，但是后羿的箭术本身并不能使后人百发百中；夏禹的法制仍然存在，但是这个法制并不能保证夏禹的后代世世为王。所以说，法并不能独自成立，条例也不能自行实施。法理条例，只有遇到了合适的人君人臣，才能存在与生效，而失去了这样的人君人臣，多么好的法也等于灭亡废弃了。法制，是治理国家的根本；君子，是实行法制的根本。所以说，有了君子，法虽然简略乃至语焉不详，却足以治理天下；没有君子，法虽然全面具备，仍然是先后无序，事变难于应对，显现出乱象。不懂得法制的义理与出发点，却只是从条文上增加数量，制定越来越多的法律，碰到实际事宜却会更加混乱。所以明达的君王急于获得人才，昏乱的君王急于获得权势。急于得人的明君，自身安逸而国家治理良好，事功巨大且名声美好，往上说是王者，往低了说也是霸主。不注意获得人才，而只知急于获得权势的昏君，自身劳累，国家混乱，什么事功也做不成，声名狼藉，江山岌岌可危。所以说，明达的人君，操心在于得人，省心在于用人。《尚书》上说："文王恭谨敬畏，选择了一位人才"，指的就是这方面的人君之道。

感悟：荀子这个关于人治与法治的悖论很有兴味。国不能自己乱起来，国乱是由于它的统治者尤其是君王本人的失误与混乱，国应该是君王负责制、领导人负责制；法不能自行实施、自行管制、自行约束、自行规范，法只能由人来解释，来施行，来管控，来维护、震慑、奖善惩恶。什么样的人？君子，受教育的人，文质彬彬的人，由高尚而不卑鄙、明理而不混乱、远大而不偏私、正义而不邪恶的君子来执行。有好法没有好人，等于没有好法，有好人没有好法，则有了好人就可以制定好法。而且事物是千变万化的，问题疑难是层出不穷的，而法是死的，人是活的，没有好的活人，一纸死法，又如何能对付得了千变万化的局面与挑战呢？

这里我们看到了几千年的中华"人治论"的明快浅白雄辩的理由，也可以联想起后世历代明君贤相使国家大治、百姓幸福、实现小康大康的事例与佳话来：文景之治、贞观之治、康乾盛世等，引人入胜。

但我们同时也会嗟叹，历史上的圣君贤相毕竟是太少了，中华历史上除了明君、圣君，还有昏君、庸君、懦弱无能之君、性格乖僻之君、声色犬马之君……与各种不成样子的奸相宠臣宦官，我们会想起夏桀、商纣、周幽王、秦二世、汉灵帝，想起赵高、蔡京、秦桧、严嵩之流。

其实人治与法治是不应该对立起来的，人可能君子，也可能小人，可能贤也可能不肖，可能德高望重也可能昏聩愚蠢，可能兢兢业业也可能胡作非为。人性有美好的一面，也有弱点与短板的一面。

而法有成为一纸空文、任人解说的可能，遇到新变化、新挑战而人们一时无经验、无成例、无能力应对的时候，只要有法可依，也就有相对稳定，相对周到全面，相对不受一时一地一人一情绪一感觉的影响，而提供一个比较成熟、比较合理、经过充分衡量斟酌的最大公约数规矩的好处。即使是别有用心的昏聩或奸诈之人，想推翻一个已经形成的法律条文，也会受到相当的阻挠和威慑。好的人君、人臣、人民、人员，好的规范、法律、制度、规则直到风习礼数，其非个人、非随机、非偶然、非仅仅个案的一面，对于治理国家，还是增加了公正性、稳定性与公信力的。可惜，极智慧的荀况荀子，没有从这个角度更全面地立论。

身佚而国治的提法很有内容，表面上讲，懂得君道的人要急于用人，而不是急于得势。用人用得好，君王安逸，国家治理得反而好。用不上好的人才，君王疲惫不堪，事务捉襟见肘。那么这里的佚（安逸），既有对君王的身体健康、生活质量的关爱，也有对君王的迎合之语调，更深层里，则有国务团队化、适当分权化、民主化的含义。

合符节、别契券者，所以为信也；上好权谋，则臣下百吏诞诈之人乘是而后欺。探筹、投钩者，所以为公也；上好曲私，则臣下百吏乘是而后偏。衡石、称县者，所以为平也；上好倾覆，则臣下百吏乘是而后险。斗、斛、敦、㮤者，所以为啧也；上好贪利，则臣下百吏乘是而后丰取刻与，以无度取于民。

故械数者，治之流也，非治之原也；君子者，治之原也。官人守数，君子养原；原清则流清，原浊则流浊。故上好礼义，尚贤使能，无贪利之心，则下亦将綦辞让，致忠信，而谨于臣子矣。如是则虽在小民，不待合符节、别契券而信，不待探筹、投钩而公，不待衡石、称县而平，不待斗、斛、敦、㮤而啧。故赏不用而民劝，罚不用而民服，有司不劳而事治，政令不烦而俗美。百姓莫敢不顺上之法，象上之志，而劝上之事，而安乐之矣。故藉敛忘费，事业忘劳，寇难忘死，城郭不待饰而固，兵刃不待陵而劲，敌国不待服而诎，四海之民不待令而一，夫是之谓至平。《诗》曰："王犹允塞，徐方既来。"此之谓也。

转述：人们做什么事有什么约定，要采取符节凭证的对齐、契约文书的各执一份等办法，目的是确保双方的守信。但如果君王喜欢谋略手段，他的臣子下属，各类官吏与诡计诈骗的人员，就恰恰在符节契约上使用手段，进行欺诈。有些事通过抽签抓阄来分配决定，目的也是表示此事绝无私情，全凭偶然或者天意。但如果此地君王有隐蔽不正大的私心，那么他的下属臣子官吏也能在这一类事情上做手脚。衡器称重时要用砝码、秤砣，是为了公平一致，但是如果此地君王喜欢颠倒轻重是非，那么他的下属臣子官吏自然也会在这个上头作奸犯科。各种体积量具（石斗升合与刮平用具），本来是为了数量与实有相符，但如果本地君王贪图占便宜，他的下属臣子官吏，正好趁此多收少付，无法度地榨取民人。

所以说，度量衡工具，是治理的流变，并不是治理公正的源头，只有君子，才是治理公正的本源。官吏遵循着度量衡的制度，君子掌握护持着源头。本源清洁，则流水清洁，本源污浊，则流水污浊。如果君王喜欢的是礼法与义理，崇尚与使用的是贤能之士，没有贪图财利之心，那么他的下属也将会是一些谦恭、忠诚、信用、谨慎、恪守臣职的官员。这样，小民百姓，不用对证符节契约也会守信用，不必抽签抓阄也会没有私弊，没有砝码秤砣也会公平一致，没有量具也能以实求实。这样也就能不赏而勤于国事，不罚而服从规范，衙门不必辛苦而政务得到治理，政令不必费事而风习美善。百姓没有人敢不遵循君王掌管的法度、不效仿君王的意志、不勤勉于君王要求的事务，而且因为为家国君王的事务尽力而感到安乐幸福。这样的话，百姓不会因为君王征收赋税而感到负担，不会因为从事徭役而感到劳苦，敌人入侵，百姓舍生忘死地去迎战。城郭不用装修而牢固，兵刃不用磨砺而锋利，敌国不必等你去征服就称臣了，四海民人你不下令他们也会一致拥戴这样的君王，这就叫作至平。《诗经·大雅·常武》有言："王道确实充满各方，连遥远的徐方也归顺于君王。"

感悟：仍然是讲人治的重要性，讲人的品质，人的三观，人的追求与自律对于治国平天下的根本意义。

这里用人间的一些证书、证物、度量衡器具的不足恃来说明人品（君品）决定一切，则有偏颇处。荀子提醒我们，一个君王、一群臣子、一大堆百姓，如果奸诈逐利，诡计多端，即使有好的证书、证物、度量衡具，仍然靠不住，人们的奸诈可以侵入、涂改、歪曲上述证书、证物、度量衡具，恰恰在证明或衡量诚信的器物用具上做文章，达到奸诈欺骗的目的。

但是只强调孤立的悬空的人品，也有问题。人是活的，好在活，病变与瑕疵也在活。人有个性，有成见，有起伏，有远近亲疏得失的计较，有记忆也有遗忘，有理解分析能力也往往会主观臆测失误荒谬。人会讲情面，会有私愤，也会有生理心理上的各种不稳定性。让一个人仅借助身体和感觉确定长短、高低、多少、大小、轻重、远近，当然不如用度量衡工具准确。各种器物工具是死的，是活人设计制造出来的。死物件正好弥补它们的制造者——活人的不足。被人遗忘了的事可以由死物件工具提醒，被人误解、误忆的事情可以由死物件工具匡正，不应该像荀子这样将人与法、人与具、人与器对立起来。也不宜孔子般地只讲"君子不器"，而应该是君子善于器、精于器、能于器、通于器。

还有，人可能破坏歪曲工具与证物，但人也可以坚守坚持、宁死不屈地维护与遵循证书证物度量衡具，人创造一些证书、证物、度量衡具、法规守则，当然绝对不是为了去歪曲破坏以欺诈做手脚，而是为了去执行完善，为了杜绝欺诈手脚。荀子讲有关道理的时候，有亲爱一方面、抬杠较劲另一方面之嫌。

请问为人君？曰：以礼分施，均遍而不偏。请问为人臣？曰：以礼侍君，忠顺而不懈。请问为人父？曰：宽惠而有礼。请问为人子？曰：敬爱而致文。请问为人兄？曰：慈爱而见友。请问为人弟？曰：敬诎而不苟。请问为人夫？曰：致功而不流，致临而有辨。请问为人妻？曰：夫有礼则柔从听侍，夫无礼则恐惧而自竦也。此道也，偏立而乱，俱立而治，其足以稽矣。请问兼能之奈何？曰：审之礼也。古者先王审礼以方皇周浃于天下，动无不当也。故君子恭而不难，敬而不巩，贫穷而不约，富贵而不骄，并遇变态而不穷，审之礼也。故君子之于礼，敬而安之；其于事也，径而不失；其于人也，寡怨宽裕而无阿；其所为身也，谨修饰而不危；其应变故也，齐给便捷而不惑；其于天地万物也，不务说其所以然，而致善用其材；其于百官之事、技艺之人也，不与之争能，而致善用其功；其待上也，忠顺而不懈；其使下也，均遍而不偏；其交游也，缘类而有义；其居乡里也，容而不乱。是故穷则必有名，达则必有功，仁厚兼覆天下而不闵，明达用天地理万变而不疑，血气和平，志意广大，行义塞于天地之间，仁知之极也。夫是之谓圣人审之礼也。

请问为国？曰：闻修身，未尝闻为国也。君者仪也，民者景也，仪正而景正。君者槃也，民者水也，槃圆而水圆。君者盂也，盂方而水方。君射则臣决。楚庄王好细腰，故朝有饿人。故曰：闻修身，未尝闻为国也。

转述：如何做一个好的君王？应该要按照礼法普惠施恩，均匀周全而无偏私。如何做臣子呢？应该要遵循礼法事奉君王，忠诚服从，永不懈怠。如果请教如何做父亲，那么应该说，要宽厚恩惠，合乎礼法。如何做子女呢？那就是恭敬父（母），文质彬彬。怎么做兄长呢？要对弟弟妹妹仁慈爱护，显示友好。怎么做弟（妹）呢？要恭敬兄长，自谦自律，不打折扣不打马虎眼。怎么做丈夫呢？要尽责做事，而不放任自流，要亲近示好，而有区分拿捏。怎么做妻子呢？丈夫中规中矩就温柔听命，丈夫不讲礼法，只能恐惧而自处，小心翼翼。

这些就是天道，片面地强调君父兄夫一面，或臣子弟妻一面，就会出乱子，全面地行道，就能立得住。这是历史已经查验分明了的。那么各方面的道，怎样才能兼而有之呢？那就要用礼义来全面揣量化育、融会贯通。古代的帝王，通透明彻地领会礼义，普遍实行于天下，他们的所作所为就没有失误不妥。所以君子恭谨而不畏缩，敬肃而不紧张，贫穷也不降格卑贱，富贵了也不骄傲自恃，遇到各种变动也自有应对而不为难，一切都按照一定的礼法规矩办事。

君子对于礼法，能够做到恭敬遵循，心安意定，做起事情来，一清二白而不失误。他对待别人，没有多少怨怼，宽容大方，从不阿谀奉承。他对待自己，严谨自律，不做违礼之事，应对事务，能及时方便地有所应对而不犹豫困惑。对于天地万物，他也许还弄不明白它们的来龙去脉，但是总能做到很好地物尽其材，巧为利用。对于各种官吏和工匠的行业事务，不去与他们竞争专业能力，同时尽量发挥他们的才艺能干。对待君王，忠诚服从不懈怠，使用下属臣子，普遍周全，一碗水端平。他与他人的交接来往，注意友人的品类与朋友关系要符合义理原则。他在故乡生活居住，对待他人宽容但不放纵。这样，发展地位虽不高大，也有良好的名声与影响。地位高了发展了，有所发达也确有实绩。仁爱厚道地化育天下而不疲惫与声嘶力竭，明白通达而调动天地一切积极因素，应对千万变化而不困惑迷乱，血气平和顺畅，志意开阔，他所遵循践行的义理原则充实丰赡于天地之间，其仁爱与智慧，都达到了高端，这就是圣人所掂量化育出来的礼义了。

至于说到治国，可以说，人们需要讨论的是修养改善自身，而不是治理国家。君王好比日晷仪具，民人好比日影，仪具正了，影子才能正。君王好比盘碗，民人好比水，盘碗是圆的，水装到盘碗里，也就是圆形的了。君王是盂盆呢，盂盆是方形的，水也就成了方形的了。君王喜欢射箭，臣子也扣上扳指。楚王爱好细腰，宫女为此瘦身有许多人饿死。所以说，我们要谈修身，而不是治国。

感悟：与孔孟一样，在人伦问题上，他们强调的不是人与人的生而平等与人权，而是人间必有的、应有的尊卑长幼秩序与相互道德义务以及规范礼法规矩。其重点尤其在于这种道德义务是双向的、全面的：君有君的公平周全，臣有臣的忠信不懈；父有父的宽厚恩惠，子有子的恭敬与恪守。只讲一面的礼，是办不成事情的。

但儒家的一个特点正是能够将社会规范、国家治理，王天下、平天下与个人修养、个人气质、个人风度完美地结合起来，权力系统、君子精英，一定要仁爱厚重、恭敬克己、诚信忠实、宽容惠民、公平周到、文质彬彬、气定神闲。这种思路对于追求君子修为与精英政治的中国传统来说，很具魅力，几乎无可争议。但其角度有局限性，与法家相比，它或许没有充分顾及权力的获得与运用；与道家相比，它或许没有充分顾及客观世界的自然运转与否定之否定；与西方政治理论相比，它或许没有顾及多元制衡的需要；与民粹主义相比，它或许没有充分估计到民心民意与道德标准的变易；与社会革命主义相比，它对于阶级斗争、民族和国家利益的斗争与其必然性和危险性、可操控性和不可操控性，也缺少认真的论述。儒家政治理论有书生气的一面，有想得很舒服却没能完全做到的一面，乃至被质疑、被嘲笑为空谈与伪善的一面。

荀子强调一国之内君王有全权全责，说法类似孟子讲的君子是风，小人是草，风怎么刮，草怎么倒。但这也是一面理，只讲一面理，视民为无物，当然不对。

君者，民之原也；原清则流清，原浊则流浊。故有社稷者而不能爱民，不能利民，而求民之亲爱己，不可得也。民不亲不爱，而求为己用，为己死，不可得也。民不为己用，不为己死，而求兵之劲，城之固，不可得也。兵不劲，城不固，而求敌之不至，不可得也。敌至而求无危削，不灭亡，不可得也。危削灭亡之情，举积此矣，而求安乐，是狂生者也。狂生者，不胥时而乐。

故人主欲强固安乐，则莫若反之民；欲附下一民，则莫若反之政；欲修政美俗，则莫若求其人。彼或蓄积而得之者不世绝。彼其人者，生乎今之世，而志乎古之道。以天下之王公莫好之也，然而是子独好之；以天下之民莫为之也，然而是子独为之。好之者贫，为之者穷，然而是子犹将为之也，不为少顷辍焉。晓然独明于先王之所以得之，所以失之，知国之安危臧否，若别白黑。是其人者也，大用之，则天下为一，诸侯为臣；小用之，则威行邻敌；纵不能用，使无去其疆域，则国终身无故。故君人者，爱民而安，好士而荣，两者无一焉而亡。诗曰："介人维藩，大师为垣。"此之谓也。

转述： 君王是民人的源头，源头清纯，水流也就清纯，源头污浊，水流也就污浊。所以拥有社稷江山的君王，如果你不亲民不爱民不为民人做好事，却要求民人爱戴亲近你，那是不可能的。民人不亲近你不爱戴你，你还指望着民人为你卖命出力听指挥，那更是不可能的了。不卖命不出力不听指挥你还指望着兵强城固，也就没门儿了。兵不强，城不坚固，你还指望敌人不来，又是不可能的。敌人来了还指望着不削弱不灭亡，也不可能。一个国家灭亡完蛋的原因全在于此，到了这一步啦，你还想着安全享乐，那你就是疯子啦。这样的疯人，只想作乐，不考虑时间（条件）。

所以说，你是君王，你想着兵强城固，安全享乐，只能回身去找你的民人。想取得一个民人的追随忠诚，就要为好政；想有好的行政与风习，那就得用贤良的人才。这样的人才，也许到处都有积淀化育而成者，哪个世代都不会断绝，这样的人，生活在当今，却倾心于古代的圣王之道。也许天下君王公爵都不喜欢古代的圣王之道，但是这种人才倾心于这样的王道；也许天下民人，谁也不践行这样的王道了，但是这样的人才独自也要践行王道。也许喜欢这种王道的人、践行这种王道的人会因贫穷而碰壁，然而这样的人才还是要坚持这种圣王之道，不会因为碰壁而哪怕是暂停王道一会会儿。这样的人才通晓明白，古代圣王，行使王道，得到了什么，失落了什么，知道国家在什么情况下会安全，什么情况下会危殆，什么情况下会美好良善，什么情况下会恶劣糟糕，分辨是非黑白分明。有这样的人才，大才大用，能促使君王统一天下；大材小用，他能在邻国附近地区威风强劲；这样的人才，即使没有得到任用，只要在本国存在，敌人也不敢轻举妄动，使本国始终太平无变故。所以说，一个君王，懂得爱民就能平安，懂得珍重士人就能光彩体面，哪一面都做不到的国家只能走向灭亡。《诗经·大雅·板》中有道是："有贤士就像有了篱笆，有庶民就像有了墙垣。"

感悟：既是精英主义的政治观，又是民心主义、民粹主义的政治论，尤其是道德主义或泛道德论的政治观，还有点公关主义的政治观。但研究古今中外的历史，我们也许会发现，一个政权的盛衰兴亡还有多方面的因素。春秋战国的结局是秦的统一天下，但你未必能断定这是秦国实行仁政王道的结果，其后楚汉之争、王莽的篡位、东汉的灭亡、三国的结局，以及欧亚一些帝国的兴衰，都不是用一个谦谦君子的儒道，加一个用人唯贤的人事路线就能说清楚的。

道者，何也？曰：君之所道也。君者，何也？曰：能群也。能群也者，何也？曰：善生养人者也，善班治人者也，善显设人者也，善藩饰人者也。善生养人者人亲之，善班治人者人安之，善显设人者人乐之，善藩饰人者人荣之。四统者俱，而天下归之，夫是之谓能群。

不能生养人者，人不亲也；不能班治人者，人不安也；不能显设人者，人不乐也；不能藩饰人者，人不荣也。四统者亡，而天下去之，夫是之谓匹夫。

故曰：道存则国存，道亡则国亡。省工贾，众农夫，禁盗贼，除奸邪：是所以生养之也。天子三公，诸侯一相，大夫擅官，士保职，莫不法度而公：是所以班治之也。论德而定次，量能而授官，皆使人载其事，而各得其所宜，上贤使之为三公，次贤使之为诸侯，下贤使之为士大夫：是所以显设之也。修冠弁衣裳、黼黻文章、雕琢刻镂，皆有等差：是所以藩饰之也。

故由天子至于庶人也，莫不骋其能，得其志，安乐其事，是所同也；衣暖而食充，居安而游乐，事时制明而用足，是又所同也。若夫重色而成文章，重味而成珍备，是所衍也。

圣王财衍，以明辨异，上以饰贤良而明贵贱，下以饰长幼而明亲疏。上在王公之朝，下在百姓之家，天下晓然皆知其作以为异也，将以明分达治而保万世也。故天子、诸侯无靡费之用，士大夫无流淫之行，百吏官人无怠慢之事，众庶百姓无奸怪之俗，无盗贼之罪，其能以称义遍矣。故曰："治则衍及百姓，乱则不足及王公。"此之谓也。

转述：这里讲的道是什么东西呢？就是君王们所必须遵循的道理。君王又是什么人呢？是能够也是必须组织社会群体生活的人。什么叫能够组织群体生活呢？一个是能使这个群体养活自己，能解决民生的需要；一个是能治理安排这个群体；一个是能任用人员管理群体；一个是能装饰打扮这个群体。能养活民人，民人会感到亲近；能治理群体，民人会感到安宁；能任用人员，人们会感到快乐；能装饰美化一个群体，人们会感到荣耀。这四方面的功能都具备了，天下都能归顺归依，这就叫作能够组织社会群体生活。

反过来说，群体养活不了，民人没办法亲近你；治理不了，民人没有办法安宁；任用不了好人，人们无法舒心；没有一定的装饰美化，群体也不会有荣耀之感。四者都做不到，天下离心离德，这样的人只是庸人村夫。

所以说，有君王之道存在，说明这个国家存在，君王之道丢失了，这个国家也就完蛋了。精减工商，增加农夫，查禁盗贼，扫锄奸邪恶人，这就是生养民人、保证民生。中央政权的天子帝王要设立三公，诸侯君王要设立一个宰相，大夫掌握权柄，士人得到职位，又都能做到遵纪守法、公道正派，这就是治理安排有章法秩序。根据德行而排序，根据能力任命官职，做到各尽其责、各得其所：最上一等的选作三公，次一等的封作诸侯，下一等的就是士大夫，就是要使他们得到安排与使用。还要调整制作官服衣帽，按级别做好花边图案花式，雕琢刻镂都有讲究，这就是要装饰打扮他们。这样的话，从天子到庶民，人人都能发挥自己的才能，获得自己的岗位，为自己的事业而专心做好，乐在其中，这是大家都一样的；温饱满足，安排好生活，也是都做到了的；至于有人还能讲究形色而做出不一般的图案花式，讲究饮食而做出珍馐奇异，那就是更远的延伸发展了。

圣王通过财富的延伸运用而显示高低的区别，对上通过装饰显示贵贱的区分，下边的人通过装饰显示亲疏的不同，上至王侯，下至百姓，都知道这种区分无足为异，只是明确区分，便于治理，长期保持有序状态。这样，天子诸侯所为，并非开支奢靡浪费，士大夫所行，并没有滥肆享受无度，百官众吏并不敢怠慢职守，庶民百姓中并没有奸佞怪诞的风气，也没有盗贼犯罪的混乱。可以说是普遍做到了道义，有道是："治理得好，好处被及百姓；国家乱了，王公也会拮倨贫困。"说的就是这个意思。

感悟：荀子提出了"群"的概念，视之为君王之道的前提与核心，这很不简单。

然后提出了四民观念。一是民生民养，大体上就是今天我们讲的民生。二是民治民制，大体上讲社会体制、秩序、稳定。三是民显民设，即民人的选优与任用。四是民人的修饰打扮美化体面化，可以说是民文民化。一是经济，二是体制，三是人事，四是文化。这里为了方便称之为四民论，不知道这种思路是不是对孙中山的三民主义一说也有过启示作用。

当然，那时候的民人与君王之间还有一个中间群体，那就是士，即读书人与候补官员。谈到用人的时候，其实荀子的理论着眼点是士，并不是庶民。

承认高低贵贱，承认君王相国精英引领群体，承认差别。同时强调双向义务，这是一个可行的思路，这是一种等级文化与等级道德义务，而且几千年来，中国赖此存活与发展。

应该说，荀子的思考是相对比较全面的，他承认差别是必须的，承认同一、平等、尚同、也是必要的。荀子强调的是在基本需要方面，要承认同的一面、平等的一面、一致的一面，那就是说各尽其能、各得其位、各得其乐、衣暖食充、居安游乐、制明用足，这样的大方向是一致的，固然各个不同层次的人的能、位、乐、衣、食、居、游、制、用具体状况会有所不同、大有不同，但合乎君道就仍然不是奢靡也不是淫乱，至于延伸出去，到了更高雅更珍稀的地步，就更可以放开政策，不求一致了。

至道大形：隆礼至法则国有常，尚贤使能则民知方，纂论公察则民不疑，赏免罚偷则民不怠，兼听齐明则天下归之。

然后明分职，序事业，材技官能，莫不治理，则公道达而私门塞矣，公义明而私事息矣。如是，则德厚者进而佞说者止，贪利者退而廉节者起。《书》曰："先时者杀无赦，不逮时者杀无赦。"

人习其事而固，人之百事，如耳目鼻口之不可以相借官也。故职分而民不慢，次定而序不乱，兼听齐明而百事不留。如是，则臣下、百吏至于庶人，莫不修己而后敢安止，诚能而后敢受职；百姓易俗，小人变心，奸怪之属莫不反悫：夫是之谓政教之极。

故天子不视而见，不听而聪，不虑而知，不动而功，块然独坐而天下从之如一体，如四肢之从心：夫是之谓大形。《诗》曰："温温恭人，维德之基。"此之谓也。

转述：大道最充分的表现是：隆重庄严的礼数和无所不至的法规，使得国家有章法有定规；崇尚贤良，任用干才，使民人知道了标准与方向；收集众论与公众的观点，采纳分析，民人就不会疑虑困惑；赏罚分明，民人不敢懈怠；兼听周到，明了下情，才能做到天下归心。

然后明确职守分定，安排工作秩序，发挥人才特长，方方面面没有不治理有方的，这样，公事公办的大道畅通，私情小运作从而停息。这样，德性厚重的人会发展提升，奸佞说嘴的人则只能淘汰歇菜，贪图私利的人罢官退避，清廉正派的人得到起用。《尚书·胤征》上有道是："抢先动作的杀无赦，拖后延误的臣子杀无赦。"

人们习惯了诸事的工作秩序，也就做得稳定坚固了，正像人的五官，功能责任分明确定，不能互相掺和替代。这样，职守清晰，不敢怠慢，次序固定，不可混乱，兼听各方，明察周到，不留宿疾。这样臣下百官一直到庶民百姓，都懂得要自律与老实本分，懂得确能胜任才可接受官职，百姓扭转不良风气，小人改正心意动机，奸佞出幺蛾子的人没有不小心留意、老老实实的了。这就叫政治教育达到了极致。

这样的情况下，天子不看就能清楚，不听就能明晰，不思虑就能知晓，不起动就能办好一些事务。独自一坐，天下听命于天子如自身的使用，如四肢服从他的心志，这就是道的充分表现。

《诗经·大雅·抑》上有道是："温文尔雅，成为各种德行的基础。"说的就是这种情况。

感悟：强调教化，强调圣王教化之魅力与威力，强调心功，强调仁政礼治，强调移风易俗，强调百姓的本分老实，乃至于斯。

教化是对心的培育与规范，培育与规范也要有外在的表现，孔子讲的是礼乐，通过音乐舞蹈式的祭祀等典礼仪式表达恭敬、向往、服从、尊崇，表达价值观、世界观、人生观。荀子称为大形，即大道的最充分的表现。

有两处讲得不无极端，一个是动早了动晚了，动快了动慢了，都杀无赦。过犹不及，极左极右都是自取灭亡，这很对，但为什么来了一个别处不多见也不能说是荀子学派多么喜欢讲的杀无赦云云，似乎有点突兀。

还有就是做好了就能不视而见、不听而聪、不虑而知，比老子的无为而治还具体化，还硬碰硬，不知道是不是受追求文学修辞的影响，有点言过其实。

为人主者，莫不欲强而恶弱，欲安而恶危，欲荣而恶辱，是禹、桀之所同也。要此三欲，辟此三恶，果何道而便？曰：在慎取相，道莫径是矣。故知而不仁，不可；仁而不知，不可；既知且仁，是人主之宝也，而王霸之佐也。不急得，不知；得而不用，不仁。无其人而幸有其功，愚莫大焉。今人主有大患：使贤者为之，则与不肖者规之；使知者虑之，则与愚者论之；使修士行之，则与污邪之人疑之，虽欲成功，得乎哉！譬之是犹立直木而恐其影之枉也，惑莫大焉！语曰：好女之色，恶者之孽也；公正之士，众人之痤也；修道之人，污邪之贼也。今使污邪之人，论其怨贼，而求其无偏，得乎哉！譬之是犹立枉木而求其影之直也，乱莫大焉。

转述：做君王的人，都是喜欢强而不喜欢弱，喜欢平安而不喜欢危殆，喜欢荣耀而不喜欢耻辱的，这方面的好恶，夏禹与夏桀之间并没有不同。那么要想像禹一样维护住这三方面的愿望，而不使它们像桀一样变成三方面的罪恶，需要的是什么样的道术呢？简单说，就是慎重选择相国。没有比这更好的途径。这样的人选，有智谋但没有仁德，是不行的；有仁德而没有智谋，也是不行的。选出一个人来既有智谋又有仁德，那就是君王的宝贝，王者或者强霸者的辅佐了。不上心急于寻找这样的人才，是不智的表现；找到这样的人才不去任用依靠，是不仁的表现。没有这样的人选，却梦想能够侥幸建功立业，那就是愚蠢至极的表现了。现在的君王常常会有这样的毛病：找了一个贤士去做某种事情，却找一个不成样子的低劣者去限制规范那个贤者；找了一个智者去思考有关课题，却又找了一个傻瓜来评议；找了一个有修养的高尚的人去做事，却又找污浊邪恶的人去怀疑提防这个有修养的人。这样的情况下，君王的追求能够成功吗？打个比方，这就好比竖立了一根直端端的木头，却又担心它的影子的歪斜弯曲。这也太糊涂了啊。俗话说，一个良好的女子的美色，在坏人的眼里却是人间的罪恶；一个公正高尚的人，在庸人当中，却如同他们身上的疮疖；一个坚守道德修养的人，却是邪恶者眼中的害人精。现今使用着一些污浊奸邪的人员，却指望他们没有偏颇并主持公道，这就等于树立了一根歪七扭八的木头，而要求它的影子笔直，那不是捣乱妄为吗？

感悟：夏禹是圣王，夏桀是亡国亡头的暴君，但是荀子指出，追求强盛，追求安稳，追求荣耀方面，他们是相同的，相同的这三方面只能解释强、安、荣的要求是权力的自然属性。区别在于辅佐的宰相。这里完全没有提王者与亡者、仁君与暴君的差异，与前面的许多说法不同，存疑。

找好相国当然无疑。比较有趣味的是说帝王找到了德才兼备的好人选，却同时要用平庸的人、低劣的人、污浊的人、邪恶的人去死盯着贤相，去妨碍着贤相，去干扰着贤相。这恐怕也透露了一些封建权力的逻辑，贤相太强大、太崇高、太出色，既是君王的福气也是君王的心病，低劣的人好控制，好拨弄，如果君王用了一个智商与教养、为人与品德都高过自己的、无懈可击的人，他能睡得安稳吗？相反他用一个弱点暴露、动辄失据、浑身都是"辫子"的家伙，给贤人树个对立面，自己从中掌握，岂不更好？

还有，说是好美色，对于恶人来说就是祸害；公正高尚，对于庸劣人众来说，就好比身上长的疮疖；修养循道之人，对于邪恶者来说，就是害人精。一针见血，见血封喉，讲得太痛快、太透彻了！

故古之人为之不然：其取人有道，其用人有法。取人之道，参之以礼；用人之法，禁之以等。行义动静，度之以礼；知虑取舍，稽之以成；日月积久，校之以功，故卑不得以临尊，轻不得以县重，愚不得以谋知，是以万举不过也。故校之以礼，而观其能安敬也；与之举错迁移，而观其能应变也；与之安燕，而观其能无流慆也；接之以声色、权利、忿怒、患险，而观其能无离守也。彼诚有之者与诚无之者，若白黑然，可诎邪哉！故伯乐不可欺以马，而君子不可欺以人，此明王之道也。

转述： 古人不会做那些自相悖谬之事，他们选择人才，遵守君道，他们用人遵守法度。选取人才的君道，要用礼制来衡量；使用人才的法度，要依等级而规范。仪表举止，要用礼法来衡量；判断取舍，要考察其成果；日积月累，要考核其事功。所以说，低下的人，不可以居尊长之上；分量轻的东西，不能用来度量分量重的东西；人不能用愚笨的智商，去为智慧指手画脚，这样做多少事也不会出错。在变化调整、应对安排之时，安逸中要看他能不能不放荡淫乱，还要看到他在接触到声色、利益、愤怒、危险的时候，能不能不动摇自己应有的守持。当真有这种品质的人与确实没有这种品质的人的区别，那是黑白分明、不打折扣的。所以说，在伯乐面前，你是不能以劣马来欺骗他的，在君子面前，你的人品也是不可能有所欺瞒的，这是英明的君王的君道啊。

感悟：两个重点，一个是考察人才，一个是保护人才。考察，包括礼法考察、事功考察、应变考察、定力考察，再综合一下，就是考察包括文化考察与实绩表现的考察。为什么要有文化考察特别是礼法的考察呢？因为文化是传统，是共识，是公意，是对三观的概括，是相对稳定的取舍标准。如果没有文化只有实绩考察，重要当然重要，因为君王用人首先是为了让人建功立业，不是为了拉扯谁或打击谁，突出自己的亲疏远近。但只看实绩，也许只看到了一时一地一人一事，比如靠一张大字报、一张白卷、一封信、一句什么话或一个什么传言就"噌"地一声上来了的人物，也许一年半载之后又突然随着形势的变化而倒栽葱跌下，这样的"活报剧"，已经不足为奇了。

由于各种明说的原因，封建帝王、君王，既求才若渴，又妒才若仇、疑才若狂、防才若疫的，也不罕见，这里荀子说的让卑下去压制尊贵，让愚蠢去指画智慧，让轻浮去干扰厚重，这样的笑话历史上并不罕见，荀子的有关言语，甚是畅快！

人主欲得善射，射远中微者，县贵爵重赏以招致之。内不可以阿子弟，外不可以隐远人，能中是者取之，是岂不必得之之道也哉！虽圣人不能易也。欲得善驭，及速致远者，一日而千里，县贵爵重赏以招致之。内不可以阿子弟，外不可以隐远人，能致是者取之，是岂不必得之之道也哉！虽圣人不能易也。欲治国驭民，调壹上下，将内以固城，外以拒难，治则制人，人不能制也；乱则危辱灭亡，可立而待也。然而求卿相辅佐，则独不若是其公也，案唯便嬖亲比己者之用也，岂不过甚矣哉！故有社稷者，莫不欲强，俄则弱矣；莫不欲安，俄则危矣；莫不欲存，俄则亡矣。古有万国，今有十数焉，是无他故，莫不失之是也。

故明主有私人以金石珠玉，无私人以官职事业，是何也？曰：本不利于所私也。彼不能而主使之，则是主暗也；臣不能而诬能，则是臣诈也。主暗于上，臣诈于下，灭亡无日，俱害之道也。

夫文王非无贵戚也，非无子弟也，非无便嬖也，倜然乃举太公于州人而用之，岂私之也哉！以为亲邪？则周姬姓也，而彼姜姓也。以为故邪？则未尝相识也。以为好丽邪？则夫人行年七十有二，齻然而齿堕矣。然而用之者，夫文王欲立贵道，欲白贵名，以惠天下，而不可以独也。非于是子莫足以举之，故举是子而用之。于是乎贵道果立，贵名果白，兼制天下，立七十一国，姬姓独居五十三人。周之子孙，苟不狂惑者，莫不为天下之显诸侯，如是者能爱人也。故举天下之大道，立天下之大功，然后隐其所怜所爱，其下犹足以为天下之显诸侯。故曰：唯明主为能爱其所爱，暗主则必危其所爱。此之谓也。

转述：君王希望拥有善于射箭，射得远、中得精微的人员，那就要以爵位重赏招揽。对内不能讨好子弟二代，对外不可以隐没远地之人，射得好的人才能入选，这是招揽善射者的唯一办法，即使是圣人也改变不了对射中、射技的硬性要求标准。你希望拥有善于驾车的人呢，那就要对能够做到一日千里、迅速驾车的驭者，用爵位与重赏招揽他们。对内不能讨好子弟二代，对外不能疏远隐没远地之人，只用达到标准的人，只能看驾车的本领来招收人员，就是圣人也改变不了对驾车、驾技的硬性要求标准。君王希望能够治理国家、驾驭民人，统一上下，内部能巩固城防，对外能抵抗入侵，就必须治理好了。治理好了你能控制局面和外力；治理不好，你会被外力所控制，陷于乱局，你的国家的灭亡也是立等可见。这些硬性的要求标准也是改变不了的，寻找公卿辅佐，也一定要找过硬合格的人。但偏偏有的君王，在选择重臣的时候不考虑标准，只注重左右亲信，这也太离谱了。拥有国家江山的人没有不希望本国强盛的，不然就变成了弱国；没有不希望国家安稳的，不然就成了危国；没有不希望国家存活的，不然就是亡国了。古代有许多国家，现在只剩十多个了，原因就在于我说的这种用人上的失误。

所以历史上明达的君王，可以将金石珠玉赠送给人，却不可以把官职事业当作礼品送人，为什么呢？后者不利于接受礼物的人。他没有胜任的条件而主子重用了他，说明主子糊涂；臣子没有能力而做出有能力的样子，说明臣子欺诈。居上的主子糊涂，居下的臣子欺诈，这就是说灭亡就会灭亡的表现，是君臣全都会受害的征兆。

以周文王为例，他也有门第高贵的亲戚，有子弟晚辈，有过往亲密的私交，但是他竟然对渔人姜太公选拔重用，当然不是私相授受，当然不是用人唯亲。谈到亲疏，周室是姓姬的帝王，而太公是姓姜的。那么他与太公是老相识吗？不是，他们并不相识。还有，是不是姜太公外表英俊给了文王好印象呢？也不是，那年太公七十二岁，牙齿都掉光了。那文王为什么要重用太公呢？因为文王要树立高尚的君道，要彰显高贵的名声，要有利于天下，文王认为仅靠他一个人做不到这样的目标，必须有这位姜太公辅佐才行，必须选拔这样的人物带动全局。果然，用了太公以后，高明的君道得以树立，高尚的名声得以彰显，全面关照天下，分封了七十一个邦国，其中姬姓诸侯有五十三位。只要不是狂乱迷糊的周室子弟，都成了诸侯，这样乃成就了文王的仁爱。这样，就能弘扬天下的大道，建立天下的大功业，同时含蓄节制地表现自己的所喜所爱，他所喜所爱者中差的也成了诸侯。所以说，只有明达的君主的赏赐，能够让他的所爱得到所爱，而糊涂的君主的赏赐必会他的所爱带来危殆。

感悟：很有意思的对比，一些技术性的人才，选拔只能看真本事，看能够数字化的硬指标，权力系统的人士很难在选拔射手、车手、士兵、工匠、杂技、体育等方面搞什么猫腻，很难行假公济私之弊。而高大上的公卿职位，需要的是综合性的高尚品格，需要的是全才全德通识通知，需要的是高出常人、具有常常是不太容易被社会一下子接受的、不易被传播被喝彩被吹捧的胆识，需要的是不事声张、不装腔作势、不时尚、不讨好的独树一帜，需要的是具有大格局、大见解且能常常调整变化的非简易型通俗型的德行才智之人，而这些大角色，却又不是可以轻易判断明晰的。荀子乃指出，越是选拔高大上，越是容易搞偏狭的私情，越是容易对真正的人才视而不见，越是容易出现鱼目混珠、以劣充好、以愚胜智、奸佞得志、真正人才靠边受排挤的情况。而这种状况，正是一些邦国亡国亡头，被历史所抛弃的关键原因。

不可以用加官晋爵来表达君王的所喜所爱，这也讲得有趣，官封大了，玩不转，压不住台，对付不了挑战，只能给自己找倒霉，这很生动。但荀子在这里没有说另一面，有有所作为的官员，也有无为而治的官员，有受命于危难之际的官员，也有四海无事、太平清享的官员，有口若悬河、计谋多端的官员，也有只会说套话、随大流、结结巴巴、反显老实、无灾无难到公卿的官员。有硬碰硬、不可失之毫厘的职位，也有本身就形式主义、官僚主义、安排性、荣誉性、摆设性、站台性的职位，有生死存亡、兴衰胜败的决胜关头，也有照本宣科、人云亦云的过场。人场官场，到处时时都有软硬虚实、缓急轻重之别，荀子认为的黑白分明、兴亡殊途、忠奸互异、愚知难通之内之外，还有许多灰色混沌地带，还有许多此亦一是非彼亦一是非之论，实际情况与做文章并不一样啊。

墙之外，目不见也；里之前，耳不闻也；而人主之守司，远者天下，近者境内，不可不略知也。天下之变，境内之事，有弛易龃龉者矣，而人主无由知之，则是拘胁蔽塞之端也。耳目之明，如是其狭也；人主之守司，如是其广也；其中不可以不知也，如是其危也。然则人主将何以知之？曰：便嬖左右者，人主之所以窥远、收众之门户牖向也，不可不早具也。故人主必将有便嬖左右足信者，然后可。其知惠足使规物，其端诚足使定物，然后可；夫是之谓国具。人主不能不有游观安燕之时，则不得不有疾病物故之变焉。如是，国者，事物之至也如泉原，一物不应，乱之端也。故曰：人主不可以独也。卿相辅佐，人主之基杖也，不可不早具也。故人主必将有卿相辅佐足任者，然后可，其德音足以填抚百姓，其知虑足以应待万变，然后可，夫是之谓国具。四邻诸侯之相与，不可以不相接也，然而不必相亲也，故人主必将有足使喻志决疑于远方者，然后可。其辩说足以解烦，其知虑足以决疑，其齐断足以距难，不还秩，不反君，然而应薄扞患，足以持社稷，然后可，夫是之谓国具。故人主无便嬖左右足信者，谓之暗；无卿相辅佐足任使者，谓之独；所使于四邻诸侯者非其人，谓之孤；孤独而暗，谓之危。国虽若存，古之人曰亡矣。《诗》曰："济济多士，文王以宁。"此之谓也。

转述：一面墙，就能挡住你的眼光；一里地，就能挡住你的听闻；但是说起君主的职司是，远远近近，天下境内，都要把握信息，把握基本情况。天下的变动，境内的事端，君主的了解如果稀松错落，如果不能有相当的把握，那就是治国局促勉强、隔膜失真的表现了。如果你的耳目所及范围狭小，而你要管的事无比庞大，许多必须知道的事情你竟然不知道，这就太危险了。那么君主怎样去扩大搜罗自己应有的见闻信息呢？靠自己的亲信左右近侍，收集监督远地近地千家万户的信息，这是应该有的预设事宜与功能。所以君主需要有左右耳目亲信，要有可靠的人才行，他们的智慧能够匡正规范外物，他们的正直认真能够搞定外物，这才行。这样的人可以称作国家器具。君王总要有游历观察的宽松时刻，也会有疾病死亡等情况出现。国家面临遭遇的事务如同源泉之水一样不断地生出流变，一样事物的安置跟不上、处理不对头，就可能出乱子，所以说，君王不能一个人独挑重担，卿相的辅佐，是君主的依仗，人主需要卿相臣子的辅佐，不能不早有准备。这样，辅佐们的德性可以约束安定也可以抚慰温暖百姓，辅佐们的智谋可以应对千变万化与挑战，这就叫作有了国之器具。对于四邻诸侯的交往，必须有所对待接应，但是不必多么亲热靠拢，关键在于，即使在边远之地，也有人传达君主的意志，解决疑难问题，他们的决定与果断足以克服困难，不办好、处理好外交事务，不恢复秩序，他们就不回到君王这边，他们具备应对急迫硬核性难题的能力，足以保护江山国体，这才叫国之器具。所以说，君王没有左右亲信，那是糊涂；没有卿相辅佐，那是势孤力单；没有合适的人选与邻国诸侯打交道，那叫孤家寡人；又孤独又糊涂，那就陷入危殆了。也许表面上这样的危国尚存，但按古人的说法应该算是亡了国了。

《诗经·大雅·文王》上说："人才济济相辅，周文王得以稳定安宁。"说的就是这个道理。

感悟：一个是必须要有亲信，一个是必须有卿相辅佐，讲得直白坦诚实在。

一般承认辅佐的必要性、正当性，不好意思承认亲信、非亲信的区别。但既然有了权力的顶层设计、顶层人物，就必然出现亲信之存在，不必避讳。同时荀子坚决反对用人唯亲，树立了周文王重用八竿子打不着的高龄姜太公的范例。

亲信的主要特点是充当君王耳目，是国器，是君王的护身防身随身用器；君王一个人，如果没有亲信充当耳目，那就是孤家寡人独挑，必败。

卿相则厉害多了，他们是辅佐，他们要分担君王的责任与忧愁、重任与难题，要能判断，能设计，能处理，能消化，能保护君王的从容与清醒，保护君王的节奏与身心健康，那就不仅是君王个人利益，而且是家国福祉。

说到君王也需要休息，也有头疼脑热、体力精力有所不济之时，很亲切务实。世人都知君王好，谁知君王难不少？特别提到外交，不可能事事王必躬亲，外交官做好了就行。

材人：愿悫拘录，计数纤啬，而无敢遗丧，是官人使吏之材也。修饬端正，尊法敬分，而无倾侧之心，守职修业，不敢损益，可传世也，而不可使侵夺，是士大夫官师之材也。知隆礼义之为尊君也，知好士之为美名也，知爱民之为安国也，知有常法之为一俗也，知尚贤使能之为长功也，知务本禁末之为多材也，知无与下争小利之为便于事也，知明制度、权物称用之为不泥也，是卿相辅佐之材也，未及君道也。能论官此三材者而无失其次，是谓人主之道也。若是则身佚而国治，功大而名美，上可以王，下可以霸，是人主之要守也。人主不能论此三材者，不知道此道，安值将卑势出劳，并耳目之乐，而亲自贯日而治详，一日而曲辨之，虑与臣下争小察而蓁偏能，自古及今，未有如此而不乱者也。是所谓视乎不可见，听乎不可闻，为乎不可成，此之谓也。

转述：衡量人才：诚恳勤劳，认真仔细，不粗心大意、顾此失彼，这是一般官吏之材。修养端正，遵守法度，恭敬分定，不偏不倚，坚守职责，做好本业，不敢有所增减折扣，可以世代相传，不受干扰压力，这是士大夫长官之材。而懂得弘扬礼义才能尊重君王，懂得求贤择士聚才名声之美好重要，懂得亲民爱民是安定国家的关键，懂得法度的统一性与一贯性是风习传统始终如一的保证，懂得崇尚贤良、任用能人是建功立业的驱动力，懂得致力于根本农业而禁止限制商贾的末事才能增加国之财富，懂得不与下属争执小利才能方便行事，懂得坚持制度权衡物件都要切合实用而不拘泥呆板，这样的人是卿相之材。能够衡量这三类人才而且分得清他们的次第，这就是君道的表现了。能够做到这些，君王自己安逸从容，国家治理有方，往高里说可以王天下，往低里说也可以称霸于诸侯。君王如果闹不清这样的"人才学"三层次，不懂得处理这样的用人的道理，只能降低身份去辛辛苦苦，摒弃耳目之享乐，眉毛胡子一把抓，恨不得一天推进国家所有事务，与臣下争执一些小利细节，追求一些特殊偏奇本领技巧，古往今来，遇上这样的君王，其国必乱。这样的君王就叫作看也白看、听也白听、干也白干的君王了。

感悟：荀子的人才——更正确地说是官才三级区分法相当细密有

趣，它突破了儒家的心学，而增加了实学的可操作性一面。初等是一般官吏，辛勤、诚恳、细致、周详、不马虎，这确是对一般公务员的要求。中等是士大夫官师，有是非观念，有匡正能力与责任心，遵法度，守本分，公允正派，不偏不倚，尽忠职守，不打折扣，坚守传统。最高等的是对卿相即君王辅佐者、君王"班子"的要求，要弘扬礼义即国之纲纪，要爱才好士，树立自身的凝聚力，要爱民安国，成为国家的稳定因素，要长功使能建立影响久长的功业，要分清本末，充实国家的农业实力，要不争小利同时善用万物不拘泥呆板，这些属于治（国）平（天下）之道，而绝非过分治理的急躁与紧张，远高于日常诸事的执行与管理。一执行，二管理，三抓纲治平，这三方面都得到了合格的人才官才，便天下太平、君道美满了。

十三

臣道

荀子论为臣之道，既讲了义正词严的谏争之忠，维护仁德正道之坚决，也惟妙惟肖地描画讽刺了奸佞、阿谀、弄权、谋私之途，同时他还兼顾了君王的不同性格、不同状态，提出了某些权宜选择方案，把理想主义与务实结合到一起了。

人臣之论：有态臣者，有篡臣者，有功臣者，有圣臣者。内不足使一民，外不足使距难，百姓不亲，诸侯不信；然而巧敏佞说，善取宠乎上，是态臣者也。上不忠乎君，下善取誉乎民，不恤公道通义，朋党比周，以环主图私为务，是篡臣者也。内足使以一民，外足使以距难，民亲之，士信之，上忠乎君，下爱百姓而不倦，是功臣者也。上则能尊君，下则能爱民，政令教化，刑下如影，应卒遇变，齐给如响，推类接誉，以待无方，曲成制象，是圣臣者也。故用圣臣者王，用功臣者强，用篡臣者危，用态臣者亡。态臣用则必死，篡臣用则必危，功臣用则必荣，圣臣用则必尊。故齐之苏秦，楚之州侯，秦之张仪，可谓态臣者也。韩之张去疾，赵之奉阳，齐之孟尝，可谓篡臣也。齐之管仲，晋之咎犯，楚之孙叔敖，可谓功臣矣。殷之伊尹，周之太公，可谓圣臣矣。是人臣之论也，吉凶贤不肖之极也。必谨志之而慎自为择取焉，足以稽矣。

转述：对于人臣，也是有说法的。有态臣，即作态表态取宠的臣子；有篡臣，即计谋取利、求权势发展扩张的臣子；有功臣，即建功立业的臣子；有圣臣，即圣贤范式臣子。一种臣子，对内指挥不了一个民人，对外阻挡不住一点入侵敌对，百姓不接近他，诸侯不信任他，然而他机敏诡媚，善于求宠，这就是作态取宠的态臣。对上不忠于国君，对下沽名钓誉，心里没有公道共识，拉帮结派，包围主子，谋求私利权势，这是计谋取利的篡臣。对内能使用民心民力，对外应对侵略挑战，民人愿意接近他们，士人能够信任他们，对上忠于君王，对下亲民爱民，不怕麻烦的，就是功臣。对上尊崇君王，对下亲爱民人，政令教化，本身人格就是榜样，民人效法如影之随形，应对事变，及时无犹豫，如回声之响应声响；同时能举一反三地处理各类事务，因势利导地回应千变万化，这就是圣贤品格的臣子了。这样，用圣臣的国家能够称王天下，用功臣的国家能强大兴盛，用篡臣的国家会陷入危殆麻烦，用态臣的国家只能走向灭亡。一个国家，使用的是态臣，会完蛋；用的是篡臣，陷入危难；用的是功臣，能够兴盛；用的是圣臣，能够得到尊严与各方面的提升。齐国用苏秦，楚国用州侯，秦国用张仪，那些人就是作态求宠的态臣。韩国用张去疾，赵国用奉阳，齐国用孟尝君，这是诡计野心的篡臣。齐国用管仲，晋国用咎范，楚国用孙叔敖，这些是功臣。殷商用伊尹，周朝用姜太公，这是圣臣。这就是我们对人臣的立论。人臣中，有吉凶之分，有贤与不贤之别，需要清醒分辨，慎重选用，上述历史人物事迹，足够我们借鉴一番。

感悟：臣子的划分四类，实在精彩。态臣的说法近于幽默。不忠，不爱民，不成事，不御敌，但是"态"度好，阿谀奉承，成为宠臣近侍，这样的人只能使国家灭亡，讲得尖锐刺激，忠言逆耳。这个说法显示了封建权力官场与权力消长一个古已有之的阴暗面。后世也还有表态一说，有些重大的选择节点，表态决定荣辱成败乃至生死，但多数情况下，一无所长，靠频频表好态而攀升？则不妨多复习一下荀子的话。

篡臣的说法也很犀利。实际说的是野心家，是意图篡夺权力的危险分子。拉帮结派、结党营私、蠢蠢欲动、积蓄私力实力，是定时炸弹式野心家式人物。当年的政治运动中，有这样人物的精彩表演。

功臣比较明白，当官做老爷，你得干事，你得拿出实绩。无疑。问题是这样的人也会引起争议，功高震主、功过参差、猜忌诽谤、本人翘尾巴、目空一切、终遭不测，等等情况，都有标本。

圣臣是理想化的，树立了高标杆，他们的意义不仅在于忠实于主上，为主上鞠躬尽瘁，同时还在于他们忠实于天道人心、仁德礼义。他们的榜样意义出自他们的功业邦国君王，更出自他们的人品人格。

这里有一个最大的问题，四类臣子，有时候并非泾渭分明，比如被荀子盛赞的伊尹，《孟子》也曾为之有所辩护。当时有人认为他是为了讨好商汤不惜学习烹调，自卖为奴去接近汤，孟子说并无此事，而按当时的另一些说法，伊尹涉嫌态臣了。对管仲的说法也多，孔子对管仲既肯定又指出他不能算仁者，够为难的。至于将苏秦、张仪列为态臣，则完全忽略了他们为六国或为秦所做的外交设计与纵横捭阖，也许是荀子看不上他们的待价而沽，谁出的价高就卖身给谁，他俩追求的则是有机会为天下做事，为自己荣华富贵、光宗耀祖。

从命而利君谓之顺，从命而不利君谓之谄；逆命而利君谓之忠，逆命而不利君谓之篡；不恤君之荣辱，不恤国之臧否，偷合苟容以持禄养交而已耳，谓之国贼。君有过谋过事，将危国家殒社稷之惧也，大臣父兄，有能进言于君，用则可，不用则去，谓之谏；有能进言于君，用则可，不用则死，谓之争；有能比知同力，率群臣百吏而相与强君挢君，君虽不安，不能不听，遂以解国之大患，除国之大害，成于尊君安国，谓之辅；有能抗君之命，窃君之重，反君之事，以安国之危，除君之辱，功伐足以成国之大利，谓之拂。故谏、争、辅、拂之人，社稷之臣也，国君之宝也，明君之所尊厚也，而暗主惑君以为己贼也。故明君之所赏，暗君之所罚也；暗君之所赏，明君之所杀也。伊尹、箕子可谓谏矣，比干、子胥可谓争矣，平原君之于赵可谓辅矣，信陵君之于魏可谓拂矣。

传曰："从道不从君。"此之谓也。

转述：听从上意，利于维护君王，叫忠；唯上意是听，其实不利于长上，叫谄媚。拂逆上意，但符合君王家国的根本利益，是忠臣；拂逆长上，又违背君主邦国的利益，是篡臣。既不管君王荣辱，也不顾国家安危，私情合谋，机会主义，不分是非，只求弄权与获利，是国之蠹贼。国君有错误的主意、错误的行事，因为忧心于国家受损失、社稷被伤害，大臣、父兄这些比较高位的大人物，乃向君王进言，能听得进意见就好，听不进去就告辞，这叫进谏；有了进言机会，能被采用就支持，不能采用就不惜一死，这叫作谏争；有相当的影响力，能带领群臣众吏一起去施压君王，纠正君王，君王虽然不情愿，但是不能不听你的，从而解除了国家的巨大危难，消除了国家的大祸，完成了尊君安国的大任，这叫作辅臣。

有的则能违抗君王的命令，夺过君王的权力，一反君王的已有行事，使国家从危殆变成平安，从耻辱变成光耀，其功业成全了国家的大利大好，这叫作拂臣，即纠偏之臣。

谏、争、辅、拂几种臣子，都是保江山的臣子，是国君的国宝，明达的君王会尊敬与厚待这样的臣子，糊涂君王反而会认为这样的臣子是自己的对头。明达的君王欣赏的良臣，正好是糊涂君王惩罚的对象；而糊涂君王赏识的那些奸佞，正是明达的君王认为应该诛杀的坏人。从历史上看伊尹、箕子，是谏臣；比干、伍子胥，是争臣；平原君对于赵国，是辅臣；信陵君对于魏国，那就是拂臣了。

古书上有道是，要服从的是天道大道君道这个"道"，而不是君王个人，就是这个意思。

感悟：顺、谄、篡、忠、国贼五种说法，加上谏、争、辅、拂四类保国之臣的说法都相当刺激，因为除了顺臣一种以外，其他都是建立在君王有过失的假设上。

如果君王无过，臣子听命服从，皆大欢喜，大家都正确，当然是求之不得了。有过错呢？作为臣子即使有所违抗，也是忠心耿耿的表现，臣子的做法，程度力度不一样，荀子已经说得相当严重了，一直到带领纠集整个官吏圈子进言，接近请愿、施压、强迫君王听忠臣的政见的层面了，荀子居然还在肯定认可，这样的论述并不常见。荀子大胆提出了从道不从君的命题。

这有点概念崇拜的意思了，有点文化立国、文化监督的意思了。我们有时认为中国的封建社会君权是不受监督的，但从理论上说道是根本，是本质，是法则，是规矩，是纲纪，是超验加良知良能，是中国士人的概念神，道比君王还根本，还重要，这个观念有它的严肃性与终极性。它其实对君权的压力也还是蛮大的。

从道不从君的说法还让人想到"不唯上，不唯书，只唯实"的提出，值得深思。今天是讲实事求是的，实事就是讲唯物主义，求是相当于古人对道的追求。

故正义之臣设，则朝廷不颇；谏、争、辅、拂之人信，则君过不远；爪牙之士施，则仇雠不作；边境之臣处，则疆垂不丧。故明主好同而暗主好独，明主尚贤使能而飨其盛，暗主妒贤畏能而灭其功。罚其忠，赏其贼，夫是之谓至暗，桀、纣所以灭也。

转述：有正义的臣子，朝廷做事不偏颇；谏臣、争臣、辅臣、拂臣得到信任使用，君王有错也不会走远；有勇武善斗的武士，敌对力量不敢兴风作浪；边境有得力的边官，疆土边陲不会有沦丧之险。所以明主善用人才共事，而昏暗者孤家寡人；明主崇尚贤能，共享国家之兴盛；昏暗者妒贤嫉能，使贤能者无法建功立业。惩罚忠义，赏识佞贼，这就叫糊涂到家了。这种昏暗便是夏桀与商纣所以灭亡的原因。

感悟：用人决定国家与君王的命运。有些真正的忠臣，谏之、争之、辅之、拂之，贡献极大，但对君王个人不可能完全顺心称意，而让君王称心如意的有时恰恰是国贼，呜呼哀哉！

事圣君者，有听从无谏争；事中君者，有谏争无谄谀；事暴君者，有补削无挢拂。迫胁于乱时，穷居于暴国，而无所避之，则崇其美，扬其善，违其恶，隐其败，言其所长，不称其所短，以为成俗。

《诗》曰："国有大命，不可以告人，妨其躬身。"此之谓也。

转述：臣子事奉的是圣明之君，只需听从执行，不需要谏争；事奉中等君王，有所谏争，没有谄媚可言；事奉暴君，可以弥补缺陷、减少损失，但难以逆向矫正。如果被迫处于混乱的年代，不得已居住在暴君统治的国家，无法躲避，只能崇尚那里的美好方面，弘扬所有的良善方面，忌讳那里的恶行，隐避那里的败坏，表扬那里的所长，不提他们的短处，这也就是适应那里的既成风习。

古诗有道是："国家出了大事，你不能与别人轻率谈及，否则会影响到自己的身家性命。"

感悟：真有两下子。读前一段，似乎荀子提倡谏争乃至不无反骨，但是他很快又转了弯子，因为前面所说的态、篡、功、圣、顺、谄、谏、争、拂，还都算是在大致正常的君王时代，正常的君王可能有各种糊涂与小家子气，可能喜阿谀而厌正直，可能视不同意见为敌对，可能喜了亲了小人而疏远了君子，但还都不是那种暴虐之主。遇到暴君，只能适当适应，尽量减削主子的过失的恶劣后果，却没有更好的办法，也不能动辄以极端对极端，动辄搞抬棺上朝。

连《红楼梦》里的贾宝玉都用"极忠"的方式批评"文死谏"，涉嫌"拼一口浊气、陷君王于不义"。

恭敬而逊，听从而敏，不敢有以私决择也，不敢有以私取与也，以顺上为志，是事圣君之义也。忠信而不谀，谏争而不谄，挢然刚折端志而无倾侧之心，是案曰是，非案曰非，是事中君之义也。调而不流，柔而不屈，宽容而不乱，晓然以至道而无不调和也，而能化易，时关内之，是事暴君之义也。若驭朴马，若养赤子，若食馁人。故因其惧也而改其过，因其忧也而辨其故，因其喜也而入其道，因其怒也而除其怨，曲得所谓焉。《书》曰："从命而不拂，微谏而不倦，为上则明，为下则逊。"此之谓也。

事人而不顺者，不疾者也；疾而不顺者，不敬者也；敬而不顺者，不忠者也；忠而不顺者，无功者也；有功而不顺者，无德者也。故无德之为道也，伤疾、堕功、灭苦，故君子不为也。

转述：恭敬谦逊，服从并迅速落实，不敢自行决定取舍，只以君王的意志为自己的意志，这是事奉圣君的原则。忠诚信实，不阿谀奉承，坚定刚正果决，不偏不倚，是就是是，非就是非，这是事奉中等君王的原则。有所顺从，但并不随波逐流，态度柔和，但不会随意屈从，有所宽容，但不允许乱象恣肆，尽量讲明白最到位的大道，以之调整亲和诸人诸事，能使君王有所变化，有所关照，这是事奉暴君的原则。如同驾驭未经调教过的马匹，如同培养婴儿，如同给饥饿者喂食，因应君王的畏惧而劝导他改正某些过失，因应君王的忧虑，而启发他辨识令人忧虑的状态的成因，因应君王的喜乐而劝告他接受君道，因应他的怒气而消除君王的怨恨，这就叫作曲折迂回，完成臣子使命。

《尚书》上有道是："听从旨意不拂逆，细微进谏不厌烦，使君王明达，使下臣谦逊。"就是此意。

事奉君王而不能做到顺从，是怠慢；不怠慢，但是也不顺从听命，是不忠；忠诚而不听命，就不会建立事功；建立事功而不听命，那是没有德性的表现。如果一个臣子选择的是不讲求德性的路子，那么他的麻利效率会成为缺陷、他的功劳会被抛弃、他的辛苦徒然磨灭，君子人是不会这样做的。

感悟：说简单也简单，第一，臣子在君王面前必须谦逊，第二，必须顺从。君有君道，臣有臣德。特别是如果赶上暴戾君王，臣德更要讲究，照样要忠顺服从，听命于君王，同时自己心中要有数，仍然有正如存在主义理论所讲的有所"选择"的自由与义务，要强调与发扬这位不仁不德的君王的一切长处，要避讳与隐匿、压缩与抑制这位暴戾君王的恶劣方面。要保留自己的发言权，要力争良臣自身的影响力，要委曲求全，周旋对付，以退为进地争取对暴君产生良好的影响，要耐心地、精微地去推动暴君的非暴化，要知其不可而为之，使你的存在多少削弱一点暴君的恶与暴。这里说得其实很实在。但这些说法如何与谏争拂的说法统一起来，还很伤脑筋。

有大忠者，有次忠者，有下忠者，有国贼者。以德复君而化之，大忠也；以德调君而辅之，次忠也；以是谏非而怒之，下忠也；不恤君之荣辱，不恤国之臧否，偷合苟容以持禄养交而已耳，国贼也。若周公之于成王也，可谓大忠矣；若管仲之于桓公，可谓次忠矣；若子胥之于夫差，可谓下忠矣；若曹触龙之于纣者，可谓国贼矣。

转述：忠诚，也有大、次、下与国贼的差别。用天道大道君道罩住君王，使得君王得道而化育有成，这是大忠；用德性去调整参谋君王的行止政务，是其次的忠诚；向君王进谏正确的意见，矫正君王的过失，使君王愤怒，是下等的忠诚；不在意君王的荣辱，不顾及国家的安危，私利结党，行事苟且低级，以利禄为结交目的，是国贼。像周公对于成王，那是大忠；管仲对于齐桓公，那是次等的忠诚；伍子胥对于吴王夫差，那是下等的忠诚；至于触龙对于纣王，那就是国贼了。

感悟：重视大概念，重视哲学乃至神学意义上无所不包、决定一切的道，修齐治平，吉凶祸福，成败兴亡，衣食住行直到医药风水，尽在一个道中。下臣而得道行道布道，从权力和地位上说，他居于下，君王居上，但学理哲理上，他是帝王之师，这是中华文化传统中士人的最高理想。

对于儒家，德表现的是仁义，外化为礼法，比起道来，德少了一点概括性与终极性，多了些功能性，达不到帝王师的高度，却是货真价实的参谋长。尤其在预防与匡正君王作为人子不可能没有的性格弱点与情绪化处事方面。

敢于提出不同的意见，坚持正确的意见进谏，乃至像伍子胥那样惹得吴王夫差震怒，自己身受其害，仍然无助于君王家国，荀子为此感到遗憾，他当然承认这也是忠心耿耿，但这是令人遗憾的忠，是无效的忠。这说明忠也分三六九等，仅仅显示自己的忠只能是下等忠。

国贼当然是不忠，是奸佞，触龙被视为国贼，原因不详。我们这里倒是从正面的意义上讲过触龙的故事，当时的说法是，这个故事教育我们，不要吃老本，要立新功。

仁者必敬人。凡人非贤，则案不肖也。人贤而不敬，则是禽兽也；人不肖而不敬，则是狎虎也。禽兽则乱，狎虎则危，灾及其身矣。《诗》曰："不敢暴虎，不敢冯河。人知其一，莫知其他。战战兢兢，如临深渊，如履薄冰。"此之谓也。故仁者必敬人。

敬人有道，贤者则贵而敬之，不肖者则畏而敬之；贤者则亲而敬之，不肖者则疏而敬之。其敬一也，其情二也。若夫忠信端悫，而不害伤，则无接而不然，是仁人之质也。忠信以为质，端悫以为统，礼义以为文，伦类以为理，喘而言，臑而动，而一可以为法则。《诗》曰："不僭不贼，鲜不为则。"此之谓也。

恭敬，礼也；调和，乐也；谨慎，利也；斗怒，害也。故君子安礼乐利，谨慎而无斗怒，是以百举而不过也。小人反是。

转述：仁德之人必然懂得尊敬他人。任何一个人，如果不贤良，那就是不成样子的低劣者了。不懂得尊敬贤良，臣子就把自己降低到禽兽的水准了。低劣的人你不尊敬，那就是与老虎戏耍开了。人成了禽兽，就成为一个国家生乱的因素了，而耍弄了老虎，就会造成自身的危险，弄不好会灾祸临头。《诗经·小雅·小旻》上说是："可不敢空手打虎，可不敢涉水过河，人们虽然知道一些事项，仍然有许多是你所不知的，所以需要小心翼翼，就像面临着深渊，就像脚踩着薄冰一样。"所讲的是这样的道理。所以一个讲求仁德的人必须懂得尊敬他人。

尊敬他人有自己的原则，对于贤良，是由于珍重他们才尊敬他们的；对于低劣者，是由于惧怕他们才尊敬他们的；对于贤良，是亲近的尊敬；对于低劣，是与他们保持距离的尊敬。尊敬是一样的尊敬，心情是两样的心情。至于对人忠诚、信用、端正、诚恳，而不能损害他人，那是对所有有所结交的人都一样的，这是仁德之人的品质。忠诚信用，是品质，端正诚恳，是准则，礼法原则是章法与外表，区分关系类别，有所认识理论，小声说话，小心行为，一举一动，都是表率。《诗经·大雅·抑》中说："不毁谤旁人，不侵害他人，没有什么行为是不可以做表率的。"就是讲的这样的道理。

恭敬是一种礼节；调和是一种安乐；谨慎是一种对于利益的维护；愤怒相斗，是一种祸害。所以说，君子安守礼法，乐于利人得国利己，小心翼翼，不搞缠斗与情绪化，所以做许多事情少有过错。小人情况正好反过来。

感悟：不管是谁，先尊敬一下、一番、一轮再说。这个讲得很实惠，是"处世奇术"级的广谱通理。

不是贤良就是不肖，太两极化了，恐怕更多的人有贤良一面也有不肖一面。

要恭敬、调和、谨慎，要礼、乐、利俱全，不要怒火，不要祸害。这倒是中华传统，至今如此。革命夺取政权时期有些不同，以鲁迅为代表的知识分子，大量革命知识分子，更强调的是斗争性，是"让他们怨恨去，我也一个都不宽恕"。

通忠之顺，权险之平，祸乱之从声，三者非明主莫之能知也。争然后善，戾然后功，出死无私，致忠而公，夫是之谓通忠之顺，信陵君似之矣。夺然后义，杀然后仁，上下易位然后贞，功参天地，泽被生民，夫是之谓权险之平，汤、武是也。过而通情，和而无经，不恤是非，不论曲直，偷合苟容，迷乱狂生，夫是之谓祸乱之从声，飞廉、恶来是也。传曰："斩而齐，枉而顺，不同而一。"《诗》曰："受小球大球，为下国缀旒。"此之谓也。

转述：以一贯忠诚达成和睦顺从，以掂量权衡危害达成平安稳定，而要警惕一些祸乱的说法被随声附和，这三方面的状态只有明达的君王才能查知。通过争论取得良策，下了狠心以完成功业，生死私利都不干扰决策，忠诚而能公正，这就叫以一贯忠诚达到和睦顺从。信陵君差不多就是这样的。夺取了政权才符合了大义，诛杀敌对奸佞之后才体现了仁爱，上下更换了位置才符合了正理，事功惊天动地，恩泽惠及生民，这叫作权衡掂量了危险，终于完成了大业，这正是商汤和武王的作为。君王有过错，臣子仍然讲情面而附和，跟随而失去了方向经纬，不问是非，不论曲直，拉拢苟且，迷乱发疯，这就叫作有了灾祸还随声附和，飞廉、恶来，就是这样的臣子。古书上说："正是有时与君王看法有出入，其后才能做到齐心合力；正是经过弯曲与匡正，事物才能伸展与平直；正是因为有不同的互鉴互补，才能取得统一。"《诗经·商颂·长发》上的说法是："帝王接受了大大小小的各式法度，最后才成为下属诸侯的旗帜表率。"

感悟：这里讲忠诚与事功的辩证法。明达的君王，所期待的不应该是百依百顺，只剩下一言九鼎，紧跟照办。要有一贯忠诚，和睦顺从，也要有权衡掂量，预测危险，择优取舍，才能实现平安稳定，还要能察觉出现了祸乱还随声附和的。一贯忠诚，不等于唯唯诺诺，更不是谄媚求宠，荀子更提倡的是争然后善，戾然后功，出死无私，致忠而公。荀子更提倡的是夺然后义，杀然后仁，上下易位然后贞，功参天地，泽被生民，夫是之谓权险之平。他有大格局，大眼光，并不是小打小闹的妇人之仁的表演者。斩而齐，枉而顺，不同而一，这些都是讲的矛盾的统一，不是铁板一块的痴心妄想。

致士

这里讲的课题至今没有过时，就是怎样能做到人才兴国。今天的人才概念则更宽泛得多，"君王"长上需要的不仅是良相贤臣名将，更需要各种专家学人精英智库。仅仅有招揽人才的愿望是不够的，还要有长上的正直权威与宽阔容量，要能正确全面地认识人才才人，要能妥当地对待各式人才，要有最好的人才认知、人才政策、人才环境与人才兴旺风气。

衡听、显幽、重明、退奸、进良之术；朋党比周之誉，君子不听；残贼加累之谮，君子不用；隐忌雍蔽之人，君子不近；货财禽犊之请，君子不许。凡流言、流说、流事、流谋、流誉、流愬，不官而衡至者，君子慎之。闻听而明誉之，定其当而当，然后士其刑赏而还与之，如是则奸言、奸说、奸事、奸谋、奸誉、奸愬莫之试也，忠言、忠说、忠事、忠谋、忠誉、忠愬莫不明通，方起以尚尽矣。夫是之谓衡听、显幽、重明、退奸、进良之术。

转述：多方听取意见、寻找与彰显不为人知的人才、使贤士进一步发挥作用、使奸佞靠后站、使忠良得到进步与重用，做到这些，靠一个什么样的思路呢？怎样才能做到忠良的进用呢？拉帮结派吹嘘，君子是听不进去的；诽谤、陷害、栽赃，践踏他人的一套伎俩，君子是不会采用的；阻塞通道、妒贤嫉能的上司，君子远远躲避开；用钱财礼物手段进行拉拢，君子不会首肯。凡是无根据无缘起之流言蜚语、信口胡说、莫须有事宜、空想计谋、道听途说的赞誉、莫名其妙的诉求，等等，来路不正，无端而至，君子对它们慎重对待，要把它们公开化，确定它们是正当的还是不正当的，然后给以奖赏或是惩罚的回应。这样，一些奸邪言语、奸邪学说、奸邪事宜、奸邪谋划、奸邪赞誉、奸邪诉求就没有什么可能敢来试探闹哄，而忠言忠论、忠讲忠说、忠事忠谋、忠誉忠诉就都明朗表达、通畅无阻，并起而通天达于君主那里了。以上这些才是广听意见、彰显贤良、发挥贤士作用、使奸邪退却、使忠良进用的方法。

感悟：只能用忠良的品性去招揽忠良，用正人君子的方式去团结正人君子，用高尚大度的风度去吸引高尚大度，用文明规范的方式去推动文明与规范，用仁义道德的动机去营造仁义道德的风尚。

这是一个文化的尚同与互动规律，也是一个非恶与驱邪法则，是忠良，就摒弃奸佞；是正气，就消除邪恶；是高尚，就拒绝卑鄙；是文明，就否定野蛮；讲仁义，就不能恶毒。

这里用的词是术，含义其实更广泛，是思路、是风度、是心志、是文明，也是方式与操作，是政治、国家、修齐治平的全部精神面貌与精神魅力。这一段是关于自发自流、无端无据的各种民间社会现象的有趣说法：所谓流言、流说、流事、流谋、流誉、流愬即流诉，不官而衡至者，对于没有经过正当途径而闹起来的舆情事件说法，荀子强调了警惕，强调了它们是奸言奸说奸事奸谋奸誉奸诉的可能，而且提出了要慎重对待，要分清是非曲直的重要性。

《礼记·儒行》中有言："久不相见，闻流言不信。"《明史·马孟桢传》中有言："臣子分流别户，入主出奴，爱憎由心，雌黄信口，流言蜚语，腾入禁庭，此士习可虑也。"看来，对于流言流说，自古就有精英主义式的批评防备。

但中华传统文化也有另一面的说法，即注意民间的"无根之言"所反映的民意，荀子这里，讲得比较少。《东周列国志》中有言："太史伯阳父奏曰：'凡街市无根之语，谓之谣言。上天儆戒人君，命荧惑星化为小儿，造作谣言，使群儿习之，谓之童谣。小则寓一人之吉凶，大则系国家之兴败。荧惑火星，是以色红。今日亡国之谣，乃天所以儆王也。'"这就不得了啦，对于无根流言流说，需要认真对待了。但荧惑之星的名字，仍然带着邪恶的标签。

另，中国古代有采集诗歌民风民谣的官员，有听取舆情、掌握民间风习的用意，很少会对民间自流自发形成的说法传闻产生敌意，多是些考量与分析。

川渊深而鱼鳖归之，山林茂而禽兽归之，刑政平而百姓归之，礼义备而君子归之。故礼及身而行修，义及国而政明，能以礼挟而贵名白，天下愿，令行禁止，王者之事毕矣。

《诗》曰："惠此中国，以绥四方。"此之谓也。

川渊者，龙鱼之居也；山林者，鸟兽之居也；国家者，士民之居也。川渊枯则龙鱼去之，山林险则鸟兽去之，国家失政则士民去之。

转述：江河湖泊水深，鱼鳖从而聚集其处；山岭林木茂盛，禽兽从而聚集其处；刑罚政令公正合理，老百姓就归心聚集其地；礼法道义完备规范，君子就向往聚集其国。所以说，如果礼法教化普及深入到每个人的身心，这里的人众的行为就能修养端正；大义原则能够贯彻到国家生活中的各个方面，政事就能清明有序；能够以礼法规范社会生活的方方面面，那么高贵的名誉就会彰显于世，天下的人就会尊崇赞扬，而且这里是发布了命令就能实行，颁布了禁忌就能制止，是章法井然之地，这样，称王引领天下的伟大功业也就完成了。

《诗经·大雅·民劳》有道是："施恩惠于国都，能够扩展安抚四方人心。"说的就是这种道理。

江河湖泊，是龙、鱼居住的地方；山岭林木，是鸟、兽居住的地方；国家土地，是士人、民人居住的地方。江河湖泊干枯了，那么龙、鱼就会离开它；山岭林木稀疏，那么鸟、兽就会离开它；国家政治没了章法，那么士、民就会离开它。

感悟：文化——教化立国，文化——教化立人、立心、立德、立礼仪秩序、立法度，文化——教化聚人、聚德、聚仁义道德礼制修齐治平，聚才、聚财、聚力。文化就是江河湖泊提供给龙、鱼的大水，文化就是山岭提供给鸟、兽的林木，文化就是国家提供给君子的平台与乐园、范式与理想、价值与标杆、担当与使命。中华文化的这种集约力、概括力、煽情性与凝聚力、生命力，也算是人类历史学与文化学上的一种伟大奇观！

无土则人不安居，无人则土不守，无道法则人不至，无君子则道不举。故土之与人也，道之与法也者，国家之本作也。君子也者，道法之总要也，不可少顷旷也。得之则治，失之则乱；得之则安，失之则危；得之则存，失之则亡。故有良法而乱者有之矣，有君子而乱者，自古及今，未尝闻也。传曰："治生乎君子，乱生乎小人。"此之谓也。

得众动天。美意延年。诚信如神。夸诞逐魂。

转述：没有国土，人民就不可能安居；没有人民，那么国土就不可能守护；没有大道和法治，人民就不会来这个国家；没有君子，那么大道也就不能提出与实行。所以土地和人民、道与法，是国家的根本。而君子，是道与法的总理，任何时候，不可以有片刻缺少。有了君子人了，国家就得到了治理；失去他们，国家就乱了套；得到他们，国家就安稳；失去他们，国家陷入危险；得到他们，国家能存在；失去他们，国家就灭亡。

所以，一个国家虽然有良好的法治但仍然有某些混乱发生，这样的情势是可能发生的；但是一个国家有足够的君子存在，却发生政治上的动乱，自古至今，还没听说过。古书上说："国家的治理来自君子，国家的混乱来自小人。"说的就是这种情况。

得到民众，就能感动上天；美善心境，益寿延年。诚实信用，收效如神；夸张虚妄，只会丢魂。

感悟：人的因素第一。这里有这么多互动、互为因果的现象。小人乱国，奸佞乱国，是一方面；国家治理乱了，小人得势，国家乃乱，也很容易理解。乱世英雄起四方，家仇出孝子，国乱显忠臣，还是一种情况；大英雄大豪杰扭转乾坤，或圣人贤士冤屈送命，也都有可能。古今多少事，都付笑谈中，叫人到底说什么好呢?

人主之患，不在乎不言用贤，而在乎诚必用贤。夫言用贤者，口也，却贤者，行也；口行相反而欲贤者之至，不肖者之退也，不亦难乎! 夫耀蝉者务在明其火，振其树而已，火不明，虽振其树，无益也。今人主有能明其德，则天下归之，若蝉之归明火也。

转述：君王的难处，不在于他不言说要任用贤良，而在于他确实希望找到与任用贤良，然而呢，口头上讲着求贤用贤，他的行为却是把贤良推辞掉。言行不一，却希望贤者到来，希望不贤而且低劣的人走开，这也太难为了。比如用火光招引蝉，再一摇动树，蝉就会过来，如果火光不亮，你振摇树枝，是没有任何用处的。今天的明达君王，能做到德性光耀，天下包括众贤良都会归心于你，正像是蝉受到火光的吸引一般。

感悟：权力系统，帝王诸侯都希望得人得才，得贤得良臣。这其实分歧不大，并没有多少权力系统中人从最初就决心亲近小人奸佞，疏远贤者良臣。问题在于，说用贤良是一回事，能不能发现贤良，理解贤良，信任贤良，接受贤良，是另一回事。

真正做到心想事成，真正做到得贤用贤，谈何容易？贤而未能使权力系统满意，世上这一类事多了。可能是如"智者千虑，必有一失"一样，贤者极贤，仍有疏漏；可能是功高震主，久必坐大，用患难见真情也是善其始者未必能善终也，也可能是贤人过剩，争拗不休，还不如无灾无难到公卿的愚鲁之辈……

尤其是，贤良是讲道德讲人品的，你某个帝王或诸侯，本人却是阴暗狭隘、猜疑忌才、喜怒无常、刚愎自用的，乃至于是花天酒地、贪婪无耻，本身就是不肖低劣的，是小人而绝非君子，道不同不相为谋，昏暗者除了招引一批不肖低劣奸佞坏种以外，怎么可能招来贤良呢？良相贤臣，同时还是智慧的产物，如果君王自身智商太低，同样也无法理解远见大器，无法接受创新突破，无法认同木秀于林，无法接受高瞻远瞩，只能是低级参议、低级趣味、低级班子，低级的十几个人七八条枪。

临事接民而以义，变应宽裕而多容，恭敬以先之，政之始也。

然后中和察断以辅之，政之隆也；然后进退诛赏之，政之终也。故一年与之始，三年与之终。用其终为始，则政令不行而上下怨疾，乱所以自作也。

《书》曰："义刑义杀，勿庸以即，女惟曰：'未有顺事。'"言先教也。

程者，物之准也；礼者，节之准也。程以立数，礼以定伦，德以叙位，能以授官。凡节奏欲陵，而生民欲宽，节奏陵而文，生民宽而安。上文下安，功名之极也，不可以加矣。

君者，国之隆也；父者，家之隆也。隆一而治，二而乱。自古及今，未有二隆争重而能长久者。

转述：面临各种事务，接触民人，要坚守义理原则，要有应对各种变故、容纳各式人等的足够宽裕的空间，要用恭敬尊重的态度去引领他们，这是政务的第一步。

然后持中客观、和睦适度地观察和判断，去辅助辅导各项事宜，这是政务的中间阶段；然后是进用、是罢黜、是惩罚，或是奖赏，这是政务的结尾一步。

第一年做的是第一步，第三年才是最后一步。如果把最后一步当成第一步走，一上来就奖惩予夺、作威作福，那么政令尚未得到施行，上上下下还没有完全理解你的政治意图，就会有许多不理解与反感怨怼，也就会自乱局面。

《尚书》说："即使是正确的刑罚包括处死，也不一定立即执行，你要说的是：'我还没有理顺政事。'"这里的含意是，应该先进行教化。

度量衡，是量度物品的标准；礼制，是确定法度行止的标准。用度量衡来明确物品的数量，用礼制来确定人与人之间的尊卑等级关系；再根据品德来排列级别、秩序、地位，依据能力授予官职。凡是礼节礼仪等制度要严格，而对待民人要宽容。礼节制度严格分明，才能推动文化；对待民人宽容，才能稳定安宁。君王文雅，百姓安定，这是事功与名誉的极致，不可能再有所增加了。

君主，是国家的高峰；父亲，是家庭中的高峰。高峰只有一个，就安定；如果有两个，就会出乱子。从古到今，还没有两个高峰互相争夺而能长治久安的。

感悟：不要急于用权立威，而要调查研究，分析衡量，树立标准，礼义为先，保持高度，集中统一，不留乱源。

师术有四，而博习不与焉：尊严而惮，可以为师；耆艾而信，可以为师；诵说而不陵不犯，可以为师；知微而论，可以为师。故师术有四，而博习不与焉。水深而回，树落则粪本，弟子通利则思师。

《诗》曰："无言不雠，无德不报。"此之谓也。

赏不欲僭，刑不欲滥，赏僭则利及小人，刑滥则害及君子。若不幸而过，宁僭无滥；与其害善，不若利淫。

转述：成为老师的条件有四方面，博学并不包含在里面：尊严而使人畏惧，可以成为老师；年老而有威信，可以成为老师；诵读解说经典而在行动上不顶撞、不违犯它，可以成为老师；理解精微，又能分析阐述，可以成为老师。所以成为老师的条件有四个方面，倒不必非得是知识广博。水深了，自然就会打旋，树叶落下了，等于给树根施了肥，学生通畅顺利了就会想念老师。

《诗经·大雅·抑》上说："说话总会有应答，施恩总会有报答。"说的就是这种道理啊。

奖赏不要过度，刑罚不要滥施。奖赏过度，会使得低劣小人也沾光得利；刑罚滥施，那么危害的扩大化就会伤及高尚的君子。如果不幸硬是避免不了失误啦，那就宁可过奖也不要滥刑；与伤害好人相比，让不配不合格的人沾光得利，危害后果倒还轻一些。

感悟：中华传统文化对教育的看法是以德为先，以礼义为准则，以心志、境界、气度为表象。与后世今时的看重知识学问有明显的差异，这里也体现了。

议兵

这里谈军事，谈战争，但中心是以政治道义主导军事，重政治、突出政治，强调政治对军事的决定性作用。结果，没有谈多少军事。

临武君与孙卿子议兵于赵孝成王前。王曰："请问兵要。"临武君对曰："上得天时，下得地利，观敌之变动，后之发，先之至，此用兵之要术也。"孙卿子曰："不然。臣所闻古之道，凡用兵攻战之本在乎壹民。弓矢不调，则羿不能以中微；六马不和，则造父不能以致远；士民不亲附，则汤、武不能以必胜也。故善附民者，是乃善用兵者也。故兵要在乎善附民而已。"

转述：临武君与荀子在赵孝成王面前讨论用兵之道。赵孝成王说："请问用兵的要领。"临武君回答说："往上说，要选有利于我方作战的季节气候时机，往下说要善于利用地形地物的有利条件，观察好敌人的变动情势，可以比敌人后行动，但要比敌人先到达，这就是用兵的要领。"荀子说："不是这样。我所听说的古代用兵经验的总结是，大凡用兵作战的关键在于使民众和自己团结一心。如果弓箭不协同使用，那么后羿也不能用它来射中精微的目标；如果六匹马不协调，那么造父也不能靠它们驱车到达远方；如果民众不亲近归附君主，那么商汤、周武王也不能一定打胜仗。所以善于使民众归附的人，能够在战役中使百姓站在自己这边的人，这才是善于用兵的人。所以用兵的关键在于赢得归附自己的民心罢了。"

感悟：临武君是将军，他谈的是军事，就军事谈军事。荀子是帝王之师，他谈的是政治，以政治谈军事，他的思想是古代的类似人民战争的思想。他的思想很高明，也有些伟大，但是他老先生不知道事物也有另一面，政治上走对了成功了，取得了民心，打起仗来也容易占优势，获得情报、获得后勤支援、补充人力，须得都占优势。但谈到战争，也就必然有就兵论兵、就胜负论胜负的一面。哪怕在当地的诸侯国家的互斗中，政治是纲，军事起码也是次纲，政治是主干，军事也是极重要的枝干，纲决定次纲、支纲和目，一个目烂掉了垮掉了也会使主纲被架空、被侵蚀、被拉后腿而跌倒断裂。一个宇宙飞船的某个零件、某个涂料略有不合格，照样会造成能惨败惨剧。人心影响胜负是一面，胜负影响人心也是一面，一两次战役，一方被全歼了，他们还能赢得多少民心呢？道学先生、道德家、政论家、宣传家，在兵事中的作用不能缩小，也不能太放大。荀子一方面相当务实与通晓世态，一方面有以己论硬压不同的说法的毛病。

临武君曰："不然。兵之所贵者，势利也；所行者，变诈也。善用兵者，感忽悠暗，莫知其所从出。孙、吴用之，无敌于天下。岂必待附民哉？"

孙卿子曰："不然。臣之所道，仁人之兵，王者之志也。君之所贵，权谋势利也；所行，攻夺变诈也：诸侯之事也。仁人之兵，不可诈也；彼可诈者，怠慢者也，路亶者也，君臣上下之间涣然有离德者也。故以桀诈桀，犹巧拙有幸焉；以桀诈尧，譬之若以卵投石，以指挠沸，若赴水火，入焉焦没耳！故仁人上下，百将一心，三军同力，臣之于君也，下之于上也，若子之事父、弟之事兄，若手臂之捍头目而覆胸腹也；诈而袭之与先惊而后击之，一也。

"且仁人之用十里之国，则将有百里之听；用百里之国，则将有千里之听；用千里之国，则将有四海之听；必将聪明警戒，和传而一。故仁人之兵，聚则成卒，散则成列；延则若莫邪之长刃，婴之者断；兑则若莫邪之利锋，当之者溃；圜居而方止，则若盘石然，触之者角摧，案角鹿埵、陇种、东笼而退耳。且夫暴国之君，将谁与至哉？彼其所与至者，必其民也；而其民之亲我欢若父母，其好我芬若椒兰，彼反顾其上，则若灼黥，若仇雠；人之情，虽桀、跖，岂又肯为其所恶贼其所好者哉？是犹使人之子孙自贼其父母也，彼必将来告之，夫又何可诈也？

"故仁人用，国日明，诸侯先顺者安，后顺者危，虑敌之者削，反之者亡。《诗》曰：'武王载发，有虔秉钺；如火烈烈，则莫我敢遏。'此之谓也。"

转述：临武君说："不是的。用兵所看重的，是形势有利，条件合宜；所指挥与行动的，是迅疾突然，神出鬼没。善于用兵的人，没有人知道他们是怎么来怎么想的。孙武、吴起用了这种办法，无敌于天下，哪里用得着等待民众归附呢？"

荀卿说："不对。我所说的，是仁德之人的队伍，体现的是王者的心志精神。将军所看重的，是权术计谋、占有有利形势；所指挥行动的，是攻打争夺、机变诡诈：这些是诸侯爱干的事。仁德之人的军队，是不可能被欺诈的；那能够被欺诈而上当的，只会是一些松懈怠慢、厌战疲惫、君臣上下之间涣散而离心离德的军队。用桀的一套欺骗桀一类的暴君，看具体运用的巧拙不同，行诈的一方还是有机会获胜的；用桀的一套去欺骗尧这样的圣君，就好比是用鸡蛋砸石头、用手指搅动沸水，就好比以身冲击水火，一碰上就会被烧焦淹没了。仁人志士，上下之间，将领之间，同心同德，三军劲往一处使，臣子对君王，下属对上司，就像儿子事奉父亲、弟弟事奉兄长一样，就像手臂捍卫脑袋眼睛、庇护胸部腹部一样；所以用欺诈的办法或是先惊扰再出击，其袭击结果是一样的。

"况且仁德之人管理方圆十里的国家，就会了解到方圆百里的情况；管理方圆百里的国家，就会了解到方圆千里的情况；管理方圆千里的国家，就会了解到四海之内的情况；他的军队聪明灵通，警戒谨慎，协调团结成为整体。所以仁德之人的军队，集合起来就成为有组织的队伍；分散开来便成为整齐的行列；伸展起来就像莫邪宝剑长长的两刃，碰到它的就会被劈断；向前冲刺就像莫邪宝剑那锐利的锋尖，阻挡它的就会被击溃；以圆的形状排列，或以方正的队形止步，都像磐石一样岿然不动，触犯它的头破血流，最后只能狼狈败退。

"再说那些强暴之国的君王，能与什么人一起来攻打我们呢？能够和他一起来的，当然是他统治的民众；但是他的民众亲近我们就像喜欢父母一样，他们喜欢我们就像喜欢芳香的椒、兰植物一样；而他们回头看看他们的君王，却像看到了受过毁容刑罚的丑八怪，像看到了仇人一样反感；人的天性即使像夏桀、盗跖那样暴虐，也不可能甘愿为他们所憎恶厌恶的方面去残害他们所喜爱的方面啊。这就好像你想让别人的子孙去杀害他们的父母，他们一定会来给我们报信的，我们又怎么可能被欺诈呢？所以仁人当政，国运昌盛，诸侯先去归顺，得到安宁，迟去归顺的，难免危险；想与仁君作对，就会削弱，背叛仁君，就会灭亡。《诗经》云：'商汤出征，战旗高竖，威严庄重，手执大斧；熊熊烈火，无人敢阻。'说的就是这种情况啊。"

感悟：这一段写得精彩，但它的军事学意义、专业性与操作性，似乎赶不上它的文学性、辞藻性与比喻性。

在两千多年后的今天，琢磨起来，应该说某些历史经验确实有荀子说得如此神妙惊人。中国人民在抗日战争期间，如果单纯从军事学上讨论，中方取胜的机会很微小，但得道多助、失道寡助的故事屡见不鲜，持久战与人民战争的威力已经显现。二战结束后，中国人民革命的解放战争的例子就达到了荀子所讲的这种程度，丧尽人心民意的国民党政权与其军队，最后竟是摧枯拉朽般全面崩溃，无他，人心向背、仁义道德、国家民族、历史规律、时代精神、新生力量的旗帜全都高举在中国共产党与人民革命一边了。

即使如此，这里的军事智慧也是绝对不能低估的。强调人心向背的意义，也绝对不应该贬低军事智慧的意义。

孝成王、临武君曰："善。请问王者之兵设何道、何行而可？"

孙卿子曰："凡在大王，将率末事也。臣请遂道王者诸侯强弱存亡之效、安危之势。君贤者其国治，君不能者其国乱；隆礼、贵义者其国治，简礼、贱义者其国乱。治者强，乱者弱：是强弱之本也。上足卬，则下可用也；上不足卬，则下不可用也。下可用则强，下不可用则弱：是强弱之常也。

"隆礼、效功，上也；重禄、贵节，次也；上功、贱节，下也：是强弱之凡也。好士者强，不好士者弱；爱民者强，不爱民者弱；政令信者强，政令不信者弱；民齐者强，民不齐者弱；赏重者强，赏轻者弱；刑威者强，刑侮者弱；械用兵革攻完便利者强，械用兵革窳楛不便利者弱；重用兵者强，轻用兵者弱；权出一者强，权出二者弱：是强弱之常也。

"齐人隆技击。其技也，得一首者，则赐赎锱金，无本赏矣。是事小敌毳则偷可用也；事大敌坚则涣焉离耳，若飞鸟然，倾侧反覆无日。是亡国之兵也，兵莫弱是矣，是其出赁市佣而战之几矣。

"魏氏之武卒，以度取之。衣三属之甲，操十二石之弩，负服矢五十个，置戈其上，冠䡅带剑，赢三日之粮，日中而趋百里。中试则复其户，利其田宅。是数年而衰而未可夺也，改造则不易周也。是故地虽大，其税必寡，是危国之兵也。秦人，其生民也狭陋，其使民也酷烈，劫之以势，隐之以陋，忸之以庆赏，鳝之以刑罚，使天下之民所以要利于上者，非斗无由也；陋而用之，得而后功之，功赏相长也，五甲首而隶五家。是最为众强长久，多地以正。故四世有胜，非幸也，数也。

"故齐之技击不可以遇魏氏之武卒，魏氏之武卒不可以遇秦之锐士，秦之锐士不可以当桓、文之节制，桓、文之节制不可以敌汤、武之仁义；有遇之者，若以焦熬投石焉。兼是数国者，皆干赏蹈利之兵也，佣徒鬻卖之道也，未有贵上、安制、綦节之理也。诸侯有能微妙之以节，则作而兼殆之耳。

"故招近募选，隆势诈，尚功利，是渐之也；礼义教化，是齐之也。故以诈遇诈，犹有巧拙焉；以诈遇齐，辟之，犹以锥刀堕太山也，非天下之愚人莫敢试。故王者之兵不试。汤、武之诛桀、纣也，拱挹指麾，而强暴之国莫不趋使，诛桀、纣若诛独夫。故《泰誓》曰'独夫纣'，此之谓也。

"故兵大齐，则制天下；小齐，则治邻敌。若夫招近募选，隆势诈，尚功利之兵，则胜不胜无常，代翕代张，代存代亡，相为雌雄耳矣。夫是之谓盗兵，君子不由也。故齐之田单，楚之庄蹻，秦之卫鞅，燕之缪虮，是皆世俗之所谓善用兵者也。是其巧拙强弱则未有以相君也，若其道，一也，未及和齐也，掎契司诈，权谋倾覆，未免盗兵也。齐桓、晋文、楚庄、吴阖闾、越勾践，是皆和齐之兵也，可谓入其域矣，然而未有本统也，故可以霸而不可以王。是强弱之效也。"

转述：赵孝成王、临武君说："好的。那么请问真正的王者采用什么办法、采取什么行动才好？"

荀卿说："一切在于大王，将帅是第二位的事。请允许我说说帝王诸侯的强弱、存亡的效用和安危形势的变化：君主贤能，他的国家就安定；君主没有能力，他的国家就混乱；君主崇尚义理，按原则办事，他的国家就治理得好；君主怠慢礼法、蔑视义理，他的国家就混乱。治理得好的国家强盛，混乱的国家衰弱：这是国家强弱不同的根本关键。君主值得仰赖，臣民就为他所用；君主不值得仰赖，臣民就不能为他所用。臣民能为君主效力就强盛，臣民不能为君主效力就衰弱，这是强与弱的常观常态。

"推崇礼法、奖赏战功，是上策；看重利禄、推崇气节，是次一等的办法；重视战功、卑视气节，是下等的办法：这些是导致强盛与衰弱的大致情况。君主喜欢贤士，国家强盛，不喜欢贤士，国家衰弱；君主亲爱人民，国家强盛，不亲爱人民，国家衰弱；政策法令信实可靠，国家强盛，政策法令没有公信力，国家衰弱；民人劲往一处使，国家强盛，民人一盘散沙，国家衰弱；奖赏隆重，国家强盛，奖赏轻忽，国家衰弱；刑罚威严，国家强盛，刑罚草率，国家衰弱；器械、用具、兵器、盔甲精良坚固好用，国家强盛，器械、用具、兵器、盔甲粗劣不便，国家衰弱；慎重周密用兵，国家强盛，轻易用兵，国家衰弱；指挥统一，国家强盛，指挥两样，国家衰弱——这些是强盛与衰弱的常理。

"齐国人看重'技击'。用'技击'之法，取得一个敌人首级的，能获得八两的赎购人头费用，没有颁发战胜奖赏。这种做法，如果战役小、敌人少，或可凑合一用；如果对付大规模强敌，那么士兵就会涣散而逃，像那鸟儿一样四面逃走，顷刻间覆灭消失。这是亡国的军队，没有比他们更软弱不堪一击的了，这和用市场上的佣工去作战也就差不多了。

"魏国的'武卒'，对建军就严格与郑重多了。招募武卒士兵是有标准的：要能够穿上三套铠甲，操用需要十二石力气才拉得开的弩弓，背负装着五十支箭的箭袋，戈矛也要扛上，戴头盔，佩宝剑，带上三天粮食，午前完成行军一百里。考试合格就免除他家的徭役，优惠安排他们的田地住宅。这些待遇，即使数年后他们体力衰弱了，也不会取消，重新组织了军队也不改变他们的原有福利。所以他们的国土虽然广大，但得到的税收必然很少，这是危殆国家的（特种）部队。

"秦国的君主，那里民人生活的路子逼仄、窘困，使用起民人严酷惨烈，以强势威逼劫持百姓去打仗，以生计的穷困艰难而迫使他们去当兵，用某些奖赏使他们接受了以打仗为业，再以刑罚催迫他们。国内的民人，想从君王这边得到好处，除了去作战就没有别的由头了；民人艰窘，从而使用他们，打胜了记功，功劳与奖赏互相追随而增长，获得五个敌人士兵的头颅就可以役使本乡的五户人家。这样，秦国显得人多势众、战斗力强固久长，又有很多土地可以征税。所以秦国四代都有胜利的累积，这并不是碰运气，而是由它的算计安排所决定的。

"齐国的'技击'抵挡不了魏国的'武卒'，魏国的'武卒'抵挡不了秦国的'锐士'，秦国的'锐士'抵挡不了齐桓公、晋文公所带领的有纪律有训练的军队，齐桓公、晋文公的有纪律有训练的军队抵挡不了商汤、周武王的仁义之师；如果碰到汤、武的仁义之师，有纪律有训练的部队就如同以枯焦烤干之物击石头。

"从齐、魏、秦这几个国家来看，都是些求赏逐利来当兵的，这是一种雇佣关系，是买卖性质，并没有尊崇君王、安守制度、讲究节操的理念。诸侯中如果有人能精微巧妙地使士兵接受礼义的主导与节制，那么一起事就能吞并危及以上几国的军力了。

"依靠招引、延请、募求、挑选，造势欺诈，功利劝诱，这是用糊弄的方法聚集士兵；而以礼义教化去治军，这是使士兵齐心合力之道。用受骗的军队去对付受骗的军队，他们之间也还有巧妙与拙笨之别；用受骗的军队去对付齐心合力的军队，就好像用小刀去摧毁泰山一样，是自取灭亡。如果不是天底下的傻瓜，是没有人敢尝试的。所以称王天下的军队是没有人敢去挑战的。商汤、周武王讨伐夏桀、商纣的时候，从容地指挥，那些强横暴虐的诸侯国也奔走前来供汤、武驱使，除掉夏桀、商纣就好像除掉一个独夫民贼光杆司令一样。所以，《尚书·泰誓》说：'独夫纣。'说的就是这种情况啊。

"军队能大规模齐心合力，就能制胜天下；小规模齐心合力，就能制服邻近的敌国。至于那种招引募求挑选拉来的、注重造势用计、求赏谋利的军队，谁胜谁负就没有个定准了，有时衰，有时盛，有时保持，有时灭亡，互为高下、互有胜负罢了。这叫作盗寇式队伍，君子是不信用这种军队的。

"齐国的田单，楚国的庄蹻，秦国的卫鞅，燕国的缪虮，他们都是现世一般人所说的善于用兵的人。这些人的巧拙、强弱，可能是难分轩轾的，至于他们带兵的路数，彼此却是一样的，他们都达不到使军心和衷共济、齐心合力的地步，而只是抓住一些手段，连蒙带唬，忽悠折腾，免不了还得算是盗寇式队伍。齐桓公、晋文公、楚庄王、吴王阖闾、越王勾践，这些人的军队就都是和衷共济、齐心合力的队伍，可说是进入高境界了，但还没有融会贯通那根本的要领，他们可能称霸于诸侯间，但是不可能称王天下。这就是强弱差别的不同效用了。"

感悟：军队的品级、军事思想的品级、治军的品级、战略战术的品级，这一段的讲法相当有料、有趣、令人叹息。齐人技击，无可厚非，训练狙击手、剑客、刀客、神枪手、神炮手，无可指摘嘲笑。魏国进行全面体能超级训练，正如今日训练特种部队，或培养"007"式间谍，名之曰"武卒"，也有它的特任勤务。秦兵以苦为纲，哀兵、苦兵、危兵，置之死地而后生，背水而战，除了取胜没有其他活路，这样的治军之道，荀子的描绘惊心动魄。然后仁义之师隆重出场，果然气象不凡，动人心魄。在集中分析部队文化之重要性，政治思想工作之重要性的同时，讲到了雇佣兵的疲沓，仅仅靠花钱犒赏之靠不住，还有军内的黑暗诈骗，等等，在斯时也算抖搂了一些猛料了。

孝成王、临武君曰："善。请问为将。"孙卿子曰："知莫大乎弃疑，行莫大乎无过，事莫大乎无悔。事至无悔而止矣，成不可必也。故制号政令，欲严以威；庆赏刑罚，欲必以信；处舍收藏，欲周以固；徙举进退，欲安以重，欲疾以速；窥敌观变，欲潜以深，欲伍以参；遇敌决战，必道吾所明，无道吾所疑，夫是之谓六术。

"无欲将而恶废，无急胜而忘败，无威内而轻外，无见其利而不顾其害，凡虑事欲孰而用财欲泰，夫是之谓五权。

"所以不受命于主有三：可杀而不可使处不完，可杀而不可使击不胜，可杀而不可使欺百姓，夫是之谓三至。凡受命于主而行三军，三军既定，百官得序，群物皆正，则主不能喜，敌不能怒，夫是之谓至臣。虑必先事而申之以敬，慎终如始，终始如一，夫是之谓大吉。凡百事之成也必在敬之，其败也必在慢之，故敬胜怠则吉，怠胜敬则灭，计胜欲则从，欲胜计则凶。战如守，行如战，有功如幸。敬谋无圹，敬事无圹，敬吏无圹，敬众无圹，敬敌无圹，夫是之谓五无圹。慎行此六术、五权、三至，而处之以恭敬无圹，夫是之谓天下之将，则通于神明矣。"

转述：孝成王、临武君说："好的。那么再请问一下担任将领的原则义理。"

荀卿说："智慧的高明在于抛弃犹豫不决，行动的成功在于没有造成过失，事情的伟大在于没有留下悔恨。做事毋庸后悔，也就到头了，不能要求凡事全部成功。所以制度、号召、政策、命令，要严格而有威力；奖赏刑罚，要坚决而且守信兑现；军队驻扎的营垒和收藏物资的军库，要周到齐全而且坚固；行军进退，要安全而稳重，又要迅速突然；侦探敌情、观察其变动，要隐蔽深入，又要核对求真；遇到对敌决战，一定要按照已了解清楚的情报去行动，不能在己方且信且疑的情况下去瞎碰。以上这些叫作六条战术要领。

"不可以因为一心要当将领怕被革职而患得患失，不可以因为急于求胜而忘记了做失败的预案，不可以由于内部的自我张扬而轻视了外敌，不要看见了那有利的一面而忘记可能有害的另一面，考量事务要深思熟虑，而使用财物奖赏要大大方方，这是五方面要妥善权衡的事。

"此外还有三种情况下，君主命令也可以先不接受：宁可被处死而不可使自己的军队处于守备不完善的条件下，宁可被处死而不可使自己的军队去打没有取胜把握的仗，宁可被处死而不可使自己的军队去欺负老百姓，这叫作三到位。

"从君主那里接受了命令，就要去巡视三军，三军已经布置确定，各级军官各安其位，诸事上了轨道，那么用不着为君主说好而高兴，也用不着为敌人玩弄计谋而激怒，这样的将领可以说是做到家了。

"一定在战事之前预设周密，并且反复提醒自己要恭恭敬敬，慎重对待整个过程如对待开始，始终如一。这是最大的吉利。各种成功，在于敬畏小心，而失败，在于简慢大意，敬畏慎重胜过简慢大意就吉祥，简慢大意胜过敬畏慎重就灭亡。周密的谋划胜过一己的心愿就顺利，一己的心愿胜过周密的谋划就凶险。

"进攻作战时像防守时一样严密，行军时像作战一样无懈提防，有了战功仍然自认为乃侥幸取得，不会自满。谨慎谋划而不大意，谨慎作战而不大意，谨慎对待军吏而不大意，谨慎对待士兵而不大意，谨慎对待敌人而不大意，这叫作五不大意。谨慎地根据这六战术、五权衡、三到位，并且用恭敬而不大意的态度来处理一切，这叫作举世无双的将领，他就能与神明相通——用兵如神了。"

感悟：核心在于一个敬字，敬是儒学讲态度的一个核心字眼，讲仁义礼智信，是讲性情、人性与价值观念的统一。讲道与德，大体是讲哲学，讲终极概念与终极关怀和日常生活的统一。讲温良恭俭让是讲君子之风度、风格，讲恭宽信敏惠，是讲精英政治、精英官员的亲民作风与亲民要领，而敬，是君臣卿相士大夫对待国务、政务、君务、臣务的态度，敬是出发点，是敬畏，是如临深渊、如履薄冰，表现出来是慎重、谨慎、周全、深思熟虑、小心翼翼、反复核对、衡量、思考、不骄不躁、不松懈不大意不轻率不冒险不投机、中规中矩、万无一失。最后，终极关怀、根本、政治、兵事、性情、事功、民生、民心、修齐治平，统一为道，为通，为仁，为无极与太极，为一与多的统一。

虽说是议论兵事军事，荀子仍然更倾心于抓政治，抓哲学，抓道德。这是中国的大概念崇拜思路，大决定小，本决定末，纲决定目，即使是谈将领的工作与修为，荀子不想把军事、带兵和打仗专业化，他认为仍然应将仁心、礼敬、周全、细密、谦逊、质朴等优秀品德摆在第一位。工业文明、科技文明就有所不同了，细节也可以决定胜负，螺丝钉也可以决定成败，技术也可以决定全局。各有各的角度，各有各的道理。

临武君曰："善。请问王者之军制。"孙卿子曰："将死鼓，御死辔，百吏死职，士大夫死行列。闻鼓声而进，闻金声而退；顺命为上，有功次之；令不进而进，犹令不退而退也，其罪惟均。不杀老弱，不猎禾稼，服者不禽，格者不舍，奔命者不获。凡诛，非诛其百姓也，诛其乱百姓者也；百姓有扞其贼，则是亦贼也。以故顺刃者生，苏刃者死，奔命者贡。微子开封于宋；曹触龙断于军；殷之服民所以养生之者也，无异周人；故近者歌讴而乐之，远者竭蹶而趋之，无幽闲辟陋之国，莫不趋使而安乐之，四海之内若一家，通达之属莫不从服，夫是之谓人师。《诗》曰：'自西自东，自南自北，无思不服。'此之谓也。王者有诛而无战，城守不攻，兵格不击，上下相喜则庆之。不屠城，不潜军，不留众，师不越时。故乱者乐其政，不安其上，欲其至也。"

临武君曰："善！"

转述：临武君说："好的。请问王者的军队规则制度。"荀卿说："将领死于战鼓，驾驭战车者死于缰绳，各级官吏死于职守，战士死于队伍。听见战鼓声声就前进，听见钲铙声声就后退；服从命令最重要，取得战功在第二位；命令了不得前进却前进，就像命令不得后退却后退一样，罪过一个样。王者的军队不杀害年老体弱的，不踩踏庄稼，对不战而退示弱的敌人不追杀，对抵抗格斗的敌人不放过，对前来投降的敌方士兵不抓俘虏。讲到讨伐战事，不是去讨伐百姓，而是去讨伐杀戮那些糟害百姓的家伙；百姓如果保护乱贼，那么他也就是乱贼的一员了。因为这个缘故，所以顺从我们的刀剑，转身逃跑的就让他们活命算了，针对我们的刀锋进行抵抗的就把他杀掉，前来投降的就赦免罪行。微子启归降周，被封在宋；曹触龙负隅顽抗，被杀于军前；商王朝那些降服于周朝的民众，其生活境遇条件，和原周朝的人没有什么两样；于是邻近的人们讴歌周朝而且热爱周朝，远处的人不辞辛劳地来投奔周朝，哪怕是幽隐闭塞偏僻边远之地，也都前来归附周王，愿意为之效劳服役，并且喜欢周朝，四海之内就像一家人一样，凡是交通能到达的地方，没有谁不接受服从，这可以称作人民的师长了。《诗经·大雅·文王有声》上说：'从西边也从东面，从那南边又从北面，没有哪个不心悦诚服。'说的就是这种情况。

"真正的王者虽讨伐而不轻易攻战，敌人坚守时不攻打，敌军抵抗时不进攻，敌人官兵上下相亲相爱，就干脆祝贺他们，不去屠城而大开杀戒，不搞偷袭，不长期留兵驻守，军队出师不超越约定的时限。所以政治混乱的国家中的民人都喜欢王者的这些政策，比起仁厚的王者，百姓不爱自己的君主，都希望王者到来解民倒悬。"

临武君说："说得好！"

感悟：强调是仁者之师，仁义之师，强调战争的目的不在于诛杀敌人、消灭敌人、战胜敌人，而在于征服敌人，尤其是感化敌人，使敌人心悦诚服，使旁观的东西南北四面八方人众百姓诸侯大臣归降归顺，俯首称臣。

原因之一是那时还没有现代国家民族观念，也没有现代世界或国际观念，天下就是四海之内那么一些地方，国家是诸侯的邦国，另外高高在上的是殷商与周王朝的中央政权，也为各诸侯邦国所承认，所谓战争，一种是中央政权平叛讨伐之战，一种是诸侯出手，要夺取中央政权，乃至自称革命之战；而诸子百家活跃的东周时期，更多的是诸侯邦国之间的争权夺利、争地盘、争当头头至少是当盟主的战争，在某种意义上说，是同一个大文化、大民族内部的纷争，是分久必合、合久必分、战久必和、和久必战的战争。那时还没有现代意义上的、国家民族意义上的胜败、鲸吞、分裂、合并、占领、割让、存亡、生灭性的战争。

所以荀子强调的是穷寇莫追、适可而止、优待俘虏、优待敌占区民人、不但减少己方伤亡而且最大限度减少敌对方的伤亡。尤其是像什么敌方顽抗时不打、本军主动进攻仗不打，偷袭仗不打、打下来不驻军不占领不吞并、打仗有完有了，不超时不延后，几乎是友谊赛、兄弟赛性质，令人赞赏，又不能不怀疑，这还叫打仗吗？

陈嚣问孙卿子曰："先生议兵，常以仁义为本。仁者爱人，义者循理，然则又何以兵为？凡所为有兵者，为争夺也。"孙卿子曰："非女所知也。彼仁者爱人，爱人，故恶人之害之也；义者循理，循理，故恶人之乱之也。彼兵者，所以禁暴除害也，非争夺也。故仁人之兵，所存者神，所过者化，若时雨之降，莫不说喜。是以尧伐驩兜，舜伐有苗，禹伐共工，汤伐有夏，文王伐崇，武王伐纣，此两帝、四王皆以仁义之兵行于天下也。故近者亲其善，远方慕其义；兵不血刃，远迩来服；德盛于此，施及四极。《诗》曰：'淑人君子，其仪不忒。'此之谓也。"

转述：荀子的学生陈嚣问荀子："先生议论兵事，总是把仁义视为根本，讲的是仁者爱人，义者按照根据原则行事，要是这么讲，那么又为什么要兴兵打仗呢？用兵的原因，当然是为了争夺胜利啊。"

荀子说："这就是你所不知道的了。所说的仁者爱人，是说正因为爱人，所以就痛恨那种危害民人的势力；义者讲义理，正因为讲求义理，所以就痛恨那种胡作非为、不讲义理的势力。仁者兴兵，是为了遏止横暴、消除公害，而不是为己方夺取什么。仁人的军队，他们驻守的地方会得到极好的治理，他们经过的地方会得到教育感化，像适时的雨露，皆大欢喜。因此尧讨伐欢兜，舜讨伐三苗，禹讨伐共工，汤讨伐夏桀，周文王讨伐崇国，周武王讨伐商纣，这两帝、四王都是兴用仁义之师纵横天下的。于是靠近他们的民人喜爱他们的善良，离他们遥远的民人佩服他们的符合义理；兵器的刃锋上不需要沾上血迹，远近的人就都来投奔归附了；德行伟大到如此地步，其影响作用到四方八极。《诗经·曹风·鸤鸠》里说：'贤人君子，坚持义理无差，引领四方国家。'说的就是这种情况啊。"

感悟：确是王者之师，仁义之师，儒家之师，文明之师，理想主义之师。

兴师为民，兴师为除害，兴兵不为己，兴兵不为争夺。太雄辩，太漂亮了！

中华传统文化多以争为恶，孔子讲的是"君子无所争。必也射乎，揖让而升，下而饮。其争也君子"，说的是即使争最多像射箭比赛那样，先互相行作揖礼，比赛结束后再参加友谊派对；《论语》里还讲到"君子矜而不争，群而不党"，即只要尊严，不事争执；老子强调"夫唯不争，故莫能与之争"；等等。这一点与西方文化将竞争视为不可避免与前进动力不同。而中国历史上的各种内战外战，也很少有能符合荀子极精彩地描写成的这个模式的。

从汉代就罢黜百家独尊儒术了，但能落实儒家政治道德哲学理念的君相、朝代、政治实践者操盘者相当罕见，流芳百世的忠臣相对多一些，仁德暖热的君相却难以成立。这是中华文化史中的一大张力、一大关键课题、一大趣味，也可以说是中华政治文化的一个奥秘。

李斯问孙卿子曰："秦四世有胜，兵强海内，威行诸侯，非以仁义为之也，以便从事而已。"孙卿子曰："非女所知也。女所谓便者，不便之便也。吾所谓仁义者，大便之便也。彼仁义者，所以修政者也；政修，则民亲其上，乐其君，而轻为之死。故曰：'凡在于君，将率末事也。'秦四世有胜，諰諰然常恐天下之一合而轧己也，此所谓末世之兵，未有本统也。故汤之放桀也，非其逐之鸣条之时也；武王之诛纣也，非以甲子之朝而后胜之也，皆前行素修也，此所谓仁义之兵也。今女不求之于本而索之于末，此世之所以乱也。"

转述：李斯问荀子说："秦国四代已经四连胜了，现在四海之内，它的兵力最强，威势遍及各诸侯邦国，他们可不是靠仁义道德去打仗的，打起仗来，他们的办法是怎么方便顺手怎么来。"荀子说："这个道理不是你所能够理解的。你所说的便利，其实是一种便于变成不便利的便利。我所说的仁义，那是根本的全面便利的便利。那仁义，是用来推行政治的；政治推行得好，民众就会亲近他们的君主，喜爱他们的君主，情愿为君主去牺牲。所以我说：'一切决定于君主，将领是第二位的事。'秦国四代都有胜利，却还是提心吊胆地经常怕天下各国团结一致来收拾自己，这就是人们所说的衰落时代的军队，还没有抓住根本的纲领。从前商汤流放夏桀，并不只是在鸣条追击的时候；武王诛杀商纣，并不是甲子日早晨之后才战胜他的，而都是靠了以前的措施与平时的治理，这就是我所说的仁义之军。现在你不从根本上去把握，而只是从枝节上去理解，这只会造成世道的混乱。"

感悟：问题在于，政治是根本，打仗是末节，这说起来相当高大上，但实践起来有另一面：打起仗来是不能败的。你仗打败了，被俘了被杀了，国土被攻占，王朝被废除，上哪儿修政治国去呢？

礼者，治辨之极也，强国之本也，威行之道也，功名之总也。王公由之，所以得天下也；不由，所以陨社稷也。故坚甲利兵不足以为胜，高城深池不足以为固，严令繁刑不足以为威，由其道则行，不由其道则废。

楚人鲛革、犀兕以为甲，坚如金石；宛钜铁釶，惨如蜂虿；轻利僄遬，卒如飘风，然而兵殆于垂沙，唐蔑死，庄蹻起，楚分而为三四。是岂无坚甲利兵也哉？其所以统之者非其道故也。汝、颍以为险，江、汉以为池，限之以邓林，缘之以方城，然而秦师至而鄢、郢举，若振槁然。是岂无固塞隘阻也哉？其所以统之者非其道故也。纣刳比干，囚箕子，为炮烙刑，杀戮无时，臣下懔然莫必其命，然而周师至而令不行乎下，不能用其民。是岂令不严、刑不繁也哉？其所以统之者非其道故也。

转述：礼治，是治理社会的极致，是使国家变得强大的根本依靠，是扩展威势的有效途径，是事功名誉的集中彰显。天子诸侯依礼行事，能赢得天下；不依礼行事，丢掉江山政权。所以，坚固的防守与进攻的兵器未必足以取胜，高高的城墙、深深的护城河未必能保证守得住，严格的命令、繁多的刑罚，未必足够用来形成邦国威势，只有依照礼治之道行事，才能成功，不依照礼治之道行事，一切努力都会作废。

楚国人用鲨鱼皮、犀兕皮做成甲胄，坚硬如同金属、石材；宛地出产钢铁长矛，狠毒如同蜂、蝎毒刺；他们的兵卒行动轻快敏捷，快如旋风，但是兵败垂沙，唐蔑阵亡，庄蹻起兵造反，楚国被分裂成了三四份儿。这难道是因为没有坚固的甲胄、锋利的兵器吗？这是因为他们用来统治国家的办法不对头，他们实行的不是礼治之道啊。楚国据守汝水、颍水，以为天险，并以长江、汉水作为护城河，把邓地一带的山林作为它的边界屏障，拿方城来围绕保护自己，但是秦军一到，鄢、郢就被攻取了，打败楚国轻易得如从枯树上摇下枯树叶一般。这难道是因为没有险阻地形、不好守卫吗？这是因为他们用来统治国家的办法，并不是礼治之道的缘故啊。商纣王将比干剖腹挖心，囚禁了箕子，设置了炮烙的酷刑，动辄杀戮与酷刑，臣下心惊胆战地没有谁会放心自己能寿终正寝，但是周军一到，纣的命令就不能在下面贯彻执行了，他就不能使用他的民众了。这难道是因为命令不严格、刑罚不繁多吗？这是他用来统治国家的办法并不是礼治之道的缘故。

感悟：礼治、礼制，文化立国，文化治国，有了礼节礼法礼敬礼行，社会就有了秩序，有了尊卑上下，有了文明，有了规范，有了标杆，有了文化自信、文化矜持、文化自律、文化凝聚力、文化自尊、文化自省与文化自觉。这个想法有它的美感正义感乃至奇妙感。"道之以德，齐之以礼，有耻且格"，靠礼教提高君相、官吏、君子、百姓、民人的品性，使人们羞愧耻辱于做破坏损伤美好文明的事，羞愧耻辱于做违法乱纪的事，更不能做作奸犯科触犯刑律的事，这是一个理性、建设性、正能量很强的思路。当然，在人性的恶的方面，对于社会与国家治理的困难与逆反反应方面的估计不足了。

古之兵，戈、矛、弓、矢而已矣，然而敌国不待试而诎；城郭不辨，沟池不抇，固塞不树，机变不张，然而国晏然不畏外而明内者，无它故焉，明道而分钧之，时使而诚爱之，下之和上也如影响。有不由令者，然后诛之以刑。故刑一人而天下服，罪人不邮其上，知罪之在己也。是故刑罚省而威流，无它故焉，由其道故也。古者帝尧之治天下也，盖杀一人、刑二人而天下治。传曰："威厉而不试，刑错而不用。"此之谓也。

转述：古代兵器，不过是戈、矛、弓、箭而已，但是敌国不等圣王使用这些武器就降服了；圣王的城墙尚未整修，护城河尚未掘好，要塞尚未建立，机变计策尚未施用，但是圣王的国家太平无事，不惧外敌，内部昌明。这没有其他原因，是由于圣王彰显了礼治之道，又按等级秩序来安排臣民的收入，适时使用民人而且真诚地爱护他们，因而臣民响应圣王，就像圣王的影子和回声一样。有不服从命令的人，犯事在先，然后获刑罚之诛杀，诛杀了一个人，天下都服气了，罪犯也不怨恨自己的君主，知道罪责在自己身上。所以刑罚用得少而威力却震慑于四方，这没有其他的缘故，是遵行了礼义之道的缘故。古代帝尧治理天下，只杀了一个人、惩罚了两个人，而后天下就治理好了。古书说："威势高举而不使用，刑罚设置而不施行。"说的就是这个啊。

感悟：刑罚与武器都需要存在，国家的强力机构、惩治乃至镇压职能不可能没有，外敌内敌都不可能没有，作奸犯科、破坏性公害性颠覆性因素都不可能没有，所以古代的刑部、兵部，现代的政法委是绝对不能没有的。这些机构机器，除了强力执法以维护社会秩序的功能外，就是预示功能、心理警示功能、预警预戒功能。就是说，强大的兵力军力在那儿摆着，如果够劲儿，应该能在很大程度上预告内外敌对势力，不要轻易来犯，来犯我们也不怕，来犯你就是自取灭亡，就是有来无回。刑罚等也是如此，刑场刑具执法人员与机构齐全威权，遇有作奸犯科者严惩不贷。监狱和历史上的刑具（狗头到虎头铡、斩首的刀、绞刑架、处决用枪支、电椅、注射针剂等）都在明确无误地告诉人众，敢于以身试法者必遭严惩。

圣人们的思路，包括以圣人思想继承者、讲说者、推行者自诩的荀子的思路同样是，这些强力武器刑具，最好是备而不用，示而不出，兵不血刃，有绞索而不套谁的头，有戈矛而不扎砍，有绞架而无须绞，这样的案例目的是教化在先、预防为主，有强力设备是现实主义，根本用不着强力设备是理想主义。大儒论证追求其简明性与美好性，如意性与迎刃而解、一通百通性，蛮可爱的。

　　凡人之动也，为赏庆为之，则见害伤焉止矣。故赏庆、刑罚、势诈不足以尽人之力，致人之死。为人主上者也，其所以接下之百姓者，无礼义忠信，焉虑率用赏庆、刑罚、势诈除阸其下，获其功用而已矣。大寇则至，使之持危城，则必畔；遇敌处战，则必北；劳苦烦辱，则必奔；霍焉离耳，下反制其上。故赏庆、刑罚、势诈之为道者，佣徒粥卖之道也，不足以合大众，美国家，故古之人羞而不道也。故厚德音以先之，明礼义以道之，致忠信以爱之，尚贤使能以次之，爵服庆赏以申之，时其事、轻其任以调齐之，长养之，如保赤子。政令以定，风俗以一，有离俗不顺其上，则百姓莫不敦恶，莫不毒孽，若袚不祥，然后刑于是起矣。是大刑之所加也，辱孰大焉？将以为利邪？则大刑加焉，身苟不狂惑戆陋，谁睹是而不改也哉？然后百姓晓然皆知修上之法、像上之志而安乐之。于是有能化善、修身、正行、积礼义、尊道德，百姓莫不贵敬，莫不亲誉，然后赏于是起矣。是高爵丰禄之所加也，荣孰大焉？将以为害邪？则高爵丰禄以持养之。生民之属，孰不愿也？雕雕焉县贵爵重赏于其前，县明刑大辱于其后，虽欲无化，能乎哉？故民归之如流水，所存者神，所为者化而顺：暴悍勇力之属为之化而愿，旁辟曲私之属为之化而公，矜纠收缭之属为之化而调，夫是之谓大化至一。《诗》曰："王犹允塞，徐方既来。"此之谓也。

　　转述：如果人们的行动，只是为了赏赐和褒奖才去干的，那么如果发现某个行动的后果可能对自己有损害，他当然就罢手不干了。所以赏赐褒奖、行刑处罚、权谋行诈，还都不可能最充分地动员人们的力量，做不到使人们宁愿献出生命也要坚持干的程度。现在上面君主对待下面老百姓的态度与原则中，礼义忠信常常是缺位的，而大多只是用赏赐表扬、行刑处罚、权谋行诈威逼臣民，设法来获得他们的功用。这样，强大的敌寇到来，让臣民去把守危险的城池，他们一定会叛变；让臣民去抵抗敌人进行战斗，他们一定会打败仗；让臣民干辛劳艰苦低下的事，他们一定会跑掉；呼啦一下子四散了，这是臣民反过来对他们的君主的制裁。所以赏赐表扬、行刑处罚、权谋行诈作为一种办法，实是一种让受雇佣的人卖力气的办法，它做不到团结广大民众、使国家的治理完美，所以古代的圣王认为那种操作低级可耻，不那样做。古代的圣王追求的是增强道德声誉来引领民人，阐明礼法义理来指导民人，做到忠诚信用来爱护民人，以尊崇贤人、任用能人的原则来安排他们职级顺序，用爵位、服饰、表扬、赏赐，反复昭示，根据时节安排他们的事务、减轻他们的负担，来周济他们，抚养他们，就像保护初生的婴儿一样。

政策法令已经确定，风气习俗已经一致，如果还有人违背习俗而不顺从自己的君主，那么百姓就没有谁不怨恨厌恶他，就没有谁不把他当作祸害妖孽，就像要驱除不祥一样要除掉他，这以后，刑罚就该付诸实行了。这种人是重刑所施加的对象，还有哪一种耻辱比这个更大呢？能够把这看作有利可图的事吗？这样做会重刑加身了。如果不是疯子、傻子，谁能看到这种处罚不改过呢？这样做了以后，百姓就明明白白地都知道要遵从君主法令、依顺君主的意志而爱戴君主。在这种情况下，如果有人能感化向善、修为身心、端正行事、积累礼义、崇尚道德，百姓谁能不珍贵尊敬？谁能不亲近赞扬？这样的人出来了，奖赏也就需要了。这种人成为高官厚禄的授予对象，还有哪一种光荣比这个更大呢？这难道会有什么坏处吗？是用高官厚禄来支持他们的啊。哪一个不愿意有这样的好事呢？清清楚楚地把高贵的爵位和优厚的奖赏摆在他们的前面，把针对罪行的刑罚与最大的耻辱放在他们的后面，想让他们不变好，可能吗？所以民众归顺投奔君主就像流水奔向大海一样，君主所在的地方就得到全面的治理，君主采取措施的地方人们都受到教育感化而顺服：残暴、凶狠、胆大、强壮的一类人都会被他感化而变得忠厚老实，偏颇、邪僻、自私的一类人都会被他感化而变得考虑公共利益，骄傲自大、尖刻伤人、纠缠不休的一类人都会被他感化而变得和气温顺，这叫作伟大的教化、高度的一致。《诗经·大雅·常武》里说："王道充满天下，遥远的徐方也来朝拜。"说的就是这种情形啊。

感悟：说的是不能仅靠赏罚的利益驱动来带兵，来维持士气，而要靠信仰、靠价值认定、靠正义性、靠道义激情悲壮正气、靠军民一心、靠将卒一致、靠同心同德来带兵。这样的军心、这样的士气，如果再加上足够的创造性、高明的军事智慧谋略，就有操胜算的把握了。

凡兼人者有三术：有以德兼人者，有以力兼人者，有以富兼人者。彼贵我名声，美我德行，欲为我民，故辟门除涂以迎吾入。因其民，袭其处，而百姓皆安，立法施令莫不顺比。是故得地而权弥重，兼人而兵俞强。是以德兼人者也。非贵我名声也，非美我德行也，彼畏我威，劫我势，故民虽有离心，不敢有畔虑。若是，则戎甲俞众，奉养必费。是故得地而权弥轻，兼人而兵俞弱。是以力兼人者也。非贵我名声也，非美我德行也，用贫求富，用饥求饱，虚腹张口来归我食。若是，则必发夫掌窌之粟以食之，委之财货以富之，立良有司以接之，已期三年，然后民可信。是故得地而权弥轻，兼人而国俞贫。是以富兼人者也。故曰：以德兼人者王，以力兼人者弱，以富兼人者贫。古今一也。

转述：兼并别国，扩大领地，有三种方法：一是依靠德行去兼并的，二是依靠强力去兼并的，三是依赖财富去兼并的。第一种，一个国家的民人珍贵我国君主的名声，赞美我方的德行，想做我方的子民，所以敞开国门，清扫道路，迎接我方的队伍进城。我的队伍依靠此国家的民人，让他们继续生活于原处，而百姓安居乐业，对我国的立法与行令没有不顺从者。这样我方获得了新领地而权势越发扩张，兼并了别国而兵力越发强大。这是依靠德行实现兼并别国的君主。

第二种，国家的人民，并不是由于尊重我方的君主的名声，也不是赞美我方的德行，他们是害怕我方的威力，被我方的强势所胁迫，所以他们即使有离开我方的心思，也不敢有背叛我方的思虑。像这样，我方的兵力就会越发增多，后勤养兵费用越发增加。这样的兼并，获得了领地但权威越发减轻，兼并了别国而兵力越发减弱。这是依靠强力去兼并别国的君主。

第三种，国家的人民并不珍重我方的名声，也不赞美我方的德行，只是由于贫穷而追求富裕，由于饥饿而想吃饱，所以空着肚子张着嘴来投奔我方求养饲。像这样，就必须发放粮仓中的粮食来供养他们，发给他们财物来使他们富足，任用善良的官吏来接待他们，已经满了三年，然后这些归附的老百姓才可以信任。这样的兼并获得了领地而权势越发减轻，兼并了别国而国家越发贫穷。这是依靠财富去兼并别国的君主。

所以说：依靠德行兼并别国的君主称王，依靠强力兼并别国的君主衰弱，依靠财富兼并别国的君主贫穷。这种情况古今是一样的。

感悟：这可真是"小葱拌豆腐——一清二白"。但我早就说过，凡把复杂的总是说得一清二白的，皆不可信。

有趣的是，兼并弱国会把自己搞弱，兼并穷国会把自己搞穷。说得好。虽然荀子这里讲的兼并与此后欧美主导的殖民、扩张、侵略大为不同，但也有意思。英法西班牙葡萄牙的兼并扩张，其后果是多方面的，恐怕一言难尽。

当然也有另一面，军事要地被一个军事强国吞并，会改善强国的战略形势，而一个贫穷的国家，被某富国吞并后，会被开发，被发展，也被掠夺，甚至成为宗主国的一个财源，一个被吞并的穷国永远依赖宗主国的输血。

至于单纯由于喜欢一个君主的德性，就宁愿献国献地献江山献国家的，更像"天方夜谭"。

兼并易能也，唯坚凝之难焉。齐能并宋，而不能凝也，故魏夺之。燕能并齐，而不能凝也，故田单夺之。韩之上地，方数百里，完全富足而趋赵，赵不能凝也，故秦夺之。故能并之而不能凝，则必夺；不能并之又不能凝其有，则必亡。能凝之，则必能并之矣。得之则凝，兼并无强。古者汤以薄，武王以滈，皆百里之地也，天下为一，诸侯为臣，无它故焉，能凝之也。故凝士以礼，凝民以政。礼修而士服，政平而民安。士服民安，夫是之谓大凝。以守则固，以征则强，令行禁止，王者之事毕矣。

转述：兼并另一国好办，巩固兼并的果实并使之与本国凝为一体很难。齐国能够兼并宋国，但不能凝聚它，所以后来魏国把宋国夺走了。燕国能够兼并齐国，也不能凝聚它，所以后来田单把齐国夺回去了。韩国上党地区，方圆几百里，城池完备、财力充足，它投奔于赵国，赵国不能凝聚它，所以秦国把上党夺走了。所以，能兼并别国而不能凝聚它，兼并过来的地盘早晚还会被夺走；不能兼并别国又不能凝聚自己本来原有的人臣百姓，更是只能灭亡。能凝聚自己的人马，就一定能兼并别国了。得到别国的土地就能凝聚，那么再去兼并就不会有强大的对手了。古代商汤凭借亳地，周武王凭借鄗京，都不过是方圆百里的领土，而天下被他们统一了，诸侯做了他们的臣属，这没有其他的缘故，是因为他们能凝聚取得的土地啊。凝聚士人要依靠礼制，凝聚民众要依靠政治。礼制搞好了，士人就归顺；政治清明，民众就安定。士人归顺、民众安定，这叫作大凝聚。靠这种政治局面来守护本国，就强固有力，靠它来出征也威力强大，有令必行，有禁必止，称王天下者的大业也就完成了。

感悟：用现代的语言来说，占领一个小国也许是不太困难的，但是想消化好很不容易。

大有大的难处，求兼并，求会盟，求当头，求领导世界，这不一定是最明智的选择。

东周时代，另一回事，春秋战国，最后统一于秦，在当时，这件事情是了不起的，但显然伟大如秦始皇，也并没有消化掉齐楚燕韩魏赵，尤其是楚，楚虽三户，亡秦必楚，厉害了，我的被兼并却不被凝聚的楚国啊！

几个说法有意思。一个是能凝聚好自身就能兼并，凝聚不了自身，不但不能兼并，自身也保不住，前途只能是灭亡。这是中国一个向内转、向内使劲的传统。一个巨大的、古老的、长期以来所向无匹的农业文明，确实没有什么开拓性也没有侵略性，认为把自己门户里的事情做好就所向无敌了。这个心态一直延续了下来。

所谓"大凝"的提法极佳，凝聚、团结、尚同，高于一切，而关键是文化的高度一致，天下定于一，得一则天地人神皆大欢喜，也许可以说是历史唯心主义，也许可以说内中有柏拉图的"理想国"的色彩。

凝聚士靠礼，凝聚民靠政。妙！礼代表的是文明，是恭敬即尊严，是秩序与安定。礼是精英政治的理想与体现，以礼取士，以礼聚士，以礼安国，以礼自强。这也使我们联想起"尊重知识，尊重人才"的提法来。

至于以政安民，政平民安，关键在于公平公正，令平民百姓信服各位青天大老爷，在于吏治成功，官吏直到公卿相国，有公信力，有良好形象，具体惠民政策这里倒没有多说。

强
国

强调强国并不在于资源体量、国家实力条件，更在于经营引领，天道王道，尤其是治理是否符合义理礼法。强调国家威势，首在道德。

刑范正，金锡美，工冶巧，火齐得，剖刑而莫邪已。然而不剥脱，不砥厉，则不可以断绳；剥脱之，砥厉之，则劙盘盂、刎牛马忽然耳。彼国者，亦强国之剖刑已。然而不教诲，不调一，则入不可以守，出不可以战；教诲之，调一之，则兵劲城固，敌国不敢婴也。彼国者亦有砥厉，礼义、节奏是也。故人之命在天，国之命在礼。人君者隆礼尊贤而王，重法爱民而霸，好利多诈而危，权谋、倾覆、幽险而亡。

转述：模型准确，金属材料优良，冶炼加工技术高超，火候控制适宜，打开模子，莫邪宝剑就出现了。但是如果不清理剑身，不磨砺剑锋，你的剑切割不断一根绳子；而如果是清理好剑身，淬火磨砺好全剑，用它劈开铜具、杀掉牛马，举手之间而已。

通常我们所说的某个国家，也只能算是一个刚刚从模型里打开取出的剑型，还不是可用的成品宝剑。如果没有教诲训练，没有调理统一，对内它守卫不住，对外它打不了仗；而如果做到了教诲训练，调理统一，它就能兵力强劲，城堡坚固，敌方不敢招惹。正像刚刚铸造好的剑需要淬火磨炼，一个国家也需要磨炼，这就是礼义、法度的各种具体规定。

所以说，人的命运决定于天意，国家的命运决定于礼法。君王们，突出礼法，尊崇贤士就能王天下；注重法治，亲爱民人，就可以称霸；追求利益，使用手段，就走向危殆；而陷入计谋颠覆恶斗，只能灭亡。

感悟：国强，需要一定的条件，体量太小强不到哪儿去，武器不精良也强不了多少，但仅仅有条件是不行的，还需要砥砺，需要教化，需要训练，需要施政与工作，需要有力有智的指挥；尤其是需要秩序礼法，国之命运在于礼。此说有见识、有道理，既有务实的一面，更有理想与文化的一面。

威有三：有道德之威者，有暴察之威者，有狂妄之威者。此三威者，不可不孰察也。

礼乐则修，分义则明，举错则时，爱利则形，如是，百姓贵之如帝，高之如天，亲之如父母，畏之如神明，故赏不用而民劝，罚不用而威行，夫是之谓道德之威。

礼乐则不修，分义则不明，举错则不时，爱利则不形，然而其禁暴也察，其诛不服也审，其刑罚重而信，其诛杀猛而必，黭然而雷击之，如墙厌之，如是，百姓劫则致畏，嬴则敖上，执拘则最，得间则散，敌中则夺，非劫之以形势，非振之以诛杀，则无以有其下，夫是之谓暴察之威。

无爱人之心，无利人之事，而日为乱人之道，百姓欢敖，则从而执缚之，刑灼之，不和人心。如是，下比周贲溃以离上矣，倾覆灭亡可立而待也！夫是之谓狂妄之威。

此三威者，不可不孰察也。道德之威成乎安强，暴察之威成乎危弱，狂妄之威成乎灭亡也。

转述：有三种威势，第一种是道德教化的威势，第二种是执法严办的威势，第三种是狂妄胡来的威势。

礼乐完善，等级分明，举措合乎时宜，爱护与利益都显明可见，这样，百姓尊重君王如上帝，仰视君王如高天，亲近君王如父母，敬畏君王如敬神明；这样，不用奖赏，臣下也会为之卖力，不用惩罚，臣下也会感受到威势。这就叫道德的威势。

第二种，它的礼乐不算完善，它的等级不算分明，它的举措并不合乎时宜，它的爱护与利益也不凸显，但是它的执法严办明察清晰，处死不服法令的人也很审慎，它的刑罚从重但令人信服（严格依法行事），诛杀重犯坚决而不手软，出手快猛如雷电，如一面墙压倒而下，这样，百姓因受到震慑而恐惧，君王手软了，百姓就傲上，强抓聚集，得机会就散伙，敌对势力来了就会跟着敌人走，不用诛杀震慑，君王指挥不动臣下。这就是执法严办的威势了。

第三种威势是，君王没有爱民人的心思，君王不干有利于民人的事情，天天搞一些扰民害民、违背情理常规的胡作非为，百姓喧哗闹事，就拘捕动刑与民心作对，这样，臣下成群结队离开君王，垮台覆亡，立等可见。这样的国家，只有狂妄胡来的威势。

对这三种威势不能不有所了解认知：道德形成的威势，可以取得平安与强盛；严办的威势会造成危殆与衰弱；狂妄的威势，只会是自取灭亡了。

感悟：道德之威，说起来好听，操作上有困难，有时候生活中也会出现道德之弱势，道德之无威，道德之空子好钻，所谓君子欺之以方，就是道德无威的一种说法。

暴察而威说得倒是很实在，又是明察秋毫又是凶暴无情。还可以解释为无道德有强力逼迫之威，这种威只能用于不得已的情况下，例如外敌入侵或盗匪作乱。但仅仅暴与察，难以令人心悦诚服，常常是一时服从，留下后患或后遗症，之后是各种的腹诽，各种的猜疑对立，是权力系统公信力的丧失，这不是最理想的路子。

荀子最否定的是执政中自乱阵脚，自取其乱，权力系统无事生非，扰民害民，胡作非为，荀子称之为狂妄之威，这太有趣了。他从反面证明，靠狂妄是成功不了的，说来归齐，毛泽东始终强调谦虚谨慎，戒骄戒躁，是不可更易的真理。

公孙子曰："子发将而伐蔡，克蔡，获蔡侯，归致命曰：'蔡侯奉其社稷而归之楚，舍属二三子而治其地。'既，楚发其赏，子发辞曰：'发诚布令而敌退，是主威也；徙举相攻而敌退，是将威也；合战用力而敌退，是众威也。臣舍不宜以众威受赏。'"讥之曰："子发之致命也恭，其辞赏也固。夫尚贤使能，赏有功，罚有罪，非独一人为之也，彼先王之道也，一人之本也，善善、恶恶之应也，治必由之，古今一也。古者明王之举大事，立大功也，大事已博，大功已立，则君享其成，群臣享其功，士大夫益爵，官人益秩，庶人益禄。是以为善者劝，为不善者沮，上下一心，三军同力，是以百事成而功名大也。

今子发独不然：反先王之道，乱楚国之法，堕兴功之臣，耻受赏之属，无僇乎族党而抑卑其后世，案独以为私廉，岂不过甚矣哉？故曰：子发之致命也恭，其辞赏也固。"

转述：公孙子讲了这样一个事，当年子发带兵去攻打蔡国，攻下了蔡国，抓到了蔡侯，占领了蔡，回来报告说："蔡侯把蔡国奉献给楚国了，我已经指派了几个人把那边管起来了。"然后楚王要给他奖赏，子发辞谢说："发出了通告命令敌人就后退，靠的是君王的威风；我们行军前进，敌军又退了，靠的是战将的威风；包围攻打敌军，敌军再撤退，靠的是军旅众人的威风，我个人不宜于因为大家的成绩而接受褒奖。"

荀子评点说："子发回楚报告战绩，他是很恭谨的，他辞谢奖赏也很坚决，问题在于，崇尚贤良，任用能士，褒赏有功之臣，惩罚有罪之士，这不是哪一个人的事情，这是古代圣王定下来的原则，这是人人都赞成的一个根本原则，是以善而善之，以恶而恶之的根本道理，一切治理，都要遵循这样的原则，古今都是如此。古代的明哲的君王，是要起动大业，建立大功业的人，等到大事做成了，大功建立了，君王要享有伟大事功的成果，臣子要享有他们的功劳，士大夫要加官晋爵，官吏也要提级，个人也要增加俸禄。这样，工作做得好的受到鼓励，做得不好的感受到挫败。这样，上下一心，三军劲往一处使。可这回，子发偏偏不这样做，违背了楚国的法度，压低了有功之臣，贬损了褒赏的荣耀，不但损害了家庭的荣耀，也贬低了人的子孙后辈的社会地位，他自己却自命廉洁谦逊。这种做法也太过分了吧？所以这样说来，他报告成绩倒算得恭谨，辞谢却应该说是太执拗了。"

感悟：立了大功，不居功，用现在的语言来说要"见困难就上，见荣誉就让"，这确是一种美德，一种圣贤般的风度。但从国家的礼法来说，你获得奖赏不是你个人的事，是国家的礼制规范，是政事的郑重需要，是君王恩德浩荡的典礼仪式，怎么能推辞作态呢？

荀卿子说齐相曰："处胜人之势，行胜人之道，天下莫忿，汤、武是也；处胜人之势，不以胜人之道，厚于有天下之势，索为匹夫不可得也，桀、纣是也。

"然则得胜人之势者，其不如胜人之道远矣。夫主相者，胜人以势也；是为是，非为非，能为能，不能为不能，并己之私欲，必以道夫公道通义之可以相兼容者，是胜人之道也。今相国上则得专主，下则得专国，相国之于胜人之势，亶有之矣。然则胡不此胜人之势，赴胜人之道，求仁厚明通之君子则托王焉，与之参国政，正是非？如是，则国孰敢不为义矣？君臣上下，贵贱长少，至于庶人，莫不为义，则天下孰不欲合义矣？

"贤士愿相国之朝，能士愿相国之官，好利之民莫不愿以齐为归，是一天下也。相国舍是而不为，案直为是世俗之所以为，则女主乱之宫，诈臣乱之朝，贪吏乱之官，众庶百姓皆以贪利争夺为俗，曷若是而可以持国乎？今巨楚县吾前，大燕鳅吾后，劲魏钩吾右，西壤之不绝若绳，楚人则乃有襄贲、开阳以临吾左。是一国作谋，则三国必起而乘我，如是，则齐必断而为四三，国若假城然耳，必为天下大笑。曷若？两者孰足为也？

"夫桀、纣，圣王之后子孙也，有天下者之世也，势籍之所存，天下之宗室也，土地之大，封内千里；人之众，数以亿万，俄而天下倜然举去桀、纣而奔汤、武，反然举恶桀、纣而贵汤、武，是何也？夫桀、纣何失而汤、武何得也？曰：是无它故焉，桀、纣者善为人所恶也，而汤、武者善为人所好也。人之所恶何也？曰：污漫、争夺、贪利是也。人之所好者何也？曰：礼义、辞让、忠信是也。今君人者，辟称比方则欲自并乎汤、武，若其所以统之，则无以异于桀、纣，而求有汤、武之功名，可乎？

"故凡得胜者必与人也，凡得人者必与道也。道也者何也？曰：礼义辞让忠信是也。故自四五万而往者，强胜，非众之力也，隆在信矣；自数百里而往者安固，非大之力也，隆在修政矣。今已有数万之众者也，陶诞比周以争与；已有数百里之国者也，污漫突盗以争地。

然则是弃己之所安强，而争己之所以危弱也，损己之所不足，以重己之所有余，若是其悖谬也，而求有汤、武之功名，可乎?

"辟之是犹伏而咶天，救经而引其足也，说必不行矣，愈务而愈远。为人臣者，不恤己行之不行，苟得利而已矣，是渠冲入穴而求利也，是仁人之所羞而不为也。

"故人莫贵乎生，莫乐乎安，所以养生安乐者，莫大乎礼义。人知贵生乐安而弃礼义，辟之是犹欲寿而刭颈也，愚莫大焉。故君人者，爱民而安，好士而荣，两者无一焉而亡。

"《诗》曰: '价人维藩，大师维垣。'此之谓也。"

转述: 荀子对齐相田文即孟尝君讲: "处在胜于他人的强势，实行高明于他人的王道，天下无人怨怒反对，这就是商汤与周武王的业绩。处于胜于他人的强势，不遵从高大上的王道，自己拥有优厚的条件，最后搞得连个老百姓也当不成了的，是暴君夏桀与商纣。

"这说明，有的君王虽然拥有胜于他人的优势，但是他离大道正道治理之道还远了去啦。君王与宰相这样的地位，当然拥有远胜他人的强势，如果能做到以是为是，以非为非，是非分明，摒弃私欲，坚定地按公道共识为基础的兼容并蓄原则行事，那就是既拥有了胜人之势，又拥有了胜于他人的道术了。

"如今相国您上面得到了齐王全部的和专有的信任，下面取得了治理齐国的全部的和专有的权力，您的这种胜于他人的优势是当真拥有的了。那么您为什么不运用这个大好形势，去运用胜于他人的治理之道，寻找仁爱宽厚、明达通畅的君子推荐给齐王，让这些君子参与国政，匡正是非，做到了这一点，齐国谁敢不遵照原则义理办事? 到时候君臣上下，贵贱老幼，一直到平民，没有人不遵从原则义理的，那么普天下，谁不愿意所作所为合乎原则义理呢?

"这样，贤士向往相国所辅佐的朝廷，能士向往出任以相国为引领的官职，老百姓也向往于归顺齐国，那不就是统一了天下了吗? 相国不去做这些远胜于他人王道义理的大事，而做一些世俗一般所做之事，这样，什么皇宫妃嫔干政、奸臣闹事于朝廷、贪官污吏胡作非为于官府，而平民百姓也都以争夺利益为风尚，怎么能这样治理国家呢？如今体量大的楚国威胁齐国在前，大块头的燕国压迫齐国在我们的后身，强劲的魏国在我们的右边进犯着我们，西面与魏国交界处，危殆如欲断未断的绳子，楚人（一说鲁人）拥有了襄贲、开阳二城，在我们的左面虎视眈眈，如果有一个国家计划进攻我们，其他三国都会乘势而上，这样，齐国会被拆分为三四块，国家就像借来的城池——借的终将归还，暗示有灭亡的危险。它必定会难以安稳，前途未卜，危机隐伏。请想想，行道还是违道，到底应该选择哪条道路呢？

"要说桀和纣，他们分别是古圣王大禹和商汤的后代，是拥有天下的天子的后人，是王室权位的正宗继承者，领土很大，掌握着方圆千里，人口众多，成亿上万，后来呢，一下子就被天下抛弃，民心转向汤武革命，举国厌恶桀、纣而尊崇汤、武，这是怎么回事呢？我们说没有什么别的原因，桀和纣他们喜欢干人们厌恶的事儿，而汤、武呢，专门干人们所喜爱的事儿。人们厌恶的事儿是什么呢？就是欺诈、争夺和贪利啊。人们喜欢的事儿是什么呢？是礼义纲理、辞让谦逊、忠诚信用。现在的一些君王，动不动将自身比喻为汤、武式的明君，看看统领他们的思想追求，其实恰好与桀、纣无异，同时希望自己具有汤、武的名声，这怎么可能做得到呢？

"所以说，国家的胜利来自人，人的胜利来自道。道是什么呢？就是礼义纲领、辞让谦逊、忠诚信用。一个国家从四五万兵力发展到强盛起来，不是靠人多势众，而是靠它的信用；从一个百十里方圆的国家发展到安定稳固起来，不是靠它的规模宏大，而是靠它的政治修明。当今呢，一个国家有数万人的兵力，它就自吹自擂，荒诞勾结，争夺起势力范围来；而遇上有方圆几百里土地的国家，它就卑劣侵犯，争夺起领土来。这样的战争是放弃了自己的安全与强固，而去争危殆与衰弱。它们损伤的是自己本来所缺乏的礼义，却去增加自己这里已显多余的人与土地。

"做事这样悖谬，还想着去拥有汤、武的功业与名声，这怎么可能呢？这就好比是趴在地上却想着去舐天空，救一个自缢的人却去拉动他的腿脚，这样不是越做离目的越远了吗？

"一个做臣子的人，不考虑自己的德行有多大能为，却只追求眼皮子底下那一点蝇头小利，像是驱赶着大战车进小洞里抠哧一点点小利一样，这是仁人志士感到羞耻而绝对不会干的事。对于人来说，最宝贵的是生存，是安乐，能养育生存，享受安乐，主要是靠礼义。一个人追求生存与安乐却放弃礼义，这就如同一个人为了追求长寿去自刎一样。这是何等的愚蠢啊！所以一个君王，爱惜民人就能得到平安，爱惜士人，就能得到荣耀，两者都做不到，就必然完蛋。

"《诗经·大雅·板》上说：'贤人就是篱笆，大众就是墙垣。'正是这个意思。"

感悟：还是一个要王道还是要霸道的老话题。王道，发乎人情人性，树立仁义爱民之心，运用文化、教育、风习、礼制、道德方面的共识舆论，引领思想头脑，获得拥戴，获得民心，使民人对某个权力系统如大旱之望云霓，便可像商汤、武王那样，由小到大，由低到高，由弱到强，取得完胜。而如果相反，如果如孟子所说的嗜杀，如果天怒人怨，丧尽人心，那就会像桀纣那样一垮到底。

鲁迅、毛泽东都从根本上否定儒家的王道仁政论，但这种批儒的观念也很难彻底落实，我想这肯定不是偶然的，一者，即使英主、明主也不拒绝乃至善用敢用强力手段，因此儒家的说教有为强势而成功的呼风唤雨的政治家所厌恶处，从秦始皇起他们都厌恶成事不足、败事有余的"腐儒"；但另一方面，作为一种文化理想，作为一种政治文明，王道仁政论应该是有它的意义与魅力的，即使掌握着生杀予夺的大权的天子，也愿意强调表达他们的仁慈、亲民、厚德、文明、圣贤的一面，他们也知道权力不但需要服从与畏惧，更需要爱戴与美化。

"力术止，义术行。曷谓也？曰：秦之谓也。威强乎汤、武，广大乎舜、禹，諰諰然而忧患不可胜校也，然常恐天下之一合而轧己也，此所谓力术止也。曷谓乎威强乎汤、武？汤、武也者，乃能使说己者用耳。今楚父死焉，国举焉，负三王之庙而辟于陈、蔡之间，视可，司间，案欲剡其胫而以蹈秦之腹，然而秦使左案左，使右案右，是乃使仇人役也，此所谓威强乎汤、武也。曷谓广大乎舜、禹也？曰：古者百王之一天下、臣诸侯也，未有过封内千里者也。今秦南乃有沙羡与俱，是乃江南也，北与胡、貉为邻，西有巴、戎，东在楚者乃界于齐，在韩者逾常山乃有临虑，在魏者乃据圉津，即去大梁百有二十里耳，其在赵者剡然有苓而据松柏之塞，负西海而固常山，是地遍天下也。威动海内，强殆中国，然而忧患不可胜校也，諰諰然常恐天下之一合而轧己也。此所谓广大乎舜禹也。

"然则奈何？曰：节威反文，案用夫端诚信全之君子治天下焉，因与之参国政，正是非，治曲直，听咸阳，顺者错之，不顺者而后诛之。若是，则兵不复出于塞外而令行天下矣；若是，则虽为之筑明堂于塞外而朝诸侯，殆可矣。假今之世，益地不如益信之务也。"

转述："说是君王使用强力的那一套手段处理内外事务，常常行不通，而采用政治文明的方式治国平天下，才是行得通的。这讲的是什么呢？说的就是秦国的经验教训。它的威势超过商汤、周武，它的领土大于舜、禹，然而它的忧虑祸害数也数不过来，紧紧张张，经常提防着各地诸侯联合起来打败自己，这就是所说的使用强力手段受挫的意思。

"为什么说秦的威势超过商汤、周武？商汤、周武，只能使喜欢自己的人为己所用。而现时楚怀王死在秦国，楚国都也被秦国占据，楚王背着三个先王的神主牌位，躲避在陈、蔡之间，寻找可乘之机，想能过去踏上秦国的腹地；然而，结果是秦国让他向左他就向左，让他向右他就向右，秦国能做到让自己的仇敌听候驱遣。这就是所说的威势超过商汤、周武。

"为什么说秦的体量比舜、禹还要广大？古时候，各个帝王统一天下，臣服诸侯，分封给诸侯的领地没有超过千里的。现在的秦国，南面有沙羡及其周围一带，到了长江以南；北面与胡、貉相邻；西边占有巴、戎；东边占有楚国的土地和齐国交界。在韩国境内，秦越过常山，占有了临虑；在魏国，已经占据了围津，距离大梁只有一百二十里了；在赵国，占下苓，盘踞在松柏丛中的要塞；背靠西海，东面以常山作为屏障，这就是土地遍及天下啊。这就是所谓的比舜、禹还要广大。秦国的威势足以震慑天下，它的强大足以打败中原各国，但是忧虑祸患数不胜数，害怕各国诸侯联合起来攻打自己啊。

"这样的话，秦国该怎么办呢？仅仅靠武力是不行的，要少用武力而回到文治上来，要任用端正诚实、公信力周全的君子来治理天下，请他们参与国家政事，匡正是非，处理曲直；听命咸阳、服从秦国的就予以安置，不顺从的就去讨伐诛杀。如果这样，那么秦国的军队就不需要频频出征塞外，政令照样能实行天下；如果这样，即使在国境以外修筑大礼堂使诸侯来朝拜，也差不多可以办到了。当今这个时代，与其致力于增益领土，不如去增益自己的公信力啊。"

感悟：荀子时期对于秦国的讨论已经引人注目：一是秦国越来越强大，二是秦以外的六国有联合抗秦趋势。此后的发展更是令人回味反思不已，一是秦国统一了"天下"，创立了大一统的郡县制而不是分封制的东方大国中国，其遗产相传至今；二是它只传到下一代就被推翻了。

荀子的观点大致是秦国搞的是霸道，不是王道，秦国的胜利是胜而强，强而险，它如果搞成了王道呢，就是胜而强，强而安，安而佚，成为圣王之治。

这里还可以有另一种角度，在五霸七雄争夺天下的时候，没有必需的霸道，没有必需的争夺手段计谋，不去最大限度地壮大自己、削弱对手是不行的，而在完成了大业，转变为统治者、执政者的时候，必须加强王道与仁政的元素。

应侯问孙卿子曰："入秦何见？"孙卿子曰："其固塞险，形势便，山林川谷美，天材之利多，是形胜也。入境，观其风俗，其百姓朴，其声乐不流污，其服不挑，甚畏有司而顺，古之民也。及都邑官府，其百吏肃然，莫不恭俭敦敬忠信而不楛，古之吏也。入其国，观其士大夫，出于其门，入于公门，出于公门，归于其家，无有私事也。不比周，不朋党，偶然莫不明通而公也，古之士大夫也。观其朝廷，其闻听决百事不留，恬然如无治者，古之朝也。故四世有胜，非幸也，数也。是所见也。故曰：佚而治，约而详，不烦而功，治之至也。秦类之矣。虽然，则有其諰矣。兼是数具者而尽有之，然而县之以王者之功名，则倜倜然其不及远矣。是何也？则其殆无儒邪。故曰：粹而王，驳而霸，无一焉而亡。此亦秦之所短也。"

转述：应侯范睢问："在秦国你都看到了什么呢？"荀卿说："秦国的防护性城堡要塞险要坚固，地势便利民人，山林河流也都美好，人们可以因自然资源的丰饶而得利，这是地理大势上的优越。进入秦国，看看那里的风习，百姓朴厚，歌乐不低下流俗，服装不轻佻；人们尊敬畏惧官吏从而顺服，像古代的生民一样。而城镇官府，那里的官吏严肃规矩、谦恭节俭、敦厚谨慎、毕恭毕敬、忠信而不粗疏草率，真像是古代圣王统治下的官吏啊。

"进入它的国都，观察那里的士大夫，他们走出自己的家门，就走进公家的衙门，走出公家的衙门，就回到自己的家里，没有私下的事务；不拉党结派，清清爽爽，明智通达，廉洁奉公，就像古代的官吏一样。观察它的朝廷，退朝前，所有事情都必须处理完毕，安闲得好像没有事情办理一样，真像古代的朝廷啊。

"所以秦国四代强盛，并不是因为侥幸，而是必然的结果。这就是我所见到的。所以说：安闲而又治理得很好，政令简约而周详，政事不烦乱而有功效，这是政治的最高境界。秦国就类似这样。虽然如此，却仍有所畏惧啊，上述三个方面都具备了，但是拿它与真正王者的功名相比，那还差得很哩。

"这是什么原因呢？大概是他们没有儒者（圣贤型思想教育家）吧。所以，纯粹地崇尚道义、任用贤人的君王就能称王天下，多面地义利兼顾、贤人与亲信并用，这样的君王就能称霸诸侯，这两者一样都没有，就会灭亡。这就可以看到秦国的短处了。"

感悟：治国需要不需要儒？需要不需要人文知识分子？需要不需要人文理念与理想？这个问题的提出有趣。后来秦始皇获胜，焚书坑儒，表达了他对空谈家、指手画脚者的痛恨。而秦始皇一死，秦王朝土崩瓦解，说明仅仅靠他的强力政权，仍然不够，说明单靠焚书坑儒，远远不能做到长治久安。围绕儒学儒者之议论至今未息。

积微，月不胜日，时不胜月，岁不胜时。凡人好敖慢小事，大事至然后兴之务之，如是则常不胜夫敦比于小事者矣。是何也？则小事之至也数，其县日也博，其为积也大。大事之至也希，其县日也浅，其为积也小。

故善日者王，善时者霸，补漏者危，大荒者亡。故王者敬日，霸者敬时，仅存之国危而后戚之，亡国至亡而后知亡，至死而后知死，亡国之祸败，不可胜悔也。霸者之善箸焉，可以时托也，王者之功名，不可胜日志也。财物货宝以大为重，政教功名反是，能积微者速成。

《诗》曰："德輶如毛，民鲜克举之。"此之谓也。

转述：积累微小成大事，每月积累不如每日积累，每季积累不如每月积累，每年积累不如每季积累。平常人们不在意小事，摊上大事了，才认真加力对待。这样，他的成就还赶不上那些着眼去处理一件件小事者。为什么这样说呢？因为小事来得频繁，用在处理小事上的时间很多，积累起来体量很大；大事遇到得稀少，费你的时间也就少，积累起来的体量未必大。

所以说，善于利用每一天的君主就称王天下，善于利用每一季的君主就能称霸诸侯，出了漏洞再去补救的君主就会陷入危险，无所事事荒废光阴者只能亡国。所以说王天下的君主恭敬严谨地对待每一天，称霸诸侯的君主恭敬严谨地对待每一季，勉强存在、只能算是充数的国家碰到危险，君相才知道为国家发愁，亡国的君主到了国家亡到自己头上才知道敢情要亡国了，死到临头了才知道自己要死了。亡国的祸害灾难，到知道了的时候，后悔也没有用处了。称霸天下的人的事功是明明白白的，可以按时间顺序来记录；称王天下的人的功劳名誉，就是每天记日志也记不完。财宝货物以大为贵重，政教功名却与此相反，常常是小事情的积累成功。

《诗经》上说："道德轻如毛，可是少有人举得动。"说的就是这个道理。

感悟：整个来说，中华文化是好大尊上的，像荀子这样强调大是小积累起来的，指出年复一年是一天一天积累起来的，除了大涵盖小、大决定小、大指引小以外，还有逆向的定理，即小积累大，小造成大，某种低小下可能成为高大上的关键，这是极有创见的。荀子一方面强调功德事迹要从每一天每一月做起，这很不简单。另一方面，坏事也要防微杜渐，从小事防起。他形容那种白痴式的君王，亡国到头、事到临头、死到临头了才知道自己这儿出了事啦，写得极生动感人。

引用的诗语"德輶如毛，民鲜克举之"，妙。道德点点滴滴，无所不在，三观心志、决策臧否、做了什么、未做什么、言谈举止、音容笑貌……都体现着道德品质，与事功比，与权力比，与威势比，都比不上，但正因为它的无所不在，而潜力巨大，难以做好。

凡奸人之所以起者，以上之不贵义、不敬义也。夫义者，所以限禁人之为恶与奸者也。今上不贵义，不敬义，如是，则下之人百姓皆有弃义之志，而有趋奸之心矣，此奸人之所以起也。且上者，下之师也。夫下之和上，譬之犹响之应声，影之像形也。故为人上者不可不顺也。夫义者，内节于人而外节于万物者也，上安于主而下调于民者也。内外上下节者，义之情也。然则凡为天下之要，义为本而信次之。古者禹、汤本义务信而天下治，桀、纣弃义倍信而天下乱。故为人上者必将慎礼义、务忠信，然后可。此君人者之大本也。

堂上不粪，则郊草不瞻旷芸；白刃扞乎胸，则目不见流矢；拔戟加乎首，则十指不辞断。非不以此为务也，疾养缓急之有相先者也。

转述：奸人出现作乱，原因在于君王不注重礼义。这个义呢，是对内规范维护人伦情理，对外安排好万物万有的一切。内外、上下的规矩程序，也就是义理体现的人情人性。如今，君王不重视礼义教化与坚持，人们就会产生抛弃礼义的心思，出现奸佞的趋向。这就是奸人坏人闹起来的原因所在。君王，同时也是臣民百姓的师表，臣民百姓响应君王的一切，正如回声与影子跟随着本主。所以，作为今上的君王，不能不顺应天道王道。天下的纲要、要领，首先是义理，其次是信用——公信力。古时夏禹、商汤以义理为本心，以信用为政务的标示，然后天下大治。夏桀、商纣，抛弃义理，违背信用，搞得天下大乱。作为今上君王，必须认真谨慎地践行礼义，然后才能得到认可。这可以说是人君的最为根本的使命。

如果厅堂都没有清扫，也就顾不上去管野外耘锄杂草的情况；如果匕首到了胸前，眼睛也会顾不上飞箭是否射来；敌方用戟攻向你的脑袋，你会忘记被断指的危险以手去防护，并不是心里没有眼前的事务，而是因为事情必然有轻重缓急本末的区别，任何时候，人都会首先做出对急切、重大、根本性事务的关注与反应。那么最最急重根本的事务不是别的，是践行礼义！

感悟：大讲礼义，大讲行为风习规范与义理原则价值标准，认定根本，规范所有，然后有秩序，有章法，有节制，有平安，有国家大治，直到王天下的最高成果。修齐治平，一切要从义理出发，这里讲的其实是动机，是居心，是初心，不能离开大原则、大仁大义、天道君道，以信用为追求为归宿，讲的是公信力也是形象，是向民心的表现，是大得人心的美妙结果。这一切做到了，便有其高屋建瓴、势如破竹的基本性、理想性与优越性。于是有了正气，有了浩然之气，有了克己复礼，有了天下归仁，有了无往不胜的王者之道之尊，于是联上了唐尧虞舜夏禹商汤文王周公，一通百通，一顺百顺，顺风顺水。这可真是儒者的高论。

　　关于大与小、轻与重、缓与急的说法，体现了中国文化的选择模式，在选择中，大胜小、重胜轻、急胜缓，这是荀子在这里的说法。当然，事物也有另一面：小可及大、轻可积累成重、缓而成急，《韩非子·喻老》有言："千丈之堤，以蝼蚁之穴溃；百尺之室，以突隙之烟焚。"

天论

本章讨论天与天道，这里的"天"，指天地环境以及整个大自然，也指某种先于人、高于人、终极于人的高大上的存在与道理——规律、道路、起源、归宿。荀子强调把天道与人事区别开，不能用笼统的天道、天意、天命来解释人间诸事、诸灾难、诸考验、诸成就、诸事变；同时强调敬天、顺天、从天——仍然是礼义之道；还强调，不能胡作非为，不能逆天违道、礼崩义毁，社会国家的一切天灾乱象，都只能由人负责。

天行有常，不为尧存，不为桀亡。应之以治则吉，应之以乱则凶。强本而节用，则天不能贫；养备而动时，则天不能病；修道而不贰，则天不能祸。故水旱不能使之饥，寒暑不能使之疾，袄怪不能使之凶。本荒而用侈，则天不能使之富；养略而动罕，则天不能使之全；倍道而妄行，则天不能使之吉。

故水旱未至而饥，寒暑未薄而疾，袄怪未至而凶。受时与治世同，而殃祸与治世异，不可以怨天，其道然也。故明于天人之分，则可谓至人矣。

不为而成，不求而得，夫是之谓天职。如是者，虽深，其人不加虑焉；虽大，不加能焉；虽精，不加察焉：夫是之谓不与天争职。天有其时，地有其财，人有其治，夫是之谓能参。舍其所以参，而愿其所参，则惑矣！

转述：天地自然的运行是有自己的常态与规律的，它不会因为圣王唐尧在位而存在，也不会因为暴君夏桀在位而灭亡。顺应天地——自然的规律治理国家就吉祥，违背它就有祸凶。君王能够强化自己的基础（产业），老天也不能使他贫困；君王能在意储备生活资料与安排各项政务适应农时，即使老天爷也不能使他的国家出毛病；强化他的治国之道、王者之道，即使老天爷也不能够使他的国家发生灾祸。所以，即使发生了水灾、旱灾，也并不会使他的国人饥饿；即使寒暑气候生变，也不会使其国人生病；即使出现了妖邪灾祸，也不可能使它的国家发生灾难。反过来说，如果其国基础农业荒废，而且用度奢侈，老天爷也没有办法使其国富饶；如果其国不注意积累节约，又无治理之功，老天爷也没有办法予以成全；如果其国悖逆天道君道，妄自胡作非为，老天爷也无法使之好运吉祥。

遇到这样违背天道的国家，还没有等到发生水旱灾害，自己就发生了饥荒；还没有等到发生寒暑气象异变，自己就闹起了疫病；还没有等到发生灾异，自己先出现灾祸了。天时与太平盛世一个样，而发生灾难祸患大不相同，所以出了什么事，不能埋怨天，是君王的治国之道与天道君道圣王之道的不一致造成的。明白了哪些是天意，哪些是人事，这就是至人——修养行事做到了位的人啦。

没有做什么，就成事了，没有去追求什么，就获得了，这就叫天然的职能成就。这样的情况下，不管你有多么深谋远虑，不必施加思量；不论你有多么伟大格局，不必外加能为；不管你有多么精微奥妙，不必再加考察推断，这就叫作至人明白不与天较劲干预。天自有自己的时机，地自有自己的财富，人自有自己的治理，舍掉了、忽略了参与治理的理据，而非要什么都去掺和，那就是糊涂谬误了。

感悟：天有天道，君有君道，这里强调的是天地自然的客观性、独立性、自在与自为性，相当接近于唯物主义的当代说法：世界是不依人的主观意志而独立的客观存在。

但认定荀子这里讲的天就是自然，那就忽略了斯时斯人以及整个中华古代哲学中天这个范畴的终极性、先验性、价值的崇高性与涵盖的阔大性。天与地可以放在一起谈，但天更加高大上，天还是先天、先验的意思，天大、天生、天然、天才，都是先验的。还有，中华古代文化中所讲的自然，并不就是今天所说的物质世界的大自然，而是自然而然，自来如此，不待推动，不待制定，不待指引，不待加工的意思。

所以，人与天的关系，是天在上，人道、王道、君臣、父子、兄弟、夫妻、朋友、师生之道，都是天道的一部分，都来自天道，都是不需要人为证明、人为经营的天然天生天大天高之道。

人与天的关系必须摆正，人什么时候都得敬畏与遵行天道，人任何时候都必须有所约束、有所谨慎，不可恣意妄为，不可狂妄招灾，不可忘乎所以。

舍其所以参，而愿其所参，语言简古，含意深邃。同样简单地说，人、人的理念与权力，只能做那个需要做、可能做、做得了的事情，只能改变那个你所能改变的方面，只能够掺和需要你掺和、你也有能力掺和的事情，不要什么都掺和，不能事事充当搅屎棍。你不论有多么伟大，不能想入非非，不能好高骛远，不能挑战天道、自然、天性，甚至，荀子认为：也不能改变先王、圣王的一切基本路数。

列星随旋，日月递炤，四时代御，阴阳大化，风雨博施，万物各得其和以生，各得其养以成，不见其事而见其功，夫是之谓神。皆知其所以成，莫知其无形，夫是之谓天。唯圣人为不求知天。

天职既立，天功既成，形具而神生。好恶、喜怒、哀乐臧焉，夫是之谓天情；耳、目、鼻、口、形，能各有接而不相能也，夫是之谓天官；心居中虚以治五官，夫是之谓天君；财非其类，以养其类，夫是之谓天养；顺其类者谓之福，逆其类者谓之祸，夫是之谓天政。暗其天君，乱其天官，弃其天养，逆其天政，背其天情，以丧天功，夫是之谓大凶。圣人清其天君，正其天官，备其天养，顺其天政，养其天情，以全其天功。如是，则知其所为，知其所不为矣，则天地官而万物役矣。其行曲治，其养曲适，其生不伤，夫是之谓知天。故大巧在所不为，大智在所不虑，所志于天者，已其见象之可以期者矣；所志于地者，已其见宜之可以息者矣；所志于四时者，已其见数之可以事者矣；所志于阴阳者，已其见和之可以治者矣。官人守天，而自为守道也。

转述：星星跟随着星星旋转，太阳与月亮交替而照耀，四时一个接着一个取代，阴阳二气交接互相作用与转化出新，风与雨遍施四方，万物都在众星日月四时阴阳风雨的和合中而出生、而长成。人们都知道万物已经形成的存在，却不知道它们未成形时的情状，万物未生未形，这就是天然，唯有圣人，不会去对万物之未成形的状态去较劲，不要求"知天"。圣人要做的事情，只能是针对已经成形的世界才出现的课题和需要。

上天的职能已经发挥，上天的功业已经完成，人类具备了形体，产生了精神。蕴藏着好恶、喜怒、哀乐，这叫天情；具有耳、目、鼻、口、形体，各有各的接触接纳，同时各自的功能并不能互相重叠与替代，这就叫天官；心居于中央空间，统辖五官，叫作天君；人类靠人类以外的资源来养活自身，叫作天养（天饷）；得到顺乎人类需要的一切就是福分，遭遇违逆人类需要的事物，就是祸患，这就叫天政。

而把心志搞得晦暗糊涂，把五官搞得混乱不堪，把养活人的资源丢弃糟蹋，违逆着老天爷的意向，背弃了正常的天情，丧失了天官的功能，这就叫摊上了大灾难。

圣人出现了，就要清晰天君，匡正天官，完备天养资源，顺应天意为政，培养安置天情，使得天的功业全面完成。能做到这样，就知道自己应该做什么，不应该做什么了，天地都发挥了正面的官能，而万物也都为天地所用，人的行为能够治理妥善，人的养育能够恰当适宜，人们的生命生活不受伤害，这样，就达到"知天"的地步了。

人的大巧能为在于有所不作为，人的大智聪明，在于有所不思虑。你的心志，在你思量天意天心的时候，已经从天象中感受到了天意的期待和前瞻；而在你思量地理地利的时候，已经感受到有什么更适宜在这地上繁育生长；而你的心志在考虑四时四季变化的时候，也已经能够预见气数的变化而有足够的安排了；而在你把握阴阳二气的时候，你已经体认到阴阳和谐的趋势了。君王应该任命专人守候观察天地，同时自身守护践行天道、君道、王道。

感悟：简单地说，人不可以尽知天之所以生、所以灭、所以出现、所以消失，但是人要敬天畏天顺天从天信天仰天思天。孔子的说法叫作"知天命"，孔子还告诉我们"天何言哉"，天不会什么都清清楚楚地告诉我们，也不要妄想尽知天意，人能做的只是调整自身，适应天意。

治乱天邪？曰：日月、星辰、瑞历，是禹、桀之所同也，禹以治、桀以乱，治乱非天也。时邪？曰：繁启、蕃长于春夏，畜积收藏于秋冬，是又禹、桀之所同也，禹以治，桀以乱，治乱非时也。地邪？曰：得地则生，失地则死，是又禹、桀之所同也，禹以治，桀以乱，治乱非地也。

《诗》曰："天作高山，大王荒之；彼作矣，文王康之。"此之谓也。

天不为人之恶寒也辍冬，地不为人之恶辽远也辍广，君子不为小人之匈匈也辍行。天有常道矣，地有常数矣，君子有常体矣。君子道其常，而小人计其功。《诗》曰："礼义之不愆，何恤人之言兮。"此之谓也。

转述：国家的大治或者混乱，是天造成的吗？看，日月、星辰、历法，在夏禹时代与夏桀时代都是一样的，夏禹时天下大治，夏桀时天下大乱，这说明治与乱并不是上天造成的。是四时造成的吗？各种作物大量萌发，茂盛生长在春夏，蓄积收藏于秋冬，夏禹、夏桀时代也是相同的时序，说明治乱变化不是四时造成的。是大地造成的吗？得到合适的土地，作物生长，得不到合适的土地，作物死亡，这又是夏禹或夏桀时期都一个样的状况，禹时大治，桀时大乱，不是地造成的。

《诗经·周颂·天作》上说："天生一座高山，大王尊大之，既已尊大，文王又使它安稳下来了。"说的就是这样的敬天之意。

天不会因为人们不喜欢寒冷就取消冬天，地也不会因为人们叫苦、相距太远而取消广袤，君子同样不会因为小人人多势众就不坚持君子之道。天有常态正道，地有常数正轨，君子有常型正体。君子注意的是遵循长期积累形成的正常体例，小人注意的是获得一时功利。

《诗经》上说："礼义上没有过错，何必在乎他人的风言风语呢？"说的就是这样的意思。

感悟：中国早就有天人信息相通相作用的说法，有天象预兆人事政事的说法，汉儒董仲舒更明确提出了天人感应的理论。但这里，荀子强调的是天象气象、旱涝水文等情势不受帝王圣君暴君人事之区分与影响，他强调的是人文责任，是帝王诸侯的治理责任，他不相信天助天兴某个朝代，也不认可"天亡我也"的哀叹，他坚持的是君王、朝廷的治理决定兴衰成败，或者说兴衰成败责任在自己。

楚王后车千乘，非知也；君子啜菽饮水，非愚也：是节然也。若夫志意修，德行厚，知虑明，生于今而志乎古，则是其在我者也。故君子敬其在己者，而不慕其在天者；小人错其在己者，而慕其在天者。君子敬其在己者，而不慕其在天者，是以日进也；小人错其在己者，而慕其在天者，是以日退也。故君子之所以日进与小人之所以日退，一也。君子小人之所以相县者，在此耳！

星队、木鸣，国人皆恐。曰：是何也？曰：无何也，是天地之变，阴阳之化，物之罕至者也。怪之可也，而畏之非也。夫日月之有蚀，风雨之不时，怪星之党见，是无世而不常有之。上明而政平，则是虽并世起，无伤也；上暗而政险，则是虽无一至者，无益也。夫星之队、木之鸣，是天地之变，阴阳之化，物之罕至者也。怪之，可也；而畏之，非也。

转述：楚王到什么地方去，跟随的车辆上千，这并不是他聪明；君子吃一些豆子喝一些凉水为生，也不是犯傻，不过当时适逢其会罢了。一个人，一个君王，能否做好修养心志、培育自己精神世界的品质与能力、厚积自己的道德与行事，能否澄明自己的智慧与思考，在于自身。所以君子重视的是对自己的要求与砥砺，而不会盯着天赐的机会、资源、运气；小人关注的不是自己需要做出的努力，他们艳羡的其实是天赐的机会资源。所以君子天天向前进，小人日日后退。这样，我们应该知道，君子天天进步与小人天天退步，其实是一件事的两面，君子与小人相比的悬殊之处，首先就表现在这方面。

流星坠地，社树发声，人们都会以为是凶兆，从而恐惧。问：这是怎么回事呢？没有什么可怕的，那是天地会有的变动，阴阳会有的演化，当然是不常见的事情喽。觉得有点新奇，倒也合理，因而恐惧不安，那是不对的。世世代代，有日食、月食，有突然的狂风暴雨，有怪异星象，不足为奇。只要君王明达，世道平顺，即使有这些异状，不会有什么坏事；而如果君王糊涂，世道险恶，没有这些天象上的异状，也不见得是多么好。流星坠地，社树发声，天地变动，阴阳演化，不常见的事情发生，对之觉得新奇，倒也合理，恐惧不安，那就不对了。

感悟：孔子强调"君子求诸己，小人求诸人"，荀子讲的则是"君子敬其在己者，而不慕其在天者；小人错其在己者，而慕其在天者"。用现在的话来说，君子的心思在于时时反省自身的主观努力、主观应对、是非得失，君子遇到挫折坎坷，仍然严守着对于自己应有的精神品质的要求，他们不会去艳羡天然的好条件、好背景、好运气，他们不羡慕也就不去抱怨老天不公，不去诅咒运气不好。这是有出息的人对待命运与遭遇的态度。而小人呢？怨天尤人，拼爹拼背景，拼遗产的继承，拼运气，视人生如赌博，这是没有出息的表现。

中国的整体性、联系性思维，喜欢讲天人合一、吉人天相、天从人愿、天无绝人之路……或者天怒人怨、神人共愤、天翻地覆、遭天谴，等等。

像荀子这样把天象天时与人事更多地予以区分的冷静说法——圣王还是暴君时期天象并无大异，天象异兆可以对之惊奇，却不必恐惧……这样的降温之论——并不多见，而且这种说法带有反迷信色彩，与老子的"天地不仁"说有某些靠拢之处。

物之已至者，人祅则可畏也，楛耕伤稼，耘耨失薉，政险失民，田薉稼恶，籴贵民饥，道路有死人，夫是之谓人祅；政令不明，举错不时，本事不理，夫是之谓人祆；礼义不修，内外无别，男女淫乱，则父子相疑，上下乖离，寇难并至，夫是之谓人祆。祆是生于乱，三者错，无安国。

其说甚尔，其菑甚惨。勉力不时，则牛马相生，六畜作祆，可怪也，而不可畏也。传曰："万物之怪，书不说。无用之辩，不急之察，弃而不治。"若夫君臣之义，父子之亲，夫妇之别，则日切瑳而不舍也。

雩而雨，何也？曰：无何也，犹不雩而雨也。日月食而救之，天旱而雩，卜筮然后决大事，非以为得求也，以文之也。故君子以为文，而百姓以为神，以为文则吉，以为神则凶也。

转述：与外物发生的不常见的状态相比，人为的灾祸是更加可怕的。粗恶的耕作伤害了庄稼，耘锄耨草等田间管理做过了头，造成荒芜，为政险恶的结果，失去民心，就像农田整得乱七八糟，长不好庄稼，搞得粮价昂贵，百姓饥荒，路上有饿殍的尸体，这是出了人祸。政令不清楚不对头，举措失当失时，国之基本的农事没管好，这还是人祸。不讲礼法义理，内外男女没有应有的差别与秩序，男女关系混乱，父子相互猜疑、存有恶意，上下两条心彼此背离，敌寇与灾难同时发生，这也是人祸。以上三方面的人祸交错到来了，国家也就安定不下来了。

这个道理很切近简单，但是灾难会相当惨重。在不当的时间役使人力，则牛马怪胎，六畜生事，不但稀奇古怪，而且情状可惧。古代文献上讲："万物的怪事，书上不去讨论它。那些没有用处的争辩，并非急需的考察，不如置之不理。"至于君臣间的大义，父子之间的亲情，夫妇之间的区分，每天切磋都是不可忽略的。

举行了求雨的祭祀祷告后，下起雨来了，这是怎么回事呢？没有什么，与不祭祀下的雨其实没有什么区别。遇到日食月食就进行救日救月的举动，天旱，就求雨祭祀，需要决定大事情了，先占卜一下，都不是为了获得什么所求，而是一种文饰门面的礼仪之举，也可以说是一种文化。君子认为这是文化，百姓则认为这是求神通神，认为占卜是文化则吉祥平顺，若当真以为要求神通神就变成胡闹和祸害了。

感悟：从帝王君相到士大夫到君子，应该注意的是人事而不是天地，这种对于以帝王师自诩的儒家大咖来说很合理的议论，不知道是否有阻碍自然科学发展的缺憾在。

文与神之辨极棒。求雨祭祀，日食月食时声援，某些占卜，还有个人或家庭的各种红白喜事，是一种文化，是一种群体活动社会活动，表达君王心愿、修齐治平心愿、群体心愿、个人与家庭心愿的一致性与正常性，表达与促进常常会发生龃龉的天下、国、家群体的同心同德、利益一致，也表达对天地、对自然、对神明、对命运的庸常诉求，表达对于天心、君心、民心的一致性的祝愿。

而在遇到天灾人祸的时候，而且在君相与民人都感到沮丧与无奈的时候，至少它们还有心理宣泄的作用、自慰的作用。其实不仅是祭祀与占卜，婴儿出生、家人辞世、远路出行、房屋落成、婚配庆典，各种节庆与红白喜事，都有表达心愿祈求的风习活动仪式。所以这是文，是文化也是文饰，是文明也是文章，是文锦也是文采，是文心也是文雅，是文教也是文治，是凝聚也是良性交流，还是无法之法、无事之事。如果当真变成通神求神，那就成了巧言令色、怪力乱神，为强调此岸性、经世致用性的儒家，还有强调原生性、辩证性、自然性的道家所不取。荀子的有关论述的清醒与理性，令人折服。

在天者莫明于日月，在地者莫明于水火，在物者莫明于珠玉，在人者莫明于礼义。故日月不高，则光晖不赫；水火不积，则晖润不博；珠玉不睹乎外，则王公不以为宝；礼义不加于国家，则功名不白。故人之命在天，国之命在礼。君人者隆礼尊贤而王，重法爱民而霸，好利多诈而危；权谋、倾覆、幽险而尽亡矣。

转述：天上最明亮的是日月，地上最明亮的是水火，物品中最明亮的是珠玉，而在人世间，最明亮的是礼义。太阳月亮如果不是高高在上，它们不会显得那样明亮；水火如果不积累巨多，也没有那么广博的光泽与滋润；珠玉如果不显示光彩，王公贵人不会觉得它们宝贵；礼义如果不体现于国家政务活动之中，国家的事功与荣誉也就不会为众人所知道与承认。

可以说，人的命运是天定的，国的命运是礼定的。一个君王尊崇礼义、尊重贤良就能成为天下的王者，能重视法制并爱惜民人，也能称霸称强于诸侯之中，而君王如果贪利与诡诈就会陷入危难，而动不动搞颠覆性的权谋诡计，就会是自取灭亡了。

感悟：一般情况下，天是天，人是人，二者并不直接互动，但中华式的整体思维与联系性思维从来都重视二者的互鉴互证互文。谈及天，必谈日月："日月光华，旦复旦兮"；"日月经天，江河行地"；"天日昭昭"，都讲得大义凛然。而文天祥的"天地有正气，杂然赋流形。下则为河岳，上则为日星。于人曰浩然，沛乎塞苍冥"也是脍炙人口。

以文学的方法、审美的方式，提出与回答问题，而不是只认同逻辑的归纳与演绎，数学统计、计算与证明的方式，这也是中华文化的特色之一。天日昭昭，日月经天，讲这些话的目的不是为了颂天颂日颂月，而是颂礼义。天之明亮在日月，地之明亮在水火，物之明亮在珠玉，人之明亮在礼义。这样的修辞太漂亮了，大气、正气，不但是修了辞，而且是修了身心政事世道。其美何如！

大天而思之，孰与物畜而制之！从天而颂之，孰与制天命而用之！望时而待之，孰与应时而使之！因物而多之，孰与骋能而化之！思物而物之，孰与理物而勿失之也？愿于物之所以生，孰与有物之所以成！故错人而思天，则失万物之情。

百王之无变，足以为道贯。一废一起，应之以贯。理贯不乱；不知贯，不知应变。贯之大体未尝亡也。乱生其差，治尽其详。故道之所善，中则可从，畸则不可为，匿则大惑。水行者表深，表不明则陷；治民者表道，表不明则乱。礼者，表也；非礼，昏世也；昏世，大乱也。故道无不明，外内异表，隐显有常，民陷乃去。

转述：崇拜天的伟大，又怎么能把天当作物来畜养而控制它呢？服从天并且歌颂赞扬天，又怎么能与把握天命而又善于利用天时天命相比？期望着与等待着时机的到来，又怎么能与对应四时做到事功的最大最优化相比呢？因应外物的繁殖增益，怎么能与发挥人的能力使外物发生有利于人的演化相比呢？思考外物之为我物役即为人所用，又怎么能与把握安排外物而不会失落它们的宝贵有用相比呢？追求万物的出生原理与过程，又怎么能与利用已经出生完成的万物相比？错过了人事，沉溺于终极原生之上天，你只能失落了万物的情理与外物济人之情。

经过世代的君王沿革，而没有发生变化的根本，是道的始终一贯。朝代有兴有废，道则一贯于时间与朝代的更替之中。理出道的一贯性，就不会产生混乱无序，不懂得道的一贯性，也就不知道如何因应适应历史的变化。道的一贯性的主要方面，是从来没有变化的，混乱造成道的不足，治理促成道的完满。道的肯定趋向，道所追求与希望的，把握住方向也就是可以遵从的；歪曲道、割裂道、违背道的畸变之事是不能做的，把道丢在一边就会天下大乱。涉水要标示出深浅，标不明晰就会失足而溺；治理要标明王道，标示不明白就会产生变乱。而礼是道的表现，失去了礼法，就是昏乱之世了。礼法昏乱，也就是天下大乱了。对外对内，礼的表达有别，隐显有常规，民人的灾祸也就减少了。

感悟：物畜而制之……制天命而用之，这些强调牛人而非大吹苍天的说法似乎与强调天之伟大与不依人的意志为转移的论述不太一致，加上一会儿不必知天，一会儿这就是知天，令人不无狐疑。是不是古书的版本上有什么误差？但同时也说明，是天人合一还是天人各走各的路，是天命可知必知还是但尽人事而已，这不是一个容易说清楚的话题。

但是制之用之使之化之，并不是思外物而物役——使万物为我所用，不是人要做外物的主人，而是人不要失落、不要违背、不要悖逆万物原来就具有的、原生的可用品质、可用功能。人的主动性的依据是万物的原生性——自然（而然）性，万物的主动性。所以，与其伤脑筋于物之所以成，与其去较劲去耽于物的来源与诞生，不如去面对去拥有已成的万物。

而且底下论述，人类的一切主动性的根据在于道，道是一贯的，是根本的，是可以无变也可以应变万世万端的。天、地、人，物、气、一，都是道的体现、道的侧面，治乱兴亡善恶通塞，都是道的情势，道必须有所把握与有所明示，礼法则是道的外化。

与天地人相比，道更根本，更终极，更富有一贯性、涵盖性与决定性。道是道德与伦理学概念，道是政治学概念，道是教化与教育学概念，道是哲学概念，道也是神性和某种神学概念，道还是数学的公理与无穷大微积分概念，道是中华传统文化中的概念之神。中华文化传统中没有确定的人格神，中华精英文化崇拜的不是人中的天使，而是最最高大上的概念之神，是宗教中上帝角色的补位——道。

万物为道一偏，一物为万物一偏，愚者为一物一偏，而自以为知道，无知也。慎子有见于后，无见于先；老子有见于诎，无见于信；墨子有见于齐，无见于畸；宋子有见于少，无见于多。有后而无先，则群众无门，有诎而无信，则贵贱不分；有齐而无畸，则政令不施；有少而无多，则群众不化。《书》曰："无有作好，遵王之道。无有作恶，遵王之路。"此之谓也。

转述：天下万物，表现了道的一个方面，而每一个事物，又分别表现了万物的某一方面。愚蠢的人，接触了一件事物一个方面，自以为懂得了道，其实他离了解把握道还远着呢。法家慎子，他看到了人们在道与法面前的被动、跟随这靠后的一部分，没有看到人们在法与道前的主动、有所选择有所作为的前一部分。老子，见到的则是人的消极无为这一部分，而没有见到人的有所作为部分。墨子见到的是人的共同性规范性这一部分，而没有见到人的特殊性变异性另一部分。宋子见到的是人的欲望有限、易于满足这一方面，却没有见到人的欲望走向杂多贪婪的方面。有后无先，像慎子那样，群众听了找不着门路；有消极无积极，像老子那样，群众听了则分不清贵贱价值，失去选择依据；有规范无特殊，像墨子那样，政令是行不通的；承认欲望的少而不承认的多，像宋子那样，群众是不可能接受你的教化引领的。

《尚书》上讲："不要有个人偏好，要实行先王之道。不要有个人偏恶，要遵行先王之路。"就是此意。

感悟：道是一个无所不包的存在，需要的是全面的、辩证的、既坚决又灵动的理解。法家强调的是法的至上性、主动性与第一性，而将人后置于被动、第二性的地位。老子强调的是负号与减法，老子透彻地看到了人类，特别是君相、精英——权力系统与候补权力系统，思想行动上浮躁夸张、缘木求鱼、适得其反、越俎代庖、自取挫折的一面，却忽视了人的能动性、可为性、使命担当、自强不息的一面。墨子、宋子也都各有其片面性。

要全面，不能片面。这是先秦诸子中比较早地提出来的宝贵思想。这种提法固然也表现了荀子的雄辩与斗争性，但全面与片面的说法毕竟不是完全否定不同学派与主张，因为他强调的是慎、老、墨、宋的片面，而他同时承认片面也是全面的一部分，片面仍然有片面的相对真理特性，这与孟子一张口就给墨子扣上"无父无君"还是不一样的。

正论

本章的正论有正名之论的意思，不承认桀纣曾经拥有天下，不承认尧舜曾经禅让天下，不承认古代刑法宽容、丧葬从简等没有根据的说法与幻想；不赞成治理上的封闭性幽闭性，不承认民间对于古代政治的不妥当说法，如说虞舜与商汤对子弟的教育有缺失之类，也反驳宋子的节欲与平息争斗的理论。

世俗之为说者曰："主道利周。"

是不然。主者，民之唱也；上者，下之仪也。彼将听唱而应，视仪而动；唱默则民无应也，仪隐则下无动也；不应不动，则上下无以相胥也。若是，则与无上同也！不祥莫大焉。

故上者，下之本也。上宣明，则下治辨矣；上端诚，则下愿悫矣；上公正，则下易直矣。治辨则易一，愿悫则易使，易直则易知。易一则强，易使则功，易知则明，是治之所由生也。

上周密，则下疑玄矣；上幽险，则下渐诈矣；上偏曲，则下比周矣。疑玄则难一，渐诈则难使，比周则难知。难一则不强，难使则不功，难知则不明，是乱之所由作也。故主道利明不利幽，利宣不利周。故主道明则下安，主道幽则下危。故下安则贵上，下危则贱上。故上易知，则下亲上矣；上难知，则下畏上矣。下亲上则上安，下畏上则上危。故主道莫恶乎难知，莫危乎使下畏己。

传曰："恶之者众则危。"书曰："克明明德。"《诗》曰："明明在下。"故先王明之，岂特玄之耳哉？

转述：世上俗人的流俗说法，说是权力系统要隐藏自己的治理意图与治理道路，使百姓摸不着底，保持敬畏，这才有利于权力的威严与随心运用。

这个说法是不对的。君主是倡导者，今上是臣民的仪表典范。臣民听闻了倡导就会响应，看到了仪表典范就会行动；倡导不出声，臣民就无法响应，仪表隐藏起来，臣民就无法行动；既不响应又不行动，上下无法整合，就与失去了君王一样，这是极大的不祥。

君王是臣民的本源与依据，上边宣示明白，臣民有所处理；上边端庄诚信，臣民也就老实勤恳；上边公平正道，臣民也就单纯朴直。有所治理也就易于一致，老实勤恳也就易于使用，单纯朴直也就易于管理。臣民易于一致的国家就强大，臣民易于使用的国家就有功效，臣民易于管理的政治也就比较明达顺利。做到这样正是大治的前提。

如果是君王隐蔽严密，臣民就必然会怀疑迷惑；君王幽深险恶，臣民就必然奸诈诡计；君王偏私弯弯绕，臣民就会拉帮结派。怀疑迷惑就难于统一，奸诈诡计就难于使用，拉帮结派就难于管理。难于统一就强不了，难于使用做不成事功，而难于管理也就明达不成。这些正是产生混乱的前提。

所以说，君王治理国家天下，应该光明正大而不是藏藏掖掖，应该是宣示明白而不是严密防守。君道原则明达，则臣民安稳；君道幽深，则臣民危殆。臣民安稳，就会尊重君王；臣民危殆，就会轻视君王。如果君王的意图方针臣民能够明白，臣民就会亲近君王；如果君王的意图方针臣民无法知晓，臣民就只剩下了畏惧。臣民亲近君王，君王就平安；臣民畏惧君王，君王就只会危险。君王之道令人难以知晓，这是最坏的情势了。

古书上说："厌恶君王的人很多，情况危殆。"《尚书》上说："要使美好的德性发扬彰显。"《诗经·大雅·大明》上说："全国的公开透明（出自君王政治的公开透明）。"先王圣王的公开透明，并不仅仅是有所宣示啊！

感悟：想不到在中国那么早就讨论了政治操盘的公开性、透明度的问题。但观察世界与本国的历史，政治活动既有公开透明、大鸣大放大辩论大张扬、口若悬河、滔滔不绝的一面，也有讳莫如深、幽闭无声、声东击西、永成疑案的一面；既有大爱无疆、政通人和、爱民如子、正气浩然的一面，又有遮遮掩掩、韬光养晦、虚晃一枪、翻手为云覆手为雨、先下手为强、该出手时便出手的一面。

百姓对本地本国乃至天下的君王到底抱什么样的态度最好，对于权力系统最有利呢？适当的敬畏似亦可能有需要，没有敬畏只有亲爱近乎，不可能，因为国家礼法总有对于某些人员和行为的限制约束，乃至于对于犯罪非礼的惩罚处置。还有，多么慈善与走运的君王也不可能总是赶上太平盛世，载歌载舞。碰到战争，碰到灾荒疫情，就必须实行某些强力措施。

但至少在大面上，在常态下，荀子所强调的"宣明""公正"的原则，是必须坚持的。这里荀子还强调了社会风气的造成，权力系统的责任在先，上边的计谋多，下边百姓也就日益诡诈起来；上边偏私曲弯，下边百姓也就团团伙伙地闹上了，这个说法是有意味的。

世俗之为说者曰："桀、纣有天下，汤、武篡而夺之。"是不然。以桀、纣为常有天下之籍则然，亲有天下之籍则不然，天下谓在桀、纣则不然。

古者天子千官，诸侯百官。以是千官也，令行于诸夏之国谓之王。以是百官也，令行于境内，国虽不安，不至于废易遂亡，谓之君。圣王之子也，有天下之后也，势籍之所在也，天下之宗室也。然而不材不中，内则百姓疾之，外则诸侯叛之，近者境内不一，遥者诸侯不听，令不行于境内，甚者诸侯侵削之，攻伐之。若是则虽未亡，吾谓之，无天下矣。

圣王没，有势籍者罢，不足以县天下。天下无君，诸侯有能德明威积，海内之民莫不愿得以为君师，然而暴国独侈，安能诛之，必不伤害无罪之民，诛暴国之君，若诛独夫。若是，则可谓能用天下矣。能用天下之谓王。

汤、武非取天下也，修其道，行其义，兴天下之同利，除天下之同害，而天下归之也。桀、纣非去天下也，反禹、汤之德，乱礼义之分，禽兽之行，积其凶，全其恶，而天下去之也。天下归之之谓王，天下去之之谓亡。故桀、纣无天下，汤、武不弑君，由此效之也。汤、武者，民之父母也；桀、纣者，民之怨贼也。今世俗之为说者，以桀、纣为君，而以汤、武为弑，然则是诛民之父母而师民之怨贼也，不祥莫大焉。以天下之合为君，则天下未尝合于桀、纣也。然则以汤、武为弑，则天下未尝有说也，直堕之耳。

转述：俗人有一种流俗的说法，说是桀、纣本来拥有天下，是商汤与武王篡夺了他们的江山。这样说是不对的。你说是桀与纣曾经拥有过天下，那是可以的；你如果说是他们掌管了天下，那就不对了；说天下曾在桀、纣的掌控下，那也不对。

古代天子手下，上千官员，诸侯手下，上百官员。靠着上千官员，行令于中原诸国，这就可以称王了。靠上百官员，行令于一国，虽然管理得并不安稳，但也不至于被废黜、被更换、被颠覆、被灭亡，这就叫作君了。圣王的儿子，他是拥有天下的王者后代，是王的地位的继承人，是王天下的宗室系统代表人物，这是没有问题的。但是，如果他不成材，不中用，从内部看，百姓厌烦他，从外部来说，诸侯背叛他，近处的臣民与他不一致，遥远的诸侯国家没有听他的，他无法在境内发号施令，甚至受到诸侯的侵犯与削弱攻打。如果处于这种态势，即使没有亡国，也不能承认他拥有什么天下了。

圣王过世了，有继承地位的人疲软无能，放到天下人面前压不住阵脚，天下失去了统率的首领，这时诸侯中有德行显赫，威势积累者，海内民人都愿意奉他为君王为导师，然而面临着暴君统治的国家，除掉暴君不是容易的事情，这时候，需要的是有明主能够像杀一个孤家寡人一样除掉暴君，不伤害无辜的百姓。这样的人就是能够掌管天下的人，能够让天下为己所用的人，这样的人就是王者。商汤与周武王，并没有去夺取天下，他们是修为了天道王道，践行了正确的原则义理，振兴了天下的共同利益，消除了天下的公害，然后，天下自然归顺于他们。桀、纣也并不是他们丢掉了天下，而是他们违反夏禹、商汤的德行，搞乱了礼义的秩序，他们的行为等同于禽兽，凶暴累累，恶行端端，故而是天下抛弃了桀、纣。天下所归顺的是王者，天下所摒弃的是亡国者。所以说，桀、纣谈不到拥有天下，而汤、武也谈不到弑君。按照这个模式、这个道理讲下来，汤、武是民之父母，桀、纣是民之仇怨蟊贼。如今的世俗说法，以桀、纣为君王，以汤、武为弑君者，这等于是要诛杀民之父母，而把民之伊戚当作君长，这就荒谬绝伦了。要知道，王者应该是指能将天下整合统一起来的君王，但天下从来就没有聚合、整合在桀、纣的麾下。至于说汤、武是弑君篡夺者，那更是从无其说的，那种说法只能是粗鄙的诽谤。

感悟：儒家的学说放到古代，会在汤武革命的问题上陷入困境，儒家讲究秩序，讲究长幼上下尊卑的秩序，但汤以臣子的身份造反干掉了天子夏桀，武王干掉了商纣。又要维护儒家的君君、臣臣、父父、子子，又要维护商汤周武王这样的圣王。为此，荀子有点大展辩才，有点高屋建瓴，势如破竹，又有点强词夺理，直到花言巧语。

荀子的理据属于我所说的中华文化的文化立国论，夏桀商纣，无道无德无才无能，诸侯不听，臣民不爱，管理无效，众叛亲离，最后连自己的身家性命也保不住，他算什么君王天子，他只能算是独夫民贼，算是死有余辜。说他的历史罪行，当然是可以的，但君王天子并不是操行评语，而是中央（当时的说法是天下）权力系统的一号人物，叫作元首，叫作王，叫作天子，你荀况怎么能不承认呢？如果他们没有占据过那么高的地位，他们能有那么巨大惊人的暴行记录吗？

此后的各朝各代的变迁也是如此，开国之君既仁德又神武，奉天承运，紫气东来，百事顺遂，万民欢喜；而坐天下或长或短，到了完蛋时候，倒行逆施，气数已尽，天怒人怨，人神共愤，兵败如山倒，国破家亡，死无葬身之地。

荀子这样说，很中国也很文化，夏桀商纣，无道昏君，干脆就不算君，从道义上、文化上、定义上，只能剥夺其君王天子的王冠；而商汤周武，得民心者得天下，就是王者、王道、君王、天子、圣王。此说有文化，无逻辑，但社会效果不差，做王要做唐尧虞舜那样的王，做夏桀商纣那样的就不算王，这样，还顺便维护了王的命名之光荣性与伟大性。

故天子唯其人。天下者，至重也，非至强莫之能任；至大也，非至辨莫之能分；至众也，非至明莫之能和。此三至者，非圣人莫之能尽。故非圣人莫之能王。圣人备道全美者也,是县天下之权称也。

桀、纣者,其志虑至险也,其志意至暗也,其行为至乱也;亲者疏之,贤者贱之,生民怨之。禹、汤之后也,而不得一人之与;刳比干,囚箕子,身死国亡,为天下之大僇,后世之言恶者必稽焉。是不容妻子之数也。

故至贤畴四海,汤、武是也;至罢不能容妻子,桀、纣是也。今世俗之为说者,以桀、纣为有天下,而臣汤、武,岂不过甚矣哉!譬之,是犹伛巫跛匡大自以为有知也。

故可以有夺人国,不可以有夺人天下;可以有窃国,不可以有窃天下也。可以夺之者可以有国,而不可以有天下;窃可以得国,而不可以得天下。是何也?曰:国,小具也,可以小人有也,可以小道得也,可以小力持也;天下者,大具也,不可以小人有也,不可以小道得也,不可以小力持也。国者,小人可以有之,然而,未必不亡;天下者,至大也,非圣人莫之能有也。

转述:所以说,是不是天子,决定于人选。治理天下的担子太沉重了,做不到极坚强的人是担不起来的;天下非常广大,做不到极明辨的人是理不出章法来的;天下的人口非常众多,做不到极明哲的人是无法把这么多人凝合起来的。这三条都做到,除了圣人是不可能完成圆满的。圣人是道德完备、尽善尽美的人,是天下的价值标准。

桀、纣则相反,他们思想险恶,意志糊涂,行为混乱;应该亲近的人反而与他们疏远,应该尊敬的贤良反而受到他们的轻贱,应该为他们凝聚的民人反而对他们怨恨不满;他们是夏禹、商汤这些圣王的后代,却得不到一个人的支持爱戴。纣王挖了叔叔比干的心,把另一个叔叔箕子囚禁,丢了命亡了国,是天下的奇耻大辱,后世说起恶人来,都要谈起他。这样的人的行为轨迹,说明他们必定是连自己的妻儿都保护不成的。

所以说,做天子做得到位的大贤,能够护佑四海,他们就是汤、武；做得极差的人保不住妻儿，他们就是桀、纣之流。现在的一些俗人讲什么天下原来是桀、纣所拥有，而汤、武是桀、纣臣下，这也太离谱了。打个比方，这就好比一个驼背瘸腿的巫婆，自以为无所不知地妄议胡说。要知道，篡夺国家的事是有的，但不可能篡夺天下；盗取别国的事可能是有的，但不可能盗取天下。也就是说篡夺到手了你可能拥有一国，但不可能拥有天下；盗取到手了你可能获得一国，不可能获得天下。什么意思呢？一国，与天下相比是个小器具（玩意儿），可能被小人所拥有，可以用较渺小低等的路子去争得；天下是个大家伙，不可以归了小人，不可以走小道用小手段去拥有，不可能用小能力来保持。一个国家，被小人把持了，可能，但保不住它不会亡掉；天下，那是太伟大了，只有圣人才能拥有与保持它。

感悟：想想，那时候的诸侯国家，兴兴灭灭、盛盛衰衰、急急忙忙、邪邪正正，你想多说点它们国君的好话都没有办法说。但荀子毕竟是大儒，他既要维护仁义道德、礼敬君子、温良恭俭让、恭宽信敏惠的文化理想与政治理想主义，又要维护尊卑长幼上下的规矩秩序，尤其是维护掌管天下的天子的权威。于是，他承认，一个是诸侯的良莠不齐，一个是天子的辉煌伟大。为什么伟大呢？因为天下太大了，没有伟大性当不成天子，因为太大，所以伟大，因为伟大，所以管得了太大。这又有点朴实天真的土气，也不得已运用了循环论证的辩术。伟大不伟大，太大不太大，决定于人选，人选对了，伟大管太大，太大得伟大，天下太平，万民福祉；人选搞错了，太大失人，伟大就要被革命造反取位。最后新伟大管制了原太大，也就一通百通了。

世俗之为说者曰："治古无肉刑而有象刑：墨黥；慅婴；共，艾毕；菲，对屦；杀，赭衣而不纯。治古如是。"是不然。

以为治邪？则人固莫触罪，非独不用肉刑亦不用象刑矣。以为人或触罪矣，而直轻其刑，然则是杀人者不死，伤人者不刑也。罪至重而刑至轻，庸人不知恶矣，乱莫大焉。凡刑人之本，禁暴恶恶，且征其末也。杀人者不死，而伤人者不刑，是谓惠暴而宽贼也，非恶恶也。故象刑殆非生于治古，并起于乱今也。治古不然。凡爵列、官职、赏庆、刑罚，皆报也，以类相从者也。一物失称，乱之端也。

夫德不称位，能不称官，赏不当功，罚不当罪，不祥莫大焉。昔者武王伐有商，诛纣，断其首，县之赤旆。夫征暴诛悍，治之盛也。杀人者死，伤人者刑，是百王之所同也，未有知其所由来者也。刑称罪，则治；不称罪，则乱。故治则刑重，乱则刑轻，犯治之罪固重，犯乱之罪固轻也。书曰："刑罚世轻世重。"此之谓也。

转述：世上俗人的流俗说法是，古代的治理没有对于肢体的刑罚，而只有形象的象征性惩罚，例如用黑墨画在脸上代替刺字，让人戴上草做的帽带代替割鼻，用割去衣服上的蔽膝部分代替宫刑，用穿麻鞋代替砍脚，用穿上红褐色的无领服装代替杀头，说是古代的治世都是这样做的。其实不然。如果说这样做是治理得好，那应该说，治理得好人们就不会触犯法律，那不但不必用肢体之刑，也用不着象征之刑了。如果认为这样做是减轻刑罚，那么人触犯了法律，杀人的免死，伤人的免刑，罪行重大、刑罚轻微，一般人不知道犯法是重大恶行，必有严惩，这就乱了套了。所以有刑罚，是为了禁止暴力、排斥恶行、告诫世人不要犯法作恶，作恶会受严刑，也是为了设法防范恶行于未然。如果杀人者不死，伤人者不受刑，那就等于恩惠暴力、宽容盗贼，不能起到排斥恶行的作用。所以所谓象征性刑罚的说法不像是出现于古代的治世，倒更像是出现于如今的乱世。古代的治世不会是这样子的，古代的治世，一切爵位级别、官职序列、赏赐惩罚、治罪典仪，一切都要分门别类予以对应实际的行为好坏，任何一件事被忽略搞错，都是混乱的由头。

如果一个官员的德行不符合他的职位，能力不符合他的官职的需要，获得的赏赐不符合他的功劳，所获惩罚不符合他的罪状，那都是很大的对于吉凶命运的冲犯。从前周武王伐纣，诛杀了纣王，砍掉纣的脑袋，将它悬挂在红旗上示众。这样的攻打暴君，诛杀悍主，正是治天下的盛举。杀人要处死，伤人要坐牢，这是历来的王法，它的源头现在都查不出来了。

刑罚符合罪状，就是正确的治理；刑罚与罪状不相称，就是搞乱治理。所以社会安定就会刑罚从重，搞乱，就能刑罚从轻。《尚书》上说："不同的世道，用刑罚会有轻重的区别。"讲的就是这个。

感悟：比较起来，荀子比孔孟汲取了更多法家思路，乃至于严刑峻法的思路。他很现实，有文化道德的理想主义，也有严刑峻法的现实主义。如何把君子精英理想主义与严刑峻法从严管治结合起来呢？就是法越严越会减少超过红线的犯法者。法令一普及，普法教育做得好，自然大家胆战心惊，小心翼翼地守法敬法，少有人去以身试法了，这倒也说得通。

现实生活中，历史上也有靠严刑峻法吓不住民人的时候，"民不畏死奈何以死惧之"，所以有改朝换代，有梁山聚义，在中国，天下从来多事，儒家典籍再好，也与生活实际差着一段距离。

世俗之为说者曰："汤、武不善禁令。是何也？曰：楚、越不受制。"是不然。

汤、武者，至天下之善禁令者也。汤居亳，武王居鄗，皆百里之地也，天下为一，诸侯为臣，通达之属，莫不振动从服以化顺之，曷为楚越独不受制也！彼王者之制也，视形势而制械用，称远迩而等贡献，岂必齐哉！故鲁人以榶，卫人用柯，齐人用一革，土地刑制不同者，械用、备饰不可不异也。故诸夏之国同服同仪，蛮、夷、戎、狄之国同服不同制。封内甸服，封外侯服，侯卫宾服，蛮夷要服，戎狄荒服。甸服者祭，侯服者祀，宾服者享，要服者贡，荒服者终王。日祭、月祀、时享、岁贡、终王，夫是之谓视形势而制械用，称远近而等贡献；是王者之制也。

彼楚越者，且时享、岁贡，终王之属也，必齐之日祭月祀之属，然后曰受制邪？是规磨之说也。沟中之瘠也，则未足与及王者之制也。语曰："浅不足与测深，愚不足与谋智，坎井之蛙，不可与语东海之乐。"此之谓也。

转述：俗人有一种流俗的说法："商汤、周武王做不到让天下人服从他们发布的禁令。为什么呢？是因为楚国、越国那边的人不受他们的法令制约。"这种说法不对。

商汤、周武王，是天下善于运用权力，实施禁令的人。商汤居住于亳地，周武王居住在鄗京，都是方圆百里之地，但天下被他们所整合统一，诸侯做了他们的臣子，所有交通能到达的地方，人们没有不心惊胆战——小心翼翼地服从、接受归化。为什么楚国、越国独独不受他们管制呢？那些王者的礼制，根据各地形势来打造器械用具，根据距离的远近来调整平衡进贡的物品与程序，并不是非要整齐划一不可的。所以鲁国人用碗、卫国人用盂、齐国人用皮革制作酒具，土地环境风俗习惯不同，各地的器械用具设备服饰不可能没有差异。所以中原各国同样服事天子而礼节仪式相同。南蛮、东夷、西戎、北狄等国家同样服事天子而礼制不同。五百里地以内的，耕种天子的田地，服事天子，称为甸服。再往远了走五百里以内的，侦察警卫，守候放哨来服事天子，称为侯服。再向远去，负责守望保卫，并且以宾客的身份进贡，服事天子，称为宾服。而到了蛮、夷等少数民族地区以接受约束管理来服事天子，称为要服。戎、狄等少数民族地区以不定期的进贡来服事天子，称为荒服。有的要提供每天的祭祀用品，有的提供每月的用品，有的提供每季用品，有的提供每年用品。耕王田的地区负责提供日祭用品，警卫放哨地区负责提供月祀的用品，以宾客身份按时进贡的地区负责供给每季祭祀的用品，接受礼制管束的地区负责提供每年祭祀的用品，不定期进贡的地区要承认天子的统治地位。日祭、月祭、季祭、岁祭、承认天子，这就是依据地理与民族风俗等形势而制定器具机械，根据与政治中心的距离来安排调节进贡的等级分别。这就是王者的制度。那楚国、越国，离得远一点，是属于每季进贡、每年进贡、承认天子的那一类国家，不是说它们与那些日贡、月贡国家整齐划一，才能表明它们是接受王的管制的了。这是有差错的说法啊。这样的说法与当时的事实与礼制不符，是山沟里的蠢人的妄议。俗话说："浅薄的人没法与他考量深刻的道理，愚蠢的人无法与他协作追求智巧，而废井中的青蛙没法与它讲什么东海中的乐趣。"讲的就是这个。

感悟：读《荀子》才知道，东周时期敢情还有不少怀疑贬低商汤、周武王的民间流言蜚语。

看来那个时代，人们对于天下的大一统是否能落实还颇有疑义，需要荀况老师苦口婆心地讲授，至少是随着距离京都的交通距离大小的区别，各诸侯领地，对于给周朝的中央政权的进贡、效忠、行礼的要求，在内容与频率上有不少的差别。可以想象，周代（公元前1046—前256）保持对"天下"的管治与权威，实是不易。

同时也可以咂嘛出点滋味：那时掌管天下的"中央政权"，在对远地的邦国、番邦的管理上，更多的是礼法性的，有个进贡，有个朝拜，天知道是不是还有比较制度化的册封与礼貌礼仪节日与红白喜事互动之类的表示也就行了。楚越不受制论成为俗说，不是偶然，更不是谣言，证明了恰恰是俗人们看不出周朝对楚越能管制得了什么，能禁令点什么。

但是荀子，他不是俗人，他不同流俗，他是大儒，他必须十分强调王天下的周代朝廷，君道如何伟大，权威如何比青天高，比泰山重，各诸侯国家，如何心悦诚服，天下归心。他不能承认天下有所谓山高皇帝远、"中央"管不了的哪怕只是苗头的现象。

世俗之为说者曰："尧舜擅让。"是不然。

天子者势位至尊，无敌于天下，夫有谁与让矣？道德纯备，智惠甚明，南面而听天下，生民之属莫不震动从服以化顺之。天下无隐士无遗善，同焉者是也，异焉者非也。夫有恶擅天下矣？

曰："死而擅之。"是又不然。

圣王在上，决德而定次，量能而授官，皆使民载其事而各得其宜。不能以义制利，不能以伪饰性，则兼以为民。圣王已没，天下无圣，则固莫足以擅天下矣。天下有圣，而在后子者，则天下不离，朝不易位，国不更制，天下厌然，与乡无以异也；以尧继尧，夫又何变之有矣！圣不在后子而在三公，则天下如归，犹复而振之矣。天下厌然，与乡无以异也；以尧继尧，夫又何变之有矣！唯其徙朝改制为难。故天子生则天下一隆，致顺而治，论德而定次，死则能任天下者必有之矣。夫礼义之分尽矣，擅让恶用矣哉？

曰："老衰而擅。"是又不然。血气筋力则有衰，若夫智虑取舍则无衰。

曰："老者不堪其劳而休也。"是又畏事者之议也。

天子者，势至重而形至佚，心至愉，而志无所诎，而形不为劳，尊无上矣。衣被则服五采，杂间色，重文绣，加饰之以珠玉；食饮则重大牢而备珍怪，期臭味，曼而馈，伐皋而食，《雍》而彻乎五祀，执荐者百人侍西房。居则设张容，负依而坐，诸侯趋走乎堂下；出户而巫觋有事，出门而宗祝有事，乘大路趋越席以养安，侧载睪芷以养鼻，前有错衡以养目，和鸾之声，步中《武》《象》，骤中《韶》《护》以养耳，三公奉軶、持纳，诸侯持轮、挟舆、先马，大侯编后，大夫次之，小侯、元士次之，庶士介而夹道，庶人隐窜，莫敢视望。居如大神，动如天帝。持老养衰犹有善于是者与不？老者，休也。休，犹有安乐恬愉如是者乎？故曰：诸侯有老，天子无老。有擅国，无擅天下，古今一也。

夫曰尧舜擅让，是虚言也，是浅者之传，陋者之说也，不知逆顺之理，小大、至不至之变者也，未可与及天下之大理者也。

转述：世上一些俗人讲什么流俗言语，说尧、舜是如何禅让天下的，这个说法是不能成立的。要知道，天子的权势与地位，至尊至贵，普天下再无任何人能与之匹敌，这样的天子之位，怎么可能让来让去！尧、舜天子，道德纯正完备，智慧十分明达，南面为王，掌管天下，只要是百姓民人，谁不是胆战心惊、小心翼翼地听命服从、接受教化、归顺依附于他们呢？这样，哪儿也没有被埋没的士人，没有被忽略的好人好事，认同他们，就是正确的了，与他们不一致，就是为非作歹了，这里有什么原因要把天下让来让去呢？

有人说，是因为死亡的必然而禅让的，这也不对。圣王居于上位，判断德行，确定等级，考量才能，授予官职，使人们担负起适宜的职责，各得其所；而如果某个人不能做到用义理来制约利益计较，不能通过后天的努力来完善先天的不完善的本性，那就全部让他们去当庶民好了。赶上圣王过世，天下又没有圣人出现，那么也就没有谁有可能接受天子之位的禅让了。天下如果有圣人，而且他出现在圣王的儿子之中，那么天下也就不会分崩离析；朝廷上没有改变权力系统人员的地位，国家也不会更换礼制体统；天下平安稳定，和昔往没有什么两样，等于是由尧来继承尧，天下又有什么变动可言呢？如果圣人不出在圣明帝王的后代子孙之中，而出在三公大臣的后人当中，那么天下归心于他，就像恢复旧国重新振兴一样了，天下平平顺顺地和昔往没有什么不同，还是由尧来继承尧的圣王事业，又会有什么变动动荡呢？只有改朝换代、变更礼制体统，那是有困难的。所以说，如果圣王活着的时候获得了天下人一致爱戴崇拜，社会顺利运转而得到良好治理，权力系统人员按照各自的德行来决定各自的等级次第，那么，圣君死了，能够担当起天下重任的继位人，必定会出现。礼义的名分与区别全部到位了，哪里用得着禅让呢？

也有人说，尧、舜是因为年高衰老才让位的，这也不对。说起气血筋肉那是有衰老一说的，但是他们的智力思索选择决策的能力，并不会衰老。也有人说他们是由于年老疲劳才让位的，这也是躲避辛苦、不敢担当的人的心理。真正的天子，势位虽重，身形安适，心情愉快，意志不受挫折，身体无所谓劳累，尊贵无可比拟。穿的衣装，彩色丰美，相间适宜，刺绣装饰，佩戴珠玉；饮食包括了三牲（牛羊猪），各种珍奇食材，气味讲究，以舞蹈配合菜肴上桌，敲响鼓点进食，奏响《雍》乐章来撤去食具与剩余食物去祭灶，侍应者上百人在西厢房侍立。居住之所设立帐幕、屏风，会见诸侯的时候背依帐幕、屏风而坐，诸侯快步向前，立于堂下，出殿室有专门的巫觋人员服务清洁除祟等事宜。出宫城门有管祭祀与祈福的宗祝人员服务。上专车有蒲草编织的垫子使天子舒适安顿，身旁放着香草愉悦嗅觉，前边有镀金的横梁来愉悦视觉，还有挂铃，车行时按快慢使声音符合不同的音乐节奏，这样来愉悦听觉。三公大臣，大小诸侯，大夫元士，庶士庶人，在专车两边侍候，居于宫室的时候，如同伟大的神祇，出动巡视的时候，如同崇高的天帝，保重高龄，养护衰老，还有能够比得上尧、舜的人吗？老了，无非是要多休息，谁还能休息得这样美好安适甜美愉快呢？所以说，诸侯，是有老不老的说法的，到了天子这个份儿上，根本没有老一说，禅让一国是可能的，让天下，是不可能的，古代现代都是一个样子。所谓尧、舜禅让的说法，是不实之词，是浅薄者的传言，是鄙陋者的说法，这样说话的人不懂什么是端正的道理，什么是歪逆的胡说，不知道事物的小与大，到位与不到位的区别。这样的人，如何能够与他们讨论事关天下的大道理呢？

感悟：尧舜禅让，本无可争议，但荀子在此硬是不承认，原因在于此位夫子在天下与天子二词的不可怠慢亵渎性上较劲，不承认禅让，不承认圣王有老与死之虑，不承认有接班传承之必要。庄子虚无缥缈，但还大讲薪尽火传，而荀子竟然坚持只要火在传就证明薪从来没有尽过，只要火种未熄，薪从来烧不完，圣王从来不死不老，倒也别有天地。堪称一绝。

与孔孟相比，荀子篇幅很大，对各种治平问题的论述有它相对更充分也更切实处，但是当历史事实与荀氏理念有悖的时候，荀子采取不承认主义与换名词手段：管不了——不承认管不了，禅让了传承下去了——不承认禅让与传承，甚至连老一代圣王即内圣外王古圣先贤的老与死都不承认，决绝倔谲，真有两下子！这样善于坚持的人却最高做到个县令，可惜了。

世俗之为说者曰："尧舜不能教化。"是何也？曰："朱、象不化。"是不然也。

尧、舜至天下之善教化者也。南面而听天下，生民之属莫不振动从服以化顺之。然而朱、象独不化，是非尧、舜之过，朱、象之罪也。尧、舜者，天下之英也；朱、象者，天下之嵬，一时之琐也。今世俗之为说者，不怪朱、象，而非尧、舜，岂不过甚矣哉！夫是之谓嵬说。羿、蠭门者，天下之善射者也，不能以拨弓曲矢中微；王梁、造父者，天下之善驭者也，不能以辟马毁舆致远。尧、舜者，天下之善教化者也，不能使嵬琐化。何世而无嵬？何时而无琐？自太暤燧人莫不有也。故作者不祥，学者受其殃，非者有庆。

《诗》曰："下民之孽，匪降自天。噂沓背憎，职竞由人。"此之谓也。

转述：世上的俗人讲一些流俗的说法："尧、舜做不到教化他人。"为什么这么说呢？"尧的儿子丹朱、舜的弟弟象都没有能接受圣王的教化。"但是我们看一看，这种说法也是不能成立的。

尧、舜是最善于教化的人，他们面南而坐掌管天下，民人没有不胆战心惊、心悦诚服地接受认同他们的仁德教化的。独独丹朱、象二人不受教化，并不是尧、舜的过失，而正是二人自己的罪孽造成的。尧、舜是天下精英，丹朱、象则是天下奸邪，一世的卑贱。现在的俗人，不去责备丹朱、象，而去怪罪尧、舜，真是大错特错，这是奸邪之说。羿与他的学徒蠭门，是天下著名的射箭能手，但他们做不到用歪弓弯箭射中精微的目标。王良、造父，是天下最善于驾车的人，但他们也无法驾驭一辆毁坏了的车到远处去。就是尧、舜这样好的教化者，也没有办法让奸邪鄙贱的丹朱、象接受化育。什么时代能说没有奸邪没有鄙贱的人呢？打从伏羲氏、燧人氏起，世世代代都有。那些散布谬说的人脱离了吉祥光明的大路，学样的人受了邪说的感染祸患，反对他们的人才值得庆幸。

《诗经·小雅·十月之交》说："低下的民人，造孽上当，这类祸患，不是自天而降的。当面说说笑笑，背后攻讦恶言，完全是人为的毛病。"说的就是这样的事呀。

感悟：圣人有各种故事，故事有时候也会给圣人的维护者宣扬者带来麻烦。唐尧的儿子丹朱，大舜的弟弟象，都很恶劣，百姓俗人们对此有些言语是正常的，现代社会，我们对官员们也提出要求，要管好自己的配偶和子女，乃至身边工作人员，不要让他们干出太消极负面、违法乱纪、败坏风气、引起民众不满的事。一些贪腐官员的案例，包含着他们的亲属子女和身边工作人员的罪行，不罕见。而这里荀子强硬地切割圣王与他们的亲眷中的一些消极事例，这可能是公正的，罪责自负是对的，亲属大人物，至少也应该为之遗憾，用到有所反思总结自省上，也是讲得通的。

世俗之为说者曰："太古薄葬，棺厚三寸，衣衾三领，葬田不妨田，故不掘也；乱今厚葬、饰棺，故抇也。"是不及知治道，而不察于抇不抇者之所言也。

凡人之盗也，必以有为，不以备不足，则以重有余也。而圣王之生民也，皆使富厚优犹知足，而不得以有余过度。故盗不窃，贼不刺，狗豕吐菽粟，而农贾皆能以货财让。风俗之美，男女自不取于涂，而百姓羞拾遗。故孔子曰："天下有道，盗其先变乎！"虽珠玉满体，文绣充棺，黄金充椁，加之以丹矸，重之以曾青，犀象以为树，琅玕、龙兹、华觐以为实，人犹莫之抇也。是何故也？则求利之诡缓，而犯分之羞大也。

夫乱今然后反是：上以无法使，下以无度行；知者不得虑，能者不得治，贤者不得使。若是，则上失天性，下失地利，中失人和。故百事废，财物诎，而祸乱起。王公则病不足于上，庶人则冻馁羸瘠于下。于是焉桀、纣群居，而盗贼击夺以危上矣。安禽兽行，虎狼贪，故脯巨人而炙婴儿矣。若是则有何尤抏人之墓，抉人之口而求利矣哉！虽此倮而薶之，犹且必抏也，安得葬薶哉！彼乃将食其肉而齕其骨也。

夫曰：太古薄葬，故不抏也；乱今厚葬，故抏也。是特奸人之误于乱说，以欺愚者而淖陷之，以偷取利焉。夫是之谓大奸。传曰："危人而自安，害人而自利。"此之谓也。

转述：俗人的一种流俗的说法是："古时葬礼节俭，棺材板只有三寸厚，衣被只有三套，埋在田里平平的而不影响种地，也就没有谁来盗墓挖掘。如今乱象丛生，葬礼奢华，用珍贵的东西来装饰棺材，也就出现了盗墓。"这是一种既不明白治理的道理又不明白为什么会出现盗墓现象以及如何消除盗墓现象的人所说的相当浅俗的说法。

有人成为盗贼，是有他的目的的，不是为了供应自己对不足的东西的需要，就是为了增多自己已经有余的东西。而圣王安置民人的生养，是既要使他们都相当富裕，更要使民人懂得知足，不可以拥有过多，超过标准和限度。这样强盗不会来抢夺，小贼不会来偷窃，狗猪也不会因为饥饿乱吃粮食，农夫也好商人也好，都能以多余的财物接济礼让他人；风俗美善，男女不在一条路上非礼相聚，老百姓以捡拾他人遗失的物品为羞耻。所以孔子说：如果天下有道，盗贼会首先有所改变的。天下有道的话，哪怕墓葬里有陪葬的珠玉、刺绣、黄金棺椁、高级颜料、犀牛角、象牙和各种宝物，也不会有人去盗墓挖掘的。为什么呢？天下有道，人们逐利的想法全松弛下来，对非分犯法的事情尤以为耻。

如今的混乱时期就不是这样了。上面做事不合法理，下边做事，没有规矩；有智慧的人的思虑不被采纳参考，有能力的人不掌握治理的权柄，贤良的人不被信用。这样，上违背于天性，下违背于地利，中违背于人和。诸事废弃，财物匮乏，祸乱丛生。王公贵族在上而忧虑于资源的不足，庶人在下而冻饿贫弱，于是桀、纣这样的昏暴之君占了位，盗贼恶人横行凶暴而危害长上。恶人恶行如禽兽，贪婪如虎狼，将成人做成脯干，而把小孩烧烤食用。世道坏到这个程度，挖掘坟墓，从人嘴里挖出珠玉，又算得了什么事呢？这种情况下就是光裸掩埋的墓葬，也会被盗挖，也会被吃肉啃骨头呀。说什么古代薄葬，没有人盗墓，如今厚葬，招引了盗墓，这只能是奸恶坏人的奸坏之论，这是用来欺骗迷惑那些傻瓜，使傻子陷入奸恶的泥坑，以便自己从中谋利。这是大奸大恶。古书上说："有一种恶人，危害他人以求得自己的安适，陷害他人而求得自身的利益。"正是说这样的人和事呀。

感悟：按照荀子的理论，道德与礼义教化决定一切，法律关于赏罚尤其是惩罚方面的规定是不需要的。道德一好，路不拾遗，更不会发生盗墓事件，但事实上古今中外的盗墓事件层出不穷。而《荀子》本书此前他又为严刑峻法做过有力的辩护。

薄葬的意思合乎民意，合乎常识，合乎古今发展进步的文化趋势。但是荀子那时候，某种程度的厚葬是一种道德与信仰的标志，是孝道，是礼敬，是敬祖与尊老，是对天地人、对生命与文化的敬畏，所以，虽然墨子早已提出了薄葬的主张，但儒家也绝对不能首肯。

子宋子曰："明见侮之不辱，使人不斗。人皆以见侮为辱，故斗也；知见侮之为不辱，则不斗矣。"

应之曰："然则以人之情为不恶侮乎？"

曰："恶而不辱也。"

曰："若是，则必不得所求焉。凡人之斗也，必以其恶之为说，非以其辱之为故也。今俳优、侏儒、狎徒詈侮而不斗者，是岂钜知见侮之为不辱哉。然而不斗者，不恶故也。今人或入其央渎，窃其猪彘，则援剑戟而逐之不避死伤。是岂以丧猪为辱也哉！然而不惮斗者，恶之故也。

"虽以见侮为辱也，不恶则不斗；虽知见侮为不辱，恶之则必斗。然则斗与不斗邪，亡于辱之与不辱也，乃在于恶之与不恶也。夫今子宋子不能解人之恶侮，而务说人以勿辱也，岂不过甚矣哉！金舌弊口，犹将无益也。不知其无益，则不知；知其无益也，直以欺人，则不仁。不仁不知，辱莫大焉。将以为有益于人耶？则与无益于人也，则得大辱而退耳！说莫病是矣。"

转述：宋子说："阐明了受到侮辱并不是自身的耻辱的道理，就能使人们不去争斗。人们都把受侮辱当作耻辱，所以要争斗；如果明白了被侮辱其实并不是自身的耻辱，也就不去争斗了。"

回应他说："那么人的本性是并不憎恶被他人侮辱吗？"

他说："虽然憎恶受辱，但并不等于有人侮辱了你自己就当真是自己的耻辱。"

再回应说："像这样，那就一定达不到宋子所追求的目标了。人们争斗的理由，一定是出于憎恶倒不是出自耻辱感。现今一些优伶、侏儒、小丑奴仆，受到辱骂欺侮并不争斗，并不是由于他们信奉了被人侮辱不能算耻辱的道理，那是因为他们的境遇使他们不可能憎恶被人侮辱。如果有人闯入人家，偷人家的猪，主人就会拿起剑戟去追赶窃贼，不避打斗死伤，这也不是因为他把丢猪看作耻辱，他不怕争斗，是因为憎恶窃贼啊。

"所以，即使把被侮辱看作耻辱，但如果没有憎恶心，就不会争斗；而即使信奉了被侮辱不算耻辱，如果憎恶，就一定还会争斗。这样看来，争斗不争斗，不在于感到耻辱还是不感到耻辱，而在于憎恶还是不憎恶。现在宋子不能消除人们对侮辱自身的言行的憎恶，而下功夫劝说人们不必把受辱看作耻辱，岂不是大错特错了吗？即使是铁嘴钢牙说破了嘴，也是没有用处的。"不知道这种空论毫无用处，那就是不智；知道它毫无用处，还在那里乱讲诈唬，那就是不道德。不道德不明智，耻辱没有比这更大的了。自以为有益于人的妄说，其实完全无益于人，只能以大耻辱而退场，鼓吹某个学说是这样的结果，太糟糕了。"

感悟：这一段其实是《荀子》的论辩中有些缺乏说服力的。说人之所以与侮辱自己的人争斗，不是由于认识到自己是受了侮辱，而是由于讨厌、憎恨侮辱自己的人和事，太矫情了。一个人为什么会好模好样地讨厌、憎恨另一个人或某一件事呢？当然不是无缘无故，由于受辱而产生的讨厌与憎恨，当然是出自受辱，荀子硬要把对侮辱者的憎恶提纯，并实行将受辱者的憎恨与侮辱一事切割，实行憎恶状态与憎恶缘由的切割，这与说一个人喜欢成功、烦恼于失败，不是由于对胜败有不同认识，而是由于对于胜败有不同的情绪反应，有爱与憎的不同情绪一样，很空洞也很诡异。

侮辱而不以为侮辱，就有利于和谐，这种说法实质上与荀子的诡辩有靠拢的地方。但毕竟还有些道家的辩证法。每个人的耐辱性，每个人的抗体，每个人给自己的解套能力是不一样的，底下宋子讲被辱者不辱、光洁者不怕抹黑的道理，有某些地方是可取的。中华文化，中华君子风度是不提倡争斗，不那么好胜的，这也是一个特色。

子宋子曰："见侮不辱。"

应之曰："凡议，必先立隆正，然后可也。无隆正则是非不分而辨讼不决，故所闻曰："天下之大隆，是非之封界，分职名象之所起，王制是也。"故凡言议期命，莫非以圣王为师。而圣王之分，荣辱是也。是有两端矣。有义荣者，有势荣者；有义辱者，有势辱者。志意修，德行厚，知虑明，是荣之由中出者也，夫是之谓义荣。爵列尊，贡禄厚，形势胜，上为天子诸侯，下为卿相士大夫，是荣之从外至者也，夫是之谓势荣。流淫污僈，犯分乱理，骄暴贪利，是辱之由中出者也，夫是之谓义辱。詈侮捽搏，捶笞膑脚，斩断枯磔，藉靡后缚，是辱之由外至者也，夫是之谓势辱。是荣辱之两端也。故君子可以有势辱，而不可以有义辱；小人可以有势荣，而不可以有义荣。有势辱无害为尧，有势荣无害为桀。义荣势荣，唯君子然后兼有之；义辱势辱，唯小人然后兼有之。是荣辱之分也。圣王以为法，士大夫以为道，官人以为守，百姓以成俗，万世不能易也。今子宋子则不然，独诎容为己，虑一朝而改之，说必不行矣。譬之，是犹以砖涂塞江海也，以焦侥而戴太山也，蹪跌碎折，不待顷矣。二三子之善于子宋子者，殆不若止之，将恐得伤其体也。"

转述： 宋子说："人们应该做到被侮辱而不以为耻辱。"

可以回应宋子说："讨论问题，要突出一个崇高的标准，没有这样的标准，是非无法区分，争辩无法判断。以我所知，天下最重要的标准，判断的界定，确定职务、名分、形象的开始，根据的是古代圣王的礼制法制。这样，讲谈立论命名，要以圣王时期的一切作为榜样；而圣王是看重荣辱的分别的。光荣与耻辱，又各有两个类别，两种性质，一个是义理性质的光荣，还有势位性质上的光荣，有义理性质的耻辱，有势位性质的耻辱。志向意愿美好，德行纯朴厚重，智慧思虑清明，这是由衷生出来的光荣，这叫作义理的光荣。爵位尊宠，俸禄待遇优厚，权势地位优越，高一点做了天子诸侯，低的做了卿相士大夫，这是从外界赢得的光荣，这叫作势位光荣。行为放荡、丑恶，违犯道义、扰乱伦理，骄横凶暴、唯利是图，这是从内心产生出来的耻辱，这是义方面的耻辱。受到辱骂侮慢、被揪发捶打，受杖刑鞭笞、受膑刑剔去膝盖骨，被砍头断手、被五马分尸弃市，被五花大绑、被反绑吊起，这是从外部获得的耻辱，这是势位方面的耻辱。这些就是光荣耻辱的两个类别。所以君子可能有势位性的耻辱而不可能有义理性的耻辱，小人可能有势位性的光荣却不可能有义理性的光荣。有势位性的耻辱不妨碍他成为尧，有势位性的光荣不妨碍他成为桀。道义性的光荣与势位性的光荣，只有君子才能同时兼而有之；义理性的耻辱与势位性的耻辱，只有小人才会兼而获之。这就是光荣和耻辱方面的道理。圣王把它当作法理，士大夫把它当作王道，一般官吏把它当作守则，老百姓从而形成风习，这是千秋万代也不会改变的。

"现在宋子却不是这样，他偏要用迁就容忍来收拾自己，想一个早晨改变历来的道德原则，他的学说当然是行不通的。拿它打个比方，这就好像是用捏成团的泥巴去填塞江海，让三尺长的矮人去驮泰山，跌倒在地粉身碎骨也就用不着等待片刻了。诸位中与宋子相好的，恐怕还不如去制止他，否则，将来恐怕会伤害自身的。"

感悟：这个说法很重要也很提气，光荣也罢，耻辱也罢，有两类，一类是义理、道义方面的荣与辱，一类是势位方面的荣与辱。这种荣辱的义势之辨，马上让人想起孟子的说法，孟子强调的是天爵与人爵之辨。义理、道义方面的爵位级别，是天赐的，是通天的，是天命天道天心天性的表现，而公侯伯子男之类的爵位级别，是人间自己定的，是常有差池的，是变动不居的。他说的天爵，就是义方面的荣；而他说的人爵，就是势方面的荣。

口头上荀子对宋子的侮而不辱论批了个全无是处，但他对势荣势辱，是不买账的，是不承认、不介意的。也就是说，如果你没有在道义上义理上大错铸成，你完全可以不在意势辱，哪怕受到殴打、刺字、砍手脚、砍鼻子，一直到车裂、弃市，都可以视若无睹。这当然是很牛的。学习、掌握、捍卫、宣扬天道义理，这构成了中国士大夫的使命感与原则性，它有时做不到，成为空谈，有时被曲解，变成伪善，但它也时有闪光，立于不败之地，成为人间正气正义正道。不能简单地肯定，更不能简单地否定。

子宋子曰："人之情，欲寡，而皆以己之情，为欲多，是过也。"故率其群徒，辨其谈说，明其譬称，将使人知情之欲寡也。

应之曰：然则亦以人之情为欲，目不欲綦色、耳不欲綦声、口不欲綦味、鼻不欲綦臭、形不欲綦佚，此五綦者，亦以人之情为不欲乎？

曰："人之情，欲是已。"

曰：若是，则说必不行矣。以人之情为欲此五綦者而不欲多，譬之是犹以人之情为欲富贵而不欲货也，好美而恶西施也。

古之人为之不然。以人之情为欲多而不欲寡，故赏以富厚而罚以杀损也。是百王之所同也。故上贤禄天下，次贤禄一国，下贤禄田邑，愿悫之民完衣食。今子宋子以是之情为欲寡而不欲多也，然则先王以人之所不欲者赏，而以人之欲者罚邪！乱莫大焉。今子宋子严然而好说，聚人徒，立师学，成文典，然而，说不免于以至治为至乱也，岂不过甚矣哉！

转述：宋子说："从本性来说，人的需要其实很少，但现在人们以为自己的本性是需要的很多，这就错了。"他带领自己的门徒，分析推广这方面的道理，也有各种比喻说法，力求让人们相信"人欲有限论"，以为这样能解决很多现实问题。

有人回应他：那么先生是不是认为从人的本性来说，眼睛并不想看最美丽的颜色，耳朵不想听最悦耳的音乐，嘴巴不想吃最好的美味，鼻子不想闻最好的气味，身体不想追求最大的安逸？这五种极好的享受，先生不认为人们有本能去需要吗？

他说："人的本性，是想要这些享受的。"

回应：那就讲不通了，又有本性的需要，又认为不需要多，只需要少，这就自相矛盾了，这就与说人想要富贵却不需要财货，人要美色却不需要西施一样了。

古代的人就不是这样想的。他们认为人的本性是想要的多而不满足于少，所以古代人用添加丰厚来奖赏，用减少贬损来处罚，各代帝王都是这样做的。所以上等的贤才享受天下的俸禄，次等的贤才享受国家俸禄，下等贤才享受一个地区的俸禄，忠厚老实的百姓也能得到与享受温饱。

现在如果宋子认为古代人们的本性是想要少些而不想要多些，那么古代的圣王，难道是用人们所不想要的东西来奖赏给贤者功臣，而用人们想要的东西来处罚有错误罪过的臣下吗？这就大错特错了。现在宋子自以为建立了大有好处的学说，招生聚徒，为师讲课教授，写成洋洋洒洒的文章，但是他的禁欲学说只能把治理良好的情况看成是失去治理的混乱的情况，岂不是太离谱了吗？

感悟：靠禁欲主义、节欲主义，能不能解决社会上世界上的种种争拗，能不能建立地上的乐园？

这里提到的是宋子的主张，他企图说服人们，人的欲望，人的需要是很有限的，每个人知道了自己所需无多，也就无须去竞争，去争夺，去为占有本不需要的东西而厮杀征战了。

这让人想起墨子理论，想起近现代以来一些中国老派人物动辄对社会"人欲横流"的责难。这甚至于使人想起印度圣雄甘地，他的名言："自然能够满足人的需要，但不是想要。"

希望人们理解自己的真正的需要，同时掌控节制自己的贪欲——想要，这样的意思是明智的。

但是荀子断然否定了宋子的说法，他认为必须承认人的欲求是越来越多、越来越大的，雄辩的荀子在这个问题上讲的道理比较含蓄，他说，如果欲求很少很小，那么一切奖惩都失去了意义，古代圣王的奖赏是为了满足人的绝难轻易满足的物质与精神需要，这样物质的与荣誉的奖赏才是有推动力的，你有所惩罚的做法也恰是去剥夺某个人的物质的与精神的（地位的、荣誉的、权力的……）所有。如果一个人欲求极少，你给增益，他不需要，你予以剥夺，他不心痛，不吝惜，那不等于否定了圣王的奖惩的意义了吗？

反过来说，正是人的对于物质财富与精神拥有的欲求，是前进的动力，是减恶益善的动力，是历史发展的动力。这里，不无历史唯物主义的苗头。

礼论

荀学的特点之一是对于礼的强调，这里对于礼与社会秩序、社会安全，礼与分配分定，礼与天地君亲师，礼与人性和人文教化，尤其是对于隆重的丧葬之礼，都做到了高端级详细论述。

礼起于何也？曰：人生而有欲，欲而不得，则不能无求。求而无度量分界，则不能不争；争则乱，乱则穷。先王恶其乱也，故制礼义以分之，以养人之欲，给人之求。使欲必不穷于物，物必不屈于欲。两者相持而长，是礼之所起也。

故礼者养也。刍豢稻粱，五味调香，所以养口也；椒兰芬苾，所以养鼻也；雕琢刻镂，黼黻文章，所以养目也；钟鼓管磬，琴瑟竽笙，所以养耳也；疏房檖貌，越席床笫几筵，所以养体也。故礼者养也。

君子既得其养，又好其别。曷谓别？曰：贵贱有等，长幼有差，贫富轻重皆有称者也。故天子大路越席，所以养体也；侧载睪芷，所以养鼻也；前有错衡，所以养目也；和鸾之声，步中《武》《象》，趋中《韶》《护》，所以养耳也；龙旗九斿，所以养信也；寝兕持虎，蛟韅、丝末、弥龙，所以养威也；故大路之马必信至，教顺，然后乘之，所以养安也。孰知夫出死要节之所以养生也！孰知夫出费用之所以养财也！孰知夫恭敬辞让之所以养安也！孰知夫礼义文理之所以养情也！故人苟生之为见，若者必死；苟利之为见，若者必害；苟怠惰偷懦之为安，若者必危；苟情说之为乐，若者必灭。故人一之于礼义，则两得之矣；一之于情性，则两丧之矣。故儒者将使人两得之者也，墨者将使人两丧之者也，是儒墨之分也。

转述：礼是怎么来的呢？可以说，首先，人活在世上是有所需要有所愿望的，需要了愿望了但没有得到满足，就会去求得；去求得，却没有限度的控制与区别分配，就会产生争夺。争夺起来产生乱象，所以要制定礼法与义理原则，有所分定，使人的需要愿望得到某些滋养，使人的欲求得到某些提供，使人的心愿不至于因外物的限制而陷于困境，使外物的存在也不至于因人的求取而受到压迫。人欲与外物的平衡与相互助长，这就是礼的起因。

礼是滋养。畜肉稻粱，滋味调和，是养嘴巴味觉的；椒兰芳香，是滋养鼻子嗅觉的；各种雕琢刻镂着花纹的器具，各种刺绣织

染着花色的服装，都是滋养眼睛视觉的；钟鼓管磬琴瑟竽笙这些乐
器，是滋养耳朵听觉的；而各种亮堂宏大的房室厅堂座席，是滋养
人的躯体的。这些按照礼法使用的讲求，说明礼正是对人类文明的
一种滋养。

君子得到了礼的文明滋养，并且为获得了某些不同的礼遇礼仪
而欢喜。哪些不同呢？因为礼遇是因人的贵贱、长幼、贫富、轻重
而有所不同的。天子用的车辆座席与他人不同，是显示了在滋养躯
体上的在意；身旁放上香草，是对于嗅觉的滋养；前置的是具有美
感的车梁扶手，是对于视觉的滋养；还有各种车铃无论快慢，都合
乎一些名曲的节律，是为了滋养听觉；龙旗上飘着飘带，是为了滋
养神气；车上的图案装饰、马上的肚带，滋养了君主的威风；而拉
车的马也都是训练有素，便于掌控的，那是为了滋养君主的安稳。
又有谁能理解出生入死保持名节正是为了滋养自己的人生啊！谁理
解为礼仪而花钱正是为了滋养财富啊！谁理解恭敬谦让，正是为了
滋养安稳，而礼遇、义理、装饰、仪式是为了滋养情愫呢？人们需
要明白，只知道苟活偷生的人，更容易死掉；只知道追求私利的
人，更容易被损害；只知道懒惰逃避的人更容易遇险；而只知道寻
欢作乐的人更容易丧失一切。所以说，如果人专心致志于礼敬与义
理，那么礼义也罢性情也罢，二者都能获得；如果是专心致志于性
情，那么无论是礼义还是性情，两者都会失去。儒家就是两者都获
得的路子，而墨家，却是两者都失去的路子。这正是儒家与墨家的
区别所在。

感悟：现当代，人们对于礼的理解感受首先在于礼貌，即人际关
系、人际接触、言谈话语、群居共处中应有的文明规则与良好习惯。
荀子在这里，则讲礼的产生是由于人的欲望大于外部环境的提供，礼
的目的在于区分阶级，尊卑上下，礼的首要作用是通过不同的穿戴打
扮、饮食规格、居家设备、车马待遇、行事举止、规则程序，显示不
同的级别、不同的地位、不同的身份以及阶级社会的秩序。荀子看到

文明秩序来自阶级社会，这令人想起恩格斯的名著——《家庭、私有制和国家的起源》。不同之处在于，恩著用意在于消灭阶级，而两千年前的荀著，在于维护乃至固化阶级分化的文明与高大上的国家。

在荀卿看来，礼是阶级社会的产物，这从一个特殊角度呼应了马克思主义的阶级学说。另一方面，阶级的区别在于礼仪礼饰礼貌的讲究程度，这倒足以令高阶中的野蛮非礼分子愧煞。

把礼义与情性割裂开来，认为礼的作用在于持礼义而弃情性，这个说法也为今天的人所难以接受。礼义其实完全可以解释为情性的外化、物化、规格化、系统化。礼表达了对父母、对长者、对尊者、对于天地君亲师的爱心与敬意；婚礼表达的是对于婚配的欢乐与珍重保全之情；葬礼表达对于先人离世的悲伤，对于先人的感恩与尊敬留恋，对于生命的珍惜，为什么要把情性与礼义对立起来呢？

一些具体描述反映了两千多年前，中国的礼文化已经相当细致，礼文化充分运用了音乐、造型艺术与工艺，遍及生活诸方面与文艺诸方面，这也很值得研究。

中文中的礼，含义相当宽泛，以礼为主的组词数量相当多，礼、礼制、礼貌、礼节、礼法、礼数、礼行、礼遇、礼仪、礼教、礼俗、礼义，还有现在不太常用的礼防、礼容、礼文、礼经等。荀子这里讲的礼，侧重于礼遇和礼仪，同时他又把礼的外表待遇仪式与内在的义理联结起来。他指出，在中国古代，彬彬有礼、理，约束自己，才有可能保持对己有利的局面，礼义义理，是社会的规则性法律性的东西，如有违背，必受惩罚。礼，一方面是温文尔雅美轮美奂，一方面是公约公律，风俗习惯，顺之则安，逆之则祸。某种意义上它甚至比法律还强制，法律的制裁要经过专门司法机构，经过审判、辩护、评议、对照法律条文，不服上诉等手续，避免轻率与误判，但礼俗礼法之类，却有可能在约定俗成的既定事宜与舆论中形成高压，多了一些群情激愤下面的仓促偶然轻率惩治直到草菅人命。

礼有三本：天地者，生之本也；先祖者，类之本也；君师者，治之本也。无天地，恶生？无先祖，恶出？无君师，恶治？三者偏亡，焉无安人。故礼，上事天，下事地，尊先祖，而隆君师。是礼之三本也。

转述：礼有三方面的本源：一个是天地，是生命的本源；一个是祖先，是宗族的本源；一个是君王与师长，是治理修养的本源。没有天地，哪儿来的生命？没有祖先，哪儿来的氏族？没有君王老师，哪儿来的治理与修养？这三方面缺了一面，就无法安稳了。所以说，礼，向上是事奉苍天，往下是事奉大地，尊敬的是祖先，重视与宣扬的是君王与师长，这三方面，正是礼的本源。

感悟：这个思路非常重要，一曰天地，这是自然与存在之神，正是自然的存在，是那时可能感知、可能想象到的最伟大、最根本的存在，而不是另外构想一个另外的世界或者叫彼岸。二曰先祖，是本家本族源头，是宗族神或血缘神，也是遗传神，是最直接最无疑的根系。三曰君师，是权力与教化之神，是阶级与文化之神，是维护、治理、保证家国天下的太平与幸福、有时则是阶级压迫的护法金刚。

更重要的是三者——其实是五者的统一。一是权力与教化的统一，君与师的统一，君通过自己的导师地位教育百官百姓，师通过自己的老师优势论证维护君权不可动摇，君权必须合乎礼义、合乎王道、合乎文化，以及必须正确适宜地对君权予以运用。这里，礼义既是君王的"重器"又是对于君王权力的监督与衡量，是权力的合道性绳墨。那时候不会像法治社会一样地强调"合法性"，圣人们更强调的是合道性。

然后是君、师与祖先即传统的统一，先祖已经不在人间，已经与生民远离，但君与师继承着先祖传统，代表先祖。

再往上是与天地的统一，君是天子，教化是天命、天心、天理，这里还有点冯友兰先生所讲的"天地境界"的意思，把人间的阶级尊卑、进退举止、器物精粗、丰寡之礼，一下子提升到了天地境界、概念神境界，比上帝还上帝、还博大、还全面还可感的境界，了不得啦。

中华传统文化的特色在于把天、地、君、亲、师、祖、道（包括文化、礼义、仁德、理、德、良知、修齐治平……）混而为一，统而为一，整合而为一，循环论证，循环决定与被决定，循环促进相互保证与互为监督。这里当然包括天与地的统一，天与地的整合，自强不息与厚德载物的统一。

当然，这里头还有哲学与宗教、文化与政治、形式与内容、礼法与义理的统一。中国文化的尚一尚同的整体性，混一性，无与伦比。

故王者天太祖，诸侯不敢坏，大夫士有常宗，所以别贵始；贵始得之本也。郊止乎天子，而社止于诸侯，道及士大夫，所以别尊者事尊，卑者事卑，宜大者巨，宜小者小也。故有天下者事七世，有一国者事五世，有五乘之地者事三世，有三乘之地者事二世，持手而食者不得立宗庙，所以别积厚者流泽广，积薄者流泽狭也。

大飨，尚玄尊，俎生鱼，先大羹，贵食饮之本也。飨，尚玄尊而用酒醴，先黍稷而饭稻粱。祭，齐大羹而饱庶羞，贵本而亲用也。贵本之谓文，亲用之谓理，两者合而成文，以归大一，夫是之谓大隆。故尊之尚玄酒也，俎之尚生鱼也，豆之先大羹也，一也。利爵之不醮也，成事之俎不尝也，三臭之不食也，一也。大昏之未发齐也，太庙之未入尸也，始卒之未小敛也，一也。大路之素未集也，郊之麻絻也，丧服之先散麻也，一也。三年之丧，哭之不反也，清庙之歌，一唱而三叹也，县一钟，尚拊膈，朱弦而通越也，一也。

转述：成为天子的王者，视一个朝代的开国帝王为天，在祀天的同时也是祭祀太祖皇帝，诸侯（即使后来称王或夺得了天下）也不敢毁坏太祖的神庙，大夫和士有一个祖先传下的宗族。这叫作敬重始祖。祭天只能由天子进行，祭地是诸侯，除丧服的祭祀可以扩大到士大夫，也就是说，尊贵者事奉尊贵者，卑下者事奉卑下者，适合大的就由大的出场，适合小的就由小的出场。所以天子立七代祖上的神庙，诸侯立五代祖先的神庙，有五十里封地的立三代神庙，有三十里封地的立两代的神庙，靠两手干活吃饭的人不能立神庙，这也是为了区别功业厚重与功业轻薄的不同地位。

在太庙合祭历代祖先时，供上盛着清水的酒杯，在俎上放上生鱼，献上不加调味品的肉汁，这是尊重饮食的本源。四季祭祖时，供上盛着清水的酒杯，供上甜酒，先献上黍、稷再端上熟米饭。每月祭祖时，先献上不加调味品的肉汁，再端上各种美味的食物，这是尊重饮食的本源而又接近实用。尊重饮食的本源叫礼的形式，接近实用叫礼的常理，两者结合起来成为完备的礼仪，来趋向于太古时代的质朴，这就叫最高的礼节。所以酒杯里以清水为最高祭品，俎中以生鱼为最高祭品，豆中先放不加调味品的肉汁，这与上古时代是一致的。代死者受祭的人不把献上来的酒喝干，祭祀完毕不吃俎上的生鱼，劝受祭者吃东西的人劝三次而自己不吃东西，这与太古时代是一样的。婚礼还没有去迎亲的时候，祭祀太庙而代死者受祭的人还没有进庙的时候，人刚死还没有换上寿衣的时候，这与太古时代是一样的。天子车上的素色车帘，郊外祭天时的麻布帽子，居丧时在腰上系着的散乱的麻带，这与太古时代是一样的。三年服丧，哭声直号，唱《青庙》之歌，一人领唱三人后和，悬挂一口钟，用柎和膈奏乐，把丝弦染成红色而在瑟底通孔，这与太古时代是一样的。

感悟：帝王是天、天子，诸侯是地，庶民是草木。尤其是开国帝王，即使本朝被推翻了，仍会得到相当的尊重与保护。这是礼制，更是中华忠君封建主义的核心、忠君思想的一个辩证法。帝王即天，太精彩了，天就是最大最高最终极，既是权力的终极，也是地位的终极，还有崇拜与信仰的终极。诸侯是地，是次于天而大于人的。但反过来，一个王、一个天毕竟是两个词，帝王如天，他的所言所行所奖所惩所杀所生所取所舍都是天道天命天心天意的表现。但也有暴虐桀纣式的帝王，他们的特点是逆天而行、天怒人怨、伤天害理，这又成为针对某些帝王的造反有理，或是推翻某些帝王后、修史时为新朝服务的一种圆通的说法。

其实，帝王与天之间，还有一个极重要的媒介与桥梁，就是道。道是天道，又是王道、君道、大道、天理、儒道。道是天道，高于人间又是文化体现于人性特别是圣人向上的美德、言行教导、举止容色。道是三观，是修齐治平，是阴阳五行，是八卦，是从概念神发展而成的理律之神。即使是造反的农民起义，也要打出"替天行道"的旗帜，以战胜他们不满的君王；而"无道昏君"的帽子，则是任何帝王都承受不住的。

连同一些具体礼制礼仪，都强调其崇高性与适用性，这其实是力求将天地与君王，将神祇与人间，将宗教与自然，将哲学神学化、玄学化，同时将宗教神学、学者玄学……经世致用化、实学化、可操作化的中华化、总体化与整体化的整合性努力。

凡礼，始乎棁，成乎文，终乎悦校。故至备，情文俱尽；其次，情文代胜；其下，复情以归大一也。天地以合，日月以明，四时以序，星辰以行，江河以流，万物以昌，好恶以节，喜怒以当，以为下则顺，以为上则明，万变不乱，贰之则丧也。

礼岂不至矣哉！立隆以为极，而天下莫之能损益也。本末相顺，终始相应，至文以有别，至察以有说，天下从之者治，不从者乱，从之者安，不从者危，从之者存，不从者亡。小人不能测也。

转述：所有的礼数，开始建立时都是比较简略的，然后形成了一套文明仪式，终于能够充分地表达心意。礼而完备到位，情感、仪式全都尽善尽美。其次一点的，或者感情胜过了仪式，或者仪式胜过了情感。再差一点的呢，简单地表达了情感，与太古时期一个样子。天地依礼而和合，日月依礼而明亮，四时依礼而取代有序，星辰依礼而运行周天，江河依礼而流转不息，万物依礼而繁衍昌盛，人的喜好憎恶依礼而有所节度把握，喜怒哀乐依礼而有所安置调理，位处于下者从而恭顺，位居于上者从而明达，不论发生什么变故也不会发生乱象。不这样，就会失当失策失落了。

说起来礼也够伟大重要的了，它崇高彰显，自古树之为最高标杆榜样，再没有什么势力能随便改动它。各方面的礼制，本末相补充相一致，终始相呼应相联结，极有章法而区分上下尊卑，极周密而清晰明白。天下遵循礼制，就会大治条理，不遵循礼制，就会生乱生变；遵循礼制就会天下太平，不遵循礼制就会陷入危殆；天下遵循礼制就能保持存续，不遵循礼制，就会颠覆灭亡。这往往是小人所预见不到的。

感悟：荀子宣扬的是以礼治国，以礼平天下。礼就是分定，就是约束，就是规则，就是文明的人际化、社会化、共识化，从而使生活能够合理运行，权力能够成功管控，秩序得到维护，民人能够大体安居乐业。礼表达了对天地君亲师的尊敬，表达了对仁义道德的认同，言语行为举止的美善化，表达了人间世的去丛林化。这比只强调爱心更昭著，比只强调法治更文雅可亲，比只强调道、德、仁、义更有抓手，比智谋更具有普适性。

《镜花缘》中的君子国，也是从礼上区分的，到一个生地方，只消看一下当地的礼貌文明状况，就知道是到了君子国还是小人国、无赖国、野蛮国了，这很有趣。

礼之理诚深矣，"坚白""同异"之察入焉而溺；其理诚大矣，擅作典制辟陋之说入焉而丧；其理诚高矣，暴慢恣睢轻俗以为高之属入焉而队。故绳墨诚陈矣，则不可欺以曲直；衡诚县矣，则不可欺以轻重；规矩诚设矣，则不可欺以方圆；君子审于礼，则不可欺以诈伪。

故绳者，直之至；衡者，平之至；规矩者，方圆之至；礼者，人道之极也。然而不法礼，不足礼，谓之无方之民；法礼，足礼，谓之有方之士。礼之中焉能思索，谓之能虑；礼之中焉能勿易，谓之能固。能虑、能固，加好者焉，斯圣人矣。故天者，高之极也；地者，下之极也；无穷者，广之极也；圣人者，道之极也。故学者，固学为圣人也，非特学无方之民也。

转述：礼的逻辑，是何等深刻啊！名家公孙龙之类人物推敲概念同异，区分石头的坚硬与色白之类说法，进入了礼的分析，然后淹没在自己的空论怪论里头了。礼的道理是何等宏伟啊，擅自规定典礼仪式，而表现的是鄙下简俗的思路，一进入礼的逻辑与举措，就找不到感觉了。礼的内涵是何等崇高啊，自以为是、傲慢轻浮、粗野任性的家伙们一碰到礼制，也就垮台了。

这就是说，把绳墨摆在眼前，你就不会妄言曲直以欺世；衡器悬挂在眼前，你就不会妄言轻重以欺世；规矩准备好了，你就不能妄言方圆以欺世；君子明断礼制，你就不可胡说八道以欺世。绳，是直的标准；衡器，是公平的标准；规矩是方圆的标准；礼是做人修身学道的标准。不遵从礼，不在意礼，可说是没有走上正道的民人，而遵从礼制、重视礼制的民人，是走上正道的民人。师法遵从礼制、重视在意礼制的士人，也就是遵循正道的士人。一个能在礼行之中有所思考的人，可以称作思想者，在礼行活动中能够坚持的人可以算是坚持者。如果一个人能思考，能坚持，能乐于研习与遵行礼制，那就是圣人了！天是崇高的极致，地是谦下的极致，无穷是广大的极致，圣人是大道的极致。而我们说的学习呢，当然是学着去当圣人，而不是去当没有方向、没有标准的民人。

感悟：礼是标准，礼如同度量衡，礼是方向，礼如同指南针；礼是文明，礼是治理，几乎可以说礼的内涵与作用罩住了一切。原因在于礼影响了、告诉了每个人，哪些事要做、能做、可以做、必须做，哪些事不要做、不允许做、做也做不成、做了就成了社会的公敌、民人的公敌、文明的公敌、君父的罪人。包括说话，包括思想，包括举止，包括容色，都要以礼为圭臬，都要接受礼的衡量，礼的指导，礼的约束。

而其他非礼的一切，钻牛角的名家公孙龙也好，鄙陋的妄自胡说者也好，不把礼放在眼里的狂妄之徒也好，遇到古圣先王时期就定下来的合情合理、博大精深、周密细致、事事处处达标到位的礼制，就只能败下阵来。

礼的力量在于它培育了文明、合理、周到、美好、通向理想、符合愿景、无可挑剔的人，而使本能自私、散漫、混乱与粗野的人变成社会的、文质彬彬的、温良恭俭让的、可喜可敬的人。

诚于中而形于外，慧于中而秀于言，这是一个很重要的信念。人们看得到的是外，是言，是礼行周到，是彬彬有礼，却往往忽视了看不见的人内心的忠孝、信义、清朗、高尚，尤其是本身卑微低俗的人，看到高雅的人会觉得是虚伪造作，本身阴暗恶毒的人看到明朗快乐的人认为是玩弄手段，好人确实常常估计不到坏人有多坏，而坏人也永远估计不到、理解不了好人可能有多么好。荀子将礼的问题不仅仅看成外貌举止习惯规则，而是看成人的品质德性教养心地，这是很有意义的。

这些论述令人相信古代中国的礼治礼制的成就，当然，随着社会的发展与变化的辩证法，礼也会显出力不从心、力不从言的吃力与尴尬。

礼者，以财物为用，以贵贱为文，以多少为异，以隆杀为要。文理繁，情用省，是礼之隆也。文理省，情用繁，是礼之杀也。文理情用相为内外表里，并行而杂，是礼之中流也。

故君子上致其隆，下尽其杀，而中处其中。步骤驰骋厉骛不外是矣。是君子之坛宇宫廷也。人有是，士君子也；外是，民也；于是其中焉，方皇周挟，曲得其次序，是圣人也。故厚者，礼之积也；大者，礼之广也；高者，礼之隆也；明者，礼之尽也。

《诗》曰："礼仪卒度，笑语卒获。"此之谓也。

转述：礼，一些重要的典礼礼仪，需要使用财物，需要依照贵贱使用不同文饰，需要不同的规模体量，需要通过增益隆盛或压缩简约来把握大局。文饰与讲究需要丰富，花销开支以表达情意，则应适可而止，这正是礼仪隆重高雅的表现。反过来，文饰讲究很简略，花销与开支很啰唆麻烦，是礼仪的简慢贫乏。文饰、说法、花销、情意……掺和起来，互为表里，是适中的礼仪。

所以说，君子对大礼要努力隆重，对小礼要尽量显示它的简约节省，对中等礼仪也要拿捏其适当状态。礼像是君子的宫室，是君子的平台，其行动举止都要合乎礼的要求规矩。一切活动都在礼的要求以内，是士人，是君子；出了礼的圈子，是一般人；在涉礼的活动中，随心所欲，却又都符合礼的要求，那就合乎圣人的条件了。所以说，厚实，是礼的积累；宏大，是礼的开拓；崇高，是礼的彰显；明达，是礼的尽兴。

《诗经·小雅·楚茨》上有道是："礼仪到位，说笑尽兴。"就是对于典礼礼仪的理想了。

感悟：礼要有好的文饰，要有它的合情合理的讲究与说法，用现在的语言来说，要有它的深刻周全与富有说服力的逻辑。这方面要求要高，而花销支出要注意节约。礼是君子的宫廷，君子的平台，君子的言行举止不能超出平台的范围，也就是不能非礼，非礼勿视、非礼勿听、非礼勿言、非礼勿动。而做到人的礼化，礼的人化，方皇周挟，曲得其次序，既能随心所欲，又能动辄得礼，那干脆就是圣人了！礼，如此了得！

礼并不是一个呆木的存在，不是一把固定的尺，不同的人实行不同的礼仪礼行，都有自己的品格、修养、内心的表现，有的是冷冷照搬，有的是表演与卖弄，有的是静默三分钟，各自想拳经，有的是诚于中而形于外，表达了人格操守仁爱与智慧。礼管着人，人完成、完善、发展推进着礼。

礼者，谨于治生死者也。生，人之始也，死，人之终也，终始俱善，人道毕矣。故君子敬始而慎终，终始如一，是君子之道，礼义之文也。夫厚其生而薄其死，是敬其有知，而慢其无知也，是奸人之道而倍叛之心也。君子以倍叛之心接臧谷，犹且羞之，而况以事其所隆亲乎！故死之为道也，一而不可得再复也，臣之所以致重其君，子之所以致重其亲，于是尽矣。故事生不忠厚，不敬文，谓之野；送死不忠厚，不敬文，谓之瘠。君子贱野而羞瘠，故天子棺椁七重，诸侯五重，大夫三重，士再重。然后皆有衣衾多少厚薄之数，皆有翣菨文章之等，以敬饰之，使生死终始若一；一足以为人愿，是先王之道，忠臣孝子之极也。天子之丧动四海，属诸侯；诸侯之丧动通国，属大夫；大夫之丧动一国，属修士；修士之丧动一乡，属朋友；庶人之丧合族党，动州里；刑余罪人之丧，不得合族党，独属妻子，棺椁三寸，衣衾三领，不得饰棺，不得昼行，以昏殣，凡缘而往埋之，反无哭泣之节，无衰麻之服，无亲疏月数之等，各反其平，各复其始，已葬埋，若无丧者而止，夫是之谓至辱。

转述： 礼是认真和慎重地对待生与死的。生是一个人的开始，死是一个人的结束。开始与结束，都做得妥善，做人的道理，也就体现充分了。君子是这样的，恭敬开始，慎重结束，始终如一，是君子的原则，是充满礼义文明的表现。

如果重生轻死，那就是尊重生的知觉，而轻慢死的无知无觉，这样的人，接近于奸邪的人生选择与背叛秉性。君子如果以背叛的不良心态对待奴仆儿童，也应该感到耻辱，又怎么可以如此对待所尊崇亲近的君王呢？

死亡只有一次，没有第二次，臣子对君主的敬重、子女对父母的敬重，在对待君主和父母死亡这件事上体现得最充分了。所以说，生时事奉，没有做到忠厚诚恳，不能做到恭敬文明，那叫作粗鄙野蛮。事奉死亡，送葬不忠厚诚恳，不恭敬文明，那叫作薄情。君子蔑视野蛮与薄情，所以天子的棺椁有七层，诸侯五层，大夫三层，士双层，然后死者的寿衣枕盖都有数量规矩，一切装饰形状都有一定的讲究。恭敬文明，表现了始终如一的敬爱，始终如一的忠心，这才是先王圣王的大道，是忠臣孝子的极致。天子的离世惊动四海，乃聚集诸侯；诸侯的离世通报各国，聚集大夫级别的官员；大夫的离世通报本国，聚集高等士人；高等士人之死通报全乡，聚集生前友好；普通人的死亡聚集亲友乡党，通报本乡；犯过罪，受过刑事处分的人的死，不可以聚集亲族乡党，只能由妻室子女料理，棺椁木板只能三寸薄厚，寿衣只能三套，棺材上不能做纹饰，不能在大白天送葬，只能在黄昏运送棺材，妻儿穿平常的衣服去掩埋死者，不能在丧葬时哭泣，不必专门穿丧服，没有什么守丧的礼数，埋葬后亲友回到平常状态，不得有悲伤表示，这就叫作最大的耻辱。

感悟：重视生，同时重视死，所谓重视死，就是丧葬种种，要延续生时对君王、父母的那种忠孝之心，要保持一个人生存时的地位、阶级、礼遇，要显示社会尊卑长幼的秩序。如果人一死茶就凉，说明你当年的忠孝表现是作态，是投机，是利用君父的名义发展自己，因此，轻视君父的葬礼，就是轻慢背叛的开始。这个帽子扣得相当大，这个说法很有威慑力。

从这里可以看出，荀子不厌其烦地大讲丧葬之礼，目的在于强化忠孝，强化秩序，强调阶级或等级文明。

至于说只重视生不重视死，是奸邪与背叛的表现，应该是指对君王，从生前到身后，都要忠贞无二，就该是预防鞭尸者的出现。

礼者，谨于吉凶不相厌者也。紸纩听息之时，则夫忠臣孝子亦知其闵矣，然而殡敛之具，未有求也；垂涕恐惧，然而幸生之心未已，持生之事未辍也。卒矣，然后作具之。故虽备家必逾日然后能殡，三日而成服。然后告远者出矣，备物者作矣。故殡久不过七十日，速不损五十日。是何也？曰：远者可以至矣，百求可以得矣，百事可以成矣；其忠至矣，其节大矣，其文备矣。然后月朝卜日，月夕卜宅，然后葬也。

当是时也，其义止，谁得行之？其义行，谁得止之？故三月之葬，其须以生设饰死者也，殆非直留死者以安生也，是致隆思慕之义也。

转述：礼，注意的是区别吉凶，不能使之混淆。在检查死者是否已经断气的时候，忠臣孝子都知道情势的危重，然而，丧葬用品还没到准备调集的时候；忠臣孝子们恐惧哭泣，然而还不能放弃等待君父活过来的愿望，侍候活着的君父的事宜尚未终了，必须是确证君父已死后，才能置办殡葬用品。去世了，过几天才能殡葬，三天后才穿好丧服，然后去外地报丧的人起动了，殡葬用品开始置办。殡葬事宜费时，长不超过七十天，短不少于五十天。为什么呢？有这么久的时间，远地亲友可以赶到，各种用品可以备好，该做的事务完成，忠孝的表现到位，应有的礼节规模达到，文章礼仪才能完备。然后早晨占卜定葬期，晚上占卜定墓地，然后再安葬。

这样的时间时机，按照礼义原则行事，谁能说什么不合义理的事却要去做，符合义理的事却不要做呢？这样，死后三个月内，一切保持死者生时的状态，并不是要挽留死者活下来安慰生者，而是对死者表达生者的景仰与怀念之意。

感悟：礼的首要之点是分别吉凶，这话一看，令人哑然失笑，难道一个人碰到的是吉还是凶，还需要礼的提醒帮助指导吗？你爸爸死了，可能举行庆祝联欢吗？你乔迁到了新屋，难道不对照礼法，可能将温居之礼行办成追悼哭泣的活动吗？

问题在于，不是礼指导人分辨吉凶，而是人把握礼行吉凶的不同含义，不同表现。丧事也体现地位公关实力，也可以极尽哀荣，可以办得风光得意，可以趁机嘚瑟炫富示强，但是这样办丧事只能显露自家的鄙俗丑陋。吉事喜事，也可以办得寒酸，可能碰到亲戚朋友"挑礼儿"。我在新疆农村就碰到过为儿子办婚事，备受女方父母亲属的挑剔刁难，几个月后男方母亲气成肝癌而去世的。

表现在新闻舆论上也有这种情形，一种灾祸的出现，当然是凶，如果你急于进行对领导行政表现表扬与自我表扬，急于表明这次灾祸应对得如何之好，敲锣打鼓庆功，也就会出现反面的效果。

两千多年前一个丧事办五十至七十天，够呛。说明彼时不注意时间、功效、生产与政事效率。另外古时遗体如何能保存那么长时间，也令人疑惑不解。那时已有不算经济账、不虑卫生的毛病了？

丧礼之凡，变而饰，动而远，久而平。故死之为道也，不饰则恶，恶则不哀；尔则玩，玩则厌，厌则忘，忘则不敬。一朝而丧其严亲，而所以送葬之者，不哀不敬，则嫌于禽兽矣，君子耻之。故变而饰，所以灭恶也；动而远，所以遂敬也；久而平，所以优生也。

礼者，断长续短，损有余，益不足，达爱敬之文，而滋成行义之美者也。故文饰、粗恶，声乐、哭泣，恬愉、忧戚；是反也；然而礼兼而用之，时举而代御。故文饰、声乐、恬愉，所以持平奉吉也；粗恶、哭泣、忧戚，所以持险奉凶也。故其立文饰也，不至于窕冶；其立粗恶也，不至于瘠弃；其立声乐、恬愉也，不至于流淫、惰慢；其立哭泣、哀戚也，不至于隘慑伤生，是礼之中流也。

故情貌之变，足以别吉凶，明贵贱亲疏之节，期止矣。外是，奸也；虽难，君子贱之。故量食而食之，量要而带之，相高以毁瘠，是奸人之道，非礼义之文也，非孝子之情也，将以有为者也。故说豫、娩泽，忧戚、萃恶，是吉凶忧愉之情发于颜色者也。歌谣、謸笑、哭泣、谛号，是吉凶忧愉之情发于声音者也。刍豢、稻粱、酒醴、餰鬻、鱼肉、菽藿、酒浆，是吉凶忧愉之情发于食饮者也。卑絻、黼黻、文织，资粗、衰绖、菲繐、菅屦，是吉凶忧愉之情发于衣服者也。疏房、檖貌、越席、床笫、几筵，属茨倚庐、席薪枕块，是吉凶忧愉之情发于居处者也。两情者，人生固有端焉。若夫断之继之，博之浅之，益之损之，类之尽之，盛之美之，使本末终始，莫不顺比，足以为万世则，则是礼也。非顺孰修为之君子，莫之能知也。

转述：丧礼的常道可以概括为：整个过程，需要有一定的章法修饰；考虑到死者一步步离生者远去，心情也逐渐平稳。丧亡的规律是，如果不加修饰，死者遗体渐渐引发负面的情绪，负面情绪化了也就谈不到悲哀；时间拖延长了也就不再郑重，不郑重了也就产生厌烦，厌烦了也就忘记了本意，忘记了本意也就没有恭敬之心了。一旦死去了君父，而送葬的人不悲哀、不恭敬，这样的人与禽兽无异，对于君子人来说，这是可耻的。所以说，要随着遗体的变动而修饰，要使之不产生负面反应，遗体逐渐远离，保持恭敬之心，而时间渐久，心理渐渐平复，有利于生者的生活质量。

也就是说，礼能够中止过长，补足或短，既做到了充满爱戴与恭敬的礼仪，又养成按照义理行事的完美。文雅修饰、粗放简略、声响奏乐、哭啼涕泣、恬淡欢愉、忧虑悲戚，这些心情是相反的。但在礼仪礼数当中兼而有之，随时变化调剂。

文雅修饰、声响奏乐、恬淡欢愉，这是遇到平安吉祥事情的礼仪；粗放简略、哭哭啼啼、忧虑悲戚，这是碰到危险凶恶事情的礼仪。在文雅修饰的礼仪中，不至于过度妖冶放任；在粗放简略的礼仪中，不至于过度减略剥夺；在声响奏乐的礼仪中，不至于松弛懈怠；在啼哭哀戚的礼仪中，不至于纠缠自伤，这都是礼的正路。

从情感与形貌的区别中，完全可以看出所遇的吉凶之别，也明白了所遇的贵贱亲疏的层级，有一定的适可而止之度。超出这个度，就是奸人的行为，虽然是艰难为之，但君子也看不起这种在行礼上的失当。做什么事，依照饭量吃饭，按照腰身系带，过分高调地行礼，用自伤的表现来行礼，那是奸邪的路数，那并不符合礼义的原则，也不能说那是真实的孝子感情流露，说不定那是沽名钓誉，别有用心。喜悦、舒心、光鲜、润泽，还是忧虑、悲戚、憔悴、痛苦，这是吉凶忧欢之情在面孔外表上的表现；说笑歌唱、哭哭啼啼、号叫呼喊，这是吉凶忧欢之情在声音里的表现；猪肉、粮食、豆粒、豆叶、稠粥、稀粥、鱼肉、酒醴、杂粮、水浆，这是吉凶忧欢之情在饮食上的表现；祭服、条纹、纹饰丝品、粗布、丧服、草鞋，这是吉凶忧欢之情在穿衣上的表现；明亮、深邃、蒲席、竹铺、桌几，守丧住的草顶房和木头房，居丧时以柴草为席、以土块为枕，这是吉凶忧欢之情在住所上的表现。

吉凶之情，自有来由，如果人们能做到有所中止，有所接续；有的扩延，有的简化；有所增益，有所减少。如此这般，尽有其表现，充分而又雅美，使各种形态心情本末始终，顺顺当当，合情合理，足以成为万世遵循接受的礼仪礼行。不是修养深厚成熟的君子，是不会有这样的智慧的。

感悟：对于吉凶事件的反应，本来是感情的自然流露，但文化教养的不同，使自然流露也出现了过或不及、文雅或粗鄙、合宜或失态、可信乃至可疑、令人同情或令人反感的区别。

荀子的贡献，在于使人性人情充分地文化化、礼义化、恰当化乃至准确化。

荀子讲起丧葬礼仪来，很务实，他讲到死者渐行渐远，悲情渐渐减弱，甚至遗体摆放长了引起负面反应，都很实在，他的一些说法也堪称细致周到。

以夸张的悲伤自伤，其实是另有用心，讲得也很尖锐。这反映了荀子等儒家学派把人情人性文化化的另一面，也就是老子所言"皆知善之为善，斯不善矣"这一面，还有礼的一切全都有了程式、规矩、过场，并对之评头论足、挑剔批评或赞美宣扬、震动一方之后，丧葬变成大宣示、大彰显、大表演、大示威或示德示力，丧葬闹出大事，闹成或闹毁某事，都是礼义的异化。

故曰：性者，本始材朴也；伪者，文理隆盛也。无性则伪之无所加，无伪则性不能自美。性伪合，然后成圣人之名，一天下之功于是就也。故曰：天地合而万物生，阴阳接而变化起，性伪合而天下治。天能生物，不能辨物也，地能载人，不能治人也；宇中万物生人之属，待圣人然后分也。《诗》曰："怀柔百神，及河乔岳。"此之谓也。

转述：所以说，天性，是天然的朴质原生；人文（人为），是文明与条理章法的加工，是文饰与义理的兴旺隆盛。没有本性的依据，一切人为的条理章法无处加工落实；没有人为的礼数，本性自发并不能做到完善美好。本性与人文结合起来，才能成就圣人的名声，成就天下一体化的功业。所以说，天与地相结合，才有万物出生；阴与阳相互对接，而世界发生变化；天性与人文结合，天下得到了治理引领。天能生出万物，但是天并不能辨察万物的特性、地位与治理期待；地能负载人类，但是不能治理人类；万物也好，人类也好，都要等待圣人出来制定礼法，然后才能有分定、有秩序、有自己的位置。《诗经·周颂·时迈》上说："善对众神，包括河川与高山峻岭。"讲的就是圣人的功绩与贡献呀。

感悟：孟子强调性善，强调人性善的天生、先验、无可争议性质。老子强调自然，强调婴儿最完美，而后天的人为反而矫情可疑。荀子看到了性恶的一面，所以他既强调天与地的伟大，本性的材朴可教化、可加工性，又强调教化与加工要靠文与理，文是修饰美化，理是义理道德，能够制定建构修饰美化与义理道德的人，就是圣人。那么，圣人的伟大在于，针对人性的自然纯朴可教，拿出了一套礼法：这样的礼法，诚于中、形于外，修饰于外、得道于中，仁于中、礼于外，文质彬彬于外。于是天人合一，性教合一，道义合一，仁与礼合一。

中国的士，最高标杆就是圣人，中国的君王，最高标杆是内圣外王。不掌权、没有王的可能，那就是玄圣素王，玄是说他生活伟大于玄理大道抽象万物之中；素王，是说没有权力，但有话语权，有示范性，有导师地位。而按孟子的说法，这就叫天爵，是苍天给予的爵位——级别位置。把礼论写到这样的天地层次，人性层次，治国平天下的、启动历史的、开天辟地的层次，荀子的境界与上纲也就够顶峰的了。

丧礼者，以生者饰死者也，大象其生以送其死也。故事死如生，事亡如存，终始一也。始卒，沐浴、鬠体、饭唅，象生执也。不沐则濡栉三律而止，不浴则濡巾三式而止。充耳而设瑱，饭以生稻，唅以槁骨，反生术矣。设亵衣，袭三称，缙绅而无钩带矣。设掩面儇目，鬠而不冠笄矣。书其名，置于其重，则名不见而柩独明矣。荐器：则冠有鍪而毋縰，瓮庑虚而不实，有簟席而无床笫，木器不成斫，陶器不成物，薄器不成内，笙竽具而不和，琴瑟张而不均，舆藏而马反，告不用也。具生器以适墓，象徙道也。略而不尽，貌而不功，趋舆而藏之，金革辔靷而不入，明不用也。象徙道，又明不用也，是皆所以重哀也。故生器文而不功，明器貌而不用。凡礼，事生，饰欢也；送死，饰哀也；祭祀，饰敬也；师旅，饰威也。是百王之所同，古今之所一也，未有知其所由来者也。故圹垄，其貌象室屋也；棺椁，其貌象版盖斯象拂也；无帾丝歶缕翣，其貌以象菲帷帱尉也。抗折，其貌以象槾茨番阏也。故丧礼者，无他焉，明死生之义，送以哀敬，而终周藏也。故葬埋，敬藏其形也；祭祀，敬事其神也；其铭诔系世，敬传其名也。事生，饰始也；送死，饰终也；终始具，而孝子之事毕，圣人之道备矣。刻死而附生谓之墨，刻生而附死谓之惑，杀生而送死谓之贼。大象其生以送其死，使死生终始莫不称宜而好善，是礼义之法式也，儒者是矣。

转述：丧礼，说起来就是以对待活人的思路来事奉美化修饰死者。大面上与其人仍然活着无异。服侍死者如生者，服侍亡者如存者，始终如一，礼行一贯。刚刚去世，洗头、沐浴、剪指甲、梳发、口里放上珠玉贝米等物，如同生时一样。不沐浴就要擦拭梳理三次。用专用的玉填耳，用生稻粒填口，用白色的贝壳使之含在嘴里，与人活着时相反。穿上内衣，给死者穿上三层外衣，有插笏的腰带但没有钩带。脸上盖上掩面的绢纱，梳好头发，不戴帽子，不插发笄。死者的名字写在旌帜上，放在神主牌处，除了棺柩所在外，其他地方不必显示姓名。至于陪葬物品，有帽子但没有包发的装饰物,有陶器但都是空的,有细苇编的席子但没有床垫,木器没有雕饰,陶器尚未完成,竹子或苇子制作的东西不能使用,乐器不能调节音调演奏,死者坐过的车辆可以入葬,但马匹还要带回来,表示此车不会再使用了。把死者活着时使用的器具放入坟墓,表象上与搬家差不多,但又要明示,要适应坟墓埋葬的特点,不是要使用的。要简略,不要穷尽,外貌符合,不求功能,埋掉车辆,不放金属裘革的骑具,明示不会使用了。又是貌如搬家,又是表示不会再用了,重点在于表达悲哀。这些物品突出的是它们的礼仪作用,而不是功能,陪葬物品表现的是形貌,不是用途。各种礼仪,用到活人身上的,是修饰欢乐;用到死亡时刻的,是修饰悲哀;用到祭祀上的,是修饰恭敬;用到军旅活动上的,是修饰威风。这些是众诸侯王都一样的,古今一贯的。墓穴挖出来,它的样子像房屋;棺椁,它的样子像车辆;而棺椁外面的遮饰与丧车的遮饰,像是帷帐;而墓穴里那些挡土、护棺的东西,正像墙、屋顶、门窗。所以说,丧礼,没有什么其他讲究,显示生死的大含义,以悲哀、恭敬的情绪,把死者的遗体周全细致地埋葬妥当。丧礼,是恭敬地埋葬形体;祭祀,是恭敬地事奉他的精神;书写与镌刻他的事迹人品,是恭敬地传扬他的姓名。服侍生时,是陪饰他的开始,服侍死亡,是陪饰他的终结,有始有终,如同一个孝子尽到自己的陪饰,这正是圣人之大道呀!刻薄地对待丧葬以增益生者的用度,是墨家主张,刻薄生者用度而增益丧葬事宜,这是迷信。杀死活人殉葬,这是祸害。而大致根据其人在世的情况送终举丧,这是礼义的表现,是儒家的主张。

感悟:丧礼要事死如生,同时是事死如死。死来自生,死是生的一个重要组成部分、结局部分。没有死就不会有人们对待生的感觉、珍视、使命与奋斗。但死亡并不就立即结束生命,还有丧葬,还有遗响,还有事迹,还有物质精神政治社会文化遗产,还有一代一代传承下去的火种。

丧礼的规模内容方式，取决于生时的衣食住行需要，有其物，又无其用，所以又必须有所区别，因为死不是生，死是生的丧失。事生，是喜悦，事死，是悲情，更要有所区别。悲又不能悲过了梭儿，悲得妨碍了生祸害了生，那就不是真忠真孝了，而是别有用心。

三年之丧，何也？曰：称情而立文，因以饰群，别亲疏贵贱之节，而不可益损也。故曰：无适不易之术也。创巨者其日久，痛甚者其愈迟，三年之丧，称情而立文，所以为至痛极也。齐衰、苴杖、居庐、食粥、席薪、枕块，所以为至痛饰也。三年之丧，二十五月而毕，哀痛未尽，思慕未忘，然而礼以是断之者，岂不以送死有已，复生有节也哉！凡生天地之间者，有血气之属必有知，有知之属莫不爱其类。今夫大鸟兽则失亡其群匹，越月逾时，则必反铅；过故乡，则必徘徊焉，鸣号焉，踯躅焉，踟蹰焉，然后能去之也。小者是燕爵，犹有啁噍之顷焉，然后能去之。故有血气之属莫知于人，故人之于其亲也，至死无穷。将由夫愚陋淫邪之人与？则彼朝死而夕忘之；然而纵之，则是曾鸟兽之不若也，彼安能相与群居而无乱乎！将由夫修饰之君子与？则三年之丧，二十五月而毕，若驷之过隙，然而遂之，则是无穷也。故先王圣人安为之立中制节，一使足以成文理，则舍之矣。

转述：一个丧礼，要延续三年的时间，那是根据对人的感情的估量定下的礼数，从而分别不同的地位和关系，区分亲疏贵贱的不同礼数待遇，不可以有所增减，也可以说是什么时候什么地方都不能改变的礼。创伤大了养伤时间就长，病痛深了痊愈得就慢，丧礼三年，符合情感，形成礼数，表达的是哀痛至极。穿丧服，挂孝棍，住入陋室，食用稀粥，睡柴草，枕土块，就是多方演示修饰自己的哀痛已极。三年丧事，到了二十五个月进入第三年就结束，但哀痛没有完，思念之情难忘，丧礼就此中止，那是因为送葬总是有完结，恢复正常生活总是有底线的。生活在天地之间的物种，有血

气的动物自然有知觉，有知觉了，就会爱自己的同类。一些大鸟大
兽，如果失去了同群伙伴，过上月余日子，就会寻找旧地，走过老
家，逡巡、鸣叫、停留、犹豫，然后才缓缓离去。一只小鸟，它也
要悲鸣几声才离开有友伴时共栖过的旧枝，然后飞掉。

血气动物中最有知觉的当然是人，人对他们的亲属的感念无穷
无尽。那么有没有愚蠢鄙陋放肆邪恶的人呢？他们的亲人早晨死
了，他们晚上就忘记了，如果放任他们无礼，他们连鸟兽也比不
上！这样的人将怎么在社会在群体里过活而不制造混乱呢？人们还
是应该提高自身修养成为君子。三年居丧，二十五个月结束，时间
过得飞快，这样做了，表达的礼数情感，其实是无穷无尽的。所以
先王圣人，树立了礼数规矩，完成了这些，葬礼也就到此结束。

感悟：表达悲伤，表达忠孝，同时要准备恢复正常生活，延续多长
时间呢？理论上说是三年，实际是进入第三年，即二十五个月。这也
是一种文——文饰或修辞，说三年显得更隆重，痛苦了三年，够可以
的。现在看起来更可观，因为工业化商业化信息化使人们对时间更敏
感也更吝啬了。解释为三年悲情或可平复也可，也有解释为子女从襁
褓时期到幼儿时期，约需三年，用守孝的三年报答出生后三年的养育
之恩，也说得过去。

然则何以分之？曰：至亲以期断。是何也？曰：天地则已易矣，
四时则已无矣，其在宇中者莫不更始矣，故先王案以此象之也。然则
三年何也？曰：加隆焉，案使倍之，故再期也。由九月以下何也？
曰：案使不及也。故三年以为隆，缌、小功以为杀，期、九月以为
间。上取象于天，下取象于地，中取则于人，人所以群居和一之理尽
矣。故三年之丧，人道之至文者也，夫是之谓至隆。是百王之所同
也，古今之所一也。

转述：怎样区分亲疏贵贱的不同丧礼呢？最近的亲属，丧礼按
年计算，什么意思呢？一年，天地变化，四季轮换了一遍，万物都

更新复始一次，所以，古代圣王，认为一年后应该有新的开始。那么为什么要服丧三年呢？就是要加倍地显示隆重，所以加年头。也有穿丧服守丧礼九个月以内的，那是因为死者不是父母，不需要像父母去世那样。服丧三年是最隆重的礼，服丧三个月或五个月是减等的礼，服丧九个月是中等的礼。上合天意，下合地情，中合人心，表现的是群居而彼此和睦一致的道理。三年丧礼，是人们遵循的义理的最彬彬有礼的表现。这也是隆重礼仪的极致，是众王所认同，古今都一贯的礼数。

感悟：注意过程，服丧也是一个逐渐淡化与平复的过程。古圣先贤立论立规矩，心很细，反复说明，不厌其烦。这里的理法确定性与坚持，则含有触类旁通、举一反三的意义，各种古已有之的规矩，人们需要心存信仰与敬畏，不要随便改来改去。

君之丧，所以取三年，何也？曰：君者、治辨之主也，文理之原也，情貌之尽也，相率而致隆之，不亦可乎？《诗》曰："恺悌君子，民之父母。"彼君子者，固有为民父母之说焉。父能生之，不能养之；母能食之，不能教诲之；君者，已能食之矣，又善教诲之者也，三年毕矣哉！乳母，饮食之者也，而三月；慈母，衣被之者也，而九月；君曲备之者也，三年毕乎哉！得之则治，失之则乱，文之至也。得之则安，失之则危，情之至也。两至者俱积焉，以三年事之，犹未足也，直无由进之耳。故社，祭社也；稷、祭稷也；郊者，并百王于上天而祭祀之也。

转述：君王的丧礼要守持三年，为什么呢？君王是治理的主体，是礼数与义理的核心，对于君王，一切待遇是礼数情貌的极致，大家互相推动着行大礼，不是很适宜的吗？《诗经·大雅·泂酌》上说："和蔼仁厚的君王，便是民人的父母啊！"那位君王就是民之父母，早有此说的。父亲能够生你，但是不能养育你；母亲能养育你，但是教育不了你；只有君王，又养育你，又教导你，三年丧礼才能够意思啊。如果是奶妈，是给你饮食的，死了服丧，应该是三个月；养母呢，给你穿衣盖被子，你要服丧九个月；到了君王这里，各方面都是靠的君王，你要服丧三年，就达标了。能这样做，就得到治理，不这样做，就会产生礼数与心理的混乱，这是最完美的礼法制度。这样做，就安稳，不这样做，就危殆，这是人情的最高体现。礼数与心意都那么要求着服丧，以致三年时间过去了，仍然没有全部尽到心，但也不可能再延长了。于是我们还有祭祀土地神、祭祀庄稼神，还要举行郊祭，祭天，同时祭祀百王。

感悟：要把齐家与治国结合起来，把孝悌与忠义结合起来，把君王百官与爹娘长辈叔叔大爷结合起来，又要秩序，又要服从，又要热爱，又要近乎。荀子解释得好，父亲生下你不养育你，母亲生下你又养育你，但是教导不了你，只有君王又养育又教化，兼父母之爱而伟大超越之。这个事光说道理是不行的，因为你毕竟与父母亲爱共处，而与君王有一定的距离，现在表现成了礼数、风俗、习惯、生活方式，随着礼数的制定，道理与感情都是愈加浓重切实了。厉害了，我的传统文化！

三月之殡，何也？曰：大之也，重之也。所致隆也，所致亲也，将举错之，迁徙之，离宫室而归丘陵也，先王恐其不文也，是以籧其期，足之日也。故天子七月，诸侯五月，大夫三月，皆使其须足以容事，事足以容成，成足以容文，文足以容备，曲容备物之谓道矣。

转述：从装殓到殡葬，用三个月时间，为什么要这样呢？要把丧事办大，做重，以显隆盛哀荣。亲属们要举措办理诸有关事宜，要迁移遗体，从宫室豪宅，迁移到山丘那边。先王碰到这样的丧事，怕礼数做得不足够，就要延长时间，给足日子。天子的殡葬时间可以到七个月，诸侯五个月，大夫三个月，使时间足够办成丧事，事务得以很好地完成，完成要符合足够的礼数，礼数要足够完备。丧事能办得精细周全，合情合理，无所不至，这就是大道的体现了。

感悟：太了不起了，无微不至，无一不当，尽善尽美，滴水不漏！

祭者，志意思慕之情也。惆诡唈僾而不能无时至焉。故人之欢欣和合之时，则夫忠臣孝子亦惆诡而有所至矣。彼其所至者，甚大动也；案屈然已，则其于志意之情者惆然不嗛，其于礼节者阙然不具。故先王案为之立文，尊尊亲亲之义至矣。故曰：祭者，志意思慕之情也，忠信爱敬之至矣，礼节文貌之盛矣，苟非圣人，莫之能知也。圣人明知之，士君子安行之，官人以为守，百姓以成俗；其在君子，以为人道也，其在百姓，以为鬼事也。故钟鼓管磬，琴瑟竽笙，韶夏护武，汋桓箾简象，是君子之所以为惆诡其所喜乐之文也。齐衰、苴杖、居庐、食粥、席薪、枕块，是君子之所以为惆诡其所哀痛之文也。师旅有制，刑法有等，莫不称罪，是君子之所以为惆诡其所敦恶之文也。卜筮视日、斋戒、修涂、几筵、馈荐、告祝，如或飨之。物取而皆祭之，如或尝之。毋利举爵，主人有尊，如或觞之。宾出，主人拜送，反易服，即位而哭，如或去之。哀夫！敬夫！事死如事生，事亡如事存，状乎无形，影然而成文。

转述：祭奠，是为了表达思念敬慕的感情，丧事使人产生种种变异波动心情而不能避免。而人们在快乐团聚的时候，忠臣孝子也会产生想念而波动，并且表现出来。这样的感情可能是很强烈的，不通过一定的礼仪则只能心内哀伤，得不到很好的梳理演绎。先王为之建立了礼数，将尊敬爱戴的心情的大情理充分体现。所以说，祭奠，是表示心意与爱戴之情，是忠心信赖与尊敬亲爱的心情的充分表现，是礼节形貌的盛况，不是圣人，不可能有这样的智慧来制定这一切。圣人明哲智慧，士与君子按照遵行，官员守持这样的礼法，百姓从而形成了这样的风习。对于君子，这样的丧礼，是人间正道；对于百姓来说，这是与死后的阴间另一界打交道的事宜。种种乐器、音乐、乐曲，是君子用以表达自己的喜怒哀乐的手段。穿丧服，拄考棍，住入陋室，食用稀粥，睡柴草，枕土块，是君子表达哀痛的外在礼饰。军旅有自己的法制，刑法有自己的等级，都要与犯罪的情况相称相符合，这些是君子表达自己对于犯罪的憎恶所表现出来的礼法。看吉凶，选历日，斋戒清扫祠庙，在几案上进献祭品，祝祷诵经，就像真正有鬼神前来享用一样。这里不用劝酒敬酒，主人自有献酒之礼，就像真的有鬼神饮酒一样。宾客离去，主人拜送，然后换祭服为丧服，坐下来哭泣，就如同鬼神离开。悲哀呀，致敬啊，事奉死者与事奉活着的君亲一样，事奉亡者，与事奉存者一样，虽然死者已经失去了形貌影迹了，然而这是文化礼仪呀！

感悟：本段有两点特别有趣。一个是礼数心理学，荀子早早看到，丧事使人的心理受到严重打击，想念波动，"惮诡唈僾"，这几个字还真难认。内心悲伤，感情强烈，不搞点礼仪程序真让人受不了，搞了礼仪礼数，志意思慕，内心外泄，事情就好办多了。只是当时不叫心理释放就是了，实际上荀子已经全然认识识到了这一点。

二是礼数接受学。精彩的是荀子觉察到，同样的礼数，接受起来不可能相同。对于君子，这是文化，这是道德，这是义理，这是规矩，这是礼制；对于老百姓来说，这是阴阳两界交通，有含有不同程度的迷信的可能，文化或可降成低俗迷信。有低层次底层人员百姓，也就必然有低俗迷信，低俗迷信也有释放悲情、表达忠孝、劝善戒恶的内容，最后迷信的荒诞性减少，生活性善良性增加，成为一种天真向好的风俗习惯，也完全可能。荀子的文化接受学，见解不俗。

二十

乐论

荀子论乐，意在礼义，将音声艺术充分地三观化、教化化、治理化、正道化、尊卑秩序化。

夫乐者，乐也，人情之所必不免也，故人不能无乐。乐则必发于声音，形于动静，而人之道，声音、动静、性术之变尽是矣。故人不能不乐，乐则不能无形，形而不为道，则不能无乱。先王恶其乱也，故制《雅》《颂》之声以道之，使其声足以乐而不流，使其文足以辨而不諰，使其曲直、繁省、廉肉、节奏足以感动人之善心，使夫邪污之气无由得接焉。是先王立乐之方也，而墨子非之，奈何！

故乐在宗庙之中，群臣上下同听之，则莫不和敬；闺门之内，父子兄弟同听之，则莫不和亲；乡里族长之中，长少同听之，则莫不和顺。故乐者，审一以定和者也，比物以饰节者也，合奏以成文者也，足以率一道，足以治万变。是先王立乐之术也，而墨子非之，奈何！

故听其《雅》《颂》之声，而志意得广焉；执其干戚，习其俯仰屈伸，而容貌得庄焉；行其缀兆，要其节奏，而行列得正焉，进退得齐焉。故乐者，出所以征诛也，入所以揖让也。征诛揖让，其义一也。出所以征诛，则莫不听从；入所以揖让，则莫不从服。故乐者，天下之大齐也，中和之纪也，人情之所必不免也。是先王立乐之术也，而墨子非之，奈何！

转述：音乐是什么？音乐就是（声色的）喜乐，是人情所不可或缺的，所以说人不能没有音乐。有喜乐之心情，就会发出音声，表现为动静，而人的生活道路、动静、性情、方式、技巧，也就都表现于音乐歌舞之中。人不能没有喜乐，喜乐不能不呈现为形色音声，形色音声如果没有规则路径，就不可能不发生混乱危难。古代圣王厌恶这种乱象乱形，就要制定"雅乐""颂乐"这样的乐声体例予以引领，使这些声音有喜乐但不放肆，有思恋但不邪恶，使它们的回旋曲折或直抒胸臆，它们的繁复与单纯，它们的清明与丰赡，它们的击节与演奏，都能感动人的善心，而不会挑逗接引邪恶污秽的心意。这正是古代圣王树立音乐教化的路线，而被墨子所否定，这又有什么办法呢？

我们说，庙堂的音乐，君臣上下一起听了，更加和睦恭敬；家门内的音乐，父子兄弟一起听了，更加和睦亲近；乡里音乐，本族中老少长幼一起都听了，就更加和睦平顺。音乐，审定一个音阶作标准来形成众声的和谐，安排不同的乐器以形成节拍，合奏而构成美妙的音乐，它完全可以引领表现一条正道，也完全可以调理演示人的思想感情的各种变化。这就是古代圣王建立音乐教化的方略，而受到墨子的否定，真是令人无奈啊。

这样，听到"雅""颂"乐声，人们的愿望思念就得到了丰富发育；拿上武器道具，演练俯仰屈伸，自身的面貌也会变得庄重恳切；在舞蹈行列的位置上，步伐符合节奏，队列严正，进退齐一，不论是表现征伐战斗还是礼貌揖让，都有一定的含义。对外征战，全都听命服从；对内揖让，全都服从听命。这样，音乐使人们整齐一致，使天下的纲纪中正和谐，是人情的必需。这是古代圣王树立音乐教化的用心，而墨子予以否定，太叫人无奈了！

感悟：先秦诸子，常常讲到诗书礼乐，将乐与诗、书、礼一样视为经典、纲纪、修齐治平之正道。具体化谈到乐的则不太多，这里，荀子讲得相当充分，他是从音乐的喜乐、和谐、高雅、正派、节奏、文雅、凝聚、一致、秩序、高尚、感人、文饰等方面强调音乐的文明性、教化性和与《诗经》一样的"思无邪"性。

中国传统文化自古追求的是文化立国，仁义道德治国，克己复礼，天下归仁。所以仁治、王道也是以礼治国，而大量礼仪活动是用音乐来引领规范其节奏、情绪、容貌、体态的。

所以中华传统是，自古以来，圣王、帝王、诸侯、公卿士大夫都要抓文艺，都要做触及灵魂的教化工作，都要引领思想、行为、情绪、灵魂、装饰、生活方式、审美追求、婚丧嫁娶、唱歌跳舞、钟鼓琴瑟。

荀子早就懂得了音乐歌舞的心理宣泄作用，"声音、动静、性术之变尽是矣。故人不能不乐，乐则不能无形……"这些说法甚至于早在两千多年前已经具有某些弗洛伊德理论的味道了。

且乐者，先王之所以饰喜也；军旅鈇钺者，先王之所以饰怒也。先王喜怒皆得其齐焉。是故喜而天下和之，怒而暴乱畏之，先王之道，礼乐正其盛者也，而墨子非之。故曰：墨子之于道也，犹瞽之于白黑也，犹聋之于清浊也，犹欲之楚而北求之也。夫声乐之入人也深，其化人也速，故先王谨为之文。乐中平则民和而不流，乐肃庄则民齐而不乱。民和齐则兵劲城固，敌国不敢婴也。如是，则百姓莫不安其处，乐其乡，以至足其上矣。然后名声于是白，光辉于是大，四海之民莫不愿得以为师。是王者之始也。乐姚冶以险，则民流僈鄙贱矣。流僈则乱，鄙贱则争。乱争则兵弱城犯，敌国危之。如是，则百姓不安其处，不乐其乡，不足其上矣。故礼乐废而邪音起者，危削侮辱之本也。故先王贵礼乐而贱邪音。其在序官也，曰："修宪命，审诛赏（诗商），禁淫声，以时顺修，使夷俗邪音不敢乱雅，太师之事也。"

墨子曰："乐者，圣王之所非也，而儒者为之，过也。"君子以为不然。乐者，圣人之所乐也，而可以善民心，其感人深，其移风易俗，故先王导之以礼乐而民和睦。夫民有好恶之情而无喜怒之应则乱。先王恶其乱也，故修其行，正其乐，而天下顺焉。故齐衰之服，哭泣之声，使人之心悲；带甲婴軸，歌于行伍，使人之心伤；姚冶之容，郑、卫之音，使人之心淫；绅端章甫，舞《韶》歌《武》，使人之心庄。故君子耳不听淫声，目不视女色，口不出恶言。此三者，君子慎之。

转述：乐，是古代圣王演示自己的喜乐的；军武刑具，是演示他们的愤怒的。先王的喜与怒都是需要得到表现的。他的喜乐得到了天下的应和；他的愤怒，使暴乱恶徒畏惧。古代圣王的治平之道，隆重盛大地表现在礼乐上，但是墨子予以否定。所以可以说墨子对于古代圣王的大道的了解就像盲人之了解道路，正像聋人之分辨乐音还是噪声，就像想到去楚国应该朝南走他却往北面走。要知道，声音、音乐对人的作用很深入，对人的教化感染也很迅速，所以先王很认真地编修音乐，音乐中和平顺，老百姓就和睦而不放肆；音乐肃穆庄严，老百姓就服从规范而不产生乱象。民人和睦规范，国家就兵强城固，敌人不敢挑衅招惹，老百姓也就安居乐业，喜爱家乡，奉养君王，捐税徭役也都能做得到位。这样，名声从而传扬，光辉因而耀目，四海之内的民人，都愿意师法这样的治平之道，这是成就王者大业的开始。如果音乐妖冶不端，民人也就变得放肆奸邪、卑劣下贱，放肆奸邪了就会混乱，卑劣下贱了就会相争，又混乱又相争，这个国家的兵力就会变得孱弱，城市容易被进犯扰乱，敌国对它的威胁增加。这样，百姓不能安居乐业，不会爱恋家乡，也不愿奉养君王、完成捐税徭役。如果礼乐荒废，邪恶的音声泛滥，就会成为危局、削弱、受辱的本源。所以古代圣王重视礼乐，视邪恶的音声为下贱，他在陈述官员的职责时说："撰修法令政纲，审察诗歌乐曲，查禁淫滥词曲，顺应时事的变化而随时有所纠正，不让边远出格的邪恶之音干扰了雅乐，这正是太师的任务。"

墨子说："古代圣王是否定音乐的，但儒家是要音乐的，这是错误的。"君子认为，墨子这样说是不对的。古代圣王是喜欢乐的，音乐可以使人心善良，可以感人至深，可以移风易俗。先王通过礼乐引领人心，使民人和睦。民人是有好恶之情的，没有相应的礼与乐的话，就会产生感情郁闷的乱象。先王是不希望出现这样的乱象的，所以要引导民人的礼行，端正民人的音乐，使天下和顺太平。穿上丧服，哭泣发声，可以表达人生的悲哀；佩戴甲兵头盔，在队伍中唱歌使人振奋，妖冶的容貌，郑、卫的淫荡之音，滋生淫乱之心；礼服礼帽，正经的音乐使人端庄恭敬。讲究礼乐，君子耳朵不听淫邪的音调，眼睛不看女色，嘴里不出凶恶粗野的言语，这三方面，君子都是小心谨慎掌控自身的。

感悟： 中华传统文化，特别是儒家文化认为，圣王先王之所以伟大，在于他们治理、优化了公共事务，更在于他们治理、教化了人心，管人比管事更根本，管事只能就事论事，管人才能一通百通、一顺百顺。比如偷窃，处理一个偷窃案件，一个窃贼，只是一人一事，然而，如果你教化的结果，是非礼勿视、勿行勿为，是君子固穷，是人不堪其忧、回也不改其乐，是如中国俚语说的"饿死不做贼"，效果就大不一样了。问题是中国俚语同时有"屈死不告状"之说。

管人教人化人，荀子认为抓音乐教育是权力系统的重要任务，叫作"夫声乐之入人也深，其化人也速"，礼乐放在一起讲，还在于礼乐的仪式感、敬畏感、统一步调感，令人恭敬肃穆、端正凝聚、条理分明、和谐稳定，古代中华如此，现代一个大交响乐团的演出，其规范分明、辉煌壮丽、指挥有力、打动人心、精益求精、协调配合，怎么可能不令追求强大的政治家所感动乃至所羡慕呢？治国治成卡拉扬的爱乐乐团那样，怎么可能不引起政治家的遐想呢？

至于墨子的"非乐"，是墨子的一个重要思想内容，代表的应该是自然经济与小农经济，当然也有减轻百姓负担的好意。

荀子的抓音乐，抓文艺，与墨子的否定音乐、否定文艺，在中国都有传统，抓文艺、抓世道人心是一面。报道了一点文艺圈子的负面新闻，就整天以科学、军事方面的成就与文艺对比，认为文艺无用，文艺人"白养"，戏子影响了正当的社会风气，敢情这种论调也是老太太的被窝——盖有年矣！

凡奸声感人而逆气应之，逆气成象而乱生焉。正声感人而顺气应之，顺气成象而治生焉。唱和有应，善恶相象，故君子慎其所去就也。

君子以钟鼓道志，以琴瑟乐心。动以干戚，饰以羽旄，从以磬管。故其清明象天，其广大象地，其俯仰周旋有似于四时。故乐行而志清，礼修而行成，耳目聪明，血气和平，移风易俗，天下皆宁，美善相乐。故曰：乐者，乐也。君子乐得其道，小人乐得其欲，以道制欲，则乐而不乱；以欲忘道，则惑而不乐。故乐者，所以道乐也。金石丝竹，所以道德也。乐行而民乡方矣。故乐者，治人之盛者也；而墨子非之。且乐也者，和之不可变者也；礼也者，理之不可易者也。乐合同，礼别异。礼乐之统，管乎人心矣。穷本极变，乐之情也；著诚去伪，礼之经也。墨子非之，几遇刑也。明王已没，莫之正也。愚者学之，危其身也。君子明乐，乃其德也。乱世恶善，不此听也，於乎哀哉！不得成也。弟子勉学，无所营也。

转述：被奸邪的乐声所感动，以邪逆之气有所应和，这种邪气成了气候，就出现了乱世景象。被正派的乐声所感动，以平顺之气有所应和，有所成形，就是治世的景象。一唱一和，相互对应，一善一恶，有相应的景象，君子对音乐是有所选择有所舍弃的。

君子以钟鼓敲击乐表达志向愿望，以琴瑟愉悦自己的心灵，舞动干戚道具，以羽毛为饰物，跟随上笙管吹奏，声音清明如天空，广博如大地，屈伸俯仰，旋转周折如四时之更迭，音乐一演奏，人们的所志所想变得清纯洁净，礼仪完美，动作完成，耳聪目明，血气和平，风俗养成，天下安宁，美善相亲。

所以说，音乐就是喜爱。君子从音乐中获得的是道，小人从音乐中得到的是欲望的满足，以道引领欲望，喜乐而不混乱；只剩下欲望忘记了道，就会陷入迷惑中却得不到快乐。所以说，音乐是道化了的喜乐，金石丝竹这些乐器，体现的是道的功德，音乐教化的实行，使民人获得了前进的方向。所以说，音乐的教化是调理人心的盛事。

但墨子否定了它。而且音乐，它的和谐和声是不能够随意变更的；礼数的成立，它的合情合理也是不能变易更替的。乐统合了世界，而礼区别处理上下尊卑，礼乐的作用，统率于心。从根本上陶冶变化人心，是乐抒发的情感；而让人去掉虚伪，增强诚笃，是礼的经脉。

墨子否定礼乐。这简直是犯罪呀。明达的君王已经没有了，没有人来纠正墨子，愚蠢的人学到墨子那一套，只能危害自身。君子理解乐的重要与作用，是他的功德。只有在乱世，人们不喜欢不追求善良，才不听肯定与重视音乐的话语。呜呼哀哉，这样的乱世，音乐也发挥不了作用，弟子们要好好学习，不要迷惑上当啊。

感悟：音乐歌舞动人心弦，有其结构规则节律庄重，恰恰适合礼仪活动的需要，是的，礼乐影响人心，这是无疑的；影响了人心就影响世道，这似乎也是可以理解的，影响了世道就影响了风俗习惯和社会的治乱，如此这般分析下去，其上纲性就超越了凡人的认识水平，似显危言耸听了。

中华文化的整合力超强，能把音乐歌舞与礼仪、世道人心、三观和家国天下的治乱完全结合统一起来，把美学、社会学、人类学、哲学、政治学结合得这样水乳交融，也是极有特色的。

声乐之象：鼓大丽，钟统实，磬廉制，竽笙箫和，笙篪发猛，埙篪翁博，瑟易良，琴妇好，歌清尽，舞意天道兼。鼓，其乐之君邪！故鼓似天，钟似地，磬似水，竽笙箫和、笙篪似星辰日月，鞉、枳、拊、鞷、椌、楬似万物。曷以知舞之意？曰：目不自见，耳不自闻也，然而治俯仰诎信进退迟速莫不廉制，尽筋骨之力以要钟鼓俯会之节，而靡有悖逆者，众积意謘謘乎！

转述：乐器的气象：敲鼓，宏大有力，敲钟，充盈丰富，击磬，清晰干脆，吹奏起竽、笙、箫，庄重和顺，吹奏笙、篪，发散生猛，吹奏埙、篪，沉郁宽阔，弹拨瑟悦耳，弹拨琴温柔，唱起来清晰尽兴，跳起舞来兼合天道。

鼓，正是乐器之王啊。鼓如天，钟如地，磬如水，竽、笙、笙、篪如日月星辰，其他打击乐器鞉、枳、拊、鞷、椌、楬好比万物。那么舞蹈的志意主题是从哪里知道的呢？当然仅仅靠眼睛看耳朵听，你不可能理解舞蹈的志意主题，但是请想一想，舞蹈中大家的动作，俯仰、屈伸、进退、快慢，都很整齐清爽，用筋骨肢体的努力应和音乐的节奏、钟鼓的示意，不会发生什么悖逆混乱，众人的练习是多么认真努力啊。

感悟：对于乐器的感受相当准确。强调打击乐器与节奏的作用也有它的道理。

音乐是听觉的艺术，歌舞是视听、联欢或演出的艺术，当然与其他艺术形式一样，影响感官、影响情绪，作用心态、作用思想，但过少地谈论它们的艺术性娱乐性直觉性生活性，而过多地谈它们的三观性、修齐治平意义、正邪对立意义，也不怎么实事求是。

吾观于乡，而知王道之易易也。主人亲速宾及介而众宾皆从之；至于门外，主人拜宾及介，而众宾皆入，贵贱之义别矣。三揖至于阶，三让以宾升，拜至献酬辞让之节繁，及介省矣。至于众宾，升受，坐祭，立饮，不酢而降。隆杀之义辨矣。工入升歌三终，主人献之；笙入三终，主人献之；间歌三终，合乐三终，工告乐备，遂出。二人扬觯，乃立司正。焉知其能和乐而不流也。宾酬主人，主人酬介，介酬众宾，少长以齿，终于沃洗者焉。知其能弟长而无遗也，降，说屦，升坐，修爵无数。饮酒之节，朝不废朝，莫不废夕。宾出，主人拜送，节文终遂。焉知其能安燕而不乱也。贵贱明，隆杀辨，和乐而不流，弟长而无遗，安燕而不乱。此五行者，是足以正身安国矣。彼国安而天下安。故曰：吾观于乡而知王道之易易也。

转述：我看到乡里人们聚集饮酒的礼仪，就知道王道是多么平易合理的了。主人迎接贵宾和中等宾客，众宾客跟随着主人，到了门外迎接贵宾、中宾，主人向贵宾、中宾行礼，众宾都跟进来，宾客之贵贱有所区别。揖礼三遭，主人让客升堂入厅，行礼，相互敬酒，客气辞让的礼节相当繁复。对中等宾客的礼节就比对贵宾简单多了，至于众宾，升堂接受酒杯，坐下祭酒，站立饮酒，不必回敬主人，然后退下。礼仪隆重或减缩的意思也就显示出来了。乐工升堂，奏响三曲，主人敬酒；吹笙的人到堂下演奏三曲，主人敬酒；然后还有乐工与吹笙者轮流演奏三曲，再后共同演奏三曲，乐工报告演奏完毕，就出去了。主人的两个跟班向客人敬酒，还有专门司礼者，这样就明白为什么能做到快乐而不放肆了。然后贵宾向主人敬酒，主人向中等宾客敬酒，中等客人向众宾客敬酒，按照年齿有序进行，最后轮到洗杯工等饮酒。大家看到晚辈尊敬长辈，一个人也不会落下。下堂脱鞋，然后登堂就座，互相敬酒不断。喝酒有一定节制，早晨喝了酒，不能影响上午要做的事，傍晚喝了酒，不能影响夜晚的事务。贵宾告辞了，主人行礼送客，礼节仪式终于完成。你也就知道整个活动从容有致，不会乱来。整个活动中贵贱明显，加强与简缩分清，和睦快乐但不放肆，尊敬长者不遗漏，从容有致不乱来，做到了这五个方面也就端正了自身，安定了国家。所以说，我从乡里间的一些情况看来，就知道王道是多么平易合理了。

感悟：又回到礼仪上来了，一次乡间招待酒会，体现了礼敬精神，体现了尊卑秩序，体现了规则与文明的重要性、程序的重要性。然后噌地上纲上线，这说明了以王道治国平天下的平易近人，合情合理，不难做，只是怕你不做。

这与孟子强调实行王道之容易如为长者折枝，而绝对不是挟泰山以超北海那样的艰难作业，一个意思。儒家的追求是修身齐家治国平天下，是天下有道，是仁义道德，不是学问，不是学衔学位，不是天文地理，几千年来，他们强调的是儒道之平易、常识常理、天理人情，都平顺已极。比较起来，荀子还算务实的，他认为高级地位位子有限，能够提供出来的资源有限，所以礼的首要功能是分出尊卑长幼高低贵贱，以免争夺。以礼让取代竞争，倒也应该算是一种思路，一种为政学派。

乱世之征，其服组，其容妇，其俗淫，其志利，其行杂，其声乐险，其文章匿而采，其养生无度，其送死瘠墨，贱礼义而贵勇力，贫则为盗，富则为贼。治世反是也。

转述：乱世的表征在于，服装妖艳刺激，男人打扮女里女气，风俗低级放肆，装饰邪恶花哨，生活奢靡，丧葬瘠薄，轻视礼法义理，钦佩好勇斗狠，贫穷了就会做强盗，富足了就会毒害一方。这与治世完全相反。

感悟：也是猛上纲的思路，要防微杜渐，以小观大，穿戴打扮，风俗习惯，任何方面都不能突破悖逆，服装打扮玩邪了，有一邪就有二邪，有二邪就会出来三邪，绝不允许。

邪恶者富于生养，贫于丧葬，这个思路也有意思，宁可以死约束生活，不可以厚待生养而挤兑丧葬，丧葬搞大了是尊重君父祖先，生养搞大了是扩张欲望，儒家是带有禁欲主义色彩的了。

解蔽

分清是非，不受蒙蔽，避免认知上的自以为是、简单片面、囿于成见、顾此失彼、上当受骗。这就需要冷静、专心、倾听、包容、思考、虚心，需要克服自身的偏颇与盲目性。

　　这里还抨击了扫荡了一批荀子心目中的"乱家"，即游说之士中的妄言妄论者，他批评了墨子、宋子、慎子、申子、惠子、庄子等知其一、言其一、夸大其词，而忽略了王制与大道；顺势也抨击了乱世的所谓"百家争鸣"、各自叫卖、互为遮蔽、上下相惑的文化与思想混乱的局面之不可取，立意有他的不同角度。

凡人之患，蔽于一曲而暗于大理。治则复经，两疑则惑矣。天下无二道，圣人无两心。今诸侯异政，百家异说，则必或是或非，或治或乱。乱国之君，乱家之人，此其诚心莫不求正而以自为也。妒缪于道而人诱其所迨也。私其所积，唯恐闻其恶也；倚其所私，以观异术，唯恐闻其美也。是以与治离走而是己不辍也，岂不蔽于一曲而失正求也哉！心不使焉，则白黑在前而目不见，雷鼓在侧而耳不闻，况于使者乎！德道之人，乱国之君非之上，乱家之人非之下，岂不哀哉！

转述：人的毛病，往往在于为某种片面、局部、单角度的认识所遮蔽，结果只见树木不见森林，反而接受不了大道理。能够纠正这种片面性单一性，就可以回到主导性的大道理上来，犹豫不定就只能陷入困惑。天下的大道只能有一个，圣人的心志也是一以贯之。但今天的诸侯，各有各的为政方略，今天的诸子百家，各有各的学说。这就必然需要判断，哪个是正确的，哪个是错误的，哪个是有利于治理的，哪个是制造乱局的？而那些搞乱了邦国的君王，搞乱了思想的学者，个个都自以为是好心，是要走正路，却背离了正道，被投其所好者诱导上了邪路。他们带着偏见陷入自己的一点所知所爱，唯恐听到自己不喜欢的不同的见解。依照偏见，看待与他们不同的看法，只怕得知相异的路数可能带来的美好愿景。这样，自己与正确的东西脱离，越来越远，但是不肯止步。这不就是为一叶所障目，而失落了真理与正道了吗？你不用心思考判断，黑色白色就在你眼前却硬是看不见，打雷敲鼓就在你身边你却硬是听不着，何况是已经陷于遮蔽的人，他们又能听得进去什么呢？面对一个真正维护正道的贤人，生乱的君王自上而下地非难他，背离正道的学者自下面反对他，这样的状况是多么可悲呀！

感悟：荀子研究人的自我遮蔽现象，一个原因是自以为是，听不进不同意见，又不了解真实情况与全面情况，一意孤行，只能将错就错，不能自我调整与纠错。一个是受到小人的投其所好的诱导，颠倒黑白，错判忠奸，不能自拔。而这样的人常常自命好心，却变成了国乱家乱的根源。

天下无二道，圣人无两心，这个说法坚决痛快，但事物是侧面多多、性质复杂的，时间地点具体对象的变化是频繁的，病情病因病症可能表面相近、实际相去甚远，药方疗方可能多种多样、各有长短；只知其一，不知其二是不行的，只允许一种思路不允许改换思路也常常是不行的。

故为蔽：欲为蔽，恶为蔽，始为蔽，终为蔽，远为蔽，近为蔽，博为蔽，浅为蔽，古为蔽，今为蔽。凡万物异则莫不相为蔽，此心术之公患也。

昔人君之蔽者，夏桀、殷纣是也。桀蔽于末喜、斯观，而不知关龙逢，以惑其心而乱其行；纣蔽于妲己、飞廉，而不知微子启，以惑其心而乱其行。故群臣去忠而事私，百姓怨非而不用，贤良退处而隐逃，此其所以丧九牧之地而虚宗庙之国也。桀死于鬲山，纣县于赤斾，身不先知，人又莫之谏，此蔽塞之祸也。成汤监于夏桀，故主其心而慎治之，是以能长用伊尹而身不失道，此其所以代夏王而受九有也。文王监于殷纣，故主其心而慎治之，是以能长用吕望而身不失道，此其所以代殷王而受九牧也。远方莫不致其珍，故目视备色，耳听备声，口食备味，形居备宫，名受备号，生则天下歌，死则四海哭，夫是之谓至盛。《诗》曰："凤凰秋秋，其翼若干，其声若箫。有凤有凰，乐帝之心。"此不蔽之福也。

转述：说起这个遮蔽来呢，一个是喜好的私欲会蒙蔽自己，一个是厌恶的私情会蒙蔽自己，一个认识的开端可能有所遮蔽，一个认识的（自以为是的）结尾可能有所遮蔽，一个认识对象已经离你很遥远了，你易于有所遮蔽——看不清楚，一个认识对象离你太切近了，也会有所假象的遮蔽，有关信息你掌握得太广博了，你会有所遮蔽，有关信息你得到得太浅薄了，你也会有所蒙蔽，古老久远的事项，你会被蒙蔽，当下发生的事项，你会被蒙蔽。各事各物，互不相同，就会互为遮蔽。这是心术——思维计谋上的一个普遍性祸患。

从前为君之人当中昏聩遮蔽的人当推夏桀与商纣。桀就是受到妹喜与斯观的蒙蔽，而看不到听不到关龙逢的忠良声音，他的心志困惑，行为迷乱。纣则是受到妲己、飞廉的蒙蔽，而看不到听不到忠臣微子启，他的心志困惑，行为迷乱。这样，他用的臣子，不是大公无私的忠臣而是谋求私利的奸佞，百姓们不满抱怨越来越多，不肯为朝廷效命，贤良精英纷纷退缩隐匿逃避，他们沦丧了九州国土，掏空了本朝国家的威权。桀死在鬲山，纣的头颅被悬挂在赤旆，他们自己没有预见到，也没有哪个臣下向他们进谏，这就是堵塞蒙蔽的恶果。成汤有鉴于夏桀的教训，注意拿定主意，兢兢业业地治国，才能长期依靠伊尹，不偏离治国正道。他也就能统治九州，取夏朝而代之。周文王有鉴于殷纣的教训，他拿定主意，兢兢业业地治理国家，他也就长期依靠姜太公治国，不失正道，他也就能管治九州，取殷商而代之。四面八方都贡来了珍稀宝物，眼观七色，耳听诸声，口腹美味完备，居住有各式宫室，拥有了各种美称，生时被天下歌唱赞颂，死后被四海哭泣悼念，一切都达到了盛大的最高峰。《诗经》上说："凤凰翩翩啾啾，翅膀洋洋洒洒，发出悦耳的箫声，有凤有凰，使帝心喜悦。"这就是不受遮蔽的君王的造化啊！

感悟：原因各有不同，效果却是都造成蒙蔽，欲与恶、始与终、远与近，以及博与浅、古与今……万物互相遮蔽，讲得太好了。因此，人们更要学会翻来覆去地进行多角度多侧面多路径的观察、分析与思维。

受不受蒙蔽，与君王接近什么人、信任什么人、使用什么人关系极大，在某种意义上说，是明君圣君还是被蒙蔽而不自知的昏君问题，与近什么人、信什么人、用什么人的问题，一而二，二而一，互为因果。

昔人臣之蔽者，唐鞅、奚齐是也。唐鞅蔽于欲权而逐载子，奚齐蔽于欲国而罪申生，唐鞅戮于宋，奚齐戮于晋。逐贤相而罪孝兄，身为刑戮，然而不知，此蔽塞之祸也。故以贪鄙、背叛、争权而不危辱灭亡者，自古及今，未尝有之也。鲍叔、宁戚、隰朋仁知且不蔽，故能持管仲而名利福禄与管仲齐；召公、吕望仁知且不蔽，故能持周公而名利福禄与周公齐。传曰："知贤之为明，辅贤之谓能，勉之强之，其福必长。"此之谓也。此不蔽之福也。

转述：从前为臣者当中受到遮蔽之祸的人有宋康王的臣子唐鞅、晋献公的庶子奚齐。唐鞅被权欲遮蔽昏了心，给太宰戴加上了罪名赶走了他。奚齐被国君的地位遮蔽昏了心，陷害太子申生。后来唐鞅在宋国被杀，奚齐在晋国被杀。一个是驱逐了贤明的宰相，一个是陷害了孝顺的兄长，其罪当诛，自己却不明就里，这是蔽塞昏聩的祸害。凡是贪婪鄙陋、背叛道义、争夺权力的人，想不陷于危险耻辱灭亡的命运，从古到今，都是不可能的。而齐桓公的大臣鲍叔、宁戚、隰朋仁爱有智慧，不受蒙蔽，他们支持管仲，同做到了功业利禄福分名声与管仲比肩。而召公、姜子牙，同样是仁爱智慧而不受蒙蔽的，他们是支持周公成功，同时各方面达到与周公比肩。古书上说："了解贤人叫作明智，辅佐贤人叫作能为，勤勉奋力，福运久长。"指的就是上述贤臣的故事，这也叫作解蔽多福，好运久长。

感悟：身为权力场中要人，能够不受奸佞小人的蒙蔽，能够不因自身的骄横、狭隘、嫉妒、争夺而有眼无珠、颠倒黑白、与人为恶、无端树敌、伤人害己，能够不为自身的私心丑恶所遮蔽，能够不留下残害忠良、蒙蔽君上的记录，能够兢兢业业，善始善终，这是多么大的福分啊。历史上有多少人栽倒在这上面。尤其是，又有多少光明智慧坦荡之臣，因为支持施援名臣大贤，而与名臣大贤享誉同芳，功垂百世!

昔宾孟之蔽者，乱家是也。墨子蔽于用而不知文，宋子蔽于欲而不知得，慎子蔽于法而不知贤，申子蔽于势而不知知，惠子蔽于辞而不知实，庄子蔽于天而不知人。故由用谓之道，尽利矣；由欲谓之道，尽嗛矣；由法谓之道，尽数矣；由势谓之道，尽便矣；由辞谓之道，尽论矣；由天谓之道，尽因矣：此数具者，皆道之一隅也。夫道者，体常而尽变，一隅不足以举之。曲知之人，观于道之一隅而未之能识也，故以为足而饰之，内以自乱，外以惑人，上以蔽下，下以蔽上，此蔽塞之祸也。

转述：过去的游说之士当中有被蒙蔽的，思想混乱的各派学者就是这样的。墨子被实用遮蔽，看不到文化文饰的作用；宋子被欲望所遮蔽，看不到德行的功能；慎子被法度所遮蔽，看不到贤良君子的作用；申子遮蔽于环境权势，看不到智慧的作用；惠子遮蔽于言辞概念，看不到实际实践的真实情况；庄子遮蔽于天意天道，却看不到人事的作用。所以说，如果只从实用的方面论道，道的内容全都是功利了；如果只从俗欲的方面论道，道的内容只剩下满足快意了；如果只从法度的方面论道，道就只剩下烦琐条文了；如果只从权势方面论道，道的内容就全是机会际遇了；如果只从词语概念上论道，道就只剩下空论争辩了；而如果只从天意天然上论道，那道就只剩下听天由命了。这些说法，都只能算是道的一个犄角，一个侧面而已。道的整体，是永恒的，同时道又蕴含了万物的千变万化，只从一个侧面一个视角是把握不了道的整体的。一些一知半解的人，只看到了一个侧面一个视角，远没有得到对道的感悟和见识，却自以为是，装潢打扮演绎散播，对内自己搞乱，对外迷惑他人，遮蔽了上层会遮蔽下属，遮蔽了下属会反过来蒙蔽君上，这可以称之为蔽塞造成灾难。

感悟：君王有君王的遮蔽谬误，臣子有臣子的遮蔽谬误，诸子百家游说之士有诸子百家的遮蔽谬误。说客的主要谬误是强调某一方面，忽略抹杀另一方面。最能描画这种各执一端一词的是后世传入中国的"瞎子摸象"故事，出自印度《大般涅槃经》。这样的各执一词的争论，永远不会灭绝。尤其是政治性的争拗之中，这种各执一词的状态尤其严重，抽象的学术探讨，比较容易做到兼收并蓄、八面来风，但权力之争常常较少折中与共容的空间。

后世的我们，对于先秦百家争鸣的局面是很神往、很夸赞的。但身处百家争鸣、奇谈怪论、口若悬河、莫衷一是的学术，更是高度政治化、权力分配化的争相游说求权环境下，众说客们的切实感受我们未必能够体会。至少目前我们拜读的荀子，未见他对这种纷纷攘攘、热热闹闹的诸子百家状况有什么认同欣赏。

还有，纯学术、艺术领域，强调多元多样争鸣齐放，是容易被人接受的，治国理政、权力行使、重大与紧急的决策，则会有不同角度的考量，不可能尽兴自由辩论。问题是先秦时期，少有纯学术的空间，所谓百家争鸣，离不开通过游说进入权力系统的目的，个人学识修养，如果不能付诸治国平天下，不能经世致用，也就黯然失色。经世致用起来，又无法适应与夸赞争鸣俱乐部的做法。

还好，孔子虽然不能说经世致用得如何落实，虽然自况丧家之犬，毕竟由后世权力系统加封了一个大成至圣先师、玄圣素王的桂冠，能与尧舜汤禹文武周公列于一起，孟子也成了亚圣。老子、庄子，也因民间性的道教的力量与某些君王的喜爱而拥有了太上老君、南华真人的头衔。在现实政治生活中不无落魄失意的大家，在虚拟中有所斩获。至于百家争鸣的盛况，秦始皇后再无重现的机会了。

孔子仁知且不蔽，故学乱术，足以为先王者也。一家得周道，举而用之，不蔽于成积也。故德与周公齐，名与三王并，此不蔽之福也。

圣人知心术之患，见蔽塞之祸，故无欲无恶，无始无终，无近无远，无博无浅，无古无今，兼陈万物而中县衡焉。是故众异不得相蔽以乱其伦也。

转述：孔子仁爱智慧，不受遮蔽，他传播的是治理乱世之方略，使先王之道能够返回。孔子之儒道得到了西周真传，付诸实践，就能够突破现今的套套，他的德行比得上周公，他的名声，比得上夏禹、成汤与周文王、武王。这就是思想不遮蔽的好处啊！

圣人知道人的用心上会出哪些毛病，知道蔽塞会带来什么样的祸害，所以讨论道的时候不加上自己的私欲或个人厌恶的影响，不受时间的始终早晚的限制，不受距离远近（或亲疏远近）的区隔，不带了解得深浅不同的痕印，也不因古今之别而搞什么双重标准，要讲到万事万物，而高悬着真理的标准，这样各种特异的谬论就蒙蔽不了他，也无法使他失去思维的逻辑。

感悟：中华文化强调一，崇尚一，一才能鲜明、稳定、前后一贯、成就大业、天下太平。同时也强调中庸、强调和而不同，强调多，强调高悬高挂、经世致用，但仍然必须高屋建瓴、高谈阔论、行健厚德、日月经天、论万世，强调兼陈万物，强调不分欲恶、始终、远近、博浅、古今，即在真理面前人人平等。在这方面，孔子比较合乎理想标准。

但孔子诛少正卯的记录，使其仍然不能完全服人。即便少正卯的形象不怎么可爱，但也应该承认，少正卯罪不至死，孔子想得讲得伟大，做得大有距离。

何谓衡？曰：道。故心不可以不知道。心不知道，则不可道而可非道。人孰欲得恣而守其所不可，以禁其所可？以其不可道之心取人，则必合于不道人，而不知合于道人。以其不可道之心，与不道人论道人，乱之本也。夫何以知！曰：心知道，然后可道；可道，然后能守道以禁非道。以其可道之心取人，则合于道人，而不合于不道之人矣。以其可道之心，与道人论非道，治之要也。何患不知？故治之要在于知道。

人何以知道？曰：心。心何以知？曰：虚壹而静。心未尝不臧
也，然而有所谓虚；心未尝不满也，然而有所谓一；心未尝不动也，
然而有所谓静。人生而有知，知而有志。志也者，臧也，然而有所谓
虚，不以所已臧害所将受谓之虚。心生而有知，知而有异，异也者，
同时兼知之。同时兼知之，两也，然而有所谓一，不以夫一害此一谓
之壹。心，卧则梦，偷则自行，使之则谋。故心未尝不动也，然而有
所谓静，不以梦剧乱知谓之静。未得道而求道者，谓之虚壹而静。作
之，则将须道者之虚则人，将事道者之壹则尽，尽将思道者静则察。
知道察，知道行，体道者也。虚壹而静，谓之大清明。万物莫形而不
见，莫见而不论，莫论而失位。坐于室而见四海，处于今而论久远，
疏观万物而知其情，参稽治乱而通其度，经纬天地而材官万物，制割
大理，而宇宙理矣。

恢恢广广，孰知其极？睪睪广广，孰知其德？涫涫纷纷，孰知其
形？明参日月，大满八极，夫是之谓大人。夫恶有蔽矣哉！

转述：什么东西是我们衡量的标准呢？那就是道。所以人心必
须知道这个道，如果不知道这个道，就会不认可道，反过来会去认
可非道邪道（道的对立面）。那么什么人会在任意而行的情况下守
持住自己不认可的东西，而禁止取缔自己所认可的东西呢？（这样
的人是没有的）以不认可道的非道之心去用人待人，那么只能信用
非道之人，而不可能了解得道之人。以这种不认可道的心思，去与
非道之人共同议论得道之人，这正是混乱的本源。

那么人又是如何能够认知这个道的呢？（人的正确思想是从哪
里来的呢？）靠的是心。心又是如何把握了这个道呢？由于你的心
虚怀若谷，专心成壹，稳定静谧。心里当然是有容藏的，但还有对
于虚的把握，这个虚就是不因成见而妨碍接受新信息、不同信息。
人生下来，心是有所知觉的，有了一个知觉，还会同时有不同的知
觉，把握了不同的知觉，等于有了"二"，有二，但不会因后来的
第二个一伤害原来的一心，就有了大壹。心，睡时会做梦，闲散时

会胡思乱想，用心时会思虑盘算；但还有心静之说，能够不让做梦与胡思乱想扰乱内心，那就是静了。没有得道而求道的，应以虚壹而静为准则。能虚心了，就能得道了。希望把握与遵从道的，应该做到壹，做到壹了，才能最大程度地把握与遵从道。希望思考研究道的，应该静下心来，静下心来，才能明察道。对于道，能有明察，又能践行，那就叫作对道有所体认了。虚壹而静，那就是大彻大悟的清明之人。大清明做到了，就不会发现不了觉察不了万象万物，发见了觉察了万象万物，就不会不能分门别类来把握万物的性质与归类，能够分门别类了，也就不会不使万象万物各归其位（秩序）。

这样的人，坐在室内却把握四海，生活在当下却能把握久远，浏览万物而把握它们的情状，查核治乱而把握它们的演变尺度，布置天地之经纬条理，推行大道而把握宇宙之格局。

恢宏广大，无边无际，宽广空旷，功德圆满，纷繁沸腾，千姿百态，其明通如日月之光，其宽广如八极之远，这就叫大人、大清明者，他们哪里会受到任何遮蔽呢！

感悟：内心对道有所认知，也就认可了道，你就会守持正道，而排除非道，以认可肯定道的心志，去选人用人待人，那就会与得道之人相合作，不与非道之人合作，以道心与得道之人议论非道者，这正是治理的要点，能做到这一点，还怕不知"道"吗？所以说，治理的要务在于搞通正道。

那么人是怎样搞通这个道的呢？（人的正确思想是从哪里来的呢？）靠人的心。人的心怎么知道了这个道呢？靠的是时有狂躁浑噩的心志的虚阔、齐一与静安。人心当然是收藏着各种经历、印象与记忆的，但是道心是注意保持虚阔的；人心当然有时会自相矛盾，但道心可以保持你的混一齐一；人心当然变动不居，然而道心又能同时守持一种宁静安详的状态。人生而有知，有知就有志。虚阔的道心让你不会由于心中已有的保藏而警惕并拒绝新的信息，这就是虚心。生而有认知能力，认知各有其异，相异的东西同时被认知，也就有了自相矛盾，但同时又有道心之齐一，不以心中之此一戕害不同的另一个一，就叫作一体。心少有不动的时刻，但是道心的宁静让你做到不因为梦想乱想而搞乱自己的理智，这就叫作平静。只有一心一意才能认知感悟道的全貌，你要研究思索道，静下心来才能察觉感悟到道的真谛。

此前荀子讲人的正确思想是从哪里来的，他强调的是眼耳鼻舌身感官对客观世界的感受，这里则强调的是心功、内功，使自己不陷入片面性、自利性、排他性、动乱性、狂妄性的自我遮蔽蒙蔽之中。

心者，形之君也，而神明之主也，出令而无所受令。自禁也，自使也，自夺也，自取也，自行也，自止也。故口可劫而使墨云，形可劫而使诎申，心不可劫而使易意，是之则受，非之则辞。故曰：心容，其择也，无禁必自见，其物也杂博，其情之至也不贰。《诗》云："采采卷耳，不盈顷筐。嗟我怀人，置彼周行。"倾筐易满也，卷耳易得也，然而不可以贰周行。故曰：心枝则无知，倾则不精，贰则疑惑。以赞稽之，万物可兼知也。身尽其故则美，类不可两也，故知者择一而壹焉。

转述：心是形体的统领，是精神的主心骨，心出主意发号施令要这样那样，而不是其他部位向心发号施令。心能够自行拒绝与采用、自行放弃或接受、自行行动或中止。嘴可以被堵封而紧闭，身体可以被劫持而屈伸，心意却是不能被劫持而改变的，心认为对，就接受，认为不对，就拒绝。心的状态，它怎么选择，只要不是用外力堵封，它总会表现出来。面对外力杂多的万象，它也总会并不犹疑地有所倾向而呈现。

《诗经·周南·卷耳》有句："采采卷耳，不盈顷筐。嗟我怀人，置彼周行。"就是说采撷卷耳，装不满筐，怀念着心爱的人，把筐放在了大路旁。本来卷耳很容易得到，装满一筐，也不难，但是心思不集中，也就做不成了。所以说，心思岔开了，就没了知觉，心意偏斜，就没了精细，三心二意，就没了准头。遵循道的大义理，考察万物，能够获得广博的知识，能够尽可能地体悟万事万物的道理，这是非常美好的事，为此，三心二意是不成的，一人应该选择好一个切入点，然后一以贯之地去体悟大道。

感悟：强调心思的专一，不可一心以为鸿鹄将至。强调培养虚静、平稳、容藏的道心。有道是："人心惟危，道心惟微。"人心会混乱、会虚妄、会蒙蔽、会起起伏伏、会胡思乱想神神经经进退失据，危就危在它的变易无常。道心精微、微妙、失之毫厘差之千里。中华文化强调心法、心术、正心、诚意、虚室（虚心）生白（明亮）、吉祥止止。也就是要将人心修炼成明通正大觉悟的道心：有道之心、得道之心、无往不胜、无往不正、无往不利的道心。

农精于田而不可以为田师，贾精于市而不可以为贾师，工精于器而不可以为器师。有人也，不能此三技而可使治三官，曰：精于道者也，精于物者也。精于物者以物，精于道者兼物物。故君子壹于道而以赞稽物。壹于道则正，以赞稽物则察，以正志行察论，则万物官矣。

转述：一个农民可能精于种田之事，但是当不成管理农业的官员田师；一个商人可能精于商贾事务，但是当不成管理商务的贾师；一个工人可能精于制器，但是他当不成管理工业的官。而另外也有这样的人，农工商的技术他掌握得有限，但是可以充任上述三种官员。他们的生产技能虽然不行，但是他们懂得道，而不是仅仅懂得具体事务。如果是精于具体事务，那么会哪一行就干哪一行，而如果你掌握了道呢，你管哪一行都行。所以君子专一学道，以道考察一切，专一求道就走上了正道，以道考察也就能够明察，以正道来驱动自己的志意、行为，来判断理论的是非，这样万事万物都能得到应有的治理。

感悟：有具体行业的技能，有普遍概括的规律，有专门家，有管理人才，有狭小的专门领域，有放之四海而皆准的大概念。比较起来，政治家、哲学家是善于掌握与使用大概念的，天子君王公卿大臣兼而为政治家、哲学家、圣人、导师、精神领袖，就更厉害了，叫作内圣外王。

荀子很清醒，他承认各方面的专家与能工巧匠，又强调仅有专门技能未必能成为一个行业的管理官员，他区分精于物（具体专门行业）的"以物物"与精于道的"兼物物"的不同，他更要突出的是无往不胜的大道。

昔者舜之治天下也，不以事诏而万物成。处一危之，其荣满侧；养一之微，荣矣而未知。故《道经》曰："人心之危，道心之微。"危微之几，惟明君子而后能知之。故人心譬如槃水，正错而勿动，则湛浊在下而清明在上，则足以见须眉而察理矣。微风过之，湛浊动乎下，清明乱于上，则不可以得大形之正也。心亦如是矣。故导之以理，养之以清，物莫之倾，则足以定是非，决嫌疑矣。小物引之则其正外易，其心内倾，则不足以决庶理矣。故好书者众矣，而仓颉独传者，壹也；好稼者众矣，而后稷独传者，壹也；好乐者众矣，而夔独传者，壹也；好义者众矣，而舜独传者，壹也。倕作弓，浮游作矢，而羿精于射；奚仲作车，乘杜作乘马，而造父精于御。自古及今，未尝有两而能精者也。曾子曰："是其庭可以搏鼠，恶能与我歌矣！"

转述：当年舜治天下，并不是事事都要下诏指示，但许多事都做得很好。专一地守持大道，繁荣蓬勃就会围绕着你，用精微的道滋养自己，蓬勃繁荣自然有所成就。《道经》上说："人心要敬畏谨慎，便能获得道心的精微细致。"敬畏与精微的关联同异，只有贤明的君子才能有所体悟。比如静水，放好了不用管它，污浊自会下沉，清明自会上浮，足可以用来照到自己的须眉面容。微风吹过，污浊浮动，清明动摇，当镜子照就走了形啦。心也是这样，如果用义理引领它，用清明养育它，外物不造成它的任何倾斜，它也就是非分明，判断准确。而如果心受到一点小小的引诱，就会改变正思，倾斜内心，连最粗浅的道理也弄不清楚了。当年喜欢研究文字的人多得很，但唯有仓颉的文字传留下来了，没有别的，是因为仓颉掌握了专一完整的正道。喜欢农事的人也多，只有后稷的农学传下来了，也是因为后稷的专一完整。喜好音乐的人也不少，只有夔的乐理传留下来，因为他的专一完整。喜好义理的人很多，但是只有舜的义理传留了下来，因为他的专一完整。倕发明制作了弓，浮游发明制作了箭，后羿射箭最精通。夏禹时期的车官奚正制作了车辆，乘杜训练出了拉车的马匹，驾车最精通的则是造父，从古到今，没有三心二意而能精通一件事的人。曾子说：唱歌的时候，分心想着去捉老鼠，这样的人怎么能够与我一起唱好歌儿呢？

感悟："人心之危，道心之微。"荀子的这两句话似与《尚书·大禹谟》的"人心惟危，道心惟微；惟精惟一，允执厥中"很接近，整体思想也一致，虽然《大禹谟》或为伪作，但证明了这种对心功的强调，数千年来已经深入人心。

至于舜的榜样，孔子称舜为"无为而治"的典范，是游刃有余的圣王，是理想主义、"不知有之"（语出老子）的高士型先王。

空石之中有人焉，其名曰觙，其为人也，善射以好思。耳目之欲接则败其思，蚊虻之声闻则挫其精，是以辟耳目之欲，而远蚊虻之声，闲居静思则通。思仁若是，可谓微乎？孟子恶败而出妻，可谓能自强矣；有子恶卧而焠掌，可谓能自忍矣，未及好也。辟耳目之欲，可谓能自强矣，未及思也。蚊虻之声闻则挫其精，可谓危矣，未可谓微也。夫微者，至人也。至人也，何强，何忍，何危？故浊明外景，清明内景。圣人纵其欲，兼其情，而制焉者理矣，夫何强，何忍，何危？故仁者之行道也，无为也；圣人之行道也，无强也。仁者之思也恭，圣人之思也乐。此治心之道也。

凡观物有疑，中心不定，则外物不清，吾虑不清，则未可定然否也。冥冥而行者，见寝石以为伏虎也，见植林以为后人也，冥冥蔽其明也。醉者越百步之沟，以为蹞步之浍也，俯而出城门，以为小之闺也，酒乱其神也。厌目而视者，视一为两；掩耳而听者，听漠漠而以为㖶㖶：势乱其官也。故从山上望牛者若羊，而求羊者不下牵也，远蔽其大也，从山下望木者，十仞之木若箸，而求箸者不上折也，高蔽其长也。水动而景摇，人不以定美恶，水势玄也。瞽者仰视而不见星，人不以定有无，用精惑也。有人焉，以此时定物，则世之愚者也。彼愚者之定物，以疑决疑，决必不当。夫苟不当，安能无过乎？

夏首之南有人焉，曰涓蜀梁，其为人也，愚而善畏。明月而宵行，俯见其影，以为伏鬼也，卬视其发，以为立魅也，背而走，比至其家，失气而死，岂不哀哉！凡人之有鬼也，必以其感忽之间、疑玄之时正之。此人之所以无有而有无之时也，而己以正事。故伤于湿而击鼓鼓痹，则必有敝鼓丧豚之费矣，而未有俞疾之福也。故虽不在夏首之南，则无以异矣。

转述：有一个住在石洞里的人名叫觙，此人喜欢猜谜也勤于思考。但是如果有什么东西经过了他的耳目，他的思考就会搞不成，蚊虻的声音也会妨碍他集中精神，这样，逃避开耳目的听与看的愿望，远离蚊虻的声音，闲下心来，静下思虑来，思想就通畅了。如果我们对于仁的追求与思考能够达到这个程度，可以说是进于精微境界了。

孟子怕名声受损，想休弃妻子，说明他对自己要求很高，但是他没有很好地思考。有子读书时怕自己犯困，就用火烧手，这倒是够刻苦的了，但只能说明有子还缺少思考的习惯。躲避听听看看的欲望，远离蚊虻的声音，这说明觙很敬畏严谨了，但也谈不到精微。精微得道之人，是达到了极致的人，得道达到极致的人，哪里还用得着自强、自忍、敬畏严谨呢？马马虎虎自认为得了道的人，像火，别人看着很光亮，其实自身内心仍然是晦暗的，而真正得道的人，像水，内心是清明光亮的。圣人放开自己的欲望，兼顾自己的性情，同时以大道理来统领一切，又有什么自己使劲自强，苦行自忍，小心翼翼地自危呢？对于一个仁者，遵行大道，是不必刻意有为的；对于一个圣人，行道，是无须勉强的。仁者思想的特色是恭恭敬敬；圣人的思想的特点是快快乐乐，这正是料理内心的正道啊。

观察外物，疑疑惑惑，心神不定，你就看不清楚外物，看都看不清，也就做不出是非取舍的判断。黑暗中行路，看到横躺在那里的石头，以为是老虎，看到树木以为是站着人，这是由于黑暗遮蔽住了人眼。一个喝醉的人，过百步长的沟，以为是半步短沟，低下头走出城门，以为是上圆下方的小室门，那是由于酒干扰了他的神志。

用手按压着眼睛看东西，一个物件会看出重影；用手按下耳朵，会从无声中听到杂乱的声音，那是由于外力扰乱了感官。从山上往下看一头牛，你觉得它的大小像羊，虽然像羊，但是寻找羊的人不会下山去牵羊，人们明白，是距离遥远使你看不到牛的大块头。从山下看山上的树木，小得像一根根筷子，但是你不会当真上山去撅一副筷子，因为你知道是山高使你看不出树木的高与长。水的动态摇动着变化着映出的风光景影，但是你不会依水中景影判断风景的美丑，因为你知道，是水的摇动改变了景象。一个盲人仰头说是看不到星星，你也不会依他的说法判断天空是否有星，因为他是因为视障而啥也看不到的。没有什么人在这种条件路径下判断外物，如果他这样做，他就是蠢人了。蠢人判断，从不可靠到靠不住，做出的判断当然不会恰当。如果判断不当，又怎么可能不犯错误呢？

夏首南边，有个人名叫涓蜀梁，蠢笨而且胆子忒小，在月光下走路，看到自己的影子，以为是鬼魂伏地，反转看到自己的头发，以为是鬼魅站立，回身就跑，等跑回家，断气死掉了。这也太可怜啦。一个人以为自己见了鬼，那肯定是他自己感觉恍惚，疑心动荡之时做出的判断。这样的判断，以无为有，以有为无，恰恰在这样的时候自己去感觉判断，这就像一个人患上了风湿疾病，然后就敲鼓驱鬼，杀猪祭神，那肯定为之破费，但不会因此治愈你的疾病。这样的人，虽然没有生活在夏首南边，但他的蠢笨怯懦，与那位生活在夏首南边的涓蜀梁并无差别。

感悟：讲了许多做不到虚静专一、费尽心机、难臻至善，与心神不定、闹出笑话的故事。虚静专一的心态，对于教授学者专家与某些情况下的高端领导人的思考可能是必要的，但应该说这也只是一方面，而与此同时，敏锐警觉、随时捕捉感悟万有万物万象客观世界的信息，同样具有极大的重要性。荀子只讲一端，唯心太过，片面太过了。

而按照唯物论的认识论，外部世界绝对不是只能给主观世界以干扰，更会给主观世界以材料以启发以矫正以感觉与知觉。就是在中国，在儒家那边，也是提倡格物致知的。完全脱离了外物，脱离了天地人，脱离了阴阳五行，脱离了物态事态君心臣心民心的把握，而绝对专一虚静，那就是思而不学则殆，那样的思想者是会患精神病的。

知识、学问、心智的源泉是世界，是人间、是古往今来的历史典籍文物，要读万卷书，还要行万里路。不可能只靠静坐与苦想讨生活。

凡以知，人之性也；可以知，物之理也。以可以知人之性，求可以知物之理而无所疑止之，则没世穷年不能遍也。其所以贯理焉虽亿万，已不足以浃万物之变，与愚者若一。学，老身长子而与愚者若一，犹不知错，夫是之谓妄人。

故学也者，固学止之也。恶乎止之？曰：止诸至足。曷谓至足？曰：圣也。圣也者，尽伦者也；王也者，尽制者也；两尽者，足以为天下极矣。故学者，以圣王为师，案以圣王之制为法，法其法，以求其统类，以务象效其人。向是而务，士也；类是而几，君子也；知之，圣人也。故有知非以虑是，则谓之惧；有勇非以持是，则谓之贼；察孰非以分是，则谓之篡；多能非以修荡是，则谓之知；辩利非以言是，则谓之詍。

传曰："天下有二：非察是，是察非。"谓合王制与不合王制也。天下有不以是为隆正也，然而犹有能分是非、治曲直者邪？若夫非分是非，非治曲直，非辨治乱，非治人道，虽能之无益于人，不能无损于人。案直将治怪说，玩奇辞，以相挠滑也。

转述：人对世界要能有所知，这是人性所要求所具有的；世界有被人知道的可能，这是外物的道理。以求知的人性，去观察研究世界外物的可知的道理（可知性），如果没有个限制，那是一代代永远没有完结的。一个人可以学到大量海量的知识，但不足以应付万物的变化，这就与愚人一个样。学了半辈子，从小学到老，感觉自身仍然如同一名愚蠢之人，到这时仍然不知道自己的过错，这样的学人就成了虚妄之人。

所谓学习，有一个目标、有一个终点。这个目标，这个终点就是达到至足——充分到位。那么什么是至足呢？就是做圣王。圣就是获得了万事万物的规则伦理；王就是治平天下，王天下，成为天下之王；这两方面都做到了家，也就是天下的顶峰了。我们所说的学习，就是以圣王为师表，以圣王的体制为法度，效法圣王法度，把握这种体制法度的纲领原理，同时各方面效法圣王的为人，向着这个目标努力的是士；接近于这个目标的，是君子；通晓了圣王之道的，就是圣人。有智慧但是不往正道上用心，这是有所愁惧（不敢在现实已经礼崩乐坏的局面下，回过头走先王的至圣正道）；有勇气但不以这种勇气守持正道，那就是贼；能熟练地辨察事物，却没有用来分辨正道，这就会篡夺是非、以非充是；有多方面的技能但是没有用来弘扬正道，那就是狡猾；善于言辞却不用到正道上，那是十足的废话。

古书有道是："天下两件大事，一个通过明察非王制非正道来守持正道，一个是通过守持正道来察觉抵制非王制非正道。"这里说的"正道"，就是合乎王制之道；这里说的非正道，就是不合王制之道。天下有什么人能够不以王制为高明的正道，却还在那里分析讨论什么是是，什么是非，什么是曲弯，什么是正直，什么是治，什么是乱，什么是人间之道的吗？离开了是非、曲直、治乱、人道，你有多少能力，又对谁有益呢？你缺少许多能力，又对谁有损失呢？这样下去，干脆就是奇谈怪论、标新立异、相互捣蛋为戏罢了。

感悟："理无专在，而学无止境也"，此话出自清代刘开《问说》，已被广泛接受，在其他不同时代不同地域民族文化背景中也有类似的说法。

荀子提了一个极有趣的问题，既然学问无止境，那么智人蠢人都只能在知识的海洋前面望洋兴叹，在无止境无穷尽的学识知识世界宇宙历史古今面前，智者与愚者的渺小感无能感无力感并无差别。因此，该须知止，必须限定一个相对有限的空间时间功业条件，你的学习、智慧、功业、努力、贡献才有意义可言。当然了，如果将你的努力定位于多少个银河系之中之外，定位于亿万斯年有人类有生命有地球之前到地球消失生命消失人类消失之后，你的学习与不学习、建功立业与一事无成、大智大勇与愚蠢怯懦之分别，又有什么意义可言呢？

所以要划界、划线、划圈，树顶、树高、树圣。荀子关心的"知"与"学"限于修齐治平，荀子树立的榜样限于古代圣王，荀子判断是非的依据限于"王制"。简单地说，他关心的是天子、君王、公卿、君子、士——权力与候补权力系统的纲纪与运作，限于经世致用做官。

这就与当今对学习与智慧的理解大异其趣了。生也有涯，知也无涯，不足为奇，各有追求，各有局限，各有心志，也很自然。同时我们承认追求的多样性、成就的多样性、圣与王的多样性，这样就不会画地为牢，视后世的魏晋名士也好、贾宝玉之流也好、各种能工巧匠、专家名流也好、各种幻想家奇葩人物也好，为千篇一律的修齐治平主流的死敌了。

　　案强钳而利口，厚颜而忍诟，无正而恣睢，妄辨而几利；不好辞让，不敬礼节，而好相推挤：此乱世奸人之说也，则天下之治说者方多然矣。传曰："析辞而为察，言物而为辨，君子贱之；博闻强志，不合王制，君子贱之。"此之谓也。为之无益于成也，求之无益于得也，忧戚之无益于几也，则广焉能弃之矣。不以自妨也，不少顷干之胸中。不慕往，不闵来，无邑怜之心，当时则动，物至而应，事起而辨，治乱可否，昭然明矣。

　　周而成，泄而败，明君无之有也；宣而成，隐而败，暗君无之有也。故君人者周则谗言至矣，直言反矣，小人迩而君子远矣。

　　《诗》云："墨以为明，狐狸而苍。"此言上幽而下险也。君人者宣则直言至矣，而谗言反矣，君子迩而小人远矣。《诗》曰："明明在下，赫赫在上。"此言上明而下化也。

　　转述：而那种强行钳制、巧言善辩、厚颜无耻、不守正道、放肆任性、妄言求利、不懂谦让、相互排挤的议论学说，这正是乱世奸人的一套。而当今，天下发表学说议论的人恰恰多是如此。古书有道是："抠咪点名词来表现自己有见解，评论点外物来显示自己的辩才，君子是看不上的。博闻强记，不合圣王的体统，不入大道主流，君子也是予以蔑视的。"搞上一套东西，去做了也无益于成修齐治平之事，追求了也得不到什么绩效，为它发了许多愁也解除不了危难，那么，就赶快把这种空谈邪说远远地抛弃掉吧！不要自己妨碍羁绊自己，（要解放自己）不必让这些空论干扰自身哪怕只是一小会儿。既不必恋旧怀古，也不必钟情未来，用不着可怜这个放不开那个，什么事到哪儿说哪儿，赶上点儿了就出手，兵来将挡、水来土掩，遭遇什么事办什么事，能不能治理好，会不会搞乱，什么事可以做，什么事不干，这其实是很容易弄明白的。

认为什么事周密藏隐就能办成，泄露于外就会失败，明君是不会这样想这样做的；认为宣示真相才能成功，隐瞒藏掖才会失败，昏君是不会这样想这样做的。一个君王，周密藏隐，神神秘秘，进谗言的人也就来了，说直截了当的实话的人走了，小人离他近了，君子离他远了。

《诗经》上说："你这边指黑作白了，他那边指着黄狐狸说成苍（青黑）狐狸喽。"这就是说，君王在上神神秘秘，下面的臣民就会危言耸听、想入非非。而君王如果能做到宣示真相，各种直截了当的真话就来了，谗言诡语就走了，君子越来越近，小人越来越远。如《诗经·大雅·大明》所说："一片光明的下景，来自显赫荣耀的上层。"这就是说，上面的君王大臣——权力系统，如果光明正大，底下的臣民，也就随之而感化善良化了。

感悟：从当时的人包括荀子来看，东周春秋战国时期乃是一个乱世。乱世出英雄，乱世也出诸子百家，争鸣齐放。争鸣齐放的逻辑与天下太平的逻辑，在中国传统文化中是相悖相毁的。在现代意识中，往往既追求平安稳定小康发展安居乐业，又希望能百家争鸣、百花齐放，希望二者能够统一起来。古代的观念则不一样，孔子强调"吾道一以贯之"，孟子喜欢说的"天下定于一"，就认定一比多好，一比百家百花好。当然，孔子孟子同时希望这个一能代表多，囊括多，消化多，周而不比，君子之道，和而不同，君子之争，等等。

权力上层不要搞幽闭，要明白宣示，才能政通人和，这是很有远见的见解。明明在上，赫赫在化，在上者光明正大、真切诚恳，在下者恭敬老实、身体力行；极佳，仍亟待努力。

正名

本章洋洋洒洒，雄辩地讲说命名、正名、据名行实、据名治国平天下的重要性，抨击了搞乱名义，从而搞乱性质、搞乱秩序、搞乱礼乐义理的危险性。重点批评了名家利用语言逻辑悖论而立巧言、非常识常理的现象，又特别为人欲正名，为尊道立论。

后王之成名：刑名从商，爵名从周，文名从《礼》。散名之加于万物者，则从诸夏之成俗曲期，远方异俗之乡则因之而为通。

散名之在人者：生之所以然者谓之性。性之和所生，精合感应，不事而自然谓之性。性之好、恶、喜、怒、哀、乐谓之情。情然而心为之择谓之虑。心虑而能为之动谓之伪。虑积焉、能习焉而后成谓之伪。正利而为谓之事，正义而为谓之行。所以知之在人者谓之知。知有所合谓之智。智所以能之在人者谓之能。能有所合谓之能。性伤谓之病。节遇谓之命。是散名之在人者也，是后王之成名也。

转述：后来的君王，使用现成名称概念：刑法方面，依据商朝命名，爵位方面，依照周朝命名，礼仪方面，依据《礼经》命名。其他多种多样的事物名称，则是依照中原地区民俗习惯，成就各式称呼名称。风俗习惯不同的远方乡土，也依照已有名称互相有所交流沟通。

关于人本身的各种名称：生下来就这样的，称作性。性由阴阳二气，交合生出、精神相互有所感应、不加干预而自来如此的。性表现出来好恶、喜怒、哀乐，叫作情。有了情，再对之有所选择取舍把握，叫作思虑。经过思虑，人按思虑的结果而行动，叫作人为。思虑渐渐积累，官能变成习俗规范，叫作人为（文化）。符合功利而去做的叫作事（事业、事功、工作）。遵照义理而去做的，叫作（德）行。人所具有的认识事物的能力叫认知能力。认识能力和外物相符合叫作智慧。智慧所达到的能力叫作能。已有的能与各种事物有所结合拓展创造，也还是能。天性受到伤害叫作病。偶然的遭遇叫作命。这些就是人本身的各种名称，是后世的君王所接受、所认同的称谓。

感悟：《论语》里孔子讲为政的开始与切入在于正名："必也正名乎！……名不正则言不顺。"名称，已经预置好了性质、功能、地位、价值、政策，命名就是确定确证对一切人与事物的认知、判断、选择、态度。确定了尧舜汤禹……的圣王名义，当然要毕恭毕敬、践行与守护圣王之道；确定了桀纣的独夫民贼名称，当然就肯定汤武革命的正义性合道性合法性。确定了篡、逆、弑、诬的名称，当然就是对某种历史行为记录与有关责任人的否定；确定了忠、勇、信、烈的名分，当然就是名垂青史、流芳百世。

从中可以看到汉语汉字在中华文化、中华政治、中华社会中的作用，尤其是汉字文化特有的奠基与预置作用。一言可以兴邦，一言可以丧邦，孔子的这种说法与其解释为对言论钳制的重视，不如释为对汉字汉语字（字的意义是汉语一大特点）与词，与拼音文字相比的重要性、内涵丰富性、政策预置性的理解。

故王者之制名，名定而实辨，道行而志通，则慎率民而一焉。故析辞擅作名以乱正名，使民疑惑，人多辨讼，则谓之大奸，其罪犹为符节、度量之罪也。故其民莫敢托为奇辞以乱正名。故其民悫，悫则易使，易使则公。其民莫敢托为奇辞以乱正名，故壹于道法而谨于循令矣。如是，则其迹长矣。迹长功成，治之极也，是谨于守名约之功也。

今圣王没，名守慢，奇辞起，名实乱，是非之形不明，则虽守法之吏，诵数之儒，亦皆乱也。若有王者起，必将有循于旧名，有作于新名。然则所为有名，与所缘以同异，与制名之枢要，不可不察也。异形离心交喻，异物名实玄纽，贵贱不明，同异不别，如是则志必有不喻之患，而事必有困废之祸。故知者为之分别，制名以指实，上以明贵贱，下以辨同异。贵贱明，同异别，如是则志无不喻之患，事无困废之祸，此所为有名也。

然则何缘而以同异？曰：缘天官。凡同类、同情者，其天官之意物也同，故比方之疑似而通，是所以共其约名以相期也。形体、色、理以目异，声音清浊、调竽奇声以耳异，甘、苦、咸、淡、辛、酸、奇味以口异，香、臭、芬、郁、腥、臊、洒、酸、奇臭以鼻异，疾养、凔、热、滑、铍、轻、重以形体异，说、故、喜、怒、哀、乐、爱、恶、欲以心异。心有征知。征知则缘耳而知声可也，缘目而知形可也，然而征知必将待天官之当簿其类然后可也。五官簿之而不知，心征之而无说，则人莫不然谓之不知，此所缘而以同异也。

然后随而命之：同则同之，异则异之，单足以喻则单，单不足以喻则兼；单与兼无所相避则共，虽共，不为害矣。知异实者之异名也，故使异实者莫不异名也，不可乱也，犹使异实者莫不同名也。

转述：王者要制定名称名义系统，确定命名，区分实际对象，按照命名含义，遵循正道应对，谨慎地统一对各种名义的辨识把握。这样，如果玩弄辞令，伪造名称名义，扰乱正式名义，惑乱人心，造成纷扰争执，乃是大奸大恶，是与伪造身份证明或度量衡具一样重大的犯罪行为。民人们是不敢假托一些奇葩词汇搞乱正规的名义名称系统的，这样的民人也就比较诚恳实在，诚实的人容易治理，治理这样的人易见功效。他们不敢用一些怪词儿扰乱视听，他们一心守法遵道，他们小心谨慎地服从法令。这样，他们的事业，也就能够恒久，恒久了，功业也就大有成就了，这些就是守持约定认同的名称系列的功效啊。

而如今，圣王已经不存，正名的事宜轻慢下来，怪词渐长，正名混乱，名实不符，是非难以分清，这样，就是守法的官吏，讲述各种典章制度的儒生，也跟着混乱起来。这时如果有真正的王者兴起，他必定恢复一些旧名义，制定一些新名义。那么为什么需要有这些名义，为什么要通过不同的名义分清各种事物的异同，各种命名的主旨何在，那是必须搞清楚的。

人与人，形貌不同、心思各异，但又要彼此打交道，世上万有万物，名实有相符有不相符，其贵贱并不明晰，其同异也未必能分清楚，这样的话，一个人的意愿别人无法理解，一件件事务会从而延误搞砸。所以智者要为之区分识别，命名定义，对上分清高低贵贱，对下辨别同异特色。能分清贵贱，能区别同异，就不会是一个人的心愿别人无法理解，不会是一件件事务被延误搞砸，这就是命名定名的意义所在了。

那么人们又是怎样区分万物的呢？首先是根据人们的感官的分辨。感官对某一类事物的印象感觉相类相通，这样共同约定一个名称，大家可以有共同的指向。形状、颜色、纹理是由眼睛来辨别的，声音、音调、音品、异音用耳朵辨别，甜苦、咸淡、辣酸、异味由口舌辨别，香臭、腥臊、爽腐、各种奇怪的气味由鼻子来辨别，痛痒、寒热、滑涩、轻重由身体来辨别，欣悦、做作、喜、怒、哀、乐、好、恶，由心来辨别。心有辨识表征的能力，辨识表征，就是说随着耳朵辨识声音，随着眼睛辨识形色，也就是说心的辨识要在感官接触外物时才能起作用。如果感官接触过了仍然无所知晓，以心辨识了一番也没有什么说法，那么人人就会认为这是全然的无知，这就是识别事物的同异的根据。

然后随着人们的认识给各种事物命名：相同的事物就取相同的名称，不同的事物就取不同的名称；可以是单名，如果单名不足以达意，也可以是复名；还可以在二者难以对冲时，单名与复名共存兼用。要使不同的事物有不同的名称，不能乱来，这与使相同的事物具有相同的名称，以利共识与相互交流的含义是一样的。

感悟：命名、正名、掌控语言，调适与更新、守护与坚持特定的名称名义名衔，通过语言把舵达到治国理政与巩固朝廷江山的目的，这是一种治理的理想主义，文化立国、文化治国主义。从当代的新民主主义与社会主义、无产阶级专政与人民民主主义、中国特色、初级阶段、市场经济、修正主义、"左"右倾机会主义……的命名正名中，从对农村地主、富农、上中农、中农、贫下中农的阶级阶层命名中，从某些人的"戴帽子""摘帽子"的践行中，我们可以充分体悟以"名"为政的绝妙功效与语言为政的根本功能。孔荀之论，大矣!

另一方面，语言、言语，毕竟是万民万事万地万年不停地大量使用着流通着发展着变化着的，也常常是被误解误言耍弄歪曲着的，与庙堂的大雅大颂高大上语言同时，还有各种村言俚语、荤言淫语、冷言恶语、疯言狂语、醉言梦语、胡言乱语、俗言卑语、谎言诓语、脏言浊语，难矣哉，语言之治理也！

故万物虽众，有时而欲遍举之，故谓之物，物也者，大共名也。推而共之，共则有共，至于无共然后止。有时而欲偏举之，故谓之鸟兽。鸟兽也者，大别名也。推而别之，别则有别，至于无别然后止。

名无固宜，约之以命。约定俗成谓之宜，异于约则谓之不宜。名无固实，约之以命实，约定俗成谓之实名。名有固善，径易而不拂，谓之善名。物有同状而异所者，有异状而同所者，可别也。状同而为异所者，虽可合，谓之二实。状变而实无别而为异者，谓之化。有化而无别，谓之一实。此事之所以稽实定数也，此制名之枢要也。后王之成名，不可不察也。

转述：万物众多，有时需要囊括议论，需要给万物起一个名称，就叫作"物"。物，是一个大名称，共名概念。往上还可以推导，共名与共名集合起来，还有更大的共名，一直推导到头，没有更大的共名了，到头了为止。有时又要限于只指其中特殊的一部分，例如"鸟兽"，鸟兽，乃是大名下很大的别名（即既有概括性又有特别所指的名称），别名还包括更小的别名，往小里推导，直到没有更小的别名时为止。

名并不是由于合适而定的（合不合适，是很难论证的），名之成立是靠大家的相约普遍接受。约定俗成的名称就是合适的，违反了约定俗成的共识，其名称就是不合适的。名也并非自来实际、永远合乎实际的，大家约好了命名指实，约定俗成实指，也就成为实指某物的名称了。有自来就很好的命名，简易明白，不产生歧义，这就是好的命名。

物，有的形状相同，所处的时空条件不同，有的处境相同，形状各异，这是需要区分的。形状相同处境不同的，二者同名却有两种实际状况，形状变异了，其实还是同一物的，那是"化"的结果。有了变化，但仍然是同一实物的，其实实质为一。这就是说，人们要稽查实际，确定异同与一还是二。这正是制定名称的要旨，后王完成了那么多命名，是不能不注意到这一点的。

感悟：荀子论名，相当细致。关于大小名称问题，用今天的语言来说，是讲概念之间的包括与隶属关系。接着讲至今不易的语言上的约定俗成原则，这应该算是符号学原则，符号的意义在于约定俗成的解释、理解。但约定俗成既不是逻辑与必定的产物，所以人类有如此众多各不相同的语言文字符号，又不是绝对偶然随机的产物，符号的形成有偶然的巧合，也有必然的逻辑。比如妈妈的称呼如此富有人类性共同性，就与婴儿吃母奶的口型有关。许多语种对于牙齿的说法发音，都有明显的齿音；汉语的肯定词"是"能从西班牙语、意大利语的 si、法语的"唯唯"中找到感觉，这也不是偶然的。

最后荀子强调同名的对象的相异状态与异名实指也极可能本为同一。荀子认为，治国理政应该避免由于名的理解上的相异与混乱而发生争拗冲突。

但是语言异议的社会学现象毕竟是不可能仅仅由于治理或颠覆治理的需要而产生，也不会由于有效的治理而达到绝对规范，正如"恺撒的归恺撒，上帝的归上帝"的说法一样，语言也其实是归语言，治理归治理，也正如治理会作用于语言一样，各种语言尤其是舆论、民谣、讽喻与民粹呼声也作用于治理。

"见侮不辱"，"圣人不爱己"，"杀盗非杀人也"。此惑于用名以乱名者也。验之所以为有名而观其孰行，则能禁之矣。"山渊平"，"情欲寡"，"刍豢不加甘，大钟不加乐"，此惑于用实以乱名者也，验之所缘无以同异而观其孰调，则能禁之矣。"非而谒楹有牛，马非马也"，此惑于用名以乱实者也。验之名约，以其所受悖其所辞，则能禁之矣。凡邪说辟言之离正道而擅作者，无不类于三惑者矣。故明君知其分而不与辨也。

夫民易一以道而不可与共故，故明君临之以势，道之以道，申之以命，章之以论，禁之以刑。故其民之化道也如神，辨说恶用矣哉！今圣王没，天下乱，奸言起，君子无势以临之，无刑以禁之，故辨说也。实不喻然后命，命不喻然后期，期不喻然后说，说不喻然后辨。故期、命、辨、说也者，用之大文也，而王业之始也。名闻而实喻，名之用也。累而成文，名之丽也。用、丽俱得，谓之知名。名也者，所以期累实也。辞也者，兼异实之名以论一意。辩说也者，不异实名以喻动静之道也。期命也者，辨说之用也。辨说也者，心之象道也。心也者，道之工宰也。道也者，治之经理也。心合于道，说合于心，辞合于说，正名而期，质请而喻。辨异而不过，推类而不悖，听则合文，辨则尽故。以正道而辨奸，犹引绳以持曲直，是故邪说不能乱，百家无所窜。有兼听之明而无奋矜之容，有兼覆之厚而无伐德之色。说行则天下正，说不行则白道而冥穷，是圣人之辨说也。《诗》曰："颙颙卬卬，如珪如璋，令闻令望。岂弟君子，四方为纲。"此之谓也。

转述：说什么受到侮辱者可以不认为是侮辱，也就等于没有受辱；圣人是不会爱惜自己的；杀掉一个强盗，不算是杀人，这都涉嫌胡乱定名、搞乱名称体系。检验一下，某一种名称如侮辱、圣人、自己、人、盗的所以命名的原义，再看看正常的使用与怪异的用法，哪个能通行，也就可以否定那些巧言谬论了。此外还有什么"山峰与深渊是一样平的"，"人的性情是要减少欲望的"，"吃肉不比吃其他更可口"，"大钟并不能使音乐更添彩的妄言"，都是迷惑实情而搞乱名称体系的。拿到实际中检验一下，为什么会出现不同说法，看看哪种说法更符合实际，也就把错误的东西否定掉了。"互相排斥的东西其实是互相补充的，而白马是不能说是马的"，这一类说辞则惑乱于名称体系，来搞乱实情实感，让我们在对于名称体系的约定俗成中检验它们，看看它们究竟接受了什么，又在反对什么，也就把附着的邪说否定掉了。凡是异端邪说，奇谈怪论，违背正路，胡言乱语的，无非是以名乱名、以实乱名、以名乱实三种路子在那里作虚妄邪说的，明君知道他们与正常思维的区分在何处，也就不与他们分辨了。

民人是可以做到凝聚于道的，但是不可与之共享治国平天下的道理。明达的君王懂得要让民人面对自己权力系统的威势，引导民人走上正道，三令五申，讲明命令，整理好几条先圣高论，再用刑罚来禁止邪恶。明达的君主，教化百姓，同遵正道，效验如神，又哪里用得着口舌之辩呢。

现在呢，圣王已殁，天下大乱，邪说纷起，君子威势不再，又做不到以政法手段禁止邪恶，于是辩说争论不已。理解不了实事，乃需要一一命名定性，命不成名就交谈（开会），交流不明白就（讲演）讲道理，道理也讲不明白，就反复辩说论证。命名、交谈、讲演、辩论，这是大规模的文化文饰，是王者事业的开始。命名帮助你理解了实际，这是名的效用。命名积累多了，成就了文化文饰，显示了名称体系的美丽与对应性，又有效用，又能美化，叫作知名得名。名是对实的认知积累。言辞（命题）是实、各不相同的名、与实有所差异的名……各方面名的兼收与联系，从而形成一种道理认知。而辩说，是对于一种实与名的道理是非的衡量讨论。而各种命名与讨论，正是用来辩说推理的。辩说，又是心对于道象的体悟表达。心，是道的主管。道，是治理的大纲。心需要合乎正道，学说要合乎心志，辞章要合乎学说，名称名义要符合约定，做到发表意见时实质自见，清楚明白。与不同见解有所辩议而不产生误解，推导对象的类别性质而不违背事实，听起来，符合文质彬彬的期待，辩说，道理说得充分。

依据正道，批驳奸恶，也还要引经据典，找到标准，分析是非曲直，像以绳墨来比照衡量一样。这样，邪说不能作乱，各家，谁也不能制造与利用乱局。这样，人们学会保持兼听多方的明智，却不会因而骄傲自大，有兼收并蓄的仁厚，却不会从而自吹自擂。这样，你的学说通行了，天下为之走上正路；行不通，也可以讲明自己的道理隐居起来。这是圣人的辩说立论。《诗经·大雅·卷阿》上说："温文尔雅，气宇轩昂，如玉之珪，如玉之璋，声誉本乡，名望四方，亲切友爱，君子之纲。"就是这样的意思。

感悟：讲语言、名称、名义的约定俗成，这个原则今天仍然适用，目前语言现象的沿革取舍，仍然离不开约定俗成的原则。至于先秦名家对于语言领域语词、语法、语势与言语习惯上的悖论的研究与质疑乃至语言游戏，荀子表示了轻蔑的否定，并指出了它们的危害。他当时还无法容许语言学逻辑学上的非功利、形而上的探讨。然后进一步从名到辞、到文章、到游说、到辩论、到研讨，荀子希望大家遵守约定俗成，主张名实相符、心道相符、辞学相符，尽量避免巧言令色、故弄玄虚、盛气凌人却又只做到了意气之争、口水之战。

荀子对名家多有不敬，对于道家反倒少有同样的责备。老庄的理论与名家的理论相比，还是厚重得多了。

辞让之节得矣，长少之理顺矣，忌讳不称，袄辞不出，以仁心说，以学心听，以公心辨。不动乎众人之非誉，不治观者之耳目，不赂贵者之权势，不利传辟者之辞，故能处道而不贰，吐而不夺，利而不流，贵公正而贱鄙争，是士君子之辨说也。《诗》曰："长夜漫兮，永思骞兮。大古之不慢兮，礼义之不愆兮，何恤人之言兮！"此之谓也。

君子之言，涉然而精，俛然而类，差差然而齐。彼正其名，当其辞，以务白其志义者也。彼名辞也者，志义之使也，足以相通则舍之矣；苟之，奸也。故名足以指实，辞足以见极，则舍之矣。外是者谓之切，是君子之所弃，而愚者拾以为己宝。故愚者之言，芴然而粗，啧然而不类，諓諓然而沸。彼诱其名，眩其辞，而无深于其志义者也。故穷藉而无极，甚劳而无功，贪而无名。故知者之言也，虑之易知也，行之易安也，持之易立也，成则必得其所好而不遇其所恶焉。而愚者反是。《诗》曰："为鬼为蜮，则不可得，有靦面目，视人罔极。作此好歌，以极反侧。"此之谓也。

转述：谦虚辞让的礼节做到，长幼之别理顺，应该避讳的言语不说，奸邪的话语也不会出口，以仁爱之心说话，以好学之心听取，以分清是非之心分辨。不被他人的非难或赞誉干扰，不追求迎合或惑乱受众的视听，不迎合讨好权贵的势力，不接受周围人员的奉承，守持正道，坚定不移，说话发声，不夺其志，不逐私利，不随大流，高看公平正派的讨论，藐视卑下浅陋的争拗，这才是士人与君子的讨论辩说。

《诗经》中说："漫漫长夜，总要想想自己的失误。古代的圣贤岂敢怠慢，礼义的原则岂可违反，又何必在意他人的闲言？"

君子说话，深刻精辟，切实条理，各说各的而又有所凝聚与互通。各种名辞之属，是为了标明含义，含义相通，名辞之争可以丢掉它们。相通了还在那儿玩弄辞令，就是奸人干的事儿啦。所以说，如果名可以指出实际，辞足以把握要点，也就行了，不必再咬文嚼字。超过了这个度，就是装腔作势、故作高深，君子从来不这样做，而小人以此为宝贝。

愚傻的人说话，轻浮粗陋，吵吵闹闹，乱乱哄哄，冒火沸腾。他们惑乱名词，卖弄辞藻，却没有深刻见地。他们东拉西扯抓不住要害，劳累却不见功效，极欲成就却并无声誉。智者的言语反过来，你想想容易想通，你做起来容易安稳，你守持起来也站得住，有所成就，得到的是你所希望的正面的结果，不是你所憎恶的负面的结果。这与愚傻者的说话是相反的。《诗经·小雅·何人斯》上说："如果你是鬼是妖，我还看不穿你，但是你长着人的面目，终日相见，怎么可能闹不明白呢？让我作一首诗，把你说透吧！"

感悟：不同的人格，不同的心态，对待名的态度、讲说与讨论、辩论的态度也会大有不同。要谦虚谨慎、清楚明白，要听取不同说法，要与人为善，要适可而止，要把握要点，不要吵吵闹闹，不要搅乱局面，不要在争论中流露出自性的丑恶偏狭，等等。

　　讲到语言、命名、定性、明礼诸问题时，既涉及专业性技术性问题，更取决于诚意、正心、修身、通道、师圣的根本品质问题礼义问题，时时不忘自我学习、培育、端正、恭敬、慎独，有浩然正气在焉。

　　凡语治而待去欲者，无以道欲而困于有欲者也。凡语治而待寡欲者，无以节欲而困于多欲者也。有欲无欲，异类也，生死也，非治乱也。欲之多寡，异类也，情之数也，非治乱也。欲不待可得，而求者从所可。欲不待可得，所受乎天也；求者从所可，受乎心也。所受乎天之一欲，制于所受乎心之多，固难类所受乎天也。人之所欲，生甚矣，人之所恶，死甚矣，然而人有从生成死者，非不欲生而欲死也，不可以生而可以死也。故欲过之而动不及，心止之也。心之所可中理，则欲虽多，奚伤于治！欲不及而动过之，心使之也。心之所可失理，则欲虽寡，奚止于乱！故治乱在于心之所可，亡于情之所欲。不求之其所在，而求之其所亡，虽曰我得之，失之矣。

　　性者，天之就也；情者，性之质也；欲者，情之应。以所欲为可得而求之，情之所必不免也；以为可而道之，知所必出也。故虽为守门，欲不可去，性之具也。虽为天子，欲不可尽。欲虽不可尽，可以近尽也；欲虽不可去，求可节也。所欲虽不可尽，求者犹近尽；欲虽不可去，所求不得，虑者欲节求也。道者，进则近尽，退则节求，天下莫之若也。凡人莫不从其所可，而去其所不可。知道之莫之若也，而不从道者，无之有也。

　　假之有人而欲南，无多；而恶北，无寡。岂为夫南者之不可尽也，离南行而北走也哉？今人所欲无多，所恶无寡，岂为夫所欲之不可尽也，离得欲之道而取所恶也哉？故可道而从之，奚以损之而乱！不可道而离之，奚以益之而治？故知者论道而已矣，小家珍说之所愿者皆衰矣。

　　转述：凡是谈起治国平天下来，认为去掉人们的欲望是治理的前提的，只能说明自身没有引导欲望的能力，而是被人们的欲望所难住了。凡是认为人的欲望必须减少才能治国平天下的人，只能说明是自身没有能力节制规范人们的欲望，而在多欲的事实前束手无策。有欲还是无欲？这是两类事物，是生与死的差别所在，而不是治理好与出现乱局的差别所在。多欲还是寡欲，那是一个性情的分别，也不是治理好与出现乱局的区分。欲望并不需要以获得满足为前提来产生，而是人类已经有了欲望，再按照可能实现与否去做些事以追求。欲望是天生的，不需要等待此种可能性的落实。追求是心想的，则考虑可能性与实践性的掂量。这样，天生的欲望当然会受到多谋善虑的心思选择制约。

人是非常想要生存的，人是非常不愿意死亡的，然而人是有从生到死的过程的，并不是人产生了死欲而死，却是由于你不可能长生不老，于是可能——必然生而后死。有时候欲望超过了你的行动，你的行动赶不及你的愿望，那是由于你的行动受到了心思节制。只要你的心思所肯定的事情合理，欲望再多也能受心思节制，欲望再多也不会影响治国平天下。也有欲望并没有那么过分、行动却超过了意愿的状态，那是由于心思驱动过分所致。心思的驱动不符合常理，即使欲望有限，照样会产生乱局。治还是乱，在于心，在于思想，不在于欲，不在于愿望。不去注意治乱的真正问题所在，而去盯着不决定治乱兴衰的欲望，自以为有所见地，有所主张，其实是错失了治国正道。

性，是天生已就；情是天性的实际内涵；欲是性情对有生诸事物的反应。认定自己的欲望是可能获得的，便有所追求，这是性情中不可避免的趋势。以为是可行的便去行动，这是人类智慧所必然导引的驱动。你即使地位低贱如看门人，欲望不可能除，因为它是人性中既有的存在。你即使天子一般地位高贵，欲望也不可能得到完全彻底满足，那是不可能的。接近于满足欲望，却是可能的；消除欲望是不可能的，对欲望有所节制掌控，却是可能的也是必须的。有所引导的话，向前一步，接近于满足所有欲望；后退一步，则要反过来节制删减欲望，那就是他人赶不上的极好自我把握了。是人就知道可以从事有可能的追求，而消除那不可能做到的追求，知道有所导引是必须的有好处的，反过来拒绝一切导引的人是不存在的。

假设一个人要往南方去，远不远都要去；同时他讨厌北方，不想去北方，不论北方多么近他也不去。这样的人是不会因为嫌南方远改去自己不喜欢的北方的。人不可能因为欲望难以充分满足就改变追求欲望的路径，而走向自己所厌恶的方向。所以一个人，他会导引掌控自己追求欲望满足的道路，但是不会走损害自己欲望走向歧途而生乱。既然不能引导自己离弃欲望，为什么不引导人们去接近欲望而使家国天下得到治理呢？智者不过是根据正道来做出论断罢了，而其他小派别的说法，也就不攻自破了。

感悟：荀子了不起，在孔孟老庄差不多都主张节欲、都认为欲望会致病致误致乱的古代中国，在孔子歌颂的是"一箪食一瓢饮"，孟子称道的是"劳其筋骨，饿其体肤"，老子指出的是"五色乱其目，五味乱其腹"，庄子表达意愿是做一个"在泥泞中甩尾巴的小乌龟"的同时，荀子提出欲望不是祸害的根源，欲望出于天性，有欲望而有追求、有追求而或许不能实现、以心志理智管控好欲望就好，这是很合情合理的。可惜的是荀子的正确地平心静气地对待欲望的观点没有发扬光大，没有继承发展，从而出现了传统文化中某些与人性为敌、与欲望势不两立的矫情生硬之瑕疵。惜哉！

凡人之取也，所欲未尝粹而来也；其去也，所恶未尝粹而往也。故人无动而不可以不与权俱。衡不正，则重县于仰，而人以为轻；轻县于俯，而人以为重，此人所以惑于轻重也。权不正，则祸托于欲，而人以为福；福托于恶，而人以为祸，此亦人所以惑于祸福也。

道者，古今之正权也，离道而内自择，则不知祸福之所托。易者以一易一，人曰无得亦无丧也；以一易两，人曰无丧而有得也；以两易一，人曰无得而有丧也。计者取所多，谋者从所可。以两易一，人莫之为，明其数也。从道而出，犹以一易两也，奚丧！离道而内自择，是犹以两易一也，奚得！其累百年之欲，易一时之嫌，然且为之，不明其数也。有尝试深观其隐而难其察者，志轻理而不重物者，无之有也；外重物而不内忧者，无之有也；行离理而不外危者，无之有也；外危而不内恐者，无之有也。心忧恐则口衔刍豢而不知其味，耳听钟鼓而不知其声，目视黼黻而不知其状，轻暖平簟而体不知其安。故向万物之美而不能嗛也，假而得问而嗛之，则不能离也。故向万物之美而盛忧，兼万物之利而盛害。如此者，其求物也，养生也？粥寿也？故欲养其欲而纵其情，欲养其性而危其形，欲养其乐而攻其心，欲养其名而乱其行。如此者，虽封侯称君，其与夫盗无以异；乘轩戴絻，其与无足无以异。夫是之谓以己为物役矣。

心平愉，则色不及佣而可以养目，声不及佣而可以养耳，蔬食菜羹而可以养口，粗布之衣、粗紃之履而可以养体，屋室、庐庾、葭稿蓐、尚机筵而可以养形。故无万物之美而可以养乐，无势列之位而可以养名。如是而加天下焉，其为天下多，其和乐少矣，夫是之谓重己役物。无稽之言，不见之行，不闻之谋，君子慎之。

转述：人所喜爱的，未必能全部彻底实现，但还是要喜欢；人所讨厌的，未必能全部离弃，但还是会讨厌。人的一切行为，都不可能不经过权衡。如果权衡不准确，重物放上去，权的承物端仰起，人们会以为是物件不够分量；轻物放上，权的承物端压低了，人们以为是重物。权衡不准确，人们就会搞错搞混轻重。权衡不准确，人们同样会搞混祸福，祸患附着于欲望中，你错以为是福，福附着于你的厌恶中，你会错以为是祸患。这就叫搞错搞混了祸福。

而道就是最根本的权衡，离开了道，自己任意判断，就看不出祸福究竟是怎样地存在于事物境遇中了。交换：以一交换一，人们会以为是无得也无失，正可好；以一交换二，人们会以为是得利了；以二交换一，人们会以为是亏损了。喜欢算计的人，认为交换要换取其多，懂谋略的人，就注意选择其合理性与可靠可行性。以二换一，一般人都不愿意，无非是大家都明白数字多与少的道理。但是他们不明白，合理的、合道的交换，本身就是以一交换了二。哪里会有什么亏损呢？脱离了正道，自己动心眼子，这才好比用二去交换一，哪里能得什么利的呢？那是以长期的追求，去取得了一时的讨嫌恶果，居然做出这样的事，真是糊涂账啊。这里还有一个比较隐蔽而不易被察觉的道理：心志上不重视原则道理，而能轻视物质利益的人是没有的；内心惦记着外面的物质利益，而不忧心忡忡，也是没有的；行动违背了原则道理，不造成危殆侵来，还是没有的；危殆侵来而不引起恐慌，也是没有的。

内心恐慌的人嘴里叼着烧肉，尝不出味道；耳里听着钟鼓盛乐，听不到声音；眼睛看着华丽讲究的服装，看不到形色；躺在轻柔平整的竹席上，感觉不到安适。不论得到多少美好的享受还是觉得不满足，一时感觉好过一点，仍然脱离不开忧虑与操心。这样，面对着万物的美好却陷于忧愁、享受着各方面的利好而感觉如大祸临头。那么，这样的对外物的要求究竟是什么呢？是为了养生还是为了舍命呢？又要满足欲望，又要放纵性情，满足欲望的结果也许反而损害了自己的身体，为了养护自身的快乐而扰乱了自己的心志，为了养护自己的名誉而搞乱了自己的行为。这样的话，就是封了侯爵，当了君王，其心态也无异于做了强盗；虽然坐上了高级马车，戴着高贵的冕冠，也与被砍掉了脚的犯人无异。这就叫作人而为外物所奴役。

而如果能做到心情平和愉快，所见之色虽然低于庸常标准，却仍然能够使眼目得到享受；听到的声音也低于庸常标准，却能够使耳朵得到满足；粗茶淡饭，足够口腹之乐；粗布衣服，可以使身体得到舒适；狭小的房间，芦苇门帘，草褥子，破桌子，可以使他感觉良好。而正因为没有什么级别地位，更可以养护他的清名。这种情状下，给他加上治理天下的权柄，那么他就是为天下想得多，自私的享乐少。这也就叫作看重对自我的要求，而管控着万有与万物。

对于不可考察的言语，从未见过的行为，未曾与闻的谋略方案，君子应该采取慎重态度。

感悟：强调价值的选择，以道为标准；万事的得失正误，以道为标准；代价与获得的交换，以道为标准。有了正确的标准，才有正确的选择、正确的判断、正确的取舍。有了道与心志、天道与个人好恶的统一才有内心的自信、坦荡与行为的端正妥当。有了行为的动机动因与后果成果的一致而不发生可笑可悲的南辕北辙、缘木求鱼、自毁自误、自取灭亡的蠢人蠢事。

性恶

作为儒家代表人物，孟子强调性善，荀子强调性恶，但其善恶之论主旨都在于扬善以弃恶（孟子），或弃恶以扬善（荀子）。

人之性恶，其善者伪也。

今人之性，生而有好利焉，顺是，故争夺生而辞让亡焉；生而有疾恶焉，顺是，故残贼生而忠信亡焉；生而有耳目之欲，有好声色焉，顺是，故淫乱生而礼义文理亡焉。然则从人之性，顺人之情，必出于争夺，合于犯分乱理而归于暴。故必将有师法之化，礼义之道，然后出于辞让，合于文理，而归于治。用此观之，然则人之性恶明矣，其善者伪也。

故枸木必将待檃栝烝矫然后直，钝金必将待砻厉然后利。今人之性恶，必将待师法然后正，得礼义然后治。今人无师法，则偏险而不正；无礼义，则悖乱而不治。古者圣王以人之性恶，以为偏险而不正，悖乱而不治，是以为之起礼义、制法度，以矫饰人之情性而正之，以扰化人之情性而导之也。始皆出于治，合于道者也。今之人，化师法，积文学，道礼义者为君子；纵性情，安恣睢，而违礼义者为小人。用此观之，然则人之性恶明矣，其善者伪也。

转述：人性是恶劣的，他们的善良，是后天养成的。

我们会看到，现在人们的天性是追求自己的利益，因此，他们要竞争生的机会，而逃避死亡的可能；生下来就有嫉妒与憎恨的心思，所以可能加害他人而不讲忠信；生下来就有声色的欲望，这样就会产生淫乱而不讲礼义文理。你如果什么都顺从、放纵人的本性与情感，就会生出争夺、破坏等级秩序分定、破坏理法安定的暴乱。人类社会必须有师长法度榜样的教化，礼义的道理的建构树立，然后才能谦虚辞让，大家符合文明的道理，使家国治理良好。我们可以从中看出，人的本性恶劣，使其变为善良，需要经过人为的努力。

所以，弯曲的木头必须用矫正的工具将木材加热以后予以调直，钝金属切割器具必须磨砺才能锋利。现在人们的本性恶劣，只有经过师长法度榜样的教化才能得到矫正，经过礼义文明的约束规范才能得到矫治。没有师长、法度与榜样，就会走向偏颇与危险而脱离了正道；没有礼义与文明，就会走向悖谬与动乱而得不到治理。所以，古代圣王认为人性本恶，人偏邪阴险而不端正，悖理混乱而不能治理，故而为人间社会兴起礼义，制定法度，来矫正、文饰、端正人的本性，来干预教化人的情性使之得到引领。于是，现在的人们，接受了师长法度榜样教化的，积累了文明学识的，接受了礼制义理的引导规范的，就成为君子了；而放纵性情、放肆随意、违背礼制义理的，就成了小人了。可以看出来，人性本来是恶劣的，他们的善良是后天人为的结果。

感悟：性善论在中华文化尤其是儒家学说中是一个重要的观点，性善的体认，是天人合一、道法自然、孝悌心性、修齐治平、为政以德、上善若水、无为而治这样一些理想性重要命题的基础。荀子罕见地反其道而行之，强调人之天性的好利、争夺、疾恶、残贼、声色欲望、淫乱、犯分、乱理、暴力等负面、值得警惕的东西，从而得出进行后天教育、矫正、以文化人的必要性的结论。

你很难否定荀子的这个与亚圣孟轲截然相异的说法，正如你会理解与称道孟轲的性善论一样。性善性恶，在人的起点上的判断有异，于是孟轲强调抑制后天环境恶化、冷化、异化人性的危险，不可一曝十寒，永远不可放松对义礼的追求；荀子则强调先天已有危殆，只有通过后天的辛苦学习、修为、自律，才能弃恶从善、归仁复礼，回归圣王的仁义之道。起点不一样，努力的方向一致。

性善论里似有某种温馨、某种理想、某种信仰，性恶论里似乎有某种直面人生、有某种努力、有某种实事求是的含义。

孟子曰："人之学者，其性善。"曰：是不然！是不及知人之性，而不察乎人之性伪之分者也。凡性者，天之就也，不可学，不可事。礼义者，圣人之所生也，人之所学而能，所事而成者也。不可学、不可事之在人者，谓之性；可学而能，可事而成之在人者，谓之伪；是性伪之分也。

今人之性，目可以见，耳可以听。夫可以见之明不离目，可以听之聪不离耳，目明而耳聪，不可学明矣。孟子曰："今人之性善，将皆失丧其性故也。"曰：若是则过矣。今之人性，生而离其朴，离其资，必失而丧之。用此观之，然则人之性恶明矣。所谓性善者，不离其朴而美之，不离其资而利之也。使夫资朴之于美，心意之于善，若夫可以见之明不离目，可以听之聪不离耳，故曰目明而耳聪也。今人之性，饥而欲饱，寒而欲暖，劳而欲休，此人之情性也。今人饥，见长而不敢先食者，将有所让也；劳而不敢求息者，将有所代也。夫子之让乎父，弟之让乎兄；子之代乎父，弟之代乎兄，此二行者，皆反于性而悖于情也。然而孝子之道，礼义之文理也。故顺情性则不辞让矣，辞让则悖于情性矣。用此观之，然则人之性恶明矣，其善者伪也。

转述：孟子说："人的学习，正表现了天性之善。"

这事儿其实不然，这其实是没有顾及去观察与研究人的本性，没有去分析哪些是天然的本性、哪些是后天的教化塑造。人的本性是天生的，性本身不是学习出来的，是不能人为的。礼义是圣人提出来的，经过学习才懂得、才做到的，是人为努力的结果，是学来的。不是人为的，是天生的，这才叫性；可以学明白，可以努力做到，应是人为。天性与人为，是可以分辨其不同的。

人的天性，眼睛可以看得见，耳朵可以听得着，这一类视而能见、听而能闻的特质不会离开眼睛与耳朵，用不着去学习。

孟子说："人性本来是善的，那么恶是哪儿来的呢？是由于丧失了善的本性。"可以说，这就说错了。人的本性，在出生以后，当然会渐渐脱离原生的朴与质，如果说善只限于原生，那就一定会丧失，也就是一定会变恶了。那么人性本恶，也就是明显的了。所谓性善，应该是指不脱离原生的朴素与资质就肯定是美好的，是利于各方的，要做得到原生朴素与资质离不开美好，心意离不开善良，就像看不离眼睛，听不离耳朵一样，就与我们讲什么耳聪目明一样。

人的本性，饿了要吃饱，冷了要穿暖，累了要休息，这是人之常情。饿时见到了长辈，不敢抢先吃，那是因为对长辈要有所辞让；劳累了也不敢急于去休息，因为要有所代劳，是代替长者劳累。吃东西，儿子要让着父亲，弟弟要让着哥哥；干活，儿子要代替父亲，弟弟要代替哥哥。这两类表现，是有悖性与情的，然而它们是孝悌的道理，是礼数、义理、文章、条理的要求。如果只知道顺应性情，那就没有推辞与谦让了；如果又推辞又谦让，那又违背了性情了。这样看，人性是恶劣的，其所以善良，是人为的了。

感悟：性恶论有它振聋发聩、醍醐灌顶的警示意义：愿望不等于现实，美德不等于生产力，礼义并非天生，国家的治理、社会的秩序、生活的幸福都要面对各种挑战，解决一个又一个困难。同时，荀子之好辩决绝与执着绝对不亚于孟子。荀子把天性与后天的努力、把本能与学习彻底对立起来的逻辑，并不完全站得稳，但其认真与苦口婆心，仍然令人感动。

视、听、吃、喝、拉、撒、睡，包括学样儿、学说话都是本能，正因为仅仅是本能才更要坚持其作为人生的重要功课，才需要后天的特别努力，需要进一步培训、教授、引领、讲解、丰富、充实，使人的本能本性人文化、德性化、知识化、劳动化、美善化、精深化，不断发育完善，更上一层又一层楼。

同样，孔子认定孝悌是人性，并认为只要在家里是孝悌之人，长大了绝少会犯上作乱；孟子只承认人性之美善，认为一切恶劣来自人出生后淡漠了原有的善良，而后天的影响才是负面，这也只能说是一面之词。从另一个角度逆向考察讨论，是可能的也是必要的。也许，性善论与性恶论是可以互补的，但二者比较起来，性善论在中华传统文化中更有说服力、影响力、吸引力。再说，贯彻到修齐治平的实践中，性善论与性恶论的相悖，其实并不严重。《中庸》的慎独说，令人向性恶论方面思考。

　　问者曰:"人之性恶,则礼义恶生?"应之曰:凡礼义者,是生于圣人之伪,非故生于人之性也。故陶人埏埴而为器,然则器生于陶人之伪,非故生于人之性也。故工人斫木而成器,然则器生于工人之伪,非故生于人之性也。圣人积思虑,习伪故,以生礼义而起法度。然则礼义法度者,是生于圣人之伪,非故生于人之性也。若夫目好色,耳好声,口好味,心好利,骨体肤理好愉佚,是皆生于人之情性者也;感而自然,不待事而后生之者也。夫感而不能然,必且待事而后然者也,谓之生于伪。是性伪之所生,其不同之征也。故圣人化性而起伪,伪起而生礼义,礼义生而制法度。然则礼义法度者,是圣人之所生也。故圣人之所以同于众其不异于众者,性也;所以异而过众者,伪也。夫好利而欲得者,此人之情性也。假之人有弟兄资财而分者,且顺情性,好利而欲得,若是则兄弟相拂夺矣;且化礼义之文理,若是则让乎国人矣。故顺情性则弟兄争矣。化礼义则让乎国人矣。

　　转述:有人问,如果人的性恶,那么礼义是从哪儿来的呢?回答是,礼义,是圣人后天努力才产生与制定的,它们并不是与生俱来的原生态。烧陶的工匠用陶土和水、泥做好器具,器具是陶匠的后天的技艺所制造,不是陶匠本性中所自然具有的。木匠砍削而成器,那是木匠后天的技艺制造,也不是木匠本性中所自然具有的。圣人积蓄长期思想考虑,钻研人间诸事诸关系,才产生了礼义,兴起了法度,这种礼义法度也是产生于圣人的后天的人为的努力,并不是圣人与生俱来的天性。至于眼睛喜欢好颜色,耳朵喜欢好声音,口腹喜欢好滋味,心思喜欢盘算私利,骨骼、身体、皮肤喜欢舒适安逸,都是与生俱来的情性,自然产生的感应,并不是需要人事的努力才能做到的。如果不是自然发生的感应,而是后天人事努力的结果,那当然就是出自人为后天了。

　　一种是本性,一种是经过努力才做到的人为,二者各有不同的特色。圣人变化人的本性,使之达到人为的追求,人为地产生了礼义，有了礼义，就会制定法度。那么，礼义与法度是圣人所创造出来的。就是说，圣人与人众相同无异的在于本性，而不同于人众、超越人众的，在于他们的人为的努力。喜欢利益，愿意有所获得，这是人的本性。如果是兄弟分割财产，又都是喜欢利益、愿意有所获得，很可能双方要争夺起来；而如果他们接受了礼义的教化，就会有所不同，就会以一种文明的、合乎道理与理性的方式解决好、处理好，那就比一般人强了。顺从情性，则互相争夺；接受礼义教化，就高于一般人。事情就是这样。

感悟：兄弟分家的例子很有趣。一般地说，这种牵扯到利益分配的事情，难于避免私利的计较与龃龉。这说明，大圣大贤大智大仁还是少数，小人还是多数。"小人"一词很好，不一定是恶人，更不等于罪犯人渣，而是格局比较狭小、盘算鼻子底下的蝇头小利、斤斤计较切近得失、不顾大局、不思长远、不事克己、浅薄卑下的低级境界、低级思维者。

荀子还强调，原生态，未经教化的朴态，不一定像老子想象的那样理想，反倒可能是天真烂漫的另一面乃至野蛮。说起森林法则来，也是一种可怕的原生"朴"态。

俚语说先小人后君子，此话有理。利益分配，难免有所争夺，对可能有的得失、荣辱、嗔怨、自私自利带来的问题，必须正视，必须有法律、规则、习俗、共识作为规范，抑制住大人物间也会有的小人心绪与利害矛盾，先把这些规范好了，然后各种美德才有发挥、演绎、充分表现的空间。这个俚语，就是荀子的关于人性的一些说法的证明。

其实，法律、行政、政权、国家机器许多情况下要解决的恰恰是小人面临的问题。杀人偿命，欠债还钱，解决的是小人违法问刑的问题而不是树立榜样的问题。有关赡养父母的民法规定，解决的是小人或恶人的虐待双亲的问题，却很难解决孔子所讲的色难即对父母缺少好脸色的问题。孔子比较"道（导）之以政，齐之以刑"与"道

（导）之以德，齐之以礼"的高下，其实这二者针对的是两类问题，前者是针对包括小人在内的全民的法制问题，后者针对的是权力系统应该致力于教化的问题。教化好了，少用刑罚，这只是一个方面；但教化得再好也不能没有法与刑的实施，因为严明的法制是治国理政不可或缺的，这是第二个方面。教化得好，礼义畅行天下，犯罪分子减少，社会风气良好，但如果教化没有足够的感染力、没有上轨道，就会导致社会风气不好、犯罪问题严重，这是第三个方面的问题。教化再好，不能取代法律，法律再好，不能取代教化，法律与教化都好，仍然不能解决内政外交、天灾人祸的各种麻烦，也不能绝对地清除小人的卑微、短视、计较，这又是第四方面的清醒认知了。

凡人之欲为善者，为性恶也。夫薄愿厚，恶愿美，狭愿广，贫愿富，贱愿贵，苟无之中者，必求于外；故富而不愿财，贵而不愿势，苟有之中者，必不及于外。用此观之，人之欲为善者，为性恶也。今人之性，固无礼义，故强学而求有之也；性不知礼义，故思虑而求知之也。然则生而已，则人无礼义，不知礼义。人无礼义则乱；不知礼义则悖。然则生而已，则悖乱在己。用此观之，人之性恶明矣，其善者伪也。

转述：人追求善良，恰恰是因为他们本性的恶劣。浅薄追求厚实，丑恶追求美丽，狭隘追求广阔，贫穷追求富裕，低贱追求高贵，你内里没有，只能从身外追求（缺少什么你才追求什么）；真正富裕了，你就不那么追求财富了，你已经高贵了，也就不再那么计较权势了，你内里已经具有了，就不会着意向外追求了。从这个角度看来，人之求善，正是由于人之性恶。正因为人的本性中没有礼义的讲究，所以要费脑筋、费力气去追求接受礼义。至于说到人，生下来，本来不知礼义。但人间没有礼义，就会生乱；为人而不知道礼义，便会走向悖谬。这说明人生下来了，本身就包含着生乱与悖谬的因素。这也就更明显了，人性是恶的，善是人为努力的结果。

感悟：人们追求善，是因为他们感触到了自己与他人人性中之有恶，此话甚妙：越是难以做到的事，越要天天讲、月月讲、年年讲。20 世纪 80 年代我国一些大城市着力宣传不要随地吐痰，现在就不需费那么大篇幅在媒体上讲这个话题了。那时还提倡三个礼貌用词"谢谢""对不起""再见"，现在也无须百般强调了。

所以老子批评儒家，认为真正的善既然是天性，是"如婴儿"的美好无瑕，是师法自然的结果，就不需要再吭哧吭哧地用力，而应该是无为而无不为。老庄理论与荀子的理论针锋相对，超过了与孔孟的针锋相对。

有恶就既有恶的表现难以完全清除，又有对善的真诚与强烈的追求，这也是相反相成：叫作"有无相生，难易相成，长短相形，高下相倾，音声相和，前后相随"，恒也。

荀子讲性恶求善，为什么会求善呢？因为恶（wù）其恶（è）也，恶恶为善也；善恶、喜恶、护恶、恶善则为恶，即善恶或恶善为恶。孟子讲性善戒恶，老子讲既善则应无为，其实呢，也可以试着讲善恶共生，相矛盾，相统一，相作用，相转化，皆为自然，同时皆须教化努力。或者，更聪明的说法是，人性的显现与生成，既是生理过程也是社会环境的培养影响过程，这个过程本身并无善恶的分时与选择，倒是人、社会、权力系统，时时需要分析善与恶的区分。

荀子的"强学而求有之"，使我想起在改造客观世界的过程中改造主观世界的提法，天性恶也好善也好，不是一成不变的，是可塑的，是可以自我调整、自我改造的，同时又是"江山易改，本性难移"的。

真理是立体的、多角度的。

孟子曰："人之性善。"曰：是不然！凡古今天下之所谓善者，正理平治也；所谓恶者，偏险悖乱也。是善恶之分也已。今诚以人之性固正理平治邪？则有恶用圣王，恶用礼义矣哉！虽有圣王礼义，将曷加于正理平治也哉！今不然，人之性恶。故古者圣人以人之性恶，以为偏险而不正，悖乱而不治，故为之立君上之势以临之，明礼义以化之，起法正以治之，重刑罚以禁之，使天下皆出于治，合于善也。是圣王之治而礼义之化也。今当试去君上之势，无礼义之化，去法正之治，无刑罚之禁，倚而观天下民人之相与也；若是，则夫强者害弱而夺之，众者暴寡而哗之，天下之悖乱而相亡不待顷矣。用此观之，然则人之性恶明矣，其善者伪也。

转述：孟子说人的本性是善良的。我们说：并不是这样的。古今天下，所说的善良，指的是端正有序，礼法义理，公平正直；恶劣，是指偏私、险恶、悖谬与混乱。这些是善恶的区别所在。如果我们认为人本来就是端正有序、礼法义理的，那为什么还需要圣王呢？为什么还需要礼义呢？即使有了圣王与礼义，又能给端正有序、礼法义理增加点什么呢？

事情并非如此，人的天性其实是恶劣的。圣人有鉴于人性之恶，有鉴于偏私险恶不端正、悖谬混乱难治理，才树立君王的威势来面对，彰明礼义来教化，兴起法制来管理，重视刑罚来惩戒，然后才能使天下合乎治理、归乎善良。这才是圣王的治理与礼义的教化。设想一下，如果去掉君王的威势，没有礼义的教化，去掉法制的管理，没有刑罚的惩戒，然后看看民人是如何相处的吧：强者损害弱者而且夺取弱者的利益，人多势众的一方暴虐人少力单的一方，欺负后者，天下倒行逆施，相继灭亡，那是顷刻间的事。显然，人性是恶劣的，而善良是后天的、人为的。

感悟：需要圣王、需要礼义、需要教化、需要威势、需要法制、需要惩罚、需要治理，否则社会与民人就会陷入森林法则，以强凌弱，以众暴寡，暴乱相亡。无政府主义的幻想，害大于利。

以众暴寡的说法极先进，是对民主的解释的一个提升，是认识到仅仅做到少数服从多数是不够的，是富有现代性的对"多数暴政"的指责。原来早在两千多年前已经有荀子的预见觉察，厉害了，我的荀！

既然是人，就不仅具有森林的动物性，而且有社会性。社会性，就正如荀子所说，要的是公平正直、端正有序，不要偏私险恶、悖谬混乱。但是，把人性简单地解释为天生偏私险恶、悖谬混乱，也过分偏激了。

此外，何为端正，何为偏私，何为公平，何为悖谬，何恶何善，总不能只讲印象感受。只讲印象感受，则是用好感证明好，用善觉证明善，以愿意接受证明可以接受，用不想接受证明不宜接受，逻辑上是不完备的。

故善言古者必有节于今；善言天者必有征于人。凡论者，贵其有辨合、有符验。故坐而言之，起而可设，张而可施行。今孟子曰："人之性善。"无辨合符验，坐而言之，起而不可设，张而不可施行，岂不过甚矣哉！故性善则去圣王，息礼义矣；性恶则与圣王，贵礼义矣。故檃栝之生，为枸木也；绳墨之起，为不直也。立君上，明礼义，为性恶也。用此观之，然则人之性恶明矣，其善者伪矣。直木不待檃栝而直者，其性直也；枸木必将待檃栝矫烝然后直者，以其性不直也。今人之性恶，必将待圣王之治，礼义之化，然后皆出于治，合于善也。用此观之，然则人之性恶明矣，其善者伪也。

转述：所以说，喜欢谈论古代诸事的，要能从当代诸事中找到验证；喜欢谈论天机的，要能够从人事当中找到验证。发了议论，其宝贵之处在于能与实际相互对照，有所查证，有所符合。所以是坐在那里论说，站起来就能安排，展开了就能付诸实践。如今孟子讲的性善，既无法对照查证，坐着说完了站起来又无法安排，展开了也无法实践，这也太靠不住了。

既然性善，那就可以去掉圣王，停息礼义方面的努力了；而如果是性恶，那就要拥护圣王、推崇礼义了。之所以需要矫正器具是因为有弯曲不直的木头，端直的木材当然不需要人的矫正；之所以需要有绳墨工具，是由于世上很多东西形状不规范。正因为如今人们体会到了人性的恶劣，才更加期待圣王的治理与礼义教化，然后国家天下才能进入治世，民人才能得到教化。我们可以看到，人性显然是恶的，善是需要后天的人为努力的。

感悟：立论要从现实出发，接受现代与实际生活的查证与检验，这种以实践为检验真理标准的态度，强调人文的作用与努力治理教化的重要性，荀子在古代诸子百家中，一枝独秀。

他的论证方法，或嫌简单。他用的是反证法：圣王伟大、教化宝贵，证明的是人性险恶、人心危殆；绳墨可靠，工具发达，证明的是万事万物原生态歪七扭八、不成样子。这与孔孟乃至老庄师法天地的态度颇异其趣。孔子庄子都歌颂天的不言，而四时行焉，万物生焉，有大美焉。孔子从山与水上体悟仁与智，寿与乐，文王演周易，从天地获得自强不息与厚德载物的启示，孟子则强化人皆有之的恻隐、辞让、恭敬、是非之心，老子也强调上善若水，强调天道无亲，常与善人。他们更具有诗人与师尊的温柔敦厚气质。荀子的说法，更有政治家、君王、公卿的锐利与坚决，殊途同归，各有其妙。

问者曰："礼义积伪者，是人之性，故圣人能生之也。"应之曰：是不然！夫陶人埏埴而生瓦，然则瓦埴岂陶人之性也哉？工人斫木而生器，然则器木岂工人之性也哉？夫圣人之于礼义也，辟则陶埏而生之也，然则礼义积伪者，岂人之本性也哉？凡人之性者，尧、舜之与桀、跖，其性一也；君子与小人，其性一也。今将以礼义积伪为人之性邪？然则有曷贵尧、禹，曷贵君子矣哉？凡所贵尧、禹、君子者，能化性，能起伪，伪起而生礼义；然则圣人之于礼义积伪也，亦犹陶埏而生之也。用此观之，然则礼义积伪者，岂人之性也哉？所贱于桀、跖、小人者，从其性，顺其情，安恣睢，以出乎贪利争夺。故人之性恶明矣，其善者伪也。

转述：有人说，礼义是经过后天的积累而成就，这也是人性的表现，因之圣人才能发明出礼义来嘛。其实不然，烧陶的匠人用专门的黏土烧出陶瓦，难道陶瓦就成了陶匠的天性了？木匠砍削原木而做木器，然而木器并不是木匠的天性啊。礼义对于圣人，也与陶泥对于陶匠是用来制作陶器陶瓦的一样，使礼义得到后天的人为积累，并不是什么人的本性。如果说是人的本性，那么唐尧虞舜与夏桀盗跖，应该都是一样的；君子与小人，也应该是一样的。如果将这些只是视为天性使然，那么尧、禹有什么可尊贵的呢？君子还有什么可尊贵的呢？人们尊贵唐尧、大禹和君子是因为他们能够给人性以教化，能兴起后天的人为努力，有了人为努力才有了礼义。圣人之发明与制定礼义，正如陶匠用陶泥制作器具呀。可见，礼义的积累成就并不是天生的，而是圣人努力做成的。而我们为什么轻蔑否定夏桀盗跖之流呢？是因为他们是小人，他们听凭自己的本性，顺从自己的情绪，放肆胡作非为，一味贪利争夺，显示了本性的恶劣。

感悟：指出性恶，强调人为，预应挑战与人间危殆，减少幻想，增加实事求是与对各种困难的正视，很好。没完没了、非要驳倒一切有关性善、有关自然的美好善良的论述，有点啰唆，有点口舌之争一日之长的味道了。

天非私曾、骞、孝己而外众人也；然而曾、骞、孝己独厚于孝之实，而全于孝之名者，何也？以綦于礼义故也。天非私齐、鲁之民而外秦人也，然而于父子之义、夫妇之别，不如齐、鲁之孝具敬文者，何也？以秦人之从情性，安恣睢，慢于礼义故也，岂其性异矣哉！

转述：上天并不是偏爱曾参、闵子骞，还有殷高宗的儿子孝己，而冷淡了其他人众，但是这三个人的孝的实与名都极其突出完美，原因何在呢？就因为他们努力于礼义。上天也并不是偏爱鲁国、齐国，冷淡了秦国，但是在父子的大义、夫妇的分定上，秦国的人赶不上齐鲁这边的孝道完美、恭敬文雅，原因何在呢？因为秦地的人更凭随情性，放肆任意一些，对礼义也相对怠慢一些，哪里是与齐鲁的人天性两样呢？

感悟：荀子强调性恶，意在强调必须竭尽自身的努力、为学、修为、克己、战胜自身未必经意中的天性中恶的方面。但强调性善也丝毫不会减少好自为之的必要性。孟子强调性善，但不是坐待其善因善果、善始善终，而是指出有善性而无善行、善事、善功、善果，就更加不该、更加有罪。他还强调劳其筋骨、饿其体肤、经受各种考验磨难，以完善自身，乃至有舍生取义的准备。这也正如马克思主义，指出社会发展是客观的历史规律，但不是说可以坐待社会的发展进步，而要告诉人们的正是，符合历史发展规律的一切追求，人们更要奋斗，不惜牺牲小我，为之贡献一切。放到孟子时代，说正因为人之初性本善，符合义理、符合圣王精神遗产、符合天道天命的善德，就更要尽一切努力实现之、完成之、发展之、圆满之是同样的逻辑。

"涂之人可以为禹。"曷谓也？曰：凡禹之所以为禹者，以其为仁义、法正也，然则仁义法正有可知可能之理，然而涂之人也，皆有可以知仁义、法正之质，皆有可以能仁义、法正之具；然则其可以为禹明矣。今以仁义法正为固无可知可能之理邪？然则唯禹不知仁义法正，不能仁义、法正也。将使涂之人固无可以知仁义法正之质，而固无可以能仁义，法正之具邪？然则涂之人也，且内不可以知父子之义，外不可以知君臣之正。不然，涂之人者，皆内可以知父子之义，外可以知君臣之正，然则其可以知之质，可以能之具，其在涂之人明矣。今使涂之人者，以其可以知之质，可以能之具，本夫仁义之可知之理、可能之具，然则其可以为禹明矣。今使涂之人伏术为学，专心一志，思索孰察，加日县久，积善而不息，则通于神明，参于天地矣。故圣人者，人之所积而致也。

曰："圣可积而致，然而皆不可积，何也？"曰：可以而不可使也。故小人可以为君子而不肯为君子，君子可以为小人而不肯为小人。小人君子者，未尝不可以相为也，然而不相为者，可以而不可使也。故涂之人可以为禹则然，涂之人能为禹，未必然也。虽不能为禹，无害可以为禹。足可以遍行天下，然而未尝有能遍天下者也。夫工匠农贾，未尝不可以相为事也，然而未尝能相为事也。用此观之，然则可以为，未必能也；虽不能，无害可以为。然则能不能之与可不可，其不同远矣，其不可以相为明矣。

转述：有道是："道路上走着的人都可以成为夏禹。"这是什么意思呢？禹所以被视为禹（圣王），是因为他做的都是仁爱、义理、法治、正道，而仁爱、义理、法治、正道，是可以明白理解，是能够做到的。大路上走道的普普通通的人，都可以明白仁义法道的本质，都可以做到仁义法道的事，那么他们当然就能成为禹那样的圣王式人物。难道人们会以为仁义法道是难以理解，并且是做不到的吗？

但我们设想一下，如果当初不是禹先期明白理解了仁义法道，不是禹先期做到了仁义法道，那么走在路途上的普通的人，到底上哪里去知道仁义法道的本质，上哪里知道去做到仁义法道呢？这样的话，普通人在家不明白父子间应有的大义，在外不明白君臣间的规矩。而如果是普通人也都明白理解仁义法道的本质与做法了，那么他们也就能成为大禹那样的圣王了，这不是很明显的吗？再进一步，如果普通人也能够努力学习实现仁义法道的做法，专心致志，坚持长期学、长期做、长期积累美善的智慧与品德，他们的智慧品德也能做到与神明相通、与天地互动。圣人，也是靠积累努力而达到的呀。

有问："说是人们通过日积月累的努力，能成为圣人，但是并没有那么多人做到啊。为什么呢？"可以这样回答：可以做到，不等于可以令之做到、使之做到。请看，小人本来也可以成为君子，但是他们当中许多小人并没有成为君子，君子也可以成为小人，但是他们当中也少有人从君子变成小人。君子与小人，未尝不可以互相转化，但是他们不互相转化，因为他们虽然是可以转化，但不是什么外力能命令他们、强使他们互相转化。普通人能成为禹式圣人，不等于他们必然成为圣人，即使没有成为禹，不等于排除他们成为禹的可能。人长了脚就能走遍天下，但不是每个长脚的人都走遍了天下。工匠与农民、商贾，也是可以相互交换职业的，但他们少有交换职业者。可以不可以是可以不可以，能不能做成是能不能做成，可以做是可以做，能做成是能做成，不能做成也不等于排除你去做、去努力。当然，能做成与可以做相差得相当远，二者不能互相替换。

感悟：说"人人可以为尧舜"，为诗"六亿神州尽舜尧"，是为了鼓励全民全国优化自身品德。到底是否都能成为尧舜，是另一个问题。古圣先王，带有创业维艰、开辟缔造的艰难与伟大，也赢得了创始者的先机与白手起家、从零做起的声誉。那时候虽然不能叫什么知识产权，反正他们具有实践在先、模范在先、弘道在先、设论在先的美誉与影响。圣王伟大，圣王成功，圣王成就了开天辟地、万世师表的大业，除了他们本人的贤良德性、创造能力、披荆斩棘的勇气，也有其时代与地域的历史环境、历史条件使然的关系。而后人，是在不同的时间空间条件下面。这是一。

荀子讲得好，如果说人人可以成尧舜，那么对不起，也许的确还有很多人可能成为宵小。人在自己的一生中会有各式各样的变化，承认变化的可能，也就是承认努力向善、向德、向圣贤的必要。这是二。

至于一个君王，一个公卿，一个掌握权力的人，对教化、对引领民人的尧舜化而不是宵小化更不是豺狼化，应该承担起责任。这是三。

还有，君子与小人比较而存在，圣王与庸王、愚王、劣王乃至无道昏君比较而存在。当世界上出现了许多大禹的时候，人们对大禹的要求会更加提高，加上其他客观条件，真正民人心目中与历史记录上的圣王式的大禹，仍然是少数。这是四。

尧问于舜曰："人情何如？"舜对曰："人情甚不美，又何问焉？妻子具而孝衰于亲，嗜欲得而信衰于友，爵禄盈而忠衰于君。人之情乎！人之情乎！甚不美，又何问焉？"唯贤者为不然。

转述：尧问舜对人情世故的看法。舜说："情况很不好啊，能说什么呢？有了妻室子女，对父母的孝心就衰减了；满足了一些自己的嗜好欲望，对朋友的信义也就打折扣了；有了地位又有了俸禄，对君王的忠诚也就不那么在意了。唉！这个人情世故啊，很不好啊，又让人怎么说呢？"当然，贤人的表现是不会这样的。

感悟：人的美德会受到成功后果的腐蚀与偏诱，这是一个重要发现。自己的家室之乐，可能分散孝心；私欲满足，可能疏离好友；地位俸禄都上去了反而忘记了对君王的责任——说明他的忠心耿耿的表现其实只是为了求自身荣华富贵的作态。如今的一些贪官污吏的毁灭史，常常会有这样的记录。

有圣人之知者，有士君子之知者，有小人之知者，有役夫之知者。多言则文而类，终日议其所以。言之千举万变，其统类一也，是圣人之知也。少言则径而省，论而法，若佚之以绳，是士君子之知也。其言也谄，其行也悖，其举其多悔，是小人之知也。齐给便敏而无类，杂能旁魄而无用，析速粹孰而不急，不恤是非，不论曲直，以期胜人为意，是役夫之知也。

有上勇者，有中勇者，有下勇者。天下有中，敢直其身；先王有道，敢行其意；上不循于乱世之君，下不俗于乱世之民；仁之所在无贫穷，仁之所亡无富贵；天下知之，则欲与天下共乐之，天下不知之，则傀然独立天地之间而不畏，是上勇也。礼恭而意俭，大齐信焉而轻货财，贤者敢推而尚之，不肖者敢援而废之，是中勇也。轻身而重货，恬祸而广解；苟免，不恤是非、然不然之情，以期胜人为意，是下勇也。

转述：世上有圣人的智慧，有士君子的智慧，有小人的智慧，还有干粗活的糙人的智慧。关心的话题很多，条理分明，温文尔雅，终日研讨各种事物的情状与事理，面对千变万化，坚持统一的纲纪原则，这是圣人的智慧。说得少一点，明白清晰，合理合法，好像经过了绳墨的衡量，是士君子的智慧。言语不着边际，行为常有违背，做事过错很多，是小人的智慧。口齿伶俐，信口胡言，滔滔不绝，不知所云，卖弄自己，压过他人，这是干粗活的糙人的智慧。

勇敢也是分上中下等级的。天下有准则，敢于挺身而出；君王有正道，敢于去执行；对于上，不能跟随乱世的君王，对于下，不能从俗于乱世的民人；在实行仁政的地方，不会感到贫穷艰窘，在没有仁政的地方，不会追求富贵荣华；得到天下的知遇，也就愿意与天下同乐于仁，得不到天下的知遇，我自肖然独立于天地间而无所畏惧，这是上等的勇敢。礼貌谦恭，心意俭朴，重视信义，轻视钱财，敢于推举贤人上台，敢于将不成样子的人拉下来，这是中等的勇敢。重财富，轻生命，祸乱发生，不思作为，只想着逃避罪责，只求胜于他人，这是下等的勇敢。

感悟：智也好，勇也好，都可以至少分上中下三等。上智把握万事万物，温文尔雅，条理分明，主导在胸，自有道理，他们首先像哲学家、学问家。中智有所针对，有所分辨，有所衡量，少有偏差讹误。下智则是低级忽悠，自卖自夸，成事不足，败事有余。

上勇能独立依正道而行，而不是依权势看风向而行。中勇能明白、践行、完成自己的责任与本分。下勇则不问是非曲直，不考虑自己的责任，只注重保护私利而已。

繁弱、巨黍，古之良弓也；然而不得排檠，则不能自正。桓公之葱，太公之阙，文王之录，庄君之曶，阖闾之干将、莫邪、巨阙、辟闾，此皆古之良剑也；然而不加砥厉则不能利，不得人力则不能断。

骅骝、騄骥、纤离、绿耳，此皆古之良马也，然而前必有衔辔之制，后有鞭策之威，加之以造父之驭，然而一日而致千里也。夫人虽有性质美而心辩知，必将求贤师而事之，择良友而友之。得贤师而事之，则所闻者尧、舜、禹、汤之道也；得良友而友之，则所见者忠信敬让之行也。身日进于仁义而不自知也者，靡使然也。今与不善人处，则所闻者欺诬、诈伪也，所见者污慢、淫邪、贪利之行也，身且加于刑戮而不自知者，靡使然也。传曰："不知其子视其友，不知其君视其左右。"靡而已矣！靡而已矣！

转述：繁弱、巨黍是古代的良弓，但是如果没有矫正弓的工具排檠，这些弓本身是不会自行调整矫正的。齐桓公的葱剑，姜太公的阙剑，周文王的录剑，楚庄王的曶剑，吴王阖闾的干将、莫邪、巨阙、辟闾，都是古代良剑，但是如果不经过砥砺，它们就做不到锋利，如果没有人用力，它们也不可能斩断物件。骅骝、騄、纤离、绿耳，这些都是古代良马，它们前头有笼绳套具，后边有鞭策的威力，再加上造父的驾车技术，这就能做到日行千里。

人也是如此，素质再好，也还需要有辨别与认知的能力，必须求贤者为师、求良朋为友。跟随贤师，听到、学到唐尧、虞舜、夏禹、成汤的正道。与良朋为友，整天见着的是忠诚、信义、恭敬、谦让的行事，身在仁爱之中却并不自知，环境影响使得事情这样发展。而如果是与不良人物相处，成天听到的是欺骗、诬陷、奸诈、瞒骗，看到的是污秽、放任、淫荡、邪恶、贪婪行事，自己犯了要受刑罚惩的大罪都不自知，也是受了不良环境的影响。古书上说："不了解他的儿子，可以看看儿子的朋友；不了解他的君王，可以看看君王的左右。"一看也就明白了。

感悟：时势造英雄，英雄造时势；同样，时势也造宵小，宵小也造低端时势。乃至贤良与罪恶、英明与愚蠢、忠信与奸佞、正大光明与阴谋诡计，都会与时势环境互动。

但是你不可能只选择得到最佳环境，说到砥砺、说到锋利、说到矫正，那就是说，人也需要抗逆、保洁、坚守、应对挑战的锻炼与适应某种程度的逆境。问题并非完全取决于环境的净化、接触面的净化，更在于在各种污染与疫情中的坚持、应对、免疫、兵来将挡、水来土掩，叫作培育他人多醉我仍醒、他人多浊我自清的品质与能力。

君子

本章讲的君子不是其品性风度与小人截然区分的君子，而是讲做君王与天子的人。主要有两条，一是用人，一是用恩与威、赏与刑。都要准确，要有眼力，既要有力，又要可贵可敬、合道服人。

天子无妻，告人无匹也。四海之内无客礼，告无适也。足能行，待相者然后进；口能言，待官人然后诏；不视而见，不听而聪，不言而信，不虑而知，不动而功，告至备也。天子也者，势至重，形至佚，心至愈，志无所诎，形无所劳，尊无上矣。《诗》曰："普天之下，莫非王土；率土之滨，莫非王臣。"此之谓也。

转述："天子没有妻"，是说天子的夫人不能叫作妻，因为"妻"有和其夫地位相等的"齐"的含义，而天子独一无二，没有人与之相齐。"天子在四海之内永远不是客人"，是说没有人敢自居天子的主人。"天子脚能走路，但一定要依靠礼宾官的引导才向前走；嘴能说话，但要靠传旨的官员发布命令；天子没有亲自去看，也能看得见，没有自己去听，也能听得到，不必自己说话，也能取得信服，不用思虑良苦，就能弄清，不动手就能事功有成"，说明天子的下属官吏完备顶用。天子威势极重大，形体极安逸，心境极愉快，志意不会有什么委曲为难，身体不会感到劳累，尊贵的地位无人可以超越。

《诗经·小雅·北山》有云："普天之下，没有哪里不是君王的土地；从陆地到海滨，无人不是君王的臣民。"说的就是这个啊。

感悟：从一些古往的、书本上或民间的说法上，完证天子独一无二、最高最大地位。在论述天子气派、帝王谱儿、权力班子强大到无所不能的同时，暗含着天子不必事必躬亲的含义。还有，一方面，中华文化是经世致用的，是此岸的，说的是实有的帝王，没有给彼岸的上帝神祇留下空间；另一方面，他是天之子，他的头上有青天，有"卿云烂兮，纠缦缦兮，日月光华，旦复旦兮"，有自然的天与神性顶峰终极的天在焉。

既然荀子敏感地注意到天子无妻、非客等言语的含意，他似乎更应该注意到天子的命名。至于后世的"奉天承运"之类的说法，恐怕先秦当时已有类似的观念。

圣王在上，分义行乎下，则士大夫无流淫之行，百吏官人无怠慢之事，众庶百姓无奸怪之俗，无盗贼之罪，莫敢犯上之禁。天下晓然皆知夫盗窃之不可以为富也，皆知夫贼害之不可以为寿也，皆知夫犯上之禁不可以为安也；由其道，则人得其所好焉；不由其道，则必遇其所恶焉。是故刑罚綦省而威行如流，世晓然皆知夫为奸则虽隐窜逃亡之由不足以免也，故莫不服罪而请。《书》曰："凡人自得罪。"此之谓也。

转述：古代圣王在上，名分、等级的义理推行到天下，那么士大夫不会放肆任性，各层官吏不会有松懈怠慢的状况，民人百姓不会有邪恶怪异的习俗、不会有偷窃抢劫的犯罪行为，谁也不敢违反君王禁令。天下人都明白靠盗窃是不可能致富的，都知道抢劫杀人者是不会长命的，都知道触犯君主的禁令是不可能安顿得下来的，都知道遵守圣王正道就能得到你所喜欢盼望的东西，而不遵循圣王的正道就一定会遭受你最恐惧的恶报。这样刑罚用得很少而其威慑贯彻得普遍顺畅，世上的人都明白，做了坏事以后，不管怎样隐避逃窜也还是不能够幸免处罚，所以不能不自首认罪。《尚书·康诰》上说："所有的人都承认自己确有的罪行。"说的就是这种情况。

感悟：这是说圣王（亦圣亦王、内圣外王）口含天宪，弘扬正道，明确禁令，惩罚邪恶，严惩罪犯，有法可依，这种与正道同义的法，不但能够惩罚，而且能够预防不法不正不道不尊。

把禁令——法与正道、圣贤、君权联系起来，这是重要的一方面，但几方面又不宜完全归一，因为禁止与惩戒，针对的是犯罪，而正道、圣贤与君王权责要宏伟崇高理想得多。惩罚、严惩犯罪者是必要的，但是罪犯受到惩治了，未必等于天下太平、安居乐业、圣王伟大、君子高尚。

故刑当罪则威，不当罪则侮；爵当贤则贵，不当贤则贱。古者刑不过罪，爵不逾德，故杀其父而臣其子，杀其兄而臣其弟。刑罚不怒罪，爵赏不逾德，分然各以其诚通。是以为善者劝，为不善者沮；刑罚綦省而威行如流，政令致明而化易如神。传曰："一人有庆，兆民赖之。"此之谓也。

转述：刑罚的轻重与罪行的大小相适配，就有权威，和罪行不相当，就会被轻忽嘲弄；官爵给了贤明程度相适宜的人，就会显示尊贵，爵位与其人的贤明程度不相宜，就反而被蔑视。古代圣王注意施用刑罚不可超过犯人的罪行，封授官爵不能超过官员的德行，所以会有杀了父亲而让儿子做臣子、杀了哥哥而让弟弟做臣子的状况。刑罚处分不可超过犯人罪行，官爵奖赏不可超过官员德行，分别不同情况，务实与诚笃地依照实际情况合情合理地处理一切，这样，做好事的人受到勉励，干坏事的人得到阻止；刑罚极少用，而威势像流水一样扩展到四面八方，政策法令极明确而教化成功，有其神效。《尚书·甫刑》上说："天子一人德行美善，亿万人民依靠他而得福。"说的就是这种情况。

感悟：理想的天子要多好就有多好，赏罚分明，恰如其分，刑罚极省，威行如流，一人有庆，万民赖之。但从史书记载上看，并非都能成就这种既圣且王的理想，会有各种原因产生瑕疵，乃至产生相异相反的情况。也许正因为如此，荀子作为大儒，要强调赏罚之"当"。至于给犯罪者处以极刑以后善用其子其弟，从认真的法学观念来看，是另外的问题，不宜掺和到量刑的准确性问题上来一起考虑。

天子及其朝廷班子，权高威重，但不论是朝廷、是士大夫、是精英、是庶民，每个人心中仍然有一杆自己的秤、一本自己的账本，可能是清明账，也可能是糊涂账，可能有受冤的忠良，也可能有得势的奸佞，可能心服口服，也可能腹诽沉痛。一切权势、决策及造成的后果，都要接受时间与实践、士大夫与民人、历史与真知的检验。

乱世则不然。刑罚怒罪，爵赏逾德，以族论罪，以世举贤。故一人有罪而三族皆夷，德虽如舜，不免刑均，是以族论罪也。先祖当贤，后子孙必显，行虽如桀、纣，列从必尊，此以世举贤也。以族论罪，以世举贤，虽欲无乱，得乎哉？《诗》曰："百川沸腾，山冢崒崩，高岸为谷，深谷为陵，哀今之人，胡憯莫惩？"此之谓也。

转述：遇到政治混乱的世道就不是这样了，这时刑律处罚的严重程度超过了犯人罪行，官爵的封赏超过了官员的德行，按照亲族血缘关系判罪，根据门第来历举荐贤人。这样，一个人有罪，父、母、妻三个家族都被诛杀，德行即使像舜一样，也免不了受到同样的刑罚，就是说按照亲族谱系判罪。祖先曾经贤能，后代的子孙就一定显贵，所作所为哪怕像夏桀、商纣王一样，爵位也能尊贵，这是根据门第来历来提拔贤人。按照亲族关系判罪，根据门第提拔贤人，想没有祸乱，岂能办到？《诗经·小雅·十月之交》上有句："河流沸腾，山顶碎崩，高高河岸，下落成深谷，深谷上升，成丘陵。可哀当今执政者，为何不警醒？"说的就是这种情况啊。

感悟：威势越大，走向反面之后情况就越可怕。这里，也是古已有之的底线思维。

论法圣王，则知所贵矣；以义制事，则知所利矣。论知所贵，则知所养矣；事知所利，则动知所出矣。二者，是非之本、得失之原也。故成王之于周公也，无所往而不听，知所贵也。桓公之于管仲也，国事无所往而不用，知所利也。吴有伍子胥而不能用，国至于亡，倍道失贤也。故尊圣者王，贵贤者霸，敬贤者存，慢贤者亡，古今一也。故尚贤使能，等贵贱，分亲疏，序长幼，此先王之道也。故尚贤使能，则主尊下安；贵贱有等，则令行而不流；亲疏有分，则施行而不悖；长幼有序，则事业捷成而有所休。故仁者，仁此者也；义者，分此者也；节者，死生此者也；忠者，惇慎此者也，兼此而能之，备矣。备而不矜，一自善也，谓之圣。不矜矣，夫故天下不与争能而致善用其功。有而不有也，夫故为天下贵矣。《诗》曰："淑人君子，其仪不忒；其仪不忒，正是四国。"此之谓也。

转述：讨论如何去师法古代圣王，就会明白什么才是最应该看重的；根据义理来处置事务，就明白怎样做最有利。讨论时得知了什么是最可珍贵的，也就懂得应该怎样修养以把握这些珍贵处；做事时知道怎样才有利有效，那么也就懂得做事时衡量考虑的出发点。有利与珍贵两方面，是是与非、正与误的根本，是成功与失败的缘由。周成王对周公，不论哪方面都言听计从，说明成王是明白可贵的要点的。齐桓公对管仲，凡是国家大事没有不言听计从的，说明齐桓公明白怎样做事才于齐国有利。吴国有贤人伍子胥而不倚重他，国家沦落而亡，是由于吴王违背正道失掉了贤良所造成。

所以看重圣人的君主能称王天下，看重贤人的君主能称霸诸侯，尊敬贤人的君主可以保护国家的存在，怠慢贤人的君主只能灭亡，自古至今，同样的规律。崇尚贤士，信用能人，贵贱划分等级，亲疏有所区别，长幼有一定次序，这就是古代圣王的正道。崇尚贤士、信用能人，君主尊贵，臣民安宁；高贵与低贱有了等级差别，那么政令就能畅通而不会走样；亲疏有了分别，那么恩惠就能妥善赏赐而不会违背情理；长幼有了次序，那么事业就能迅速成就而有了休养生息。讲究仁德的人，就是这样体现仁政的；讲究义理的人，就是通过分别这些来体现义理的；讲究节操的人，就是为这些而或生或殉的人；讲究忠诚的人，就是忠厚朴质地实行这种正道的人，这些方面全部做到，为人堪称完备。

完备而不骄傲，上述四个方面都能在自己身上做得很好，这是圣人。不骄傲，天下就没有什么人与他争能，因而他就能极好地发挥力量。有了多方面的圣明贤良而不自以为有什么可骄傲的，所以就更被天下人尊敬。《诗经·曹风·鸤鸠》上说"善人君子，礼义无差错；礼义无差错，能治四方国"，说的就是这种情况啊。

感悟：要知贵，知利，知人，知贤，用贤，尊贤，用能，知信，知忠，知仁，知道，知正，知圣，知勿矜。

就是说，掌权的天子，要有崇高切实的价值观，要以鲜明的价值观为依据，要抑制自己心胸狭隘的短视与偏见、成见、陋见，对不同的人有所取舍亲疏，要用对人，才能成就帝王大业。

成相

本章不无奇特，似乎是古代政治通俗快板，令人想起脍炙人口的《三字经》之类。政治主张可以成为学说学派，但政治实践、政治操作、政治生活、政治斗争，却又很实在，有时是很民粹的，光有雄文美文雅文不行，还要有顺口溜式的普及与通俗货色。

　　请成相，世之殃，愚暗愚暗堕贤良。人主无贤，如瞽无相何伥伥！

　　请布基，慎圣人，愚而自专事不治。主忌苟胜，群臣莫谏必逢灾。

　　论臣过，反其施，尊主安国尚贤义。拒谏饰非，愚而上同国必祸。

　　转述：请来唱，歌曰相，世上祸殃在何方？愚蠢昏暗拒贤良，昏君身边无贤人，盲目前行无人帮，令人多恓惶！

　　请讲叙，明根基，诚心听取圣人语，只怕犯傻偏自诩，君王而要妒良臣，无人敢把意见提，灾祸难免矣！

　　责臣子，返观事，忠于君王能安国，崇尚贤人与义士，不听良言与谏议，多方掩饰误与失，愚蠢祸必至！

　　曷谓罢？国多私，比周还主党与施。远贤近谗，忠臣蔽塞主势移。

　　曷谓贤？明君臣，上能尊主爱下民。主诚听之，天下为一海内宾。

　　转述：政事弱，软懒疲，君臣国人贪私利，奸佞党羽将王欺，不喜贤臣喜马屁，谗言虎虎君势失，昏昏君王已。

　　贤臣忠，礼义明，尊崇君王亲爱民，良臣良言政事通，从善如流真英明，四海凝聚天下平，明君用贤臣。

　　主之孽，谗人达，贤能遁逃国乃蹶。愚以重愚，暗以重暗成为桀。

　　世之灾，妒贤能，飞廉知政任恶来。卑其志意，大其园圃高其台。

　　武王怒，师牧野，纣卒易乡启乃下。武王善之，封之于宋立其祖。

世之衰，逸人归，比干见刳箕子累。武王诛之，吕尚招麾殷民怀。

世之祸，恶贤士，子胥见杀百里徙。穆公任之，强配五伯六卿施。

世之愚，恶大儒，逆斥不通孔子拘。展禽三绌，春申道缀基毕输。

转述：君造孽，谗言兴，贤能逃遁全无踪，国家颓败真匆匆，蠢笨之上添蠢笨，昏庸之后更昏庸，夏桀恶堪惊。

世道坏，妒贤能，大奸喜用小爬虫，飞廉用子耻无穷，卑鄙小人岂有志，园大台高终成空，昏昏成笑柄。

周武王，怒火燃，进军牧野势无前，纣兵倒戈很自然，微子投降乃归顺，武王欢迎礼遇咸，封侯宗庙全。

世道衰，谗者牛，比干被剖箕子囚，忠良叔父视若仇，恶满殷纣武王诛，姜太公战胜无愁，殷军降如流。

世道歪，贬贤才，逼死子胥蠢夫差，穆公慧眼识英才，百里（奚）归秦成大业，设立六卿局面开，五霸靠人才。

世道蠢，恨儒尊，孔子遭拒政昏昏，周游六国难称心，柳下三番不成事，春申受害道不均，叹杀儒学人。

请牧基，贤者思，尧在万世如见之。谗人罔极，险陂倾侧此之疑。

基必施，辨贤罢，文武之道同伏戏。由之者治，不由者乱何疑为？

转述：讲治理，道为基，遍寻贤能家国思，唐尧虽远应思齐，大道相亲应如一，谗人破坏甚邪恶，小心警惕莫中计，不偏亦不倚。

要实行，正道明，文王武王皆圣君，伏羲太昊君亦神，天下有道则大治，君王无道乱纷纷，万事礼义遵。

凡成相，辨法方，至治之极复后王。慎、墨、季、惠，百家之说诚不详。

治复一，修之吉，君子执之心如结。众人贰之，谗夫弃之形是诘。

水至平，端不倾，心术如此象圣人。而有势，直而用抴必参天。

转述：说过来，说过去，辨别优劣治国计，恭敬先王循正道，效法后王国大治。慎（到）、墨（翟）、季（真）、惠（施）多家词，异说未见吉。

治理事，其道一，君子坚守心不移，小人三心又二意，进谗奸佞坏真理，难免绳以律。

水端平，心放正，公平公正是贤圣，饱受爱戴威势重，宽厚容人与人善，天地相通获亲敬，乃为天下正。

世无王，穷贤良，暴人刍豢仁人糟糠。礼乐灭息，圣人隐伏墨术行。

治之经，礼与刑，君子以修百姓宁。明德慎罚，国家既治四海平。

治之志，后势富，君子诚之好以待。处之敦固，有深藏之能远思。

思乃精，志之荣，好而壹之神以成。精神相反，一而不贰为圣人。

治之道，美不老，君子由之佼以好。下以教诲子弟，上以事祖考。

成相竭，辞不蹶，君子道之顺以达。宗其贤良，辨其殃孽。

转述：无圣王，困贤良，坏人吃喝辣又香，好人饥寒吃糟糠，礼崩乐坏天下乱，圣人靠边墨子狂，世道全无章。

治理政，有纲绳，奖善惩恶礼与刑，君子修制百姓从，道理时时要阐讲，刑罚使用更慎重，国治天下平。

治理志，缓求势，缓求富裕先诚意，君子仁心永守持，敦实厚道身为教，高瞻远瞩不变质，全赖长沉思。

思虑精，志意盛，思想活力葱茏茏，守一不二心术正，行事如神顺而能，得道多助全由诚，竭诚通神圣。

治理道，永不老，君子守持日益好，美言美德美永葆，子弟传承由教化，祖宗得慰常德考，家国美善保。

歌唱完，意未全，千言万语思相连，君子之道甚高远，通达平顺法贤良，辨别孽障开慧眼，有道皆舒展。

请成相，道圣王，尧、舜尚贤身辞让。许由、善卷，重义轻利行显明。

尧让贤，以为民，泛利兼爱德施均。辨治上下，贵贱有等明君臣。

尧授能，舜遇时，尚贤推德天下治。虽有贤圣，适不遇世孰知之？

尧不德，舜不辞，妻以二女任以事。大人哉舜！南面而立万物备。

舜授禹，以天下，尚得推贤不失序。外不避仇，内不阿亲贤者予。

劳心力，尧有德，干戈不用三苗服。举舜畎亩，任之天下身休息。

得后稷，五谷殖，夔为乐正鸟兽服。契为司徒，民知孝弟尊有德。

禹有功，抑下鸿，辟除民害逐共工。北决九河，通十二渚疏三江。

禹傅土，平天下，躬亲为民行劳苦。得益、皋陶、横革、直成为辅。

契玄王，生昭明，居于砥石迁于商。十有四世，乃有天乙是成汤。

天乙汤，论举当，身让卞随举牟光。道古贤圣基必张。

转述：要歌唱，古圣王，尧舜最喜是贤良，见贤思齐并思让，许由善卷不贪枉，谦辞王位真光朗，事迹极高尚。

尧让舜，为民人，人人有利恩德匀，兼爱天下万众亲，上下有序章法美，君臣之义贵贱分，高尚乃为尊。

尧高位，让能人，虞舜逢时遇仁君，推行明德天下临，圣贤所期遇明君，不得知遇圣不尊，栖栖没无闻。

不矜德，是唐尧，大舜不辞天下劳，信任大舜重担挑，尧有二女妻舜帝，圣王功业永不消，美名万世骄。

舜让位，给夏禹，曾杀禹父不介意，亦不私亲父传子，用人唯贤王者风，天下唯公唯贤士，舜禹永长忆。

勤思虑，劳精神，以德相睦三苗人，民族和善不用兵，治理自有后来者，提拔大舜自草根，唐尧自安心。

有后稷，种五谷，农业时代安万户，夔司音乐鸟兽舞，契推教化孝悌兴，崇德尚礼百姓服，圣王文明路。

禹功劳，治洪灾，为民除害安四海，赶走共工乱不再，九河三江全疏浚，通十二渚利内外，大禹名常在。

分九州，禹安置，辛辛苦苦勤治理，皋陶、横革、直成、益，辅佐大禹强有力，不畏劳苦不怕累，圣王功勋巨。

玄鸟生，是玄王，昭明太子代代强，十四代上是成汤，曾在砥石后迁商（丘）。

商成汤，即天乙，曾让卞随与牟光，师圣贤道基业创，开拓更伸张。

愿陈辞，世乱恶善不此治。隐讳疾贤，良由奸诈鲜无灾。

患难哉！阪为先，圣知不用愚者谋。前车已覆，后未知更何觉时？

不觉悟，不知苦，迷惑失指易上下。中不上达，蒙掩耳目塞门户。

门户塞，大迷惑，悖乱昏莫不终极。是非反易，比周欺上恶正直。

正直恶，心无度，邪枉辟回失道途。己无邮人，我独自美岂独无故？

不知戒，后必有，恨后遂过不肯悔。谗夫多进，反覆言语生诈态。

人之态，不如备，争宠嫉贤利恶忌。妒功毁贤，下敛党与上蔽匿。

上壅蔽，失辅势，任用谗夫不能制。郭公长父之难，厉王流于彘。

周幽、厉，所以败，不听规谏忠是害。嗟我何人，独不遇时当乱世！

欲衷对，言不从，恐为子胥身离凶。进谏不听，刭而独鹿弃之江。

观往事，以自戒，治乱是非亦可识。托于成相以喻意。

转述：需指出，世道乱，不守良法不求善，隐瞒过失贤明厌，奸诈泛滥生灾变。

难矣哉，从邪碍，不用圣贤用蠢坏，前车之鉴教训在，前车已覆岂能忘？后车再翻太无赖，无道终无奈。

无觉悟，不痛楚，业已失道堕深谷，上下混淆方向误，闭目塞聪自为是，不识真伪如聋瞽，祸殃灾满目。

全不知，真情势，自欺欺人徒自闭，荒谬悖乱全无底，颠倒是非强为意，拉帮结派谋权私，何处寻正义？

矫正恶，有准则，标尺既失流于错，是非混淆浑浑噩，怨天尤人殊堪耻，自吹自擂能无过？自律要严格。

不戒绝，有后续，刚愎自用无悔意，恶人恶语永为继，诈语谗言永无休，假话够多或成事，人君应怵惕。

人心理，君有底，因应对待明大义，争宠进谗皆妒忌，恶风绝对不可长，妒功谤贤何卑鄙，欺上瞒下矣。

君王已，不知事，无人辅佐失威势，信用谗臣生疑惧，虢公厉王行暴虐，生乱生难因不义，教训难忘记。

幽王幽，厉王厉，不听规劝与谏议，残害忠良留恶迹，生逢无道遭迫害，个人吉凶何足语，昏君祸国史。

言由衷，怕不听，如伍子胥命何凶！忠言招祸遇昏庸，赐死赐剑君恩重，自到尸体投江中，夫差自送终。

顾过往，为借鉴，何为治者何为乱，何为光明何为暗，是非应了然，唱成曲子表心愿，不要再遭难。

请成相，言治方，君论有五约以明。君谨守之，下皆平正国乃昌。

臣下职，莫游食，务本节用财无极。事业听上，莫得相使一民力。

守其职，足衣食，厚薄有等明爵服。利往印上，莫得擅与孰私得？

君法明，论有常，表仪既设民知方。进退有律，莫得贵贱孰私王？

君法仪，禁不为，莫不说教名不移。修之者荣，离之者辱孰它师？

刑称陈，守其银，下不得用轻私门。罪祸有律，莫得轻重威不分。

请牧祺，明有基，主好论议必善谋。五听修领，莫不理续主执持。

听之经，明其请，参伍明谨施赏刑。显者必得，隐者复显民反诚。

言有节，稽其实，信诞以分赏罚必。下不欺上，皆以情言明若日。

上通利，隐远至，观法不法见不视。耳目既显，吏敬法令莫敢恣。

君教出，行有律，吏谨将之无铍滑。下不私请，各以宜舍巧拙。

臣谨修，君制变，公察善思论不乱。以治天下，后世法之成律贯。

转述：唱个歌，说治国，君王遵照五原则，简单明确不可驳，循规蹈矩国事正，公平和顺民同乐，安民便快活。

管下臣，莫沉沦，好吃懒做最厌人，铺张浪费更招恨，务本节用财无尽，爱惜民力是亲民，忠君最要紧。

本职事，要守持，丰衣足食无焦虑，按照级别分衣饰，一切所得君恩赐，谁敢擅自取与给？万事有序秩。

法制明，决事公，准绳明确道路清，用人端端规范清，升降依法皆严密，谁个敢来徇私情？无隙可钻营。

君法制，知行事，令行禁止岂敢逆？名器分明待遇齐，认真执行得荣誉，违者问罪寻其耻，谁敢有别师？

刑罚明，界限清，案件处理妥恰准，私意难以进法门，下属不可用私刑，罪祸依律来处分，权势乃威风。

好治理，邦国基，多谋善断听众议，五个原则精研之，提纲挈领守正道，文武百官司其职，君王主其势。

听政精，情况通，三番五次掂轻重，谨慎赏罚天地公，事项分明必善处，案情晦隐也搞清，百姓尽笃诚。

话合适，要核实，分辨真伪赏罚随，欺上瞒下无此事，真情直话曰唯实，天公地道无瑕疵，昭昭如天日。

善交流，解诸事，洞察幽远皆明晰，守法不法均在视，耳聪目明无障碍，百吏孰敢弄猫腻，明君多福祉。

君王明，教化施，行为规则莫可弛，奉公守法薄冰履，通融折扣不可打，歪邪私情不敢与，使巧灾自取。

臣谨严，君把关，高瞻远瞩论不偏，大局在胸心稳健，运筹帷幄治天下，后世师法利益遍，先王永垂范。

赋

取名为《赋》，表达了对世界与人文中的某些方面的歌颂与敬礼。其中包括礼、智、云、蚕、针，最后又以辞赋方式控诉了世道的不端。不大完整，但有荀文补白的意味。

爰有大物，非丝非帛，文理成章。

非日非月，为天下明。

生者以寿，死者以葬；

城郭以固，三军以强。

粹而王，驳而伯，无一焉而亡。

臣愚不识，敢请之王。

王曰：

此夫文而不采者与？

简然易知而致有理者与？

君子所敬而小人所不者与？

性不得则若禽兽，性得之则甚雅似者与？

匹夫隆之则为圣人，诸侯隆之则一四海者与？

致明而约，甚顺而体，请归之礼。

——礼。

转述：最重大者，不是丝或帛，

它的文理，却成为华章。

不是太阳或月亮，

照耀天下明光光。

活人依循，享其天年，

死者依循，庄重殡葬；

内城外城，依循而巩固，

三军实力，依循而加强。

精纯依循，王者辉煌，

有点杂质，称霸一方，

丧失殆尽，必然灭亡。

下臣无知，说不清楚，大胆请教君王。

君王说：

我想它并不花哨，却富有文饰的美好？

它简单明白，而极尽条理吗？

君子敬重，而小人不在乎吗？

天性得不到它，人就成了禽兽，

天性得到了它，人就变得高雅文明吧？

是民人尊崇它就成为圣贤，诸侯尊崇它就能统一天下的吗？

它极尽明白而又简单扼要，顺理顺心而又得体具体，

请把它总结作礼吧！

——礼！

皇天隆物，以施下民；

或厚或薄，常不齐均。

桀、纣以乱，汤、武以贤。

涽涽淑淑，皇皇穆穆。

周流四海，曾不崇日。

君子以修，跖以穿室。

大参乎天，精微而无形。

行义以正，事业以成。

可以禁暴足穷，百姓待之而后宁泰。

臣愚不识，愿问其名。

曰：

此夫安宽平而危险隘者邪？

修洁之为亲而杂污之为狄者邪？

甚深藏而外胜敌者邪？

法禹、舜而能弇迹者邪？

行为动静待之而后适者邪？

血气之精也，志意之荣也。

百姓待之而后宁也，

天下待之而后平也。

明达纯粹而无疵也，

夫是之谓君子之知。

——知。

转述：皇天降下，施舍万民；

有厚有薄，并不平均。

以此衡量：夏桀、商纣混乱，成汤、武王贤人。

有的混浊，有的清明，有的浩荡，有的平稳。

流遍四海，一天完成。

君子循它修养，盗跖靠它凿洞。

大可参天，却又精微无形。

义理循它把握正，功业循它构建成。

可以消除暴戾，可以充盈贫穷；

百姓期待它，太平安宁。

下臣无知，说不清楚，谨此请教它的名称。

且问曰：

它安乐于宽阔平坦，忧惧于狭隘危险？

它修为得美丽洁净，远离混杂与脏险？

它深藏心中，而能将外敌战胜？

它效法禹、舜，沿着先王足迹向前？

行为举止依循它，然后才能恰到好处？

它是血气的精华，是志意的繁满。

百姓依靠它得到安宁，天下依靠它能够顺平。

它明达纯粹没有毛病，

这就是君子的英明智慧呀。

——智！

有物于此，

居则周静致下，

动则慕高以钜。

圆者中规，方者中矩。

大参天地，德厚尧、禹。

精，微乎毫毛，而大盈乎大寓。

忽兮其极之远也，

攭兮其相逐而反也，

卬卬兮天下之咸蹇也。

德厚而不捐，五采备而成文。

往来惛憊，通于大神，

出入甚极，莫知其门。

天下失之则灭，得之则存。

弟子不敏，此之愿陈。

君子设辞，请测意之。

曰：

此夫大而不塞者与？

充盈大宇而不窕、入郄穴而不逼者与？

行远疾速而不可托讯者与？

往来惛憊而不可为固塞者与？

暴至杀伤而不亿忌者与？

功被天下而不私置者与？

托地而游宇，友风而子雨。

冬日作寒，夏日作暑。

广大精神，请归之云。

——云。

转述：它就在这里，

停留时平静地弥漫于低地，

活动时广泛地布满天宇。

圆了，合乎圆规画的圆圈，

方了，好像角尺画的图纸。

巨大参天，德行与尧、禹一样敦厚。

比毫毛还精微，却能充满天宇长空。

快起来它忽地到达了遥远的天边，

回旋着它们又互相追逐回返，

高高在上啊天下人就都能同享雨露。

德行厚实对谁也不会忽视，

五色具备形成美丽的文饰。

也有时隐晦中往返神通，

它来来去去走得急促匆匆，

无人知道它会奔向何处。

天下失去了它，谁也活不下去，

得到了它才能生存。

学生我知识不足，

只能草草给师长陈述。

请君子估量，因以寻踪。

且说：

它极其庞大，但永不会被堵塞吗？

是布满天空而不留空隙、飘入洞穴而不觉逼仄的吗？

是飞奔遥远却又不可依托的呵？

是穿越晦暝而不能固定与堵塞的哩？

是突然凶猛杀伤万物，毫不迟疑的哩？

是功德天下而无偏私的哩？

它依托大地而在天上漫游，以风为朋而以雨为子女。

夏季罩热，冬季散发寒意。

它宏大而又神通，

请将它归结命名为云。

——云！

有物于此，

儳儳兮其状，屡化如神，

功被天下，为万世文。

礼乐以成，贵贱以分。

养老长幼，待之而后存。

名号不美，与暴为邻。

功立而身废，事成而家败。

弃其耆老，收其后世。

人属所利，飞鸟所害。

臣愚而不识，请占之五泰。

五泰占之曰：

此夫身女好而头马首者与？

屡化而不寿者与？

善壮而拙老者与？

有父母而无牝牡者与？

冬伏而夏游？

食桑而吐丝，前乱而后治。

夏生而恶暑，喜湿而恶雨。

蛹以为母，蛾以为父。

三俯三起，事乃大已。

夫是之谓蚕理。

——蚕。

转述：它就在这里，

赤裸裸并无羽毛，

屡屡变化奇异神妙，

功德天下，万代斯文。

礼乐因它而成就，尊卑贵贱因它而区分。

奉养老人、抚育孩童，都需要它的帮衬。

名号却不好听，竟和残暴发音相近。

功成而自身废弃，事成而家室灭门。

抛弃掉老一辈，保留了它的后身。

为人类利用，被飞鸟伤身。

下臣无知，说不清楚，

请教神巫，占验其物。

神巫说：

它的身体像女人一样柔软，头像马的头，是吗？

它屡屡蜕化而不得长命的吧？

是少壮时得到善待，而年老后无人理睬？

有父有母而看不出雌雄的吧？

是冬天隐伏而夏天生长的吧？

吃桑叶而吐出细丝，开始它的丝纷乱，

而后来整理得有条不紊。

长在夏天却害怕酷暑，喜欢湿润却害怕雨淋。

把蛹当作母亲，把蛾当作父亲。

三次伏眠三次醒起，事情才算终于完毕。

这是关于蚕的道理。

——蚕！

有物于此，

生于山阜，处于室堂。

无知无巧，善治衣裳。

不盗不窃，穿窬而行。

日夜合离，以成文章。

以能合从，又善连衡。

下覆百姓，上饰帝王。

功业甚博，不见贤良。

时用则存，不用则亡。

臣愚不识，敢请之王。

王曰：

此夫始生钜其成功小者邪？

长其尾而锐其剽者邪？

头銛达而尾赵缭者邪？

一往一来，结尾以为事。

无羽无翼，反覆甚极。

尾生而事起，尾邅而事已。

簪以为父，管以为母。

既以缝表，又以连里。

夫是之谓箴理。

——箴。

转述：它就在这里，

产生于山岗，放在内堂。

本身不算智慧、没有技巧，却能够制作衣裳。

不偷盗也不行窃，又打洞又穿行来往。

日夜将分离的连接，成就了花饰纹样。

它不是谋士，也能够合纵连横，统战伎俩。

下能够遮挡百姓，上能够装饰帝王。

功业成绩很大，不炫耀不卖弄自己贤良。

用它，就在身旁；不用它，无影无相。

臣下无知，不知其详，

谨此请教君王。

君王说：

它应是原料很大而制成品很小的吧？

是尾身很长而末端尖刺的吧？

是头部尖锐、尾巴长长的吗？

往来活动，尾部打结，开始行事。

不长羽毛也不长翅，匆匆来回不延迟。

有了尾巴工作开始，尾巴曲弯工作停止。

以大簪为父，而针管为母。

要用它缝合表面，还用它连接内里。

这是关于针的道理。

——针！

天下不治，请陈佹诗：

天地易位，四时易乡；

列星殒坠，旦暮晦盲；

幽晦登昭，日月下藏。

公正无私，见谓从横；

志爱公利，重楼疏堂；

无私罪人，憼革贰兵；

道德纯备，谗口将将。

仁人绌约，敖暴擅强；

天下幽险，恐失世英。

螭龙为蝘蜓，鸱枭为凤皇。

比干见刳，孔子拘匡。

昭昭乎其知之明也！

郁郁乎其遇时之不祥也！

拂乎其欲礼义之大行也！

暗乎天下之晦盲也！

皓天不复，忧无疆也。

千岁必反，古之常也。

弟子勉学，天不忘也。

圣人共手，时几将矣。

转述：天下不安宁，怪诗吟且诵：

天地换了位，四时令不正，

星星胡乱坠，早晚昏无明；

堂堂日月隐，阴沉鬼魅升。

正直无私念，反被讽作善纵横，

勤政做贡献，视作迷于梦华荣，

从不横加他人罪，视为私下屯甲兵，

德高节完满，谗言仍汹汹。

仁人遭困顿，骄横逞威风，

天下暗而险，尽世失精英。

蛟龙成壁虎，鸱鸮成鸾凰，

比干被剖腹，孔子伤困穷。

明明又亮亮，智慧传四方！

跌跌且撞撞，命运何仓皇！

充盈蓬勃兮，要大行礼义！

世道昏暗兮，愚钝无希望！

光天不复返，忧思无止境。

乱久终返治，常理自验应。

青年须努力，上天不负人。

圣人且拱手，可待时运兴。

"与愚以疑，愿闻反辞。"

其小歌曰：

念彼远方，何其塞矣。

仁人绌约，暴人衍矣。

忠臣危殆，谗人服矣。

琁、玉、瑶、珠，不知佩也。

杂布与锦，不知异也。

闾娵、子奢，莫之媒也。

嫫母、力父，是之喜也。

以盲为明，以聋为聪，

以危为安，以吉为凶。

呜呼上天！曷维其同？

转述：弟子说：

我愚笨，我惶惑，请反复给我解说。

小歌曾经唱：

远方敝塞又阻障。

仁人无路走，暴徒意猖狂。

忠臣陷危殆，进谗反得赏。

美玉宝珠不佩戴，

粗布锦绣分不开。

美如闾娵与子都，

没人做媒难成婚。

嫫母力父丑八怪，

反而被喜爱。

齐夸瞎子视力好？

齐赞聋子耳不赖？

你将危险当安全，

他把吉利当凶坏。

我的老天啊！

与之同行谁能忍耐?!

总感悟：这一章赋并不完整，有些未竟篇的感觉，但它表达了荀子的文学热情、辞赋热情，更表现了荀子对自然、世界、人间、社会，对人生面对的一切，对世间万事万物万有，有一种尊崇和赞美。只是最后两段不是具体的所指，而是对世上存在的荒唐与颠倒的叹息。

大略

大略也者，指总括性的大方略？内容不太像，更像是对于荀子的言论的简略记述。大略者，概要也。

　　本章强调了君王的人格与用人，强调了各种礼法，强调了坚持礼法的重要性与具体施行时的变通求实，强调了礼的人格化、人性化、规范化与务实化。

君人者，隆礼尊贤而王，重法爱民而霸，好利多诈而危。欲近四旁，莫如中央，故王者必居天下之中，礼也。

天子外屏，诸侯内屏，礼也。外屏，不欲见外也；内屏，不欲见内也。

转述：作为人君，崇尚礼义尊重贤良就能够称王天下，重视法治爱民亲民就能称霸诸侯，贪图私利多有欺诈就会陷于危难。

想要接近把握四方，最好处于中央，所以王者必须居住在天下的中心地区，这是礼制的要求。

天子的影壁墙建在门外，诸侯的影壁墙建在门内，这也是礼制。把影壁设在门外，是不想让里头往外看；把影壁设在门内，是不想让外面往里看。

感悟：一种是王天下，一种是霸天下，一种是危自身。以礼义、贤士、法治、爱民为标准。然后提一下那都城地址，一下子讲到具体的影壁墙那边去了，以抽象礼义统领一切具体，以务虚统领务实，也还有意思。

诸侯召其臣，臣不俟驾，颠倒衣裳而走，礼也。《诗》曰："颠之倒之，自公召之。"天子召诸侯，诸侯辇舆就马，礼也。《诗》曰："我出我舆，于彼牧矣。自天子所，谓我来矣。"

天子山冕，诸侯玄冠，大夫裨冕，士韦弁，礼也。

天子御珽，诸侯御荼，大夫服笏，礼也。

天子雕弓，诸侯彤弓，大夫黑弓，礼也。

诸侯相见，卿为介，以其教士毕行，使仁居守。

聘人以珪，问士以璧，召人以瑗，绝人以玦，反绝以环。

转述：诸侯召见他的臣子，臣子等不及驾好车，也等不及穿好衣裳就跑，这是礼制。《诗经》上形容说："自君王召见，走得颠倒忙乱。"天子召见诸侯的时候，不等马到，诸侯就让人拉上车子就近将马套车，这还是礼制。《诗经·小雅·出车》上有道是："立即出车房，备马到牧场。令从天子来，守礼岂能忘?"

天子穿的是画有山图的正装、戴礼帽，诸侯穿黑色正装、戴礼帽，大夫穿次一等正装、戴礼帽，士穿皮衣正装，这是礼制。天子使用上端呈椎形的大玉笏，诸侯使用上圆下方的玉笏，大夫使用不同的手板，这是礼制。天子用雕花的弓，诸侯用红色的弓，大夫用黑色的弓，这也是礼制。

诸侯会盟的时候，卿做引见人，使自己那些受过礼仪训练的士人全程陪同，让仁厚的人留守。

派使者到诸侯国去访问用珪，去办理国事用璧，召见子臣用瑗，断绝关系用玦，召回已绝交的人用环。各有不同的信物标志。

感悟：古代礼制，生动具体，活泼细致，王气冲天，正经忠顺，尊卑级别，一丝不苟，有诗为证，有诗助兴，是朝廷的规矩，是权力系统的严明礼仪，是治国有方、万事有章法的表现，但也显现了一种人类小儿科天真游戏的趣味兴致。

活了一辈子，当了或参见了天子诸侯，见识了威风八面、礼仪堂堂、肃静庄严、有滋有味、约定俗成、顺理成章、一出又一出好戏。地位高尚或顶尖的；比上不足、比下有余的；地位虽低毕竟入局、安稳有望的；面临风险还想赌上一把，或难于出局的，各有其事其乐，都抓住了人生的一个抓手，都有自己的牌，都积极学习技艺，苦练功夫，从而摆脱了生命的空虚浪费。

仔细一想：又不是不可以删繁就简，多一点自自然然，少一点鸡零狗碎、成败得失的；至少各种礼数完成之后，君臣人等也不是不可以轻松调笑放飞一下。

人主仁心设焉，知其役也，礼其尽也，故王者先仁而后礼，天施然也。

《聘礼》志曰："币厚则伤德，财侈则殄礼。"礼云礼云，玉帛云乎哉!《诗》曰："物其指矣，唯其偕矣。"不时宜，不敬文，不欣，虽指，非礼也。

水行者表深，使人无陷；治民者表乱，使人无失，礼者，其表也。先王以礼义表天下之乱；今废礼者，是去表也，故民迷惑而陷祸患，此刑罚之所以繁也。

转述：君主具备仁爱之心，智慧由仁心来使用，礼制是仁心的完备体现，所以，王者首先从仁爱出发，然后讲究礼节，这是自然的次序。《仪礼·聘礼》记载说："礼物太丰会伤害品德，财物奢侈会毁掉礼制。"礼呀礼呀，难道是说玉帛礼品吗？《诗经·小雅·鱼丽》上说："饮食美味，调和为最。"如果吃得不合时节，不彬彬有礼，不喜悦欢欣，那么即使食物味道再美，也是非礼之举。

对于水中走路者，要标志深水的危险，使人不至于失陷；治理民众的人，要标志祸乱的兆头，使人不至于失误。礼制，就是这种标准，古代的圣王用礼法来衡量标志天下的治乱。如今有废弃礼制的人，那就是丢弃了标志了。民众就会迷惑是非，陷于祸患。不讲究礼法了，靠刑罚治罪维持秩序就越来越多了。

感悟：礼制是仁心的体现，其原理在于如孔子所讲，"道之以德，齐之以礼"，比仅仅是"道之以政，齐之以刑"，仁义得多。荀子的创造性在于，他还强调礼制是是非、正误、安危的兆头，是哪些能做，哪些不要做的标志，礼有安民的作用。标志搞清，是最大的爱民亲民。荀子还讲，一切礼仪礼制，要和谐舒畅、合乎时宜，还要喜悦欢欣，简单地说，礼制是养人安民慰心顺意的，不仅仅是整顿管理限制的工具。

舜曰："维予从欲而治。"故礼之生，为贤人以下至庶民也，非为成圣也，然而亦所以成圣也。不学不成。尧学于君畴，舜学于务成昭，禹学于西王国。

五十不成丧，七十唯衰存。

亲迎之礼：父南乡而立，子北面而跪，醮而命之："往迎尔相，成我宗事，隆率以敬先妣之嗣，若则有常。"子曰："诺！唯恐不能，敢忘命矣！"

夫行也者，行礼之谓也。礼也者，贵者敬焉，老者孝焉，长者弟焉，幼者慈焉，贱者惠焉。

赐予其宫室，犹用庆赏于国家也；忿怒其臣妾，犹用刑罚于万民也。

君子之于子，爱之而勿面，使之而勿貌，导之以道而勿强。

转述：舜曾说："只有我能随心所欲地治理天下。"这样，礼的制定，是为了贤人以及他们下面的普通百姓，并不是要大家都成为圣人，然而它也能够使人成为圣人。不经过礼的学习培养，是不能成为圣人的。尧曾向君畴学习，舜曾向务成昭学习，禹曾向西王国学习。

五十岁的人不需要全部做到治丧的感情化礼节，七十岁的人只要穿上丧服也就行了。

新郎去迎接新娘的礼仪是：父亲朝南站立，儿子向北跪下，父亲以酒祭神，一边命令儿子："迎接你的内助，完成咱家传宗接代、祭祀宗庙的大事，好好带领她去恭敬你的母亲，让她做你母亲的继承者，你要有常性啊！"儿子说："是，我只怕能力不够好，岂敢忘记您的叮嘱。"

所谓奉行，就是指奉行礼义。所谓礼义，就是对尊贵的人要恭敬，对老人要孝顺，对长者要敬爱，对幼者要慈爱，对卑贱的人要赐予恩惠。

君王在自家内进行赏赐，应当像在国家中举行庆典奖赏一样郑重；对自己的家臣、妻妾奴婢发怒动刑，应当像对民众动刑一样慎重。君子对于子女，疼爱他们而不表现在脸面上，使唤他们不用和颜悦色，用正道引领他们但不搞强迫命令。

感悟：礼的特色是文质彬彬、温文尔雅、君子之风、文明之态，礼的安排是合情合理、入情入理，实事求是、恰到好处。同样是参加丧礼，五十岁了就不必号啕大哭，七十岁了穿上丧服也就行了，堪称无微不至。掌管朝廷，如同父母，如同兄姐，太感人了。

礼以顺人心为本，故亡于《礼经》而顺于人心者，皆礼也。

礼之大凡：事生，饰欢也；送死，饰哀也；军旅，饰威也。

亲亲、故故、庸庸、劳劳，仁之杀也；贵贵、尊尊、贤贤、老老、长长，义之伦也。行之得其节，礼之序也。仁，爱也，故亲；义，理也，故行；礼，节也，故成。仁有里，义有门；仁，非其里而处之，非仁也；义，非其门而由之，非义也。推恩而不理，不成仁；遂理而不敢，不成义；审节而不和，不成礼；和而不发，不成乐。故曰：仁义礼乐，其致一也。君子处仁以义，然后仁也；行义以礼，然后义也；制礼反本成末，然后礼也。三者皆通，然后道也。

转述：礼的要义在于顺应人的心愿，即使有些礼节并没有写在《礼经》上，只要是顺应人心，那就是礼节。

总括起来讲，礼就是：如果事奉君王父母长辈，要表达展示欢乐；送别逝者，就是表达与展示悲哀；如果是行军打仗，就是表达与展示威力。

亲近父母，念旧故友，依功酬功，依劳累报酬劳累，这都表现了落实仁德中的等差；珍贵贵人，尊敬尊者，善视贤良，敬爱老者，学习跟随长者，这是义理的要求。做起来要适宜，这里要拿捏礼的次第。仁者有爱心，所以是亲和的；义是一种原则，所以要做到；礼要适宜，所以能有成效。仁有所居的乡里，义有门第的认定。仁而没有所居的乡里根基，难以形成仁爱；义而没有对于不同门第的把握，也不能算是准确地遵循了义理原则。君王对臣下施恩而不合理，就算不得表现了仁德；合理了但又没有勇气去落实，那又不能算义；明察礼节的规矩，但是做得不顺当和谐，那就不能算有礼；礼节和顺了，没有充分表达出来也就不会有音乐的表达。所以说，仁义礼乐，是向着同一个目标而设立的标示。君子是用义理与原则来拿捏仁德的表示的，然后体现出仁德；是以遵循礼法来落实义理原则的，然后才体现出义理原则；拟定礼法的时候要从礼的根本原则目标出发，具体化而成为礼法礼节。仁义礼，三者是相通，统一综合与提升为对于大道的体悟。

感悟：以顺人心为标准，这既是对于礼的精神的深刻体认，又是为繁文缛节、不合时宜、有副作用、有碍他人的礼节礼制的改进调整留下了空间。

顺人心问题，不仅是礼，在中华传统文化中，在修齐治平、价值选择、治国理政、养生正气各方面，顺应人心是一个一通百通、适应面极大、重要性极强的纲领性命题。

货财曰赙，舆马曰赗，衣服曰襚，玩好曰赠，玉贝曰唅。赙、赗所以佐生也，赠、襚所以送死也。送死不及柩尸，吊生不及悲哀，非礼也。故吉行五十，奔丧百里，赗、赠及事，礼之大也。

礼者，政之挽也。为政不以礼，政不行矣。

天子即位，上卿进曰："如之何忧之长也？能除患则为福，不能除患则为贼。"授天子一策。中卿进曰："配天而有下土者，先事虑事，先患虑患。先事虑事谓之接，接则事优成。先患虑患谓之豫，豫则祸不生。事至而后虑者谓之后，后则事不举。患至而后虑者谓之困，困则祸不可御。"授天子二策。下卿进曰："敬戒无怠，庆者在堂，吊者在闾。祸与福邻，莫知其门。豫哉！豫哉！万民望之。"授天子三策。

禹见耕者耦，立而式，过十室之邑，必下。

杀大蚤，朝大晚，非礼也。治民不以礼，动斯陷矣。

平衡曰拜，下衡曰稽首，至地曰稽颡。

大夫之臣，拜不稽首，非尊家臣也，所以辟君也。

一命齿于乡，再命齿于族，三命，族人虽七十不敢先。上大夫，中大夫，下大夫。

吉事尚尊，丧事尚亲。

聘，问也。享，献也。私觌，私见也。

言语之美，穆穆皇皇。朝廷之美，济济枪枪。

为人臣下者，有谏而无讪，有亡而无疾，有怨而无怒。

君于大夫，三问其疾，三临其丧；于士，一问，一临。诸侯非问疾吊丧，不之臣之家。

既葬，君若父之友，食之则食矣，不辟粱肉，有酒醴则辞。

寝不逾庙，谦衣不逾祭服，礼也。

《易》之《咸》，见夫妇。夫妇之道，不可不正也，君臣父子之本也。咸，感也，以高下下，以男下女，柔上而刚下。

聘士之义，亲迎之道，重始也。

转述：遇到丧事，有各种货财、车马、衣服、器具的补贴赠送，或发丧，或陪葬，或帮助死者亲属。送葬者没有到达棺材边，吊丧者没有表达出足够的悲痛，都是无礼的表现。办喜事，五十里远的地方也要去到；办丧事，百里之距也要赶到，做到馈赠诸事，是重要的礼节。

礼仪，是一些政事活动的导引。不依照礼法来办理政务，那是办不通的。

天子登基，上卿前去奏说："天子要长久地忧患于治理，能够消除忧患的话，是国家的福气，不能为国家消除祸患，那就是国之蟊贼了。"要向天子呈上一册竹简，写上治理的建议。

之后中卿上去说："天子之德，与天相匹配，有什么政事需要提前筹划，有什么祸患，需要事前预备。事先筹划政事的人敏捷能干，事情做得优好。事先防范祸患的人富有预见，有了预见预案就能防止祸患的发生。事情来了才筹划的人叫作滞后者，滞后了办事就难以成功。祸患来了才准备的人叫作困顿者，困顿者阻挡不住祸患的发生。"他们要向天子贡献第二册竹简文件。

然后下卿奏说："天子登基了了，恭敬谨慎，警惕戒备，不可懈怠，要知道：在祝贺庆典的人齐聚在朝廷的同时，唱衰、准备吊丧的人已经在街道上集合了。福祉与灾祸像邻居一样相望紧挨，不知道从哪个门户，一种灾祸邪恶就溜进来了，要戒备好啊，要戒备好，万民期待着君王啊!"他献给天子第三策。

大禹坐在车上，看到两个人在耕地，便站立起来向他们致敬，车辆经过一个十户人家的小镇，他也下车表示亲近。

大早晨就去打猎，或者上朝、朝拜典礼举行得太晚，都是违礼的。做事违礼，常常会出错失误。

行礼跪拜，头弯到齐腰处，叫作拜；手触到地面，叫稽首；手头都触到地面，叫稽颡。

大夫的臣下，只拜而不稽首，不是为了尊重臣下，而是为了避免大夫会如同国君一样地接受行礼。

子与男级别人士在饮酒时，按照本乡的人的年龄排列座次与礼行秩序，大夫级的按照其在家族中的辈分与年龄排列座次秩序，到了卿这一级，本乡本土的人，即使七十高龄，也不敢排在卿的前面。卿是上大夫，公侯级的大夫是中大夫，子与男级的大夫，是下大夫。一切都有等级之分。

办喜事，注意的是来客的地位级别；办丧事，注意的是来客与死者的亲属血缘关系。

诸侯之间互派使节访问，称作聘。使节代表君王向对方君王赠礼，叫作享。使者以个人身份臣子礼仪会见对方诸侯，叫作私觌。

言语之美，在于恭恭敬敬，堂堂正正。朝廷之美，在于人才济济，行列齐齐。

作为臣子，有对君王的异议与规劝，但是没有攻讦诽谤；有请辞与出走，但是没有嫉恨冤仇；有失望与埋怨，但是没有愤怒火气。

君王对于大夫，可以三次问候他的疾病，三次出席他的葬礼；对于士，可以问候一次，出席葬礼一次。诸侯除非探病吊丧，不去臣子的家。

埋葬父亲之后，对君王与父亲的朋友，可以有米饭与肉食的招待，但要辞谢酒品。

居住的房屋，不能超过宗庙，宴饮时穿的衣服，不能超过祭祀时的着装，这都是礼的要求。

《易经·咸卦》中可以看出夫妇之道。夫妇之道，必须摆正，因为世界是先有天地，再有阴阳、男女、夫妇，然后才有君臣、父子，夫妇之道是根本性的道。咸卦的"咸"，就是感应的"感"，居高的要谦恭于下，男性要谦恭于女性，男要刚强，女要温柔。

聘请一位有才能的贤士，与到女方家中迎娶新妇一样。其义理，其礼法，都很重要，要重视各种事项的开端。

感悟：讲朝廷之礼、君臣君民之礼、喜丧之礼、诸侯国家互访之礼、言语进退容色之礼、衣食住行之礼、婚嫁之礼，讲得如此周到、细密、具体、可行，荀子也。数千年后，这么多礼行已经改变，其美好用心仍然有说服力。

讲得太周到太具体了，又容易千篇一律、程式化、呆板化，与某种礼仪礼行的具体背景的多样性脱节，与生活和人的创造性、新鲜感、魅力与激情脱节。比如说事事欢呼，欢呼变成了习俗，在在沉痛，沉痛变成了礼节，这也会产生一定的问题。礼，既要有其稳定性、一贯性、律令性，又要有其具体性、生活性、真情实感与调整变通的可能。坚持得好，做得好，并非易事。

礼者，人之所履也，失所履，必颠蹶陷溺。所失微而其为乱大者，礼也。

礼之于正国家也，如权衡之于轻重也，如绳墨之于曲直也。故人无礼不生，事无礼不成，国家无礼不宁。君臣不得不尊，父子不得不亲，兄弟不得不顺，夫妇不得不欢。少者以长，老者以养。故天地生之，圣人成之。

和鸾之声，步中《武》《象》，趋中《韶》《護》。君子听律习容而后出。

霜降逆女，冰泮杀止，十日一御。

坐视膝，立视足，应对言语视面。立视前六尺而大之，六六三十六，三丈六尺。

文貌情用，相为内外表里，礼之中焉。能思索谓之能虑。

礼者，本末相顺，终始相应。

礼者，以财物为用，以贵贱为文，以多少为异。

下臣事君以货，中臣事君以身，上臣事君以人。

《易》曰："复自道，何其咎？"《春秋》贤穆公，以为能变也。

转述：礼是人们行动时的根据，一个人如果失去了要实行的根据，那就会跌跌撞撞，陷泥掉坑。可能表面上看只是差错了一小点，但是后果很严重，那就是礼。

用礼来评估校正国家治理的重要性，就像用权衡对于衡量重量，用绳墨来测量曲直一样。人间没有了礼法，就无法过活；事务没有了礼法，就办理不成；国家没有了礼法，就不可能平安。君臣间没有了礼法，就没有君臣关系的尊严性；父子间没有了礼法，就失去了父子关系的亲密性；兄弟间没有了礼法，就失去了兄弟间的和顺；夫妇间没有了礼法，就成就不了夫妇的欢爱；年少的人，依礼法而得到成长；年老者依礼法，而得到赡养照顾。天地使人得以诞生，圣人为人类制成了礼法纲纪。

车铃在慢时，合乎《武》与《象》之曲；走快了，合乎《韶》与《濩》之曲。君子听着上述曲子，训练自己的举止容颜，而后能够有所表现。

每年到了霜降节，是迎娶的季节，到了第二年春天冰河融化的时节，停止娶亲。对正妻，第十天同房一次。

坐着，要看对方的膝盖，站立时，要看对方的脚，回答问话时，要看着对方的脸部表情。站立时，在他面前六尺看着他，最远可以到六个六尺即三丈六尺的距离。

文饰、容貌、情绪、动作，互为表里，说明礼仪与内心恰如其分。行礼的过程中能够有所思量，叫作能虑——能调整把握。

礼最重要的是，本末——用意敬意与举止容貌相通相顺；终始——完结与开端相贯穿相呼应。

礼仪活动，要使用适宜的财物，要依照地位贵贱有所文饰展演，要安排不同规模体量来表现地位意义的差别。

下等臣子，用聚敛财货来献奉君王；中等臣子，以身家性命维护服侍君王；上等臣子，以举荐贤士来贡献君王。

《周易·小畜卦·初九》上说："一个人走了弯路，然后回到正道上来，那他还有什么过错可责备呢？"《春秋》称赞秦穆公之贤明，因为他虽然打过败仗，但能汲取教训，听取意见，改正缺点，所以他受到肯定。

感悟：讲到礼的履行，礼的各个方面，礼需要本末一致始终一致，要在行礼遵礼的过程中时时自我调节，等等。有两点极精彩有趣。一个是马车行进时车铃发出乐声，快行时一种曲调，慢行时一种曲调，以乐炫礼。一个是讲坐而看对方的膝，立而看对方的脚，回答问话时要看对方的表情。惜哉，后来国人们没有注意荀子的教导，与人谈话而眼睛东张西望、不看对方，或因认生惶恐躲避与对方眼睛的对视，这种现象很普遍。这其实是一种无礼表现，对此荀子早已讲得很好了。

最后讲到过而能改、善莫大焉，可能包含着鼓励人们在遵礼行礼的过程中不断完善、调整、纠偏的含意。是不是荀子也感到他主张的一些礼法，并非都能全部做到呢？

士有妒友，则贤交不亲；君有妒臣，则贤人不至。蔽公者谓之昧，隐贤者谓之妒，奉妒昧者谓之交谲。交谲之人，妒昧之臣，国之蠚孽也。

口能言之，身能行之，国宝也。口不能言，身能行之，国器也。口能言之，身不能行，国用也。口言善，身行恶，国妖也。治国者敬其宝，爱其器，任其用，除其妖。

转述：士人一旦与好妒忌的人结交为友，贤人就疏离他了；君主有了妒人者成为臣下，贤人也就不会来效命。掩蔽公道的人就是欺君昧义，埋没贤良的人就是嫉贤妒能，奉事妒昧之徒就是诈骗奸佞。诈骗的奸佞，妒昧的臣子，是国家的污秽与祸源。

能够讲谈礼义，自身能够践行礼义，他们是国家的宝贝。不能够很好地讲谈，但自身能够践行礼义，这种人是国家所需的器具。能够口头讲谈礼义，自身实行不好的，国家也可以利用其所能，让他到处讲一讲口头礼义。口头说得挺好，自身净干坏事，这种人就是国家的妖孽了。治理国家的君王，敬重国宝，爱护国具，使用国用，清除国妖。

感悟：荀子此处强调做，也强调讲谈说话，甚至只会讲说，践行较差，也仍要取其讲谈之长；而对敏于行讷于言者，置于能说能做者的次一等，而不是高度评价只做不说者，这是荀子的实事求是特色。他要求的是士、是官员啊！

不富无以养民情，不教无以理民性。故家五亩宅，百亩田，务其业，而勿夺其时，所以富之也。立大学，设庠序，修六礼，明七教，所以道之也。《诗》曰："饮之食之，教之诲之。"王事具矣。

转述：做不到富民，就无法调养引导民人的感情倾向，不进行教化就无法治理民人的本性。每家分配上五亩宅基地，一百亩耕地，踏实倡务农业生产，而不可侵夺农时，就能使他们富裕起来。建立高级学府，设立地方学校，学习讲究冠、婚、丧、祭、乡饮、相见六方面的礼仪，阐明普及父子、兄弟、夫妇、君臣、长幼、朋友、宾客七个关系方面的教育，这是用来引导民人的礼法。《诗经·小雅·绵蛮》上说："要让百姓有吃有喝，要让百姓得教得化。"像这样，王者的大事就做成了。

感悟：不富无以养民情，不教无以理民性，这是两点论，高于只要富不要教化的低俗拜金主义，也区别于空头吹牛的唯意志论。

武王始入殷，表商容之闾，释箕子之囚，哭比干之墓，天下乡善矣。

天下国有俊士，世有贤人。迷者不问路，溺者不问遂，亡人好独。《诗》曰："我言维服，勿用为笑。先民有言，询于刍荛。"言博问也。

有法者以法行，无法者以类举。以其本知其末，以其左知其右，凡百事异理而相守也。庆赏刑罚，通类而后应；政教习俗，相顺而后行。

八十者一子不事，九十者举家不事，废疾非人不养者，一人不事。父母之丧，三年不事；齐衰大功，三月不事。从诸侯来，与新有昏，期不事。

子谓子家驹续然大夫，不如晏子；晏子，功用之臣也，不如子产；子产，惠人也，不如管仲；管仲之为人，力功不力义，力知不力仁，野人也，不可以为天子大夫。

转述：周武王刚进入商朝的国都殷的时候，在被纣王赶走的商容大夫住地门口赐匾以表彰他的功德，释放了被囚的纣的叔父箕子，在比干墓前痛哭，于是天下人心都归向仁君善政了。

普天下，各国都有才俊之士，各代都有贤能之人。迷失方向，是由于不肯询问道路；被水淹没的人，是因为不打探水道；亡国之君，是那些喜欢独断专行的君王。

《诗经·大雅·板》上说："我所说的很重要，不是玩笑话。古人曾经提出：要向樵夫去请教！"就是说，要广为问讯，汲取多方。

法律上有规定的，依法办理，没有明文规定的个案，可以参考有关同类事件的法律或者案例处理。根据它的根本性质推论它的某些细节，根据它的一个方面推论它的另一个方面。各种事情，路数虽然不同，却仍然有它的普遍性与统一性。奖赏也好，惩罚也好，通达了类推的原理，弄明白它的类属性质，然后才能做出适宜的反应。政令教化、风俗习惯，捋顺了才能落实执行。

八十岁的人，可以有一个儿子不去服役（劳务或公差）；九十岁的人，全家都可以免劳役；残疾者没有自理生活能力的，家里可以有一个人不去服役。有父、母丧事，三年内可以免服役；非父母的亲属丧事，可以三个月不去服役。从其他邦国迁来以及新婚的，一年为期，免劳役。

孔子说：子家驹是一个能够拾遗补阙的大夫，但他赶不上晏婴；晏婴，是个办实事的臣子，赶不上子产；子产，是个惠及多方的人，却赶不上管仲；管仲立身为人，致力于绩效，不致力于义理原则价值，致力于智谋，不致力于仁爱，他是个缺乏礼义修养的人，不可以做天子的大夫。

感悟：武王以革命手段取得了政权，能够注意向前朝忠烈致敬尽心，是得人心者。荀子并提出要问政于四方。不能好独。对于法律没有明确规定的案例，可以类推处理。这让人想起《红楼梦》中探春处理舅舅赵国基的丧事时的对策之无懈可击。免服役的说法，显现了仁德。而对子家驹、晏婴、子产、管仲这些名臣的分析，更是如登阶梯，层层向上，令人神往。

孟子三见宣王，不言事。门人曰："曷为三遇齐王而不言事？"孟子曰："吾先攻其邪心。"

公行子之之燕，遇曾元于涂，曰："燕君何如？"曾元曰："志卑。志卑者轻物，轻物者不求助；苟不求助，何能举？氐羌之虏也，不忧其系垒也，而忧其不焚也。利夫秋毫，害靡国家，然且为之，几为知计哉！"

今夫亡箴者，终日求之而不得；其得之也，非目益明也，眴而见之也。心之于虑亦然。

"义"与"利"者，人之所两有也。虽尧、舜不能去民之欲利；然而能使其欲利不克其好义也。虽桀、纣不能去民之好义；然而能使其好义不胜其欲利也。故义胜利者为治世，利克义者为乱世。上重义则义克利，上重利则利克义。故天子不言多少，诸侯不言利害，大夫不言得丧，士不通货财。有国之君不息牛羊，错质之臣不息鸡豚，冢卿不修币，大夫不为场园，从士以上皆羞利而不与民争业，乐分施而耻积藏；然故民不困财，贫窭者有所窜其手。

转述：孟子三次见到齐宣王，却没有谈治国理政的事。他的学生问："为什么三次见到齐王都不谈国事？"孟子说："我想先破除他只求称霸的错误思想。"

公行子之去燕国，路上遇到曾元，他问："燕国国君怎么样？"曾元说："他的志向低微。志向低微的人也就小看自己的职责，不以职责为意的人不找人帮助；如果不找人帮助，哪能胜任职责呢？他只够格当氏族人、羌族人的俘虏。他不担忧自己的亡国，却担忧自己死后不能按照氏族、羌族的习俗被火化。他看到的实利就像那秋天新长出来的兽毛一样微乎其微，但危害的却是整个国家，这样的事他也会做，哪谈得到为国家谋划呢？"

一个人丢了针，找了一天没有找到；后来找到，并不是眼睛变得明察了，而只是低头看了一眼偶然发现了针罢了。心里考虑问题也是这样，原来没有想到的后来想到了，但是他并没有提高思维的能力，偶然想到就是了。

一个是道义、义理，一个是实利、利害，双双都是人们所追求的与讲究的。哪怕是尧舜这样的圣王，不可能灭除民众求利的欲望，但是能够使他们追求实利的强烈度超不过对义理的看重；同样，就算是夏桀、商纣这样的暴君，也不可能取消百姓对义理的倾心，但是暴君能够做到让百姓对义理的讲求被对实利的追求所抑制。所以，义理胜过实利的就是治世，实利胜过义理的就是乱世。君主看重义理，义理就会抑制实利；君主推崇实利，实利就会抑制义理。所以，天子不应谈论财物多少，诸侯不应谈论有利还是有害，大夫不谈论得到还是失去，士不议论经营赚钱的事。拥有国家的君主不养殖牛羊，事奉君主的臣子不养殖鸡和小猪，上卿不放高利贷，大夫不开园子种菜，士以上的都以追求实利为耻，不与百姓争业绩带来的实利，他们以施舍为乐而以囤积私藏为耻。所以，民众不为钱财所困扰，贫穷的人也都有伸手干活的地方了。

感悟：一个是对于那时的一些诸侯君王，非议颇多，君王们想的是本土权位与在天下的争雄称霸，黩武用兵，阴谋诡计。儒家想的是克己复礼，天下归仁，两下里走的。

至于利欲与仁义，荀子不是孟子的"二者不可得兼"、舍一取一的逻辑，而是主张兼顾，这做起来很不容易，既高尚又切实！

文王诛四，武王诛二，周公卒业，至成康则案无诛已。

多积财而羞无有，重民任而诛不能，此邪行之所以起，刑罚之所以多也。

上好义则民暗饰矣，上好富则民死利矣。二者，治乱之衢也。民语曰："欲富乎？忍耻矣！倾绝矣！绝故旧矣！与义分背矣！"上好富，则人民之行如此，安得不乱？

汤旱而祷曰："政不节与？使民疾与？何以不雨至斯极也！宫室荣与？妇谒盛与？何以不雨至斯之极也！苞苴行与？谗夫兴与？何以不雨至斯极也！"

天之生民，非为君也；天之立君，以为民也。故古者，列地建国，非以贵诸侯而已；列官职，差爵禄，非以尊大夫而已。

主道知人，臣道知事。故舜之治天下，不以事诏而万物成。农精于田，而不可以为田师，工贾亦然。

以贤易不肖，不待卜而后知吉。以治伐乱，不待战而后知克。

转述：周文王消灭了四个小国，周武王灭了两个国，武王的弟弟周公旦完成了统一天下的大业，到周成王、周康王的时候就没有杀伐消灭谁了。

看重财富而轻蔑一无所有的穷人，加重人民的负担而且惩处不能完成这些负担的人，这是恶政的源起，也是刑罚繁多的源起。

君主看重义理，那么民众就各自努力、美化优化自己了；君主看重财富，那么民众就死于实利了。这两点，是治和乱的十字路口。老百姓的俚语说什么："你想发财吗？先得老着脸皮不在乎丢人，不在乎丢失性命，不怕得罪朋友，不怕伤天害理。"上边喜欢财富，老百姓的行为就会成为这样，哪能不生乱呢？

商汤为遭遇大旱祷告说："我的为政不对头了吗？是役使民众太狠了吗？怎么旱成这个样子还不下雨呢？是我的官殿太华丽了吗？是我听皇宫后妃们的话语太多了吗？为什么旱成这样子还不下雨呢？是爱行贿的坏人太多了吗？是毁谤挑拨的奸人成事了吗？为什么旱到这个样子还不下雨呢？"

上天生育民众并不是为了事奉君主，上天设立君主却是为了治理民众。古代分封土地，建立诸侯国，并不是专门用来抬举诸侯；安排各种官职级别，区别爵位俸禄待遇，也不是专门为了提拔大夫。

君主之道在于掌握人，臣下之道在于掌握政事。舜治理天下，不用事事发诰施令而事事都办成了。农夫精通农活却未必做得成管理农业的官吏，工商领域也是这样。

以贤者去换掉不成样子的人，用不着占卜就知道这样做是吉利的。用治理成功的国家去攻伐混乱的国家，还没有打起来就知道能克敌取胜。

感悟：似乎有一种政治文明进化论，圣王为了得位，需要诛灭的小国越来越少，说明，圣王的被接受越来越容易了，方方面面认识圣王的能力在提高中。

其实不一定，发展与更新，会带来某些矛盾与问题的解决，也会带来新问题的尖锐化与复杂化。

告诫君王不要做不顾人民死活的恶政恶事，值得听取。也不能一味地只争夺利益，不考虑道义。而君王应该效仿商汤，遇事常思己过。

强调权力越大责任起码在于用人，而各种政事，要依靠你用得对的人做。这个角度有它的趣味与特殊含义。

齐人欲伐鲁，忌卞庄子，不敢过卞。晋人欲伐卫，畏子路，不敢过蒲。

不知而问尧、舜，无有而求天府。曰：先王之道，则尧、舜已；六贰之博，则天府已。

君子之学如蜕，幡然迁之。故其行效，其立效，其坐效，其置颜色、出辞气效。无留善，无宿问。

善学者尽其理，善行者究其难。

君子立志如穷，虽天子三公问正，以是非对。

君子隘穷而不失，劳倦而不苟，临患难而不忘细席之言。岁不寒无以知松柏，事不难无以知君子无日不在是。

雨小，汉故潜。夫尽小者大，积微者著，德至者色泽洽，行尽而声问远，小人不诚于内而求之于外。

言而不称师谓之畔，教而不称师谓之倍。倍畔之人，明君不内，朝士大夫遇诸涂不与言。

不足于行者，说过；不足于信者，诚言。故《春秋》善胥命，而《诗》非屡盟，其心一也。善为《诗》者不说，善为《易》者不占，善为《礼》者不相，其心同也。

转述：齐国人想攻打鲁国，忌惮鲁国大夫卞庄子，不敢经过卞城。晋国人想攻打卫国，害怕地方官、孔子的弟子子路，不敢经过蒲邑。

有所不知，就去学习尧舜的治国之道，正如没有储备了就去求助于天子府库。可以说，古代圣王的正道，就体现在尧舜的治国实践当中；而六经的丰富内容，正如同天子府库的储藏一样丰富宝贵。

君子的学习就像蛇与蝉的生长蜕变一样，很快就会使自身有所发展变化。君子走路，效仿圣王，站立也要效仿圣王，坐下效仿圣王，他表现什么脸色、讲什么话、用什么口气都要效仿圣王。明白了好事好经验，立即行动，遇到疑问，立即提出，不把要做要问的事拖延过夜。

善于学习的人尽力搞清楚事物的道理，善于做事的人尽量弄清工作中的疑难。

君子树立了志向就要穷尽一切可能努力，不留余地；即使天子、三公问你政事，也只能根据是非实际情况回答（不能曲言讨好）。

君子处境困顿也不失落斗志，辛辛苦苦，不能苟且降格，面临祸难也要说话算话，不背弃平时的言语。不到寒冷的时节你难以知道松柏的坚强，事业不危难，你难以知道，君子没有一天不在坚守他的正道。

雨小，水更能深深地潜入土地。充分发扬了微细，作用变得巨大，不断积累细小，成就就会变得显著。道德到位的人色貌融洽，行为完善的人名声久远。而小人并不真诚实地优化自身内在精神品质，只是外表上强作样子。

说话时不提老师的叫作反叛，教学时不提己师的叫作背离。背叛老师的人，贤明的君主不接受，朝廷高级官员路上碰到不与他搭话。

在行动上乏善可陈的人，往往靠过多的空话；信用方面有劣迹的人，往往说起话来更要强调自己的诚恳。这样，《春秋》赞美诸侯间的口头约定，而《诗经》非议的是诸侯间多次订立却又多次不算数的盟约，《春秋》与《诗经》的用意是一致的。善于研读《诗经》的人不随意引用，善于研读《周易》的人不给人算卦，善于研读《礼经》的人不担任礼仪活动中的司仪，他们的谨慎负责用意是相同的。

感悟：贤人的存在能使用兵的敌国也有所忌惮。学习圣贤要不打折扣，不延迟时间。学习圣贤要像蛇与蝉一样地除旧布新，不停地有所蜕变更新。正道必须切实坚持，不事空谈，不可迁就不义，不可因讨好权贵而曲意奉承，混淆是非。口头约定能够落实，《春秋》予以赞美，正式盟约，屡屡撕毁，《诗经》予以讽刺。圣贤对自己的言行，高度负责。

曾子曰："孝子言为可闻，行为可见。言为可闻，所以说远也；行为可见，所以说近也；近者说则亲，远者说则附；亲近而附远，孝子之道也。"

曾子行，晏子从于郊，曰："婴闻之：君子赠人以言，庶人赠人以财。婴贫无财，请假于君子，赠吾子以言：乘舆之轮，太山之木也，示诸隰栝，三月五月，为帱菜，敝而不反其常。君子之隰栝，不可不谨也。慎之！兰苣藁本，渐于蜜醴，一佩易之。正君渐于香酒，可谗而得也。君子之所渐，不可不慎也。"

人之于文学也，犹玉之于琢磨也。《诗》曰："如切如磋，如琢如磨。"谓学问也。和之璧，井里之厥也，玉人琢之，为天子宝。子赣、季路，故鄙人也，被文学，服礼义，为天下列士。

学问不厌，好士不倦，是天府也。

君子疑则不言，未问则不言，道远日益矣。

多知而无亲，博学而无方，好多而无定者，君子不与。

少不讽诵，壮不论议，虽可，未成也。

君子壹教，弟子壹学，亟成。

君子进则益上之誉，而损下之忧。不能而居之，诬也；无益而厚受之，窃也。学者非必为仕，而仕者必如学。

转述：曾子说："孝子说的话是众人听得见的，做的事是众人看得到的。说的话让人听见，远方人也心悦诚服；做的事让人看见，切近者也能心悦诚服。近处的人爱听就来亲近，远方的人爱听就会来归附。使近处的人亲近而远方的人归附，这是孝子遵行的正道。"

曾子要走了，晏子送行到郊外，说："我听说过：'君子以言语赠送友人，百姓以财物赠送人。'我晏婴贫穷，没有什么财物，请让我假借君子的名义，说点话赠送于您：马车的轮子，原是泰山上的树木，用修整木材的工具，经过三五个月，做成了车框、车辐和车毂，之后哪怕是裹车毂的皮革坏了，它也不可能恢复到原来的形状了。君子对于矫正自身，不能不严谨地对待，要慎重！兰茝、藁本等香草，如果浸在蜂蜜和甜酒中，一经佩戴就要更换它。正派的君主如果愿意泡在香酒似的甜言蜜语中，也会被谗言俘虏。君子对于环境，不能不谨慎地对待啊。"

人们学习研究文化，就像雕磨玉石一样。《诗经·卫风·淇奥》上说："就像切磋骨角，就像雕磨玉石。"说的是精心做学问啊。卞和的玉璧，原是乡里石块，经过工匠对它进行精雕细琢之后，成了天下珍宝。子贡、子路，原是俗陋的人，受到文化熏陶，践行了礼义，就成了天下入流的儒士。

学习永不厌烦，结交帮助文墨贤明之士不怕辛苦负担，就可以成为天子的智库式人物。君子对尚有疑惑、没有把握的话，不随意说；对没有请教过、核对过的话不轻易谈论。积累得长远了，他的学识就充实了。知识很多而不亲近老师，学习广泛而没有方法，学得很多而没有个确定目标的人，君子是不首肯的。少年时不诵读书籍，壮年时不发表议论，这样的人即使资质还可以，也难以有所成就。君子专心教授，学生专心学习，就能迅速取得成绩。君子入朝做官，要能增益君主的荣誉，减少民众的祸患。没有这个本事而居于官位上，等于行骗欺世；无益朝政百姓而享受厚待，等于盗窃了不属于自己的财物。就学的人不一定都去做官，但做官的人一定要努力学习。

感悟：讲曾子与晏子对于孝子、君子、学习的讨论。言语传得远，行为可以近观，言行都靠得住，就能吸引远近的人的亲和认同。学习才能成材，成了材，如果陷入邪恶或宠溺的环境也会腐化变质，即使艰难成材，也会轻易败坏。所以越是成材，越要警惕自守。切磋学习，永远不忘使命才能有所坚守。疑则不言，未问也不言，言语要有所节制。尤其是做官，要做到对上有增益，对下能减少忧患，否则，不要去做。

讲的是君子、成材者的自我警觉怵惕。

子贡问于孔子曰："赐倦于学矣，愿息事君。"孔子曰："《诗》云：'温恭朝夕，执事有恪。'事君难，事君焉可息哉！""然则，赐愿息事亲。"孔子曰："《诗》云：'孝子不匮，永锡尔类。'事亲难，事亲焉可息哉！""然则赐愿息于妻子。"孔子曰："《诗》云：'刑于寡妻，至于兄弟，以御于家邦。'妻子难，妻子焉可息哉！""然则赐愿息于朋友。"孔子曰："《诗》云：'朋友攸摄，摄以威仪。'朋友难，朋友焉可息哉！""然则赐愿息耕。"孔子曰："《诗》云：'昼尔于茅，宵尔索绹，亟其乘屋，其始播百谷。'耕难，耕焉可息哉！""然则赐无息者乎？"孔子曰："望其圹，皋如也，巅如也，鬲如也，此则知所息矣。"子贡曰："大哉！死乎！君子息焉，小人休焉。"

《国风》之好色也，传曰："盈其欲而不愆其止。其诚可比于金石，其声可内于宗庙。"《小雅》不以于污上，自引而居下，疾今之政以思往者，其言有文焉，其声有哀焉。

国将兴，必贵师而重傅，贵师而重傅，则法度存。国将衰，必贱师而轻傅；贱师而轻傅，则人有快；人有快则法度坏。

古者匹夫五十而士。天子诸侯子十九而冠，冠而听治，其教至也。

君子也者而好之，其人也；其人而不教，不祥。非君子而好之，非其人也；非其人而教之，赍盗粮，借贼兵也。

不自嗛其行者，言滥过。古之贤人，贱为布衣，贫为匹夫，食则饘粥不足，衣则竖褐不完；然而非礼不进，非义不受，安取此？

转述：子贡问孔子说："（如果）我对学习厌倦了，想停息一下去事奉君主（您看怎么样)？"孔子说："《诗经》上说：'从早到晚，温良恭敬，做事谨慎。'事奉君主很艰苦，事奉君主怎么能停息学习呢？"子贡说："这样的话，我希望停息学习，去事奉父母。"孔子说："《诗经》上说：'孝是永远不可缺失、永无穷尽的，上天会赐福给这样的孝子。'事奉父母很艰苦，怎么可以停息学习呢？"子贡说："这样的话，那么我希望，能够在妻子家人中得到停息学习。"孔子说："《诗经》上说：'先给妻子立下礼法，然后推广到兄弟，以治理家国。'把妻儿的事情办理好也是辛苦的，怎么可以停息学习呢？"子贡说："这样的话，那么我希望停息学习，在朋友中得到休息。"孔子说："《诗经》上说：'朋友之间要相互帮助，才能仪表威严。'和朋友在一起很辛苦，在朋友那里怎么可以停息学习呢？"子贡说："这样的话，那么我希望停息学习去务农。"孔子说："《诗经》上说：'白天要割茅草，夜晚打草绳，急忙修屋顶，还要下田播种。'种田不容易，种田怎么可以停息学习呢？"子贡说："这样的话，那么我就永远没有停息学习的时候了吗？"孔子说："远望那个坟墓，高高的堤岸，像是山顶，又好像是鼎鬲类的器物，看到它你就知道可以停息的时候在哪里了。"

子贡说："死亡的意义真伟大！人死了，君子死了，得到休息，小人死了，也就完结啦。"

《国风》歌唱了好色——爱情，古书上的说法是："满足情欲而又不失礼。它的真诚和金石一样坚固，它的篇章可以纳入宗庙典籍。"《小雅》的作者不被污浊的君王所理解与使用，自己引退而处于卑下的官位上，他们憎恶当时的政治，怀念往昔，《小雅》的言辞富有文采，歌曲流露出哀怨情调。

国家将要兴盛的时候，一定是尊敬老师并且看重专长人才的；尊敬老师并且看重专长人员，法度就能保持推行。国家将要衰微的时候，一定是鄙视老师而看轻专长人员的；鄙视老师、看轻专长人员，一无所长的人就会有放肆之心；有了这样的放肆轻慢之心，那么法度就会破坏。

古代平民百姓五十岁了才能做官，而天子与诸侯的儿子十九岁就举行冠礼，举行冠礼后就可以参与治理政事，这是因为他们受到过良好的教育。

一个人对于君子能喜爱效仿，就可能是理想的人选；对这种人选不施教培养，对家国不利。而如果是对于并非君子者爱好效仿，这样的人就不是理想的人选；而对这种并非理想的人选去施教培养，就等于把粮食送给小偷，把兵器借给强盗。

看不到自己的欠缺的人，常常夸夸其谈。古代的贤人，身为低贱平民、贫穷百姓，连稀饭也吃不饱，穿不上囫囵布衣，如果不按照礼制程序来提拔他，他宁可不入朝做官；如果不按照义理赏赐给他东西，他不会接受；他们哪里会夸夸其谈、言过其实呢？

感悟：活到老学到老，学习提高到进坟墓为止。事君、事父母、照顾妻子、陪伴朋友、务农……都需要坚持不断地学习学习再学习，话讲得有力度。

君子之死是休息，小人之死是完结，妙语隽永。

满足欲，谨守礼，诚如金石，又配得宗庙高大上，《国风》《小雅》，自谦而又格调高尚。

尊重知识，尊重人才，人才更要自重自爱自尊。

子夏家贫，衣若县鹑。人曰："子何不仕？"曰："诸侯之骄我者，吾不为臣；大夫之骄我者，吾不复见。柳下惠与后门者同衣，而不见疑，非一日之闻也。争利如蚤甲，而丧其掌。"

君人者不可以不慎取臣，匹夫不可不慎取友。友者、所以相有也。道不同，何以相有也？均薪施火，火就燥；平地注水，水流湿。夫类之相从也，如此之著也，以友观人，焉所疑？取友善人，不可不慎，是德之基也。《诗》曰："无将大车，维尘冥冥。"言无与小人处也。

蓝苴路作，似知而非。偄弱易夺，似仁而非。悍戆好斗，似勇而非。

仁义礼善之于人也，辟之若货财粟米之于家也，多有之者富，少有之者贫，至无有者穷。故大者不能，小者不为，是弃国捐身之道也。

凡物有乘而来，乘其出者，是其反者也。

流言灭之，货色远之。祸之所由生也，生自纤纤也。是故君子蚤绝之。

言之信者，在乎区盖之间。疑则不言，未问则不言。

知者明于事，达于数，不可以不诚事也。故曰："君子难说，说之不以道，不说也。"

语曰："流丸止于瓯臾，流言止于知者。"此家言邪说之所以恶儒者也。是非疑，则度之以远事，验之以近物，参之以平心，流言止焉，恶言死焉。

转述：子夏贫穷，衣服破烂，像悬挂着的鹌鹑。有人问："您为什么不去做官呢？"子夏说："诸侯轻视我，我不想做他的臣下；大夫轻视我的，我不愿再见他的面。柳下惠和看守后门的人穿着同样破烂，可是并没有人怀疑柳下惠的高贵，人们对他的人品早就有所闻听了。计较穿衣之类的小利，就像抓住指甲而丢了自己的手掌一样，那是因小失大。"

君主不可以不慎重地选取臣子，百姓不可以不慎重地选择交友。交友，是要互相帮助的。如果选择的路线原则不同，又如何互相帮助呢？把柴草均匀地铺平而点上火，火向干燥的柴草方向烧去；在平整的土地上灌水，水是向潮湿的低地流去。同类事物的互相聚集相随是明显的，根据一个人的友伴的品德来观察此人，还有什么可怀疑的呢？选友善人，不可以不慎重，这是修养德行的基础。《诗经·小雅·无将大车》上说："莫引牛车行，尘土漫汝身。"其实是说不要和小人相处啊。

狡诈任意，自以为聪明其实是不智。软弱从而容易被压服改变，自以为仁慈其实不是仁慈。凶狠粗暴好斗，自以为勇敢其实不是勇敢。

仁爱、义理、礼敬、善行对于人来说，就像是钱财粮食对于家庭的重要性一样，你拥有得多就是富裕户，你拥有得少就是贫困户，完全没有的就完全困窘。如果一个人像诸如仁爱、义理、礼敬、善行等这些方面，大事做不到，小事又不去做，这是抛弃家国、危害自身的做法啊。

所有的一切，都有一定的原因乘机而来。它从哪里来，就还会回到哪里去。它因何而来，也就会因何而去。

流言蜚语，要消灭它；钱财女色，要远离它。祸患常常产生于那些细小处。所以君子及早地消除祸患的苗头。

说话真实的讲诚信的人，在于对确定无疑的说法与大致可能的说法能分辨与表达清楚。疑惑的不能说成确定，没有核实过的不能说成确知。智者对事物的道理与变化的程序都很清楚，我们不可以不老老实实地去对待智者。所以说："对于君子，是难以使他悦服的，不通过正道，他是不会悦服的。"

俗话说："滚动的圆球滚到凹坑就停止了，流言蜚语碰到智者就传不下去了。"这就是那些违背礼法正道的各家理论讨厌儒者的原因。当你判断不了是非对错的时候，可用久远的事情来量度它，用切近的事宜来检验它，用公平的态度来考察它，流言蜚语便会止歇，邪恶的言论便会消亡。

感悟：儒家的修身，注意到人生的各个方面，尊严、清流、慎友、慎言，有所不为，有所不言，有所不传，对自己的一言一行都要负责自律。这样的儒者会引起卑污者、放肆者、宵小者的讨厌，但儒者不会放弃自己的原则。

曾子食鱼，有余，曰："泔之。"门人曰："泔之伤人，不若奥之。"曾子泣涕曰："有异心乎哉！"伤其闻之晚也。

无用吾之所短，遇人之所长。故塞而避所短，移而从所仕。疏知而不法，辨察而操僻，勇果而无礼，君子之所憎恶也。

多言而类，圣人也；少言而法，君子也；多言无法，而流湎然，虽辩，小人也。

国法禁拾遗，恶民之串以无分得也，有夫分义，则容天下而治；无分义，则一妻一妾而乱。

天下之人，唯各特意哉，然而有所共予也。言味者予易牙，言音者予师旷，言治者予三王。三王既以定法度，制礼乐而传之，有不用而改自作，何以异于变易牙之和，更师旷之律？无三王之法，天下不待亡，国不待死。

饮而不食者，蝉也；不饮不食者，浮蝣也。

虞舜、孝己孝而亲不爱，比干、子胥忠而君不用，仲尼、颜渊知而穷于世。劫迫于暴国而无所辟之，则崇其善，扬其美，言其所长，而不称其所短也。

惟惟而亡者，诽也；博而穷者，訾也；清之而俞浊者，口也。

君子能为可贵，不能使人必贵己；能为可用，不能使人必用己。

诰誓不及五帝，盟诅不及三王，交质子不及五伯。

转述：曾子吃鱼，剩了一些，说："把它做成鱼汤吧。"他的学生告诉他说："做成汤吃起来会有害人的身体，不如把它腌起来。"曾子流着眼泪说："我难道有什么别的想法吗？"他只是为自己听到这种话，知道这个事太晚而悲伤。

不要以自己的所短去应对或者掺和他人的所长。要避开所短，发挥所长。

通达智巧而不遵守法纪，明察善辨而坚持某种宣扬邪见的观点，勇敢果决却做违背礼法的事，这是君子所憎恶的。

话说得多而合乎礼义纲统，那是圣人；话说得少而合乎法度，是君子；一张嘴就放任胡言，虽然能言善辩，也是小人而已。

国家的法令禁止拾取别人遗失的财物，这是厌恶防止民众惯于无理非礼地去取得本不归自己的财物。有名分与义理，就能包容天下而且予以良好治理；没有名分道义，哪怕只是面对一妻一妾，也会管得乱七八糟。

天下的人，各有各的想法，却也有共同赞许的对象。谈起美食，都赞许易牙；谈起音乐，都赞许师旷；谈起治理，都赞许三王。三王确定了法度、制作了礼乐而且把它们留传下来，如不采用，而擅加改变，另搞一套，那跟变更易牙的调味、变更师旷的音律有什么不同呢？如果这样，天下用不了多久就会沦亡，国家用不了多久就会覆灭。

只喝水而不吃东西的，是蝉；不喝水又不吃东西的，是蜉蝣。

虞舜、孝己，孝顺父母很著名，但是父母并不爱他们；比干、子胥，忠于君王，但是君主不信用他们；孔子、颜渊，极智慧，但是一生穷困潦倒，被迫生活在暴虐的邦国，无法避开这种环境。后人谈起这些重要的历史人物，强调与突出他们的所长，而不是渲染他们人生中有过的狼狈与困窘。

唯唯诺诺了半天还是完蛋了的，可能是由于他诽谤别人或受到了诽谤；博学才高而潦倒困窘的，可能是由于他诋毁别人或受到了诋毁；一世追求清高而陷入了污浊泥坑，可能是由于他陷入了口舌是非。

君子能够使自己一生高洁，但没有把握别人一定尊敬自己；能够做到使自己成为可用之才，但不能保证一定得到被信用能施展的机遇。

向下发布告示誓言，五帝时期尚没有这种先例；与他国缔结盟约，三王时期尚没有这种先例；把诸侯的儿子送到他国做人质，五霸时期也还没有先例。

感悟：人的一生，有所长，也有所短，我们注意的是他们或自身的所长，却不必为所短而伤心痛苦，放不开丢不下。有通达，也有塞困，蹇困必有蹇困的缘由，我们应该懂得与学会避免陷入蹇困，即使陷入了，也不要悲观失望、怨天尤人、自促灭亡。有所知，也有所不知，不要强不知以为知，而要知之为知之，不知为不知，是知也。要反求诸己，做到自身的尽可能完美，同时清醒地准备，完美了也不等于能得到大展宏图的机遇，遇到后一种情况，不必一味抑郁悲泣。就像昆虫，既成了蜉蝣，就只能不吃不喝，既成了蝉，就只饮不吃。既要乐天知命，又要努力奋斗，还要做好受挫的准备，善于因应变化，处之泰然。有需要你参与的讨论，有不需要你掺和的言谈或事件，有时需要热烈担当，有时需要甘居寂寞。各有各的命运遭际，却可以保持更加高尚清醒安宁沉稳的心态。

二十八

宥坐

宥即右，置于右侧的一种容器，亲近方便的一种用具或陈设之具。本章也是荀子口中的一些孔子散论闲话，有助于涵养自身、修齐治平。

孔子观于鲁桓公之庙，有欹器焉，孔子问于守庙者曰："此为何器？"守庙者曰："此盖为宥坐之器。"孔子曰："吾闻宥坐之器者，虚则欹，中则正，满则覆。"孔子顾谓弟子曰："注水焉。"弟子挹水而注之。中而正，满而覆，虚而欹，孔子喟然而叹曰："吁！恶有满而不覆者哉！"子路曰："敢问持满有道乎？"孔子曰："聪明圣知，守之以愚；功被天下，守之以让；勇力抚世，守之以怯，富有四海，守之以谦：此所谓挹而损之之道也。"

转述：孔子到鲁桓公的宗庙里去，看到一个斜放着的器具，他问宗庙的管理人员："这个器具是做什么用的呢？"工作人员回答说："这是坐下来时放在右边的器具。"孔子说："听说这样的器具空着的时候它是倾斜与不稳定的，灌水灌到适中的状态，它就端端正正地立在那里，而灌满了以后再灌，它就会溢出水来。"孔子回头看着他的学生们说："往里灌些水看看吧。"他的学生舀了水往器具里灌，果然是适中就端正立稳，满了就溢出来，空了就歪斜。孔子叹息说："世上哪儿有满满的却不会溢出来的东西呢！"子路提问道："请问，处于比较完满的状态，应该怎样保持住正常状态，这有自己的正道吗？"孔子说："你聪明智慧，更要保持住愚傻的心态；你的功业覆盖着天下，更要保持退让的心态；你勇敢强壮，超出世上他人，要保持小心翼翼的心态；你财富宏大，更要保持谦逊的心态，这可以说是后退与收缩之道。"

感悟：这一段与老子《道德经》上讲的"知其雄，守其雌，为天下溪。……知其白，守其黑，为天下式。……知其荣，守其辱，为天下谷"，如出一辙。越是处于强势、优势、上势、富势，越要按弱势、劣势、下势、困势处理应对各方面的情况。这样讲或有偏保守处，但又有其万无一失的周密与安稳在焉。

与老子不一样处在于，这个器具如果完全空无，也会倾斜不稳。儒家强调的还是中庸，不空不乏，不满不溢；老子庄子则强调最易被人忽视的一面：虚静、空无、勇于不敢。

孔子为鲁摄相，朝七日而诛少正卯。门人进问曰："夫少正卯鲁之闻人也，夫子为政而始诛之，得无失乎？"

孔子曰："居，吾语女其故。人有恶者五，而盗窃不与焉：一曰：心达而险；二曰：行辟而坚；三曰：言伪而辩；四曰：记丑而博；五曰：顺非而泽——此五者有一于人，则不得免于君子之诛，而少正卯兼有之。故居处足以聚徒成群，言谈足饰邪营众，强足以反是独立，此小人之桀雄也，不可不诛也。是以汤诛尹谐，文王诛潘止，周公诛管叔，太公诛华仕，管仲诛付里乙，子产诛邓析史付，此七子者，皆异世同心，不可不诛也。《诗》曰：'忧心悄悄，愠于群小。'小人成群，斯足忧也。"

转述：孔子在鲁国代理宰相，在位七天就把少正卯杀掉了。他的学生问道："少正卯也是鲁国的名人啊，老师当政七天就把他杀了，这会不会有什么失误呢？"

孔子说："你们坐下，我要告诉你们，人们的恶德有五种，其中并不包括盗窃：第一是思路通达明白，但是居心险恶；第二是行事邪僻坚决；第三是为人说话虚伪空洞而又能说会道；第四是记述与宣扬各种丑事；第五是跟随谬误，巧为打扮。这五种恶行摊上一种就会被君子诛灭，而少正卯五恶俱全。在他住的地方经常是众人聚集，门徒成群，他的言谈话语经常是掩饰邪恶，蒙骗众人，他的倔强足以反正道而行，谁的话也不听，这是小人中的豪杰好汉，不杀不行。从历史上看。商汤杀了尹谐，文王杀了潘止，周公杀了管叔，姜太公杀了华仕，管仲杀了付里乙，子产杀了邓析和史付，这七个人虽然生活在不同的年代，但都是同样的心思邪恶，不可不杀。《诗经·邶风·柏舟》上说：'隐忧悄悄，恼恨宵小。'小人太多，足以令人担忧了。"

感悟：这里讲孔子诛少正卯的事，按这里的说法，包括孔子的弟子，对此也不无质疑。孔子为此解释，令人或感不安。孔子强调，人们的恶德恶行、比盗窃还严重还不可容忍的什么什么，听起来，不是杀人放火盗窃抢劫之类的刑事犯罪，而是挑战已有的论点、秩序、路径、思想方法、知识价值系统；加上有记载说、这里也说少正卯也是名人，也开讲授课，甚至吸引了孔子的部分门徒，这就令人感到少正卯未必是罪犯，而多半更像是孔子的挑战者、对立面、叛逆者、争辩者：思路明，用心恶，这似是思想异端；行事辟而坚，似是特立独行逆众罪；言伪而辩，似是言说罪；记丑而博，似是科研文字罪；顺非而泽，似是选边站队罪。孔子上任才刚七天，杀了这样一个人，究竟是否妥当呢？

　　孔子为鲁司寇，有父子讼者，孔子拘之，三月不别。其父请止，孔子舍之。季孙闻之，不说，曰："是老也欺予。语予曰：为国家必以孝。今杀一人以戮不孝！又舍之。"冉子以告。

　　孔子慨然叹曰："呜呼！上失之，下杀之，其可乎？不教其民，而听其狱，杀不辜也。三军大败，不可斩也；狱犴不治，不可刑也，罪不在民故也。嫚令谨诛，贼也；今生也有时，敛也无时，暴也；不教而责成功，虐也。已此三者，然后刑可即也。《书》曰：'义刑义杀，勿庸以即，予维曰未有顺事。'言先教也。

　　"故先王既陈之以道，上先服之；若不可，尚贤以綦之；若不可，废不能以单之；綦三年而百姓从风矣。邪民不从，然后俟之以刑，则民知罪矣。《诗》曰：'尹氏大师，维周之氐；秉国之均，四方是维；天子是庳，卑民不迷。'是以威厉而不试，刑错而不用，此之谓也。"

　　转述：孔子在鲁国担任管司法的司寇一职的时候，有一桩父子之间的诉讼，孔子把他们拘留起来，三个月没有判决，原告父亲，请求撤销诉讼，孔子就把他们释放了。大夫季孙听说此事后，不高兴地说："这位老先生（孔子）怎么哄骗我呢？他说要以孝道治理国家，如今处理一个不孝者，本可以警诫许多不孝之子，他却将人放掉了！"孔子的学生冉求将季孙的说法告诉了孔子。

　　孔子感叹说："哎呀，上边工作有缺失，造成恶果，然后杀下边的人，这怎么行呢？不去好好地教育民人，只知道判刑处罚，这就是杀戮无辜啦。军队打了败仗，不能因此而杀他们；监狱秩序混乱，也不能因此动用刑罚，因为打败仗也罢，监狱乱也罢，罪过不在民人身上。平时法令松弛，罚杀却很严厉，这是残害民人；现时，农牧业生产是有时间的规定性的，征敛财税却随时进行，这是暴凌民人；不教育就罚杀，这是虐苛民人。什么时候把这种不正确地对民人的做法纠正了，各种需要动用的刑罚才好正确地使用。《尚书·康诰》上说：'正义的刑罚与杀戮，也不要立即执行，我们还要说的是：'此事还没有办理妥当。'意思是指判决一个犯人的同时，命官应该首先反思自己应做的事先的教育做得如何。

"古代圣王的做法是，一切事务，都要先讲道理，自己实行并且示范；还有问题要依靠贤良尽力说服教育；再不行，丢弃那些不中用者以有所威慑劝诱，这样，最多三年时间风气也就改过来了。奸邪坏人不听，再动用刑罚，民人也会知道确是犯了罪了。《诗经·小雅·节南山》上说：'百官之长，周朝的基石，守持着国家的根本，主导着国家公正，治理着四方民人，辅佐圣王，引领民人不会迷失方向。'有严厉的威势，但不轻易实施，有各种刑罚手段，但尽量不用，这正是圣王之道啊。

感悟：生杀之权，镇压之法，是最能显示权力的威严的。但孔子认为理想的是"道（导）之以德，齐（规范）之以礼"，而不仅仅是"道之以政，齐之以刑"。孟子则强调权力系统不能"嗜杀"，孟子讲得直白露骨，令后人读起来觉得诧异，难道封建朝廷进行的杀戮是由于嗜好而不是由于法制的严肃性吗？

这里荀子口中的孔子，则是强调权力的任务首在教化，而设立与实施严刑峻法的目的，不是为了实施惩罚，而是为了先期教化警诫，使百姓不敢犯法、不会犯法，不必实施严刑峻法，严刑峻法不是为了实施而是为了防止产生实施严刑峻法的必要。这个意思讲得很好。这也让人想起孙子的"不战而屈人之兵，善之善者也"的名句。

　　"今之世则不然：乱其教，繁其刑，其民迷惑而堕焉，则从而制之，是以刑弥繁，而邪不胜。三尺之岸而虚车不能登也，百仞之山任负车登焉，何则？陵迟故也。数仞之墙而民不逾也，百仞之山而竖子冯而游焉，陵迟故也。今夫世陵迟亦久矣，而能使民勿逾乎？

　　"《诗》曰：'周道如砥，其直如矢。君子所履，小人所视。眷焉顾之，潸焉出涕。'岂不哀哉！"

　　《诗》曰："瞻彼日月，悠悠我思。道之云远，曷云能来。"子曰："伊稽首不其有来乎？"

　　转述："如今的世道不一样了，教化混乱，刑罚苛繁，民人迷惑，容易犯事。犯了事触了法网，赶紧跟上制裁惩罚，制裁越来越繁密，对作奸犯科的仍然压服不下去。为什么三尺高的河岸，一辆空车你硬是赶不上去，而七八百尺的山路，却可以赶上装满货物的车走上去呢？后者是缓缓上坡的，而前者是陡峭无路的。二三十尺的墙，民人不能越过；几百尺的山，小孩却可以攀登游览，也是由于山路缓缓向高处走的缘故。现在，教化削弱、惩罚日繁的现象已经迁延日久了，你根本限制不了民人了。

　　"《诗经·小雅·大东》上说：'周朝的大路，平如磨石，直如箭矢，君子走在上面，小人也注意着路面。如今怀念难已，凌乱难行，令人泪下。'真是可哀呀。"

　　《诗经·邶风·雄雉》上说："仰望日与月，悠悠起哀思。路途甚遥远，其人何能归？"孔子说："如果实行礼义教化，再远的地方，其民人也是会归心依附的呀。"

　　感悟：社会是向前发展的，发展过程中常常会出现由简单变繁复的现象，就像一个人，从婴儿到儿童到少年到青年到成年，越来越丰富成熟了，也越来越复杂麻烦啰唆了。从文学的角度，人们都会怀念与歌颂留恋童年，从有所作为有所建立、立德立功立言的角度，当然你不会当真希望自己是永远长不大的孩子。

　　东周时期的思想家，多有怀念古代的单纯与天真、仁爱与质朴、简约与明晰的生活方式与文化特色的，这很好理解，却又失之天真矣。

孔子观于东流之水。子贡问于孔子曰："君子之所以见大水必观焉者，是何？"孔子曰："夫水遍与诸生而无为也，似德。其流也埤下，裾拘必循其理，似义。其洸洸乎不淈尽，似道。若有决行之，其应佚若声响，其赴百仞之谷不惧，似勇。主量必平，似法。盈不求概，似正。淖约微达，似察。以出以入，以就鲜洁，似善化。其万折也必东，似志。是故见大水必观焉。"

转述：孔子观看东流的河水，子贡向他提问道："老师见到大水，就会注意观看，这是什么道理呢？"孔子说："水有利于各种生命生机，但水本身并不执意有什么作为，这很像德性的特质。水流向下，要让水拐弯，必须依照水流的道理，这一点正像是义理。水浩浩荡荡，像大道一样。如果挖决堤坝，水立即跟进过来，如回响之应声而动，就是流向几百尺的深谷，它也丝毫不会惧怕，这里表现的应该说是勇敢。可以衡量水平，表现的应该是法理。水满必平，不需要用什么工具去刮以求平，这表现的应该是正直。它柔弱同时无微不至，这一点像是表现明察。水可以让万物反复进出，从而洁净鲜美，好像它善于教化。不论拐多少弯，它还是向东流去，这一点又像是人的心志了。这样，君子看到大水，是一定要观看的。"

感悟：《论语》里讲"智者乐水"，老子的名言则是"上善若水"，这里的荀子则充分发挥，从水上体会德、义、道、勇、法、正、察、善化、志，几乎无所不包，连同道家法家的理论都包容进来了。

这里依据的是直觉，是形象思维，是美与善的想象，而不是逻辑推理，不是理论判断。但也有感化力说服力，读起来也很美好。古代中国，是不分史学、哲学、伦理学、论著与散文、小说、文学作品的，是强调混一浑一，而不强调分门别类的。君子不器，君子离不开的是无所不包的道、德、理、一。

孔子曰："吾有耻也，吾有鄙也，吾有殆也：幼不能强学，老无以教之，吾耻之，去其故乡，事君而达，卒遇故人曾无旧言，吾鄙之；与小人处者，吾殆之也。"

转述：孔子说："我也有认定是羞耻的事，有认定是卑下的事，有认定是危险的事。年轻时学习上下的功夫不够有力，老了不知道怎样去教化他人，我以为这是耻辱。离开了自己的故乡，事奉君王而且仕途畅通，遇到故人，讲不出多少怀念旧谊的话来，我也以为是相当低劣。而与一帮子小人打交道，我以为这是有危险的。"

感悟：这里最不一般的是说一个人离开家乡，走上仕途，相当通达，见到老友，说不出怀旧溯往的话来了，用现在的语言来说，可能是已经忘了本了，可能是只会说官场的套话官话空话了，可能是失去了鲜活的性情了，孔子一个"吾鄙之"令人叹息。这还真像孔子的话，孔子对于人情世故，无微不至、无语不礼、无情不文、无事不察，同时，又永远是那样自然，那么平和，那么恰如其分。只有在谈到诛杀少正卯时例外。

孔子曰："如垤而进，吾与之；如丘而止，吾已矣。"今学曾未如肬赘，则具然欲为人师。

转述：孔子说："如果一个人为学，像蚂蚁做窝一样，堆一堆堆的小土，我是会赞许他的；而如果他像是一座山丘一样，停滞在那里，那就算了吧。"如今有些人，为学顶多拱起一个赘瘤，居然还想当什么老师导师。

感悟：为学为事为功，重在积累，重在坚持，重在无停无滞无满无恃，所以每天堆一小堆，仍然值得赞许。已经成了山丘了，从此尖酸刻薄、洋洋自得、停滞不前、自恋无限，实是可悲的了。仅仅鼓出了一个鼓包，就好为人师上了，说得极可笑也少见地带情绪。估计荀子此生遇到过这样的伤人对手。

孔子南适楚，厄于陈蔡之间，七日不火食，藜羹不糁，弟子皆有饥色。子路进而问之曰："由闻之：为善者天报之以福，为不善者天报之以祸。今夫子累德积义怀美，行之日久矣，奚居之隐也？"孔子曰："由不识，吾语女。女以知者为必用邪？王子比干不见剖心乎！女以忠者为必用邪？关龙逢不见刑乎！女以谏者为必用邪？吴子胥不磔姑苏东门外乎！夫遇不遇者，时也；贤不肖者，材也；君子博学深谋，不遇时者多矣！由是观之，不遇世者众矣，何独丘也哉？且夫芷兰生于深林，非以无人而不芳。君子之学，非为通也，为穷而不困，忧而意不衰也，知祸福终始而心不惑也。夫贤不肖者，材也；为不为者，人也；遇不遇者，时也；死生者，命也。今有其人，不遇其时，虽贤，其能行乎？苟遇其时，何难之有！故君子博学深谋，修身端行，以俟其时。"孔子曰："由！居！吾语女。昔晋公子重耳霸心生于曹，越王句践霸心生于会稽，齐桓公小白霸心生于莒。故居不隐者思不远，身不佚者志不广；女庸安知吾不得之桑落之下？"

转述：孔子南下，往楚国去，受困于陈国、蔡国一带，七天吃不上热饭，野菜汤里连米粒也没有，他的弟子们面有饥色。子路过来问说："我们听说过，行善的人，老天爷会报应他们以福气；有恶行劣迹的人，老天爷会报应他们以祸事。像老师这样的人，积累德行，积蓄义理，心怀美善，长久以来都是如此的，为什么现今如此之狼狈困顿呢？"

孔子说："你不明白，让我给你讲讲。你以为有智慧的人才一定能够得到信用吗？想想王子比干是怎么被剖心而死的吧。你以为忠心耿耿的人一定会被信用吗？那么关龙逢又是怎么被处死的呢？你以为敢于给君王提出正确的意见的臣子能够受到信用吗？伍子胥是怎么在苏州城外被肢解处死的呢？能不能遇到明主，问题在于时机；本人贤还是不贤，关键在于材质；君子学知丰富，深谋远虑，碰不上明主的多了去啦，岂止我一个人呢？看看历史吧，得不到重用的好人多了。芷兰生长在树林深处，有人赏识没人赏识，它都是芳香的。君子的学识，不仅仅是为了通达顺利者所用，而更是让人贫穷而不困顿，忧患而不颓丧，知晓此生有祸有福，有终有始，却不因而迷惑与丧失定力。贤与不贤是材质，干与不干是人品，遇到还是遇不到明主是机遇，能不能经过奋斗还得活下来，那就是命运了。如今有的人赶不上明主的知遇，他再贤明，又能干出点什么来呢？如果有好的机遇，又有什么会难住他呢？这样，君子能够做的就是博学多识、深谋远虑、修身律己、端正行为以等待时机。"

孔子说："子路呀，坐下，让我告诉你。从前晋公子重耳的雄心壮志，恰恰是产生于他在曹国受到轻慢而怒火中烧的时候；越王勾践的雄心壮志，恰恰是产生于他败于会稽的时候；齐桓公小白的雄心壮志，恰恰是产生于他在莒国受到无礼待遇的时候。所以说，没有在逆境中忍耐过的人不会有长远的谋划，没有奔波逃亡过的人不会有广大的心志，你又从哪里断定我在困顿之下不会得到全新的机遇与事业前景呢？"

感悟：这里有两个要点，一个是所谓"善有善报，恶有恶报"，乃是在大数据中的规律存在，不是一人一事、一时一地可以落实的，不是实时实地实人实事能够看清楚、说清楚、理清楚的。"为善无近名，为恶无近刑"，庄子早就发现了此理，他才强调"缘督以为经"，用现在的语言来说，您只有从大数据中才看得到经纬，当然庄子的督与经指的不是数据而是无为之大道。

另一点是孟子讲得很精彩的关于天降大任的"斯人"，必然会受到空前艰苦的考验试炼。而荀子的讲法是，正是大厄大难，激活了仁人志士的雄心壮志，开阔了他们的格局，砥砺了他们的坚毅、冷静、坚强、耐力。确是励志良言。

子贡观于鲁庙之北堂，出而问于孔子曰："乡者赐观于太庙之北堂，吾亦未辍，还复瞻被九盖皆继，被有说邪？匠过绝邪？"孔子曰："太庙之堂亦尝有说，官致良工，因丽节文，非无良材也，盖曰贵文也。"

转述：子贡去鲁国的宗庙北堂参观，出来后问孔子："刚才我去参观宗庙的北堂，后来还看到了那边的大门都是用短木拼接而成的，这里有什么讲究吗？还是木匠没做好弄断了木料呢？"孔子说："太庙的建筑是有些个讲究的，他们招了最好的匠人，根据木材的特点显现出建筑的文采，断木相接不是由于没有好木材，而是为了追求外观的文采的缘故。"

感悟：注重内心，也注重形式，注重实质，也注重文采，文采来自一心，更来自自然，不仅道法自然，而且善法自然，美法自然，文法自然，彩也法自然。

孔子注重品德与修齐治平的教育，也注意审美教育，注意通识教育。

二十九

子道

本章讲作为子弟、臣下的道德操守、举措行止、原则变通、刚性柔性的若干方面。有拾遗补白之感，亦有恰到好处之赞。

入孝出弟，人之小行也。上顺下笃，人之中行也；从道不从君，从义不从父，人之大行也。若夫志以礼安，言以类使，则儒道毕矣。虽舜不能加毫末于是矣。

孝子所不从命有三：从命则亲危，不从命则亲安，孝子不从命乃衷；从命则亲辱，不从命则亲荣，孝子不从命乃义；从命则禽兽，不从命则修饰，孝子不从命乃敬。故可以从而不从，是不子也；未可以从而从，是不衷也；明于从不从之义，而能致恭敬，忠信、端悫、以慎行之，则可谓大孝矣。传曰："从道不从君，从义不从父。"此之谓也。故劳苦、雕萃而能无失其敬，灾祸、患难而能无失其义，则不幸不顺见恶而能无失其爱，非仁人莫能行。《诗》曰："孝子不匮。"此之谓也。

转述： 在家孝顺，出门在外，尊敬兄长长者，这是从小处说人的行为标准；对上服从，对下诚实，这是对人的中等要求；服从大道高于服从君王，服从义理高于服从父亲，这就是对人的宏大要求了。而如果能够做到，心志自觉地受到礼法的规范，从而做到安稳平静，以礼义的逻辑来引领与推导言语，那么就算是大舜那样的圣人也没有什么需要加码的了。

孝子为了义理可以不听父亲的命令，是由于以下三种情况：第一，从父命，父反而危险，不听老爹的，反而会平安，这样，不从命才是忠心耿耿；第二，从命会带来耻辱，不听老爹的反而带来荣耀，不从命才是大义凛然；第三，从命会沦为禽兽，不听老爹的才会文明美好，孝子不从命，正是表现了恭敬严谨。可以说，该服从时不服从，是不孝；不该听从时听从了，是不忠。明白了听从与不听从的大道理，而且还能恭敬、忠实、诚信、端正、老实、谨慎地做人做事，这就应该算是大孝了。古代经典上说："（如遇分歧）必须遵从大道，可以不听从国君；必须遵从义理，可以不听从父亲。"说的就是这样的意思。这样，劳苦憔悴而仍能保持恭敬，灾祸患难而仍然能保持义理，即使不走运不顺心遭君王父母误解烦厌，但不会失去对长上的爱心，如果不是真正的仁者，是做不到这一步的。《诗经·大雅·既醉》上说："孝子尽孝，孝岂可尽。"正是此意。

感悟：孝悌并从而顺笃，《论语》中是将这些美德作为德性来看待的，荀子这里，则认为它们仅是初步或者中等的德性。荀子所提"志以礼安，言以类使"，已经将儒道之礼义设定为本位本体，而不局限于对父母之孝，对兄长之悌，对君父之服从。甚至于荀子提出从道不从君，从义不从父，这已经相当振聋发聩了。

后世有所谓权统、治统、法统、势统与道统、学统、文统、德统、圣贤之统。权、治、法、势，总起来说是权力的得与失、延续与中断、增强与削弱、稳固与危殆；道、学、文、德、圣贤，乍看是文化系统，但进一步掂量，它们是儒家文化对于天道、大道、天意、天心、天命这些终极存在、终极规律、终极权威的探求追索。帝王是天子，已经十分崇高伟大的了，但还有天道天心天意天命。帝王伟大，但毕竟从中出现了夏桀商纣，出现了亡国之君死于非命之君，出现了水能覆舟的惨剧。

所以，荀子在这里提出了与至今流行的"顺者为孝"的说法大相径庭的说法，叫作孝子三不从之说，危、辱、禽兽三种情况下，不从才是孝。而荀子干脆提出从道不从君，从义不从父的原则，提出"不从之义"，提出"劳苦、雕萃而能无失其敬，灾祸、患难而能无失其义，则不幸不顺见恶而能无失其爱"，他提得伟大而且艰险，甚至也可能流于沽名钓誉之徒的冒险，当然我们会向往历史上的比干、周公、海瑞……当代生活中则有非凡人物的大起大落业绩，值得敬仰，同时也会体会到这有多么地困难艰险，添一分则覆亡，减一分则沦落。

鲁哀公问于孔子曰："子从父命，孝乎？臣从君命，贞乎？"三问，孔子不对。孔子趋出，以语子贡曰："乡者，君问丘也，曰：'子从父命，孝乎？臣从君命，贞乎？'三问而丘不对，赐以为何如？"子贡曰："子从父命，孝矣。臣从君命，贞矣。夫子有奚对焉？"孔子曰："小人哉！赐不识也！昔万乘之国，有争臣四人，则封疆不削；千乘之国，有争臣三人，则社稷不危；百乘之家，有争臣二人，则宗庙不毁。父有争子，不行无礼；士有争友，不为不义。故子从父，奚子孝？臣从君，奚臣贞？审其所以从之之谓孝、之谓贞也。"

转述：鲁哀公问孔子："儿子听父母的，这就是孝吧？臣子听君王的，这就是忠吧？"他问了好几次，孔子没回答。孔子出来以后，告诉子贡："方才，君王问我：'儿子听父母的，这就是孝吧？臣子听君王的，这就是忠吧？'问了好几次，我没有回答。你感觉怎么样？"子贡说："儿子听父亲的，当然是孝；臣子听君王的，当然是忠。这有什么不好回答的吗？"孔子说："子贡呀，你这个格局太小啦。你这就是不懂道理了。过去的说法，一个有万辆战车的大国，有敢于谏诤的忠臣四个，就可以保护疆土不被侵蚀；千乘之国，有这样的诤臣三个，也能保持江山完整平安；百乘之诸侯有诤臣两个，也就保持住宗庙代代相传。父亲有谏诤的儿子，他不会有无礼的行事；士人有谏诤的朋友，他不会有不义的行事。那么，为什么人们会认为儿子听了父亲的了，就是孝；臣子听了君王的了，就是忠？前提是要核查确定：你所遵从的那个思想言语指示本身就是孝与忠的。（如果你遵从的那些思想言语行动指示本向已经陷于不孝不忠了，你还孝得了、忠得了吗？）"

感悟：中国是大力提倡忠孝之德的国家，同时中国又有特殊的谏诤文化、谏诤之道，认为帝王君王父亲也有一时糊涂乃至酿成重大失误的可能，他们也有陷入了不忠不孝的泥坑的可能，真正的忠孝，表现为坚持天命，坚持大道，坚持礼义，坚持真理，吾爱吾父君，吾更爱道统——真理。

贾宝玉对此提出过质疑，说是有这样的沽名钓誉之徒，拼一口浊气，谏诤送命，反陷君王于不义，不足为训。

子路问于孔子曰："有人于此，夙兴夜寐，耕耘树艺，手足胼胝，以养其亲，然而无孝之名，何也？"孔子曰："意者身不敬与？辞不逊与？色不顺与？古之人有言曰：'衣与！缪与！不女聊。'今夙兴夜寐，耕耘树艺，手足胼胝，以养其亲，无此三者，则何为而无孝之名也？意者所友非人邪？"孔子曰："由志之，吾语女。虽有国士之力，不能自举其身。非无力也，势不可也。故入而行不修，身之罪也；出而名不章，友之过也。故君子入则笃行，出则友贤，何为而无孝之名也？"

转述：子路问孔子："有这么一个人，早起晚睡，耕田种地，手脚磨出老茧，赡养父母，却没有孝子的名声，这是怎么回事呢？"孔子说："猜想一下，也许是举止不够恭敬？要不就是说话不谦和？要不就是脸色不平顺？古人说过：'给吃给喝，不一定就靠得住。'如今，早起晚睡，耕田种地，手脚磨出老茧，赡养父母，如果也还能做到恭敬谦和平顺，那怎么可能没有孝子的名声呢？那就是他交往的朋友当中没有什么仁爱之人了。"

孔子说："你要记住：即使你有国家大力士的力气，也不能把自己举起来。这并不是没有力气，而是形势不允许。所以说，不修身慎行，是自己的责任；你已经出类拔萃了，而名声不得彰显，是你的朋友的过错。所谓君子，在家诚实笃信，在外结交贤人，那么孝子就不会埋没了。"

感悟：子女对双亲要尽赡养义务，这是经济上、法律上的义务，但还要符合情感上精神上道德上的要求，即举止方面、言语方面、容色方面的亲情与礼貌表现。再往下分析，有趣，原来是要不能缺少贤良朋友，人应该有贤良朋友，才能发现你的孝悌忠信等美德，才能帮助你立身扬名。"虽有国士之力，不能自举其身。非无力也，势不可也。"这话说得明白无误，坦荡率真，直白可爱。荀子认为美德求名是自然而然的事，无须遮掩，这与强调上善若水，知荣守辱，是另一种思路，各有其可取的地方。

子路问于孔子曰："鲁大夫练而床，礼邪？"孔子曰："吾不知也。"子路出，谓子贡曰："吾以夫子为无所不知，夫子徒有所不知。"子贡曰："女何问哉？"子路曰："由问：'鲁大夫练而床，礼邪？'夫子曰：'吾不知也。'"子贡曰："吾将为女问之。"子贡问曰："练而床，礼邪？"孔子曰："非礼也。"子贡出，谓子路曰："女谓夫子为有所不知乎！夫子徒无所不知。女问非也。礼：居是邑，不非其大夫。"

转述：子路问孔子："鲁国的大夫，服练时睡床，这合乎礼法吗？"孔子说："这我就不知道了。"子路出来对子贡说："我以为咱们老师什么都知道呢，现在才知道，有些事他也不知道。"子贡问："你问老师什么了？"子路说了一遍。子贡说："好，我去替你再问问去。"子贡问的是："服练时睡床，合乎礼吗？"孔子回答："不，这是不合乎礼法的。"子贡出来，告诉子路："你说老师有些事不知道，其实是你的提问就错了。按照礼法，你居住在哪儿，就不可非议居住地的大夫高官。"

感悟：果然子贡是外交人才，而孔子的"礼感"，他并没有讲出什么道理说法，凭直觉订立了一些规则注意事项，合情合理，操作简明，对于改善日常生活交际，有其实用参考意义。

子路盛服而见孔子，孔子曰："由，是裾裾何也？昔者江出于岷山，其始出也，其源可以滥觞，及其至江之津也，不放舟，不避风，则不可涉也。非维下流水多邪？今女衣服既盛，颜色充盈，天下且孰肯谏女矣！子路趋而出，改服而入，盖犹若也。

孔子曰："由志之！吾语汝：奋于言者不华，奋于行者不伐，色知而有能者，小人也。故君子知之曰知之，不知曰不知，言之要也；能之曰能之，不能曰不能，行之至也。言要则知，行至则仁；既知且仁，夫恶有不足矣哉！"

转述：子路盛装来见孔子，孔子说："子路啊，你今天打扮得衣冠楚楚，是为什么呢？过去人们说，长江出于岷山，开始，水小得只够浮起酒杯，到了水大的地方，不使用双舟，不躲避风吹，你就走不了啦，那是由于水大造成的。你今天容貌洋洋自得，服装衣冠楚楚，谁还敢指出你的缺点来呢？"子路赶紧出来，改换了服装，表示顺从。

孔子说："你要记住，我要告诉你，谨慎说话的人不华丽，谨慎行事的人，不自夸，容貌上显摆聪明能干的人，是小人俗人。君子的态度是知道就知道，不知道就不知道，这是说话的关键原则。能做到就是能做到，做不到就是做不到，这是行为的底线。言语符合原则，才算得上聪明，行为遵守底线，才算仁德，能做到又聪明又仁德，那还有什么做不到的呢？"

感悟：讲的是实事求是基础上的原则底线，是谦谦君子的文质彬彬，是反骄破满、不事张扬的谨慎务实精神。一不可牛皮哄哄，二不可装腔作势，三并非一味软弱退让，关键还是以实求实，实事求是。

子路入，子曰："由！知者若何？仁者若何？"子路对曰："知者使人知己，仁者使人爱己。"子曰："可谓士矣。"

子贡入，子曰："赐！知者若何？仁者若何？"子贡对曰："知者知人，仁者爱人。"子曰："可谓士君子矣。"

颜渊入，子曰："回！知者若何？仁者若何？"颜渊对曰："知者自知，仁者自爱。"子曰："可谓明君子矣。"

转述：子路来到孔子这里，孔子问："你说，智者应该是什么样的呢？仁者又应该是什么样的呢？"子路回答说："智者能使别人了解自己，仁者能使别人爱悦自己。"孔子说："嗯，这样的人可以算是士了。"

然后子贡进来了，孔子问子贡同样的问题——仁者智者各应该怎样。子贡说："智者能够了解他人，仁者能够爱惜他人。"孔子说："嗯，这样就算是士君子了。"

　　然后，颜渊进来了，孔子问颜渊同样的问题。颜渊回答说："智者能够了解把握自己，仁者能够爱惜珍重自己。"孔子说："这就是贤明透彻的君子了。"

　　感悟：这也是反求诸己的一个三级跳。期待他人了解自己、爱悦自己，这是很自然的。首先要求自己了解他人、爱悦他人，这就进了一步了。你不了解、不求了解、不善于了解他人，又凭什么要求他人了解自己呢？你不喜欢、不爱悦、不懂得善待他人，又如何去期待他人爱悦你本人呢？颜渊的说法是首先要自知自爱，也就是进入自我修为的阶段了，这确实是中华文化的珍贵之处，可惜致力于此，有所成就的人还是太少了。

　　子路问于孔子曰："君子亦有忧乎？"孔子曰："君子其未得也，则乐其意，既已得之，又乐其治。是以有终生之乐，无一日之忧。小人者，其未得也，则忧不得；既已得之，又恐失之。是以有终身之忧，无一日之乐也。"

　　转述：子路问孔子："君子也有忧愁的时候吗？"孔子说："君子，在没有获得成功的时候，为自己的心志宏远而快乐；在已经获得成功的时候，又为自己的治理辛劳而快乐。所以他们终生都是快乐的，而没有一天是忧愁的。小人就不然了，没有什么获得的时候，他们为没有得到这个那个而忧愁；得到了以后，又怕失去……他们一辈子只知道发愁，不会有一天是快乐的。"

　　感悟：孔子强调"君子坦荡荡，小人长戚戚"，这是一种说法。但还有另一种角度的说法，就是"生于忧患，死于安乐"，还有"先天下之忧而忧，后天下之乐而乐"。

　　荀子对小人的精神状态的体味，令人喝彩。未得忧不得，得之恐失之，说得令人赞叹，也令人失笑直到喷饭。各位看官，您见过这样的人吧？嘀嘀咕咕、患得患失、咋都不对、黏黏糊糊，永远是一副受气包儿的样子。

法行

本章也是讲孔子与其门徒的言语交流，讲到恕道，讲到反求诸己的重要性，讲学习提高，讲以自然、以玉为典范，讲圣人也要受礼制的规范，讲对一己的思考与把握，有益于做人修身。

公输不能加于绳，圣人莫能加于礼。礼者，众人法而不知，圣人法而知之。

转述：鲁班发明了绳墨，但是他不可以超越墨线；圣人制定了礼法，但是他不可以超越礼法。礼法，众人必须受它的约束引领，却不一定懂得明白它的道理，圣人也遵循它，同时能理解其所由所因。

感悟：科学、法则、真理，以及宗教、种群、社会、人文的规则约法、法律、礼数，都是人发明发现制定创造的。但一旦它们是真正的科学、法则、真理，人只能遵从之，践行之，可以补充之完善之，却不可任意违反之、改变之。

宗教、种群、社会、人文的规则约法、法律与礼数以及各种人文的约定，情况有所不同，有它们的一贯性、继承性、连续性，又有它们的发展沿革改革乃至革命性的发展变化。

越是圣人、贤者、帝王、君王、重臣、士大夫、君子，越要明白自己必然需要服从与遵守的东西，充分掌握了必然，才可能充分发挥主体性，获得主体的思想与行为的最大限度的自由。

曾子曰："无内人之疏而外人之亲，无身不善而怨人，无刑已至而呼天。内人之疏而外人之亲，不亦反乎？身不善而怨人，不亦远乎？刑已至而呼天，不亦晚乎？《诗》曰：'涓涓源水，不雍不塞。毂已破碎，乃大其辐。事已败矣，乃重大息。'其云益乎？"

转述：曾子说："不要疏远亲人去亲近外人，不要自己不受欢迎就去怨恨别人，不要惩罚临头了才呼天抢地。疏远亲人去亲近外人，难道不违背情理吗？自己不受待见去怨恨别人，不就是求一个远远甩锅了吗？惩罚临头才呼天抢地，不是悔悟得太晚了吗？《诗经》云：'水流小时不堵截，毂破想起修木轮，事情已败空长叹，无能无用怨自己。'又有什么用！"

感悟：要随时发现自己的过失，随时填补漏洞、修理损坏、注意苗头、防备灾祸，兢兢业业、如临深渊、如履薄冰。否则漏洞祸端大到难以收拾，再呼天抢地、怨天尤人，除了出洋相，还能有什么作用呢！

曾子病，曾元持足。曾子曰："元，志之！吾语汝。夫鱼鳖鼋鼍犹以渊为浅而堀其中；鹰鸢犹以山为卑而增巢其上；及其得也，必以饵。故君子苟能无以利害义，则耻辱亦无由至矣。"

转述：曾子病重，儿子曾元抱着他的脚。曾子说："元啊，要记住！我告诉你。那鱼鳖鼋鼍生活在渊池里，但仍然觉得水浅、不安全，要在深渊里面打洞才栖居；猛禽鹰鸢，生活在山峰上，但仍然觉得那里太低、不安全，要在山顶上筑巢才栖息。它们被人捕获，那一定是为诱饵所惑。所以君子如果能够不贪图财利，也就不会损害正道义理，那么也就不会遭遇耻辱灾祸了。"

感悟：鱼鳖禽鸟，都懂得经营安全，妥为防范，自我保护，同时也都有被捕获的惨状。原因在于受到诱饵的吸引，利令智昏，自投罗网。人这一生，防狼防虎、防水防火、防贼防盗，更要防诱饵！真乃金玉良言也！

子贡问于孔子曰："君子之所以贵玉而贱珉者，何也？为夫玉之少而珉之多邪？"孔子曰："恶！赐！是何言也！夫君子岂多而贱之、少而贵之哉？夫玉者，君子比德焉：温润而泽，仁也；栗而理，知也；坚刚而不屈，义也；廉而不刿，行也；折而不桡，勇也；瑕适并见，情也；扣之，其声清扬而远闻，其止辍然，辞也。故虽有珉之雕雕，不若玉之章章。《诗》曰：'言念君子，温其如玉。'此之谓也。"

转述：子贡问孔子："君子都看重玉，而轻看外表像玉的珉石，这是为了什么呢？是不是因为玉比较少而珉石比较多呢？"孔子说："唉！子贡啊！这叫什么话呢！君子怎么会因为什么东西多了就瞧不起它，少了就稀罕它呢？玉这种物件，君子要以它来联想与体察品质德性：它温良滑润又有光泽，就像拥有仁爱的品质；它坚实而有纹理，就像拥有智慧；它坚固刚强不屈，好像具有义士之风；它有棱角但不割伤人，好像注意自身的德行；它宁折不弯，这是勇敢；玉有什么美感与缺陷也都显示出来，这是诚实；敲一敲，玉声清越爽朗，扬播遥远，戛然而止，好比言辞之美。所以，哪怕在珉石上雕刻上花纹，也没法与玉石的堂堂本色相比。《诗经·秦风·小戎》上说：'一说起君子，就感到他们的温良如玉一般。'"

感悟：中华玉文化，强调玉的可爱，不难理解和共鸣，但上"纲"上到这个程度，也够惊人的。温润云云，突出的是老子讲的不割不刿不肆不耀，是孔子讲的温良恭俭让，是高大上、方正廉的同时保持仁厚包容乃至随和从众，也是低调行事、韬光养晦、不事张扬的意思。

中国的整体思维、整合思维、整合思维方法也对这种玉文化——将物的情性特质高度道德化的思路，起了决定性作用。

但这里孔子所说的不是物以稀为贵，价值与供求法则无关，则没有必要如此斩钉截铁。玉当然是比石头罕见得多，圣人当然是比庸人罕见得多，大德大智都是相对比较稀罕的，这是事实，这也是天道。如果世上到处都是玉，玉比石头还多，也许人类文化会转而去寻找与发现远比玉更罕见的美好物件。

物件的美好，很大程度上要靠人的发现与分析。

曾子曰："同游而不见爱者，吾必不仁也；交而不见敬者，吾必不长也；临财而不见信者，吾必不信也。三者在身，曷怨人？怨人者穷，怨天者无识。失之己而反诸人，岂不亦迂哉？"

转述：曾子说："一起游学却不被喜爱，只能是说明自己缺乏仁爱，与他人没有仁爱的交流；与人交往而不受尊敬，那恰恰是由于自己没有敬重别人；碰到需要处理财务事宜之时，而得不到信任，那一定是自己对他人不认真讲信用。这三方面的缺憾，原因都在自己，又如何能去埋怨他人？怨怼别人就会益发陷入困境，怪怨上天只能说明自己没有见识。自己有各种失误，反而去琢磨别人，岂不是太糊涂执拗了吗？"

感悟：一切自身的不顺心不成功不如意，都要首先从自身找原因，从自身找原因，也就最容易有所改善，改变处境与命运，如果只会怨天尤人，你能改变能做到的是有限的，你的怨天尤人，只能压迫折磨自身。

曾子的这几句话也讲得质朴亲切由衷，讲得和平安详清爽，遇事能有这种思路的人，太可爱了。

南郭惠子问于子贡曰："夫子之门，何其杂也？"子贡曰："君子正身以俟，欲来者不距，欲去者不止。且夫良医之门多病人，隐栝之侧多枉木。是以杂也。"

转述：南郭惠子问子贡说："孔夫子的门下，怎么会是那样混杂紊乱呢？"子贡说："君子态度端正，等待求学的人，想来的人，老师那里都不拒绝，想走的也不会阻止。再说，因为是良医，门前病人才多，正因为有精巧的木材整修器具，旁边才堆着众多的不好用的弯木，这都可以说明，良师门下，才更混杂喽。"

感悟：讲的是有教无类、开门办学、来者不拒、去者不止，这就还有点无压力办学、民主办学、君子办学的感觉了。仅仅这种办学的态度与思路，已经给学徒、给社会、给教育事业以深刻启迪与鼓舞了。这与自吹自擂的卖狗皮膏药式办学，签生死状学徒、黑社会式办学相较，是何等的不同啊。

孔子曰："君子有三恕：有君不能事，有臣而求其使，非恕也；有亲不能报，有子而求其孝，非恕也；有兄不能敬，有弟而求其听令，非恕也。士明于此三恕，则可以端身矣。"

转述：孔子说："君子要对三种恕道有自己的判断：一个人身在

君主之侧却不能事奉，等自己当了君王，有了臣子，却要求臣子们听使唤，对这，不能算有推己及人的恕道，也不适用恕道，不能予以体贴理解原谅；一个人，父母在世，不去报答双亲养育之恩，等自己有了子女，却要求他们尽孝，这也是背离了恕道，也不适用恕道，不能予以体贴理解原谅；一个人在哥哥身边，不予敬重亲爱，等自己有了弟弟却要求他们老实听话，这也是非恕道，不可体贴理解原谅。士人明白了这三种对于恕道的违背，就可以堂堂正正，把持自身了。"

感悟：中华文化所强调的恕道，其根本在于推己及人，"己所不欲，勿施于人""己欲立而立人，己欲达而达人"，这与基督教强调宽恕、人"爱敌人"，重点不同。而上述的差人差行，则在于纵己误人，单方面只求别人恕己，不照顾他人。一个人本身就是反恕逆恕的，当然不可能获得恕的德行与待遇。

孔子曰："君子有三思，而不可不思也。少而不学，长无能也；老而不教，死无思也；有而不施，穷无与也。是故君子少思长，则学；老思死，则教；有思穷，则施也。"

转述：孔子说："君子有三方面的思虑念想，是不可以没有的。小时候不学习，长大了什么本事也没有；老了不教授教化他人，死后也就没有人想起你；富有时不施舍助人，等你贫穷了也就没有人帮助你。如此说来：君子小时候要思虑到长大以后怎么办，要好好学习；年纪大了要想想自己也会死亡，就会注意化育青年；富有时，要思虑穷人的难处，就会慈善施舍了。"

感悟：君子三思，贯穿一生，少时注意学习，年长后要注意教育后辈，少长兼顾，都很正常合理。富时注意施舍，穷时该思些什么呢？少与长可以搭配起来进行全面讲述，富与穷为什么不可搭配讲来呢？悲乎穷塞困顿，痛哉穷塞困顿，为人而穷塞困顿，竟然无可思矣。

其实，穷塞困顿之人也大有可思可虑、立志励志、砥砺自强、拼搏力行的空间和迫切性。历史上也有无数这样的故事。

三十一

哀公

看看孔子怎样教育启迪君王：第一，充分尊重君王权力，承认自己从阶级阶层上看低于君王；第二，坚信天道、正道、良知、仁义、礼制能决定掌权君王的祸福命运，必须唤起君王的文化自觉、修齐治平自觉、良知自觉；第三，平稳善良、文质彬彬、温良恭俭让，从孔子的谈话中体会其君子圣贤风范。

鲁哀公问于孔子曰："吾欲论吾国之士，与之治国，敢问何如取之邪？"

孔子对曰："生今之世，志古之道，居今之俗，服古之服，舍此而为非者，不亦鲜乎！"

鲁哀公曰："然则夫章甫、絢屦、绅带而搢笏者，此贤乎？"

孔子对曰："不必然。夫端衣、玄裳、絻而乘路者，志不在于食荤；斩衰、菅屦、杖而啜粥者，志不在于酒肉。生今之世，志古之道，居今之俗，服古之服，舍此而为非者，虽有，不亦鲜乎！"

鲁哀公曰："善！"

转述：鲁哀公对孔子说："我想与您谈谈我国的士人，选择他们中的优秀人士，辅佐我治理国家，请问，该怎样选人呢？"

孔子说："这些优秀人士，生活在当今时代，心向着古圣先贤的正道，生活在当今的风俗习惯当中，穿戴着古代的服装衣帽，这样的人不走正道而违背正道，那是很少见的啦。"

鲁哀公说："可是，能说穿戴古代服装衣帽、拿着手板的人就是贤人吗？"

孔子说："那当然不一定。但是祭祀时候身穿祭祀礼服，头戴高冠礼帽的人，心思不在于吃肉；办丧事时候穿丧服的人，也不会想什么酒肉的事。这也就是我说的'生活在当今时代，心向着古圣先贤的正道，生活在当今的风俗习惯当中，穿戴着古代的服装衣帽，这样的人不走正道而违背正道，那是很少见的啦'。"

鲁哀公说："讲得好！"

感悟：孔子很重视服装，尤其是注重祭祀的服装，这与儒家重视教化重视礼有很大关系。礼的实质在于培养敬畏服膺、顺应秩序、克己从上之心，教化的任务在于培养文质彬彬的君子美德，培养对于古圣先贤的尊崇向往靠拢，培养至少是口头上的仁政王道帝王将相权力即"治人"的标兵模范。这些太大太虚，需要从穿衣戴帽容色举止进退做起。荀子这方面也是主张得很强烈的。

孔子曰："人有五仪：有庸人，有士，有君子，有贤人，有大圣。"

鲁哀公曰："敢问何如斯可谓庸人矣？"

孔子对曰："所谓庸人者，口不能道善言，心不知色色；不知选贤人善士托其身焉以为己忧，勤行不知所务，止交不知所定；日选择于物，不知所贵；从物如流，不知所归；五凿为正，心从而坏：如此，则可谓庸人矣。"

鲁哀公曰："善！敢问何如斯可谓士矣？"

孔子对曰："所谓士者，虽不能尽道术，必有率也；虽不能遍美善，必有处也。是故知不务多，务审其所知；言不务多，务审其所谓；行不务多，务审其所由。故知既已知之矣，言既已谓之矣，行既已由之矣，则若性命肌肤之不可易也。故富贵不足以益也，卑贱不足以损也。如此，则可谓士矣。"

鲁哀公曰："善！敢问何如斯可谓之君子矣？"

孔子对曰："所谓君子者，言忠信而心不德，仁义在身而色不伐，思虑明通而辞不争，故犹然如将可及者，君子也。"

鲁哀公曰："善！敢问何如斯可谓贤人矣？"

孔子对曰："所谓贤人者，行中规绳而不伤于本，言足法于天下而不伤于身，富有天下而无怨财，布施天下而不病贫。如此，则可谓贤人矣。"

鲁哀公曰："善！敢问何如斯可谓大圣矣？"

孔子对曰："所谓大圣者，知通乎大道，应变而不穷，辨乎万物之情性者也。大道者，所以变化遂成万物也；情性者，所以理然不取舍也。是故其事大辨乎天地，明察乎日月，总要万物于风雨，缪缪肫肫，其事不可循，若天之嗣，其事不可识，百姓浅然不识其邻。若此，则可谓大圣矣。"

鲁哀公曰："善！"

转述：孔子说："人可以分五等：庸常人、读过书的士、君子、贤者、伟大的圣人。"

鲁哀公问："请问，什么样的人算是庸常之辈呢？"

孔子说："所谓庸常人士，他们嘴里讲不出有意义的良言，心里也不知道为什么事而思虑，他不懂得选择贤士，将自身托付他们分忧，他不明白每天的行动是在追求什么，也不明白叫停休止一下是为了什么，整天在外物中忙这忙那，被外物驱赶着，没有主体性，随着五官的感觉行事，心思混乱，行为盲目，这样子的人，只能算是庸常之辈了。"

鲁哀公说："讲得好。那么请问，您说的士，又是怎样的呢？"

孔子说："所谓士，虽然掌握道术有限，但心里是有表率（有追求）有路径的，虽然不能做到尽善尽美，但也是有依据有底线的。他的知识不求其多，但是要斟酌所知是否真知；说话不求其多，但是要斟酌所讲是否得当；行动不求其多，但也要斟酌其是否有来由有道理。如果，你知道的确实是知道了，你的言语确实是讲过了，你的行动，确实是有它的来由了，那么，你的知道、你的言语、你的行动，也正像你的生命、你的体肤一样，这一切是不可更替的，富贵了也不能增益你的知道、言语和行为，卑贱也损伤不了你的知道、言语和行为，这样的人可以称作士了。"

鲁哀公说："讲得好。那么什么样的可以算作君子呢？"孔子说："君子，讲忠信讲得好，但不自得；能做到身体力行仁义，但是不自夸自吹；思路明晰通达但不陷入与他人的言语之争；从容不迫，别人似乎也还走得近跟得上，（不显山，不露水）这样的人是君子啦。"

鲁哀公说："讲得好。那么请问，什么样的人是贤者呢？"

孔子说："一言一行，都能符合绳墨的度量与法度的准则，同时不会勉强与伤害自己的身心，富有天下却并不在意积蓄私财；把财产施舍给天下，但不会担忧自身会变得贫穷。这样，就可以称为贤者了！"

鲁哀公说："讲得好。那么，什么是伟大的圣人呢？"

孔子说："我们所说的伟大圣人，其智慧与大道相通，应对诸种变化，什么也难不住他，他足以辨别万事万物的情理与性质。大道，是变化生成万物的本原；情理性质，是事物之所以如此变化生成而不是如彼变化生成的道理所在，也正是人们辨别是非、有所取舍的依据。圣人如天地一样分辨万物，明察事务清楚地像日月一样，统率万物像风雨滋润万物生长一样，和美精纯，他做事不能被模仿，像天主宰万物一样；他做事不能被理解，老百姓见识浅陋，连切近身边的事情都理解不了，怎么能去认识更深的道理呢？这就是人们说的非同一般的伟大圣人啦。"

鲁哀公称善。

感悟：人分五等，指的是一国的上层人士。第五等最低，曰平庸者，没有目标、没有方向、没有规划、没有原则、随波逐流、浑噩被动。其实简单一句话，平庸者不动脑筋，没有思想头脑。

倒数第二等即第四等，曰士，谈不上得道，也谈不上有术，但仍然有所斟酌，有所分辨，有所选择，有所不为（底线），有所担当。所知所言所行，犹如自己的性命肌肤，不可更易，问责自己，反求诸己，有所坚持。这话讲得很重，也令人佩服赞赏。

第三等是君子，自觉自律，自谦自和，从不得意洋洋，从不骄傲自大，从不陷入低级相争，说了归齐，还是《论语》上讲的"温良恭俭让"、谦谦君子，可亲可爱，难成大事。"故犹然如将可及者"，此话有点幽默，有点没事偷着乐，有点暗自小骄傲的精神胜利。

第二等是贤者，这里的荀子引述孔子口中的贤者的表述方法是兼得，是中庸，是阴阳的调和，是自信与把握，是全面与平衡，是有所倾斜又有所保留，叫作"行中规绳而不伤于本，言足法于天下而不伤于身，富有天下而无怨财，布施天下而不病贫"。这种思想方法已经高人一等，有点道术、有点修齐治平的滋味了。

头等或特等当然是圣人，对人是天道大道的人格化，是天与地的人格化，是日与月的人格化，是性与情的集中与升华，是超凡的力量与功业，是天地、大道、日月、情性、风雨、圣王、一切人间美德的集合体与多面体。

鲁哀公问舜冠于孔子，孔子不对。三问，不对。鲁哀公曰："寡人问舜冠于子，何以不言也？"

孔子对曰："古之王者，有务而拘领者矣，其政好生而恶杀焉，是以凤在列树，麟在郊野，乌鹊之巢可俯而窥也。君不此问而问舜冠，所以不对也。"

鲁哀公问于孔子曰："寡人生于深宫之中，长于妇人之手，寡人未尝知哀也，未尝知忧也，未尝知劳也，未尝知惧也，未尝知危也。"孔子曰："君之所问，圣君之问也。丘，小人也，何足以知之？"曰："非吾子无所闻之也。"

孔子曰："君入庙门而右，登自阼阶，仰视榱栋，俯见几筵，其器存，其人亡，君以此思哀，则哀将焉而不至矣？君昧爽而栉冠，平明而听朝，一物不应，乱之端也，君以此思忧，则忧将焉而不至矣？君平明而听朝，日昃而退，诸侯之子孙必有在君之末庭者，君以思劳，则劳将焉而不至矣？君出鲁之四门以望鲁四郊，亡国之虚则必有数盖焉，君以此思惧，则惧将焉而不至矣？且丘闻之：君者舟也，庶人者水也。水则载舟，水则覆舟，君以此思危，则危将焉而不至矣！"

转述：鲁哀公向孔子提出关于舜戴什么样的帽子的问题，问了几次孔子没有回应。鲁哀公问："我问您关于舜帝戴什么帽子的事，您为什么不回答呢？"孔子说："舜帝不仅是有帽子了，也还有头盔，还有围巾，（这些没有什么要紧）值得注意的是舜帝他们喜欢维护生命，不喜欢杀人。你看，凤生活在树林里，麒麟生活在原野上，鸟的巢穴你可以俯身随时看到，（天地有好生之德呀）君王不问我圣王的这种伟大的德行与天道，偏偏问我戴什么帽子，我有什么可说的呢？"

鲁哀公问孔子："我生于深官之内，在妇人照顾养育之下，从来不知道什么叫悲哀，什么叫忧虑，什么叫劳累，什么叫惧怕，什么叫危险呀。"孔子说："君王的问题那是了不起的大王才会有的问题。至于我，那是低等门户出生，我哪里懂得你的这一类问题呢？"鲁哀公说："如果你说不知道，别人更不知道了。"

孔子说："君王进入鲁庙庙门，向右走，登上东边的台阶，仰视屋顶的椽子、房梁，再低头看看下面摆供品的几案，祭祀用的器具还在，但当年祭祀的君王已经亡故了，君王如果这样想想，能够没有悲哀吗？君王天刚发亮就要梳头整理，上朝听政，如果有一件事处理不当，就可能引起混乱，你从这个角度想想，能够没有忧虑吗？君王早上上朝，晚上退朝，也会有诸侯的子弟有难，投奔于你，在你的官廷边缘侍立的。从这个角度想一想，当一个君王能没有劳累的苦处吗？君王走出鲁国的国门，出去往外看看，也能看到昔日亡国者的废墟上有不少草房吧？君王沿着这个思路去想想什么事最可怕，还怕恐惧的心情过不来吗？再说，我听说过，君王好比是舟船，民人好比是水，水可能承载着航船，也可能把船搞翻，如果君王从这个角度思考危难，还怕自己找不到危难感吗？"

感悟：古代大儒为帝王师的自诩还真强烈。这里的孔子简直像是在为君王少年班进行初级培训。

其实穿什么衣服，戴什么帽子，从礼的观点，也有它的重要性，只因是初级培训——少年班，才可以如此坚持如何排列授课次序：必须先讲好生之德，靠后再讲衣帽之类。

少年天子，生活在深官，成长于妇人之手，不懂得哀、忧、劳、惧、危，这个问题提得很好，能这样提问题，鲁哀公一下子精神上就飞跃起来了。

于是孔子先谦虚了一下，也可能是需要再思考一下这样一个平民百姓从来不会提出的问题，再努力提醒诱导启发，也包含着讲授类似于后来孟子的"生于忧患，死于安乐"的观点。对于世袭君王帝王来说，其意义十分高深严肃。

鲁哀公问于孔子曰："绅、委、章甫，有益于仁乎？"孔子蹴然曰："君号然也！资衰、苴杖者不听乐，非耳不能闻也，服使然也。黼衣、黻裳者不茹荤，非口不能味也，服使然也。且丘闻之：好肆不守折，长者不为市。窃其有益与其无益，君其知之矣。"

鲁哀公问于孔子曰："请问取人？"孔子对曰："无取健，无取詌，无取口啍。健，贪也；詌，乱也；口啍，诞也。故弓调而于后求劲焉，马服而后求良焉，士信悫而后求知能焉。士不信悫而有多知能，譬之其豺狼也，不可以身尔也。语曰：'桓公用其贼，文公用其盗。'故明主任计不信怒，暗主信怒不任计。计胜怒则强，怒胜计则亡。"

定公问于颜渊曰："东野毕之善驭乎？"颜渊对曰："善则善矣。虽然，其马将失。"定公不悦，入谓左右曰："君子固谗人乎！"三日而校来谒，曰："东野毕之马失。两骖列，两服入厩。"定公越席而起曰："趋驾召颜渊！"颜渊至，定公曰："前日寡人问吾子，吾子曰：'东野毕之驭，善则善矣。虽然，其马将失。'不识吾子何以知之？"颜渊对曰："臣以政知之。昔舜巧于使民而造父巧于使马；舜不穷其民，造父不穷其马，是舜无失民，造父无失马也。今东野毕之驭，上车执辔，衔体正矣；步骤驰骋，朝礼毕矣；历险致远，马力尽矣。然犹求马不已，是以知之也。"定公曰："善！可得少进乎？"颜渊对曰："臣闻之：鸟穷则啄，兽穷则攫，人穷则诈。自古及今，未有穷其下而能无危者也。"

转述：鲁哀公问孔子说："穿古代的礼服，戴古代的礼帽，对于培养仁德之风，有作用吗？"孔子吃惊地问道："君王怎么会这样发问呢？穿起粗布丧服，挂着表示丧父的竹杖，这时他们不听音乐，并不是耳朵听不见音乐，而是丧服使他们不听音乐了。穿上祭祀服装，不吃肉食，也不是嘴接受不了肉的味道，是祭服使他们拒绝肉食。我还听说过，好好经商的人不会让财物亏损，德高望重的长者不会去经商营利。考察一下，怎样做是有益的，怎样做是无益的，君王就会明白了。"

鲁哀公问孔子："请教一下选取人才的事情吧。"孔子说："不要选急于进取的人，不要选仗势欺人的人，不要选巧嘴利舌的人。太急于进取了，有贪欲；仗势欺人的人，制造混乱；巧嘴利舌的人，靠不住。弓要调整好架构才能使上力，马必须驯服好了才能选作良马，士只有诚实笃信了才能选用他们的智谋与才能。士没有诚实笃信而具有智谋才能，也许会出现类似豺狼的人来，对这样的人是不能接近的。俗话说：'齐桓公信用管仲是用了人的贼精贼精，晋文公信用某个人是用他的盗匪强悍。'所以说明主的计谋观念会掌控自己的一时情绪，糊涂君王，因一时的情绪而会失落应有的计谋。计谋胜情绪的国家强大，情绪胜计谋的国家会灭亡。"

鲁定公问颜渊说："东野毕是善于驾车的吗？"颜渊说："驾车倒是驾得不错，但是他的马会走失的。"鲁定公听了不高兴，进去对身边人员说："怎么君子也会进谗言啊！"三天后养马官吏来报告说："东野毕的马走失了。两边的马挣断缰绳跑掉了，中间两匹马回到马厩了。"鲁定公急忙站立离席，吩咐说："套车去接颜渊。"

颜渊来了，鲁定公问："日前我问你东野毕的车驾得怎样，你说是他车驾得不错，但是可能跑掉马匹。我不知道你是怎么判断出来的呢？"颜渊说："我是从为政的道理上来推测的。从前，舜帝善于巧妙地使用民人，造父善于巧妙地使用马匹。舜帝不把民人的力量用尽用光，造父不把马匹的力量用尽用绝，所以舜帝不会失去自己的民人，造父不会丢掉自己的马匹。如今东野毕一上车就抓住缰绳，佩戴好所有的马具车具，奔跑驰骋，驯马的各种要求全部实现，路途艰险，路程遥远，马力用尽，还在那儿要马这样，要马那样，所以我有前面提到的看法。"

鲁定公说："讲得好，能不能再多说一点呢？"

颜渊说："我听人说过，鸟力用尽了，就会啄人；兽力用尽了，就会扑人；人逼得没有活路了，就会诈骗。自古以来，没有谁，把下属搞得走投无路了，自己还能不陷入险境的。"

感悟：注重内容也注重形式，注重穿戴也注重行为，注重容色也注重内心，注重品性也注重举止，从孔子时儒家就是这样的。比较起来，这比魏晋南北朝时期的放浪形骸，名士派头，毕竟更正轨、更靠谱一些。

选取人才的议论偏于以德为先，警惕有才无德者，乃至严肃尖锐地指出："士不信悫而有多知能，譬之其豺狼也。"这一类说法的影响极大，包括孔子的用什么人不用什么人的言谈中也有这种心态的流露。这与中国封建社会争权夺利的残酷性有关。所有权力系统比起无能人士更怕不忠二心之人，但有时也会形成某种程度的反智主义，形成人才的逆选拔、逆淘汰。正常的淘汰是优胜劣汰，但某些帝王宁愿劣胜优汰。正是齐桓公用管仲的故事，说明明君才能做到，对于某些有争议的人物，要做到不是用其贼，而是用其智。孔子虽然不承认管仲有什么仁义，但仍然承认他的历史功勋。这里说什么用其贼、用其盗，应该说是一种反语的褒奖意义，就是说管仲的智谋。

计与怒的问题也是这样，不可以因情绪而乱了计谋，也不可因为耽于计谋而多疑惧。用人不疑，疑人不用，这是对的。用人要挑选有德而不是仅仅有才智的人来用，好的，问题是用人者本身也必须有足够的信悫，耽于计谋，耽于情绪，都不可取。

东野毕驯马驾车的故事也非常富有中华中庸厚道古风。留有余地，毋为已甚。

颜渊被鲁定公怀疑为进谗言者，显现了道德悖论：向上级如实说明自己对某些人与事的非正面看法，易于被怀疑为进谗告密。还有，如果较真，仅仅由于东野毕用牲畜太苦太狠就断定他的驭马会跑掉，这是不能服人的。绳子结实，防范得密实，马被活活累死也是跑不了的。那种情况下，颜子会处于什么地位呢？

三十二

尧问

本章对先秦的一些政治人物、流传下来的一些说法，有所评论，有所矫正，确有真知灼见。

尧问于舜曰："我欲致天下，为之奈何？"对曰："执一无失，行微无怠，忠信无倦，而天下自来。执一如天地，行微如日月，忠诚盛于内，贲于外，形于四海，天下其在一隅邪！夫有何足致也！"

转述：尧问舜说："我希望能治理天下，应该怎么做呢？"舜回答说："专心致志地治国理政，不要有什么失误，做事要精微专注，不可松懈怠惰，忠诚守信，不知疲倦，天下自然归心凝聚。保持连续性，如天地一样坚守如一，忠实诚恳，内心充满力量，表现于外，影响四海，那么天下就像在一角（可知可控）一样，有什么需要费劲的呢？"

感悟：宣扬的仍然是内圣外王，为政以德，文化（教化）立国，仁政王道，得民心者得天下。

也很像《尚书·大禹谟》中有所记载的"十六字心传"："人心惟危，道心惟微；惟精惟一，允执厥中。"虽然后人考证此为伪作，但十六字仍然为帝王权力系统所称道。

此段说是舜答尧问，而"十六字心传"是舜对大禹的政治传授。

魏武侯谋事而当，群臣莫能逮，退朝而有喜色。吴起进曰："亦尝有以楚庄王之语，闻于左右者乎？"武侯曰："楚庄王之语何如？"吴起对曰："楚庄王谋事而当，群臣莫能逮，退朝有忧色。申公巫臣进问曰：'王朝而有忧色，何也？'庄王曰：'不谷谋事而当，群臣莫能逮，是以忧也。其在中蘬之言也，曰："诸侯自为得师者王，得友者霸，得疑者存，自为谋而莫己若者亡。"今以不谷之不肖，而群臣莫能逮，吾国几于亡乎！是以忧也。'楚庄王以忧，而君以熹。"武侯逡巡再拜曰："天使夫子振寡人之过也。"

转述：魏武侯筹划政事，做得妥当，群臣赶不上他，退朝以后面带喜色。吴起进言说："您听没听过身边的人给你讲有关楚庄王的一个说法？"武侯问："楚庄王有什么说法呢？"吴起说："楚庄王筹划政事很精准妥当，众臣赶不上他，他退朝以后面有忧色，申公巫臣问庄王：'君王您上朝回来，怎么有点发愁的样子呢?'庄王说：'我对政事的筹划，都说妥当，众臣比不上，这让我未免发愁。想想当年商汤王的左相仲虺说过："一个诸侯，得到好老师就能称王天下，得到一个好朋友，就能称霸天下，得到一个能探讨与决断疑惑的人，就能保持本国的存活。而如果什么都得自己筹划，臣下谁也赶不上自己，就会衰亡失败。"今天，就靠我这点本事，众臣赶得上我的硬是一个没有了，那我们这个魏国，不是要衰亡了吗?所以我感到忧愁。'楚庄王因而忧虑，而君王你因而高兴。"

魏武侯听了，退后一步跪拜吴起，说："是上天使你唤醒了我对于本人的过失的认知啊!"

感悟：这是一个极有教益的故事，接近于精英民主、集体领导、毋意毋必毋固毋我——不可主观臆测、不可绝对化、不可固执己见、不可自以为是——的孔子教训的观念，接近于集中各方的智慧，提倡选贤任能、广开言路、从善如流、精益求精。

伯禽将归于鲁，周公谓伯禽之傅曰："汝将行，盍志而子美德乎?"对曰："其为人宽，好自用以慎。此三者，其美德也。"周公曰："呜呼！以人恶为美德乎? 君子好以道德，故其民归道。彼其宽也，出无辨矣，女又美之! 彼其好自用也，是所以窭小也。君子力如牛，不与牛争力；走如马，不与马争走；知如士，不与士争知。彼争者均者之气也，女又美之! 彼其慎也，是其所以浅也。闻之曰：'无越逾不见士。'见士问曰：'无乃不察乎?'不闻即物少至，少至则浅。彼浅者，贱人之道也，女又美之! 吾语女：我、文王之为子，武王之为弟，成王之为叔父，吾于天下不贱矣；然而吾所执贽而见者十人，还贽而相见者三十人，貌执之士者百有余人，欲言而请毕事者千有余人，于是吾仅得三士焉，以正吾身，以定天下。吾所以得三士者，亡于十人与三十人中，乃在百人与千人之中。故上士吾薄为之貌，下士吾厚为之貌，人人皆以我为越逾好士，然故士至；士至而后见物，见物然后知其是非之所在。戒之哉！女以鲁国骄人，几矣！夫仰禄之士犹可骄也，正身之士不可骄也。彼正身之士，舍贵而为贱，舍富而为贫，舍佚而为劳，颜色黎黑而不失其所，是以天下之纪不息，文章不废也。"

转述：周公的儿子伯禽将要出发到他的封地鲁国去了，周公问伯禽的师傅说："你们快走了，你能不能跟我说说伯禽他有什么美德吗？"回答说："他为人宽厚，喜欢自己主事，做事也很谨慎。"周公说："哎呀，你怎么将他的可能是招人讨厌的方面说成美德了呢？君子追求的是道德，这样民人也就走上了正道。你所讲到伯禽的宽厚，出于他的辨别不清是非嘛，你却加以美化。至于他喜欢自己主事，那是他的格局太小。君子即使有牛一样的力气也不会去与牛拼气力；君子即使跑得与马一样快，也不会与马去赛速度；即使你的知识与一个士一样，他不想与一个士比知识。因为竞争，那是与势均力敌的人争，是争一口气，君子怎么会这样去乱争一气呢？你又加以美化。还有所谓慎重，是由于他的肤浅啊。人们说：'他怕逾越了级别，就不肯会见一些士人。'其实会见一些士人，应该问问他人自己有什么做得不够的地方嘛。你不问不闻，不敢接触外界，就更加小气浅薄了。那浅薄，是下贱之人待人接物的方法，你还是去美化他。现在我要告诉你，我是文王的儿子，武王的弟弟，成王的叔叔，我的地位并不低贱，但是我求见的人士有十个，会见过的人有三十个，礼貌相待的人有上百个，有话找我讲我听全了的上千人，这么多人当中真正能帮助我端正自己治理天下的人只有三名。我之所以能结识了这三位，不是由于我会见了那十名三十名，而恰恰是会见了百名千名的结果。对那十名三十名地位高的我的礼貌轻浅一点，而恰恰地位低的人，我对他们的礼貌都很厚重。人人都说我是喜欢士人，经常是越级与他们见面的，是的，因此士人们也愿意到我这儿来。士人们的到来，使我知道了许多外界的情况，也知道了外边世界的是非曲直。要小心啊。你以自己管着鲁国而骄傲，那就危险了。如果你只知道仰仗俸禄，你还可以自傲那么一点点，如果你追求的是端正自身，你们绝对不可以骄傲呀。那些端正的士人，舍弃高贵，接近低贱，舍弃财富，接近贫民，舍弃安逸，实现辛劳，风吹日晒，皮肤黄黑，不改变自己的原则与根本，天下才有纲纪，文明章法才不会被废弃。"

感悟：强调权力系统、皇亲国戚必须接触外界，必须接地气，不要被高位高阶拘束，要广结善缘，通达八方，获得足够的信息，哪怕真正实用有效的信息只占千中之三，也要百倍千倍地去联系实际，联系士人。

喜欢自己主事是由于格局太小，妙，格局大了是怎么样呢？这里荀子主张的是：团结带领组织一大批人，调动一大批人的积极性，共同奋斗；与亲人、友人、同志、同胞，与家国同人，与天下人共同奋斗，共同主事，共襄盛举。

为自己享有较优厚的俸禄而嘚瑟嘚瑟倒还无妨，当真以为自己级别高了就高于他人、傲视他人，那就是愚蠢透顶了。越是地位高，越要谦虚与眼睛向下，讲得好！

至于宽厚呀，谨慎呀，谦谦君子呀，更是小鼻子小眼儿的事儿，是与牛拼气力、与马拼速度的事。堂堂周公的下一代，就这么点讲究，还能有多大格局、多大气象呢？他能成为政治家吗？他能在治国理政王天下上有什么作为吗？尤其是自居高阶，脱离大众，脱离实际，更是要不得的。

语曰：缯丘之封人，见楚相孙叔敖曰："吾闻之也：处官久者士妒之，禄厚者民怨之，位尊者君恨之。为相国有此三者，而不得罪于楚之士民何也？"孙叔敖曰："吾三相楚而心愈卑，每益禄而施愈博，位滋尊而礼愈恭，是以不得罪于楚之士民也。"

子贡问于孔子曰："赐为人下而未知也。"孔子曰："为人下者乎？其犹土也。深抇之而得甘泉焉，树之而五谷蕃焉，草木殖焉，禽兽育焉；生则立焉，死则入焉；多其功，而不息。为人下者其犹土也。"

昔虞不用宫之奇而晋并之，莱不用子马而齐并之，纣刳王子比干而武王得之。不亲贤用知，故身死国亡也。

为说者曰："孙卿不及孔子。"是不然。孙卿迫于乱世，鳍于严刑，上无贤主，下遇暴秦，礼义不行，教化不成，仁者绌约，天下冥冥，行全刺之，诸侯大倾。当是时也，知者不得虑，能者不得治，贤者不得使。故君上蔽而无睹，贤人距而不受。然则孙卿怀将圣之心，蒙佯狂之色，视天下以愚。《诗》曰："既明且哲，以保其身。"此之谓也。是其所以名声不白，徒与不众，光辉不博也。今之学者，得孙卿之遗言余教，足以为天下法式表仪。所存者神，所过者化。观其善行，孔子弗过，世不详察，云非圣人，奈何！天下不治，孙卿不遇时也。德若尧、禹，世少知之；方术不用，为人所疑；其知至明，循道正行，足以为纪纲。呜呼！贤哉！宜为帝王。天地不知，善桀、纣，杀贤良，比干剖心，孔子拘匡，接舆避世，箕子佯狂，田常为乱，阖闾擅强。为恶得福，善者有殃。今为说者，又不察其实，乃信其名。时世不同，誉何由生？不得为政，功安能成？志修德厚，孰谓不贤乎！

转述：传说后来属于楚国的缯丘疆界的官员问楚国丞相孙叔敖说："人们说，当官时间长了，士人们会嫉妒他，俸禄高了，老百姓会怨恨他，地位尊贵了，君王也讨厌他。如今相国您这三条都占全了，还能不得罪楚国的士人与百姓，您是怎么做到的呢？"

孙叔敖说："我前后三次担任楚国的丞相，心里一次比一次谦卑，每逢增加俸禄，我都广泛地施舍行善，地位有所提高，我更加注意礼貌恭敬他人，所以没有得罪楚国的什么人。"

子贡问孔子："我是很想做得更谦恭居下一些，但是到底应该怎样去做呢？"

孔子说："居下，正如土地，深挖一下，能出来甘甜的泉水，种上东西，五谷丰登，草木在土上生长，禽兽在土地上养育；活着，我们站立在土地上，死后，我们埋到地底下。功劳很大却不自以为有功德。立身居下，那就自居如土地嘛。"

从前虞国不用贤明的大夫宫之奇，结果被晋国吞并了；莱国不用贤明的子马，结果被齐国吞并了；商纣挖出了贤明的王叔比干的心，结果是武王取代纣得到了天下。不亲近贤良，不任用智者，必定会亡国亡头。

有论者说："孙卿赶不上孔子。"其实不一定。孙卿为乱世所逼迫，承受着严刑重压，上无明主，下是强暴的秦国，礼义难以推行，教化发挥不了作用，仁者退缩艰困，天下昏乱无明，谁做得好谁受攻讦，诸侯相互倾轧。这种时候，智者没有可能去做有益的思考，能人没有可能去参与改善治理，贤者得不到任用信任。那时候，君王被蒙蔽看不到真实情况；有贤人也拒绝不用。这时孙卿怀着追求圣人的心志，披上狂痴的外表，干脆让天下人把他视为愚傻。

《诗经·大雅·烝民》上说："既明白，又有远见，就能保护住自身了。"指的就是这种处境与选择。也正是由于这样，孙卿的名声不算显赫，门徒不算太多，光辉也不算阔大了。

如今的学者，如果能得到与受用孙卿留下的言语教诲，足可以成为天下的师尊榜样表率。他的精神遗产如同神异，谁一接触上这位高人，就会受到教化感化。看看他那些美善的事迹，孔子也超不过他，世上的人们没有去详细研究，就说孙卿算不得圣人，这是由于天下没有得到治理、孙卿生不逢时。他的德性，正如尧禹，他的方略道术，不为君王所用，乃至受到他人疑惑。这又有什么办法呢？

其实他的智慧显著明朗，他的遵从正道的行为，足可以成为朝廷的纲纪。哎呀，孙卿是太贤明了，他本来适合担任（或服务于）天子帝王的。天下愚蠢，喜欢桀纣，杀害贤良，剖比干心，又把孔子围困在匡地，楚国名士接舆逃避隐匿，箕子只能装疯卖傻，阖闾逞强卖弄。恶人走运，好人遭殃。现在的一拨子论者又不体察实际情况，只是从名声上妄言，也不想想时代不同，名誉的产生状况各异，孙卿那样的人根本得不到从政的机会，又能立下多少功业？只要能修养心志，厚重德性，又岂可说孙卿不够贤明呢！

　　感悟：治世的上卿，相对比较容易做，乱世的圣贤，应该是什么样子呢？荀子的弟子在这里阐述，荀子认为如果处于治世，本应该获得更高大上的过人成就……但荀子生不逢时，没有获得更大的名声与事功，其实，这也是难有定论的。荀子应该得到更多的重视与研究，这倒是笔者所感到的了。